# 蓝山年鉴

LAN SHAN 2017 NIAN JIAN

中共蓝山县委　蓝山县人民政府　主办
蓝 山 年 鉴 编 纂 委 员 会　编

方志出版社
Publishing House of Local Records

图书在版编目（CIP）数据

蓝山年鉴．2017/蓝山年鉴编纂委员会编．—北京：方志出版社，2018.1
ISBN 978-7-5144-2971-8

Ⅰ.①蓝…　Ⅱ.①蓝…　Ⅲ.①蓝山县—2017—年鉴　Ⅳ.①Z526.44

中国版本图书馆 CIP 数据核字（2018）第 034677 号

---

蓝山年鉴（2017）

编　　者：蓝山年鉴编纂委员会
责任编辑：刘　珊

出 版 人：冀祥德
出 版 者：方志出版社
地址　北京市朝阳区潘家园东里 9 号（国家方志馆 4 层）
邮编　100021
网址　http：//www.fzph.org
发　　行：方志出版社图书经销中心
电话（010）67110500
经　　销：各地新华书店
印　　刷：衡阳顺地印务有限公司

开　　本：889×1194　1/16
印　　张：17.75
字　　数：430 千
版　　次：2018 年 1 月第 1 版　2018 年 1 月第 1 次印刷
印　　数：001～600 册

ISBN 978-7-5144-2971-8　定价：200.00 元

# 《蓝山年鉴》编纂委员会

| | | |
|---|---|---|
| **名誉主任** | 秦志军 | 县委书记 |
| **主　　任** | 魏和胜 | 县委副书记、县长 |
| **副 主 任** | 黄和平 | 县委常委、县委办主任 |
| | 聂朝飞 | 县委常委、常务副县长 |
| **委　　员**（排名不分先后） | | |
| | 陈流三 | 县委办副主任 |
| | 唐建宏 | 县人大常委会秘书长 |
| | 唐　辉 | 县政府经研室主任 |
| | 吴焕澎 | 县政协秘书长 |
| | 李明真 | 县纪委副书记 |
| | 李学峰 | 县委组织部副部长 |
| | 雷纯高 | 县委宣传部副部长 |
| | 彭湘晖 | 县委统战部副部长 |
| | 张　文 | 县委政法委副书记 |
| | 雷玉明 | 县人民法院副院长 |
| | 李志强 | 县人民检察院副检察长 |
| | 杨香林 | 县直属工委书记 |
| | 齐新华 | 县机构编制委员会办公室主任 |
| | 何牛生 | 县委党校副校长 |
| | 陈志玛 | 县发展和改革委员会主任 |
| | 谢启兴 | 县科技商务粮食与经济信息委员会主任 |
| | 赵永旺 | 县教育局局长 |

黄敏慧　县民族宗教事务委员会主任
成乔生　县公安局副局长
赵电波　县民政局局长
陈玖彬　县司法局局长
吴友忠　县财政局局长
黄晓松　县委组织部副部长、县人力资源和社会保障局局长
唐正生　县国土资源局局长
周进忠　县住建局局长
文亚群　县交通运输局局长
黄哲章　县农业委员会主任
成志明　县水利局局长
黄昌健　县林业局局长
梁社忠　县文体广电新闻出版局书记
熊文胜　县环境保护局局长
陈川宏　县卫计委主任
曾成辉　县人民防空办公室主任
邱康生　县审计局局长
黄加葵　县信访局局长
雷纯安　县城市管理行政执法局局长
陈流县　县安全生产监督管理局局长
李陶虎　县市场和质量监督管理局局长
杨湘建　县总工会党组书记、副主席
廖　坚　团县委书记
唐顺琴　县妇联主席
黄凌峰　县委组织部副部长、老干局局长

| | |
|---|---|
| 陈贤楚 | 县广播电视台台长 |
| 罗文芳 | 县房产局局长 |
| 郭耀群 | 县畜牧水产局局长 |
| 刘小平 | 县农机局局长 |
| 钟学舟 | 县公路局局长 |
| 李琼孝 | 县供销联社主任 |
| 刘志才 | 县移民局局长 |
| 龙显义 | 县残联理事长 |
| 李　嵩 | 县史志办主任 |
| 李美珍 | 县档案局局长 |
| 朱清璐 | 县旅游外事侨务局局长 |
| 彭凌涛 | 县发电公司总经理 |
| 陈　勇 | 县城市建设投资开发有限责任公司总经理、主任 |
| 眭荐军 | 县国税局局长 |
| 杨伟毅 | 县地税局局长 |
| 陈万生 | 县烟草专卖局局长 |
| 陈建华 | 县电信公司总经理 |
| 申　艳 | 县移动公司总经理 |
| 卢志刚 | 县联通公司总经理 |
| 张　毅 | 人民银行蓝山县中心支行行长 |
| 邓志坚 | 工商银行蓝山县支行行长 |
| 彭怀忠 | 邮政储蓄银行蓝山支行 |
| 黄九庆 | 农业银行蓝山支行行长 |
| 唐　辉 | 农村商业银行蓝山支行行长 |
| 李艳辉 | 塔峰街道办事处主任 |
| 曾华军 | 舜源街道办事处主任 |

陆日龙　　南平街道办事处主任
黄　峰　　祠堂圩镇镇长
周章顺　　楠市镇镇长
刘　曦　　土市镇镇长
胡　勇　　毛俊镇镇长
黄　群　　太平圩镇镇长
蒋绍会　　新圩镇镇长
雷　华　　所城镇镇长
杜　静　　湘江源瑶族乡乡长
梁黎超　　汇源瑶族乡乡长
雷衍青　　浆洞瑶族乡乡长
欧阳华军　犁头瑶族乡乡长
肖佳政　　大桥瑶族乡乡长
赵治国　　荆竹瑶族乡乡长

# 《蓝山年鉴》编辑部

**主　编**　　李　嵩
**副主编**　　唐　辉　　吴小青
**编　辑**　　李秀莲　　龙显文　　贺嫦菊
陈亚生　　陈军敏　　雷文康
黄俊北

# 编辑说明

一、《蓝山年鉴》2017 年卷以马克思列宁主义、毛泽东思想、邓小平理论“三个代表”重要思想、科学发展观、习近平新时代中国特色社会主义思想为指导，坚持辩证唯物主义和历史唯物主义的立场、观点和方法，认真贯彻中共十八大和十八届六中全会精神，全面记载 2016 年度全县各部门、各行业等方面的主要工作、重大事件，收录若干文献和史料，反映蓝山经济建设和社会发展以及改革开放的新成就、新经验。所载的资料客观、翔实，是社会各界了解蓝山的百科式全书。

二、本卷采用分类编辑法，设类目、分类目、条类目三个层次。部类设置的原则是以事分类。用字体、字号设计区别不同层次；条目中的一级标题用黑体加【】号表示。

三、本卷资料由各单位撰稿人提供，并由供稿单位负责人审核，年鉴编辑部编辑人员加工整理再反馈原单位核对，最后由年鉴编委会定稿。统计资料由统计部门提供，气象水文资料由气象局和水文局提供。有些数据由于统计口径不同等原因，与统计部门公布的数据不尽一致，请读者在查阅和引用时注意。

# 蓝山县行政区划图

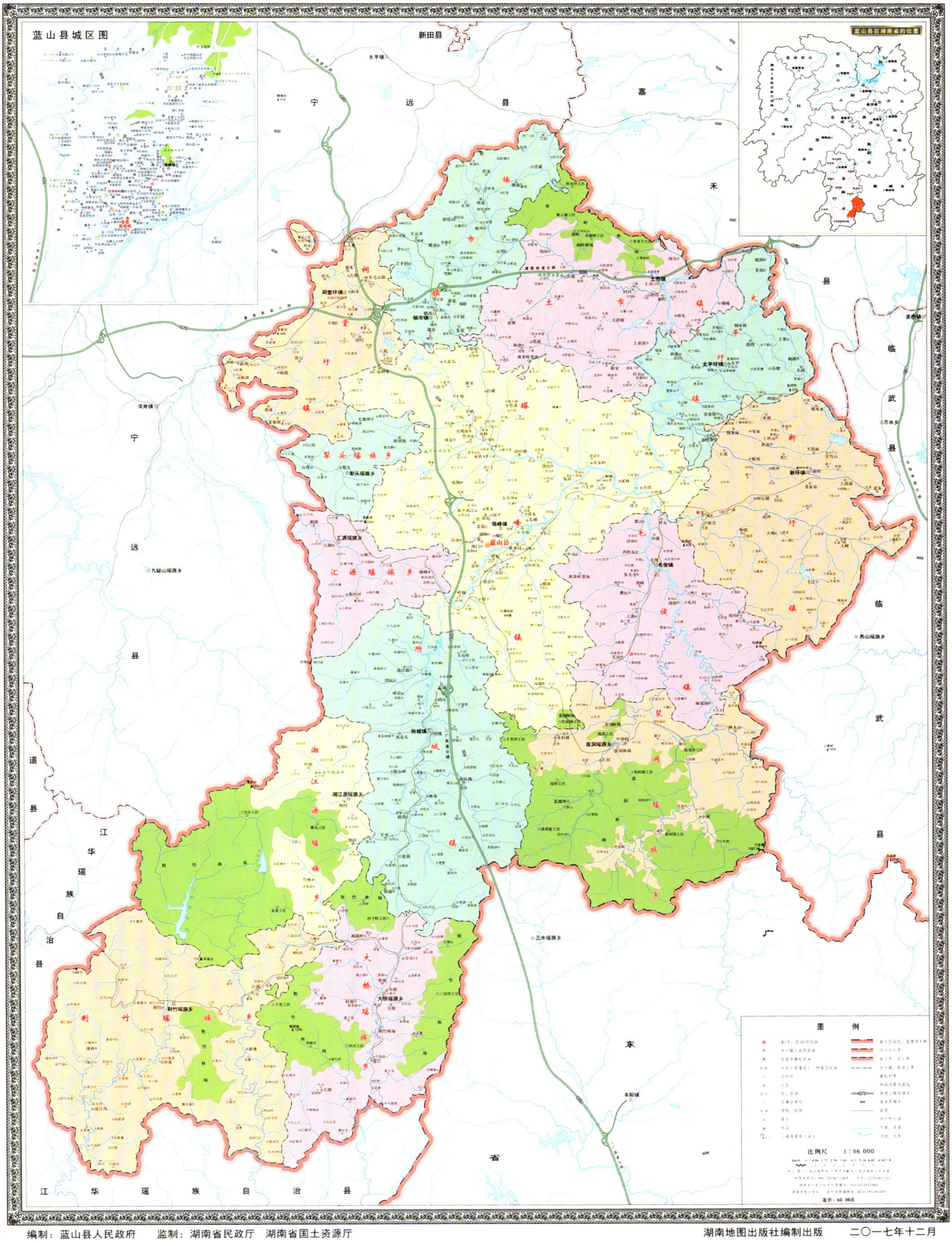


编制：蓝山县人民政府　监制：湖南省民政厅　湖南省国土资源厅

湖南地图出版社编制出版　二〇一七年十二月

县城鸟瞰图

# 重要会议

| | |
|---|---|
| | ① |
| ② | ③ |
| ④ | ⑤ |
| | ⑥ |

①中国共产党第十二次代表大会

②市人大常委会主任高建华对新当选的县委领导班子表示祝贺

③县委书记秦志军在中国共产党蓝山县第十二次代表大会上作报告

④中国共产党蓝山县第十一届委员会第七次全体会议

⑤中共蓝山县委十二届一次全会

⑥县委书记秦志军投票

①

② ③

④ ⑤

①蓝山县第十七届人民代表大会第一次会议

②县委书记秦志军在蓝山县第十七届人民代表大会第一次会上讲话

③县委副书记、县长魏和胜作政府工作报告

④蓝山县第十七届人民代表大会第一次会议会场

⑤新当选的县人民政府领导班子就职宣誓

①
②
③

①中国人民政治协商会议蓝山县第九届委员会第一次会议

②中国人民政治协商会议蓝山县第九届委员会第一次会议主席台成员

③中国人民政治协商会议蓝山县第九届委员会第一次会议会场

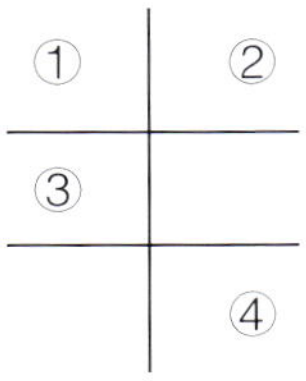


①中国共产党蓝山县纪律检查委员第十一届六次全体会议

②蓝山县“雁过拔毛”式腐败问题专项整治暨落实省委巡视第八组反馈意见整改工作推进会

③市委巡察第三组对蓝山县换届风气监督专项巡察动员会

④蓝山县换届风气监督工作会

# 重要活动

国家防汛抗旱督查专员张旭来蓝山督查防汛工作

省政协副主席孙建国深入三峰茶业公司百叠岭基地进行调研

省政协副主席孙建国深入新圩镇板屋郁葱林业有限公司基地进行调研

| | |
|---|---|
| ① | ② |
| ③ | ④ |
| ⑤ | |

①水利部长江委员会副总工夏仲平调研蓝山水利建设

②省委原第一副秘书长吴定宪（中）深入湘威公司指导工作

③省委原组织部常务副部长周阳生在湘威公司了解企业生产情况

④省市人大领导调研农村基础教育工作座谈会

⑤省委组织部组织指导处处长龙稳铠蓝山调研

| | |
|---|---|
| ① | ② |
| ③ | ④ |
| ⑤ | |
| ⑥ | |

①市委书记陈文浩在蓝山第二市场调研

②市委书记陈文浩在毛俊村调研

③市委书记陈文浩在湘江源调研

④市委书记陈文浩听取创新创业园标准厂房项目建设工作汇报

⑤市委副书记、市长易佳良一行参观高信电子，县委副书记、代县长魏和胜介绍项目建设情况

⑥市委副书记、市长易佳良视察创新创业园标准厂房建设情况

①市委常委、常务副市长唐湘林到大源村上党课

②市委常委、常务副市长唐湘林指导蓝山项目建设工作

③市人大主任高建华来蓝山解决信访积案

④全市重点项目建设流动现场推进会会场（高信电子）

| | |
|---|---|
| ① | ② |
| | ③ |
| ④ | |

# 重　点　项　目

①市人大常委会主任高建华出席现场会并宣布项目开工

②市人大常委会主任高建华在保障性住房一期工程施工现场向施工方负责人详细了解工程建设情况

③市人大常委会主任高建华在何冲龙、秦志军陪同下来到标准厂房施工现场实地调研

④市人大常委会主任高建华在何冲龙、秦志军陪同下来到高速公路连接线项目建设基地实地调研

⑤市人大常委会主任高建华在何冲龙、秦志军陪同下来到鹏达门业实地查看项目建设情况

⑥市人大常委会主任高建华在何冲龙、秦志军陪同下来到塔峰西路民俗风情街实地调研

⑦市人大常委会主任高建华在重点项目迈斯特体育了解公司相关情况介绍

① ②
③

①县委书记何冲龙出席现场会并致辞

②县委书记何冲龙向市人大主任高建华介绍重点项目相关情况

③县委副书记、县长秦志军一行到县重点项目创新创业园标准厂房和保障性住房项目进行现场办公

出席现场会相关领导

现场会现场

高建华、何冲龙、秦志军、朱阳辉、陈海潮等出席现场会领导和部分企业主代表共同为11个重点项目培土奠基

秦志军在德政保障性住房施工现场视察

高信电子生产车间

# 精 准 扶 贫

蓝山深入落实中央扶贫攻坚工作实施精准扶贫方略，成立由县委书记负总责的县扶贫开发领导小组，全县所有县直单位、省市驻蓝山单位结对帮扶43个贫困村，派出3000多名干部深入贫困村，开展进村入户、访困问需、问贫问计“一进二访”活动，实现驻村帮扶工作队和进行结对帮扶。

2016年，蓝山县建档立卡贫困人口6784户26592人，已脱贫2839户11746人，未脱贫贫困户3945户14846人。是年底，全县退出贫困村8个，完成退出贫困1313户5145人，是湖南省下达任务4602人的111.8%，永州市下达任务5042人的102.04%；完成易地扶贫搬迁848人，完成省市任务的124.2%；完成农村道路改造80公里，建成10个农村客运招呼站，24个村（含17个贫困村）实施自来水工程，解决农村不安全饮水人口1.95万人，实施农网升级改造6个贫困村，完成贫困村卫生室建设15人；为1803名贫困学生发放助学金94万元，为981名学生办理生源地信用助学贷款773.62万元，办班3期，对贫困户劳动力技能培训561人次；安排危房改造1100户，80%为贫困户，整合农合资金、大病医疗救助资金614万元，帮助1299户贫困户解决医疗费用；发放扶贫小额信贷1.59亿元，超额完成省、市下达的目标任务。

省政协副主席孙建国到坪源村贫困户赵双飞家进行走访慰问

省政协副主席孙建国召开精准扶贫座谈会

“推动生态补偿脱贫”课题调研座谈会

县委书记何冲龙汇报全县精准扶贫工作

县委副书记、县长秦志军主持座谈会

# 湖南毛俊水库工程

奠基仪式

副省长戴道晋宣布湖南毛俊水库工程建设启动

2014年5月，国务院正式将湖南毛俊水库工程列入国家“十三五”期间开工建设的172项重大水利工程之一，水库枢纽工程位于湘江二级支流、春陵水一级支流俊水中下游，坝址位于蓝山县毛俊镇禾坪村上游，是一座以灌溉为主，结合供水、兼顾发电等综合利用效益的大Ⅱ型水库。

水库工程估算总投资27.89亿元，建设总工期49个月。水库坝址以上控制流域面积284平方公里，多年平均径流量3.75亿方，工程设计总库容11650万立方米，兴利库容9200万立方米。水库库区水面面积409万平方米，库区淹没影响涉及蓝山县毛俊镇、浆洞瑶族乡2个乡镇的13个村，规划设计水平年搬迁人口2971人。大坝为碾压混凝土重力坝，坝高76米，坝长512米，设计洪水标准百年一遇，校核洪水标准千年一遇，渠系建筑物防洪标准10至20年一遇。渠系分总干渠、干渠、支渠三级布置，干支渠道总长157.58千米。

工程多年年平均供水量13081万立方米，其中农业灌溉供水9737万立方米，城乡供水3344万立方米。工程可灌溉毛俊水库下游蓝山、嘉禾和新田三县共30个乡镇，设计灌溉面积41.15万亩（包括永州市蓝山县20.46万亩、新田县12.93万亩，郴州市嘉禾县7.76万亩）。供水范围包括蓝山和嘉禾县城、蓝山县楠市镇等7个乡镇和新田县三井镇等11个乡镇及灌区范围内农村人畜用水。水库坝后电站装容量11兆瓦，多年年平均发电量2877万千瓦时；渠首电站装机容量5兆瓦，多年年平均发电量630万千瓦时。

国家水利部建设与管理司副司长徐元明讲话

市委书记陈文浩致辞

市委常委、常务副市长唐湘林主持仪式

县委书记秦志军作表态发言

市委常委、副市长蒋善生（左一），县委书记秦志军（中），县委副书记、代县长魏和胜（右一）视察建设项目

毛俊水库建设启动仪式盛况

①

②

③

①②③毛俊水库工程建设启动仪式现场

# 新农村建设

高标准农田改造

生态产业园建设

①美丽乡村旅游试点村——毛俊村

②农业产业化基地太阳能路灯

③蓝山县外销蔬菜基地的优质禾线紫茄硕果满枝

# 蓝山县民政局

敬老院

蓝山县民政局内设7个股室、下辖9个直属事业单位。现有在职干部职工93人。2016年，发放城乡低保救助资金3970.5万元，发放特困人员供养金455.2万元，支出医疗救助金670.6万元，发放临时救助金77.08万元；投入30万元，提质改造楠市镇正市敬老院，全县基本养老服务补贴覆盖率100%；下拨救灾资金和物资共计600万元，救济受灾群众2.8万人次，救助24户灾民恢复重建住房；销售福利彩票2662.5万元，开展慈善救助，募集慈善资金12万元，资助应届大学生9名7.2万元，救助困难对象168人次，发放慈善救助款7.19万元；发放各类优待抚恤资金2745.03万元，接收退役士兵168人，培训退役士兵134人，自愿参训士兵培训率100%；有社区专职工作人员42人，投入1700多万元对全县6个社区办公用房进行新建和改扩建，总用地面积5364平方米，建筑面积7700平方米；新登记社会组织8家，备案社区社会组织5家。

民政工作

灾后重建

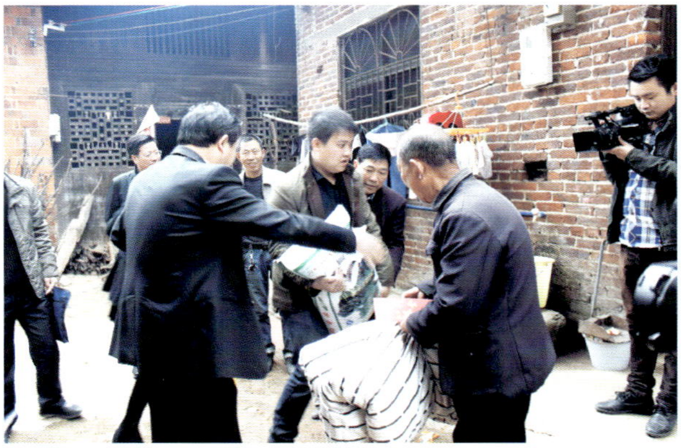
民政救济

走访困难群众

# 旅游

荷花绽放

城郊风光

山蓝水绿

山田村风光

收获喜悦

①

④

②

⑤

③

①塔下寺（始建于唐代）
②蓝屏田园风光
③市政休闲广场
④万年桥（乾隆55年建）
⑤板塘水库
⑥香炉石
⑦三分石
⑧板塘风光
⑨蓝山国家森林公园风光

⑥

⑧

⑦

⑨

湘江源风光

潇湘笔会走进湘江源

湘江源头

湘江源

南岭云海

百叠岭生态茶园

大洞梨花

瑶民新貌

东侧油菜花海

梨园竞技

# 红　　色

为纪念红军长征胜利80周年，弘扬红军长征精神，激发全县人民的爱党爱国爱军热情，10月25日，由蓝山县委、县政府主办、县人武部、县委宣传部承办的“重走长征路，共筑中国梦”主题教育活动在土市镇新村红军渡口启动。来自全县党政领导、县直机关干部职工、民兵应急分队、青年志愿者、学生和当地群众等上千人参加。

在重走长征路途中，重走长征路的人员受到了沿途群众的热烈欢迎，送红薯、花生、茶水的群众络绎不绝。目睹这一幕幕感人场景的蓝山县委书记、人武部党委第一书记秦志军深有感触地说：“红军打胜仗，人民是靠山，在那段硝烟弥漫，战火纷飞的岁月里，蓝山人民与红军风雨同舟、患难与共、并肩作战，男女老少踊跃支前、主动参战，为保障红军顺利快速过河，纷纷取下自家门板，连夜铺桥，为救治红军伤员，组织周边所有郎中和药铺，积极送医送药，为支援红军战士英勇杀敌，家家户户拿出自家口粮，腾出自家房屋，保障红军有饭吃，有房住，谱写了英雄史诗，增进了军民情谊，留下了一个个军爱民民拥军、军民血肉相连的动人故事。”

此次重走红军长征路从该县土市镇新村红军渡口启动，途径新村红六军团司令部旧址、上陈、下陈、郑家、刘八伍红军亭等村庄和地方，全程十余公里。

历史见证者（97岁老人李光宇）

# 文　　化

# 红色传承

①

②

③

④

⑤

①陈毅之子陈昊苏、刘少奇之女刘爱琴为蓝山新村中国工农红军渡口纪念碑揭幕

②陈昊苏紧握97岁李光宇的手听他回忆当年红军在渡口渡河的情景

③陈毅之子陈昊苏与村民亲切会谈

④陈昊苏唱起《十送红军》

⑤陈毅之子陈昊苏、刘少奇之女刘爱琴在中国工农红军渡口纪念碑前留影

# 目　录

## 特　载



## 大　事　记



## 蓝山概貌



## 中共蓝山县委员会

## 蓝山县人大常务委员会



## 蓝山县人民政府

## 政协蓝山县委员会



## 社　会　团　体



## 军　　事

## 法　　治

## 经济综合管理



## 工　　业

## 农·林·水·气象

## 国土环保·城建城管

## 交通·通信

## 商贸·旅游



## 财政·税务

## 金　融



## 科技·教育

## 文化·卫生·体育

## 社　会　生　活

## 乡 镇 概 况

# 特　载

## 开放崛起　创新突破 为加快建成湘粤生态工贸创新城市而努力奋斗

——在中国共产党蓝山县第十二次代表大会上的报告

（2016年8月30日）

秦志军

中国共产党蓝山县第十二次代表大会，是在全面建成小康社会决战决胜阶段召开的一次十分重要的会议。会议的主题是：高举中国特色社会主义伟大旗帜，全面学习贯彻习近平总书记系列重要讲话精神，回顾总结十一次党代会以来全县经济社会发展情况，安排部署今后五年的工作，动员和号召全县人民，紧紧围绕“四个全面”战略布局，牢固树立“五大发展理念”，以崭新的姿态、开放的精神、务实的作风，充分调动一切积极因素，开放崛起，创新突破，全面推进“湘粤生态工贸创新城市”建设，全面建成小康社会。

### 一、县十一次党代会以来的主要工作

县十一次党代会以来，十一届县委在中央、省委和市委的正确领导下，坚持以党的十八大、十八届三中、四中、五中全会和习近平总书记系列重要讲话精神为指导，按照县十一次党代会确定的目标任务，树立“五大理念”、实施“五大会战”、抓实“十件大事”、推进“十大突破”，努力克服经济下行压力，成功战胜诸多自然灾害，全县经济社会发展和党的建设迈上了新的台阶。先后被评为国家重点生态功能区、湘江源头区域国家生态文明建设先行示范县、全国十大生态产茶县、湘江源国家水利风景区、全国农业综合开发县、生猪调出大县，获批湖南省直管县经济体制改革试点县、承接产业转移重点县、承接产业转移代办服务试点县、外贸进出口基地县、产城融合示范区、省级创业孵化基地、省级农业生态科技园，全面小康、县域经济发展、计划生育、安全生产、社会治理、环境保护、信访维稳、新型工业化、新农村建设、农业综合开发、烤烟生产等工作多次被评为省、市先进。

——这五年，是经济实力显著增强的五年。2015年，全县完成地方生产总值87.85亿元，是2010年的1.87倍；规模工业增加值23.42亿元，是2010年的1.93倍；固定资产投资74.05亿元，是2010年的1.87倍；社会消费品零售总

额33.69亿元，是2010年的2.07倍；财政总收入完成6.19亿元，是2010年的2.49倍；城镇居民人均可支配收入21515元，是2010年的1.46倍；农民人均现金收入10932元，是2010年的1.78倍。五年来，全县共实施建设项目595个，累计完成投资290多亿元。一批重大建设项目顺利实现开工和投产，国家172项重大水利工程之一毛俊水库即将开工建设。成立城投、交投、水投、农建投等融资平台，完成各项融资30多亿元，创历史新高。加快产业发展步伐，成功引进一批央企和上市公司。风电开发签约93万千瓦、核准40万千瓦、开工10万千瓦；生态石材入园签约4家、正在建设2家、建成投产1家；循环冶化火市、太平选矿区加快推进；加工贸易累计完成外贸进出口总额47258万美元；商贸物流保税仓实现封关运营，冷链物流园主体基本完工；现代农业省级生态农业科技园、现代农业综合产业园、现代农业特色产业园建设稳步推进，各类农业产业化企业发展到331家，“志昱葡萄”“湘蓝葡萄”先后通过“绿色食品”认证，茶叶和时鲜水果种植渐成规模。

——这五年，是城乡建设突飞猛进的五年。坚持顶层设计、规划先行，高标准、高品质完成县域经济突破、县城总规中期修改、“十三五”规划编制、生态蓝山建设、产业发展、品质活力乡镇、县城扩容提质等策划、规划。土地征收、房屋征收和安置工作取得重大突破，2012年至2015年征收土地7905亩，投入资金9.5亿元，2015年底全县储备土地达到5000余亩。2016年上半年征收集体土地上的房屋116户，补偿金额4441万元。深入实施总投资46亿元的城区扩容提质三年行动计划，其中投资9.8亿元的县城路网提质改造提前一年完成。21条城区主次干道“地上”和“地下”工程、雨污排水管网、燃气管道、弱电下地和54条背街小巷提质改造全面完成，人行道、停车位、市场、公园、公厕等城市附属和配套设施进一步完善，成功创建省级卫生县城。扩容道路建设加快，蓝山大道、高速公路连接线、湘粤北路、创业大道、科技路、德政路等城市路网建设有序推进，全县城市化率达到44.3%。创造性实施农村“五大革命”，全县农村面貌焕然一新，连续两年被评为全省新农村建设先进县，毛俊村、上清涵村先后被评为全省新农村建设示范村，大洞村被评为全省美丽乡村建设示范村。完成9座小（一）型、26座小（二）型病险水库除险加固工程，完成中小河流治理30余公里，完成39处农村饮水安全工程，解决饮水不安全人口11.40万人；新建、扩建变电站4座，大部分行政村完成农网改造，网改率达到电力公司直供直管区域的89%；永蓝高速、厦蓉高速蓝山段竣工通车，S322线、S324线改造完成，全县行政村通畅率达100%；行政村以上区域电话和移动信号实现全覆盖，4G网络实现城区全覆盖，农村覆盖率达95%以上。

——这五年，是民生福祉不断改善的五年。全力推进“全覆盖、强支撑、全兜底、挪穷窝、拔穷根、强班子”六大精准扶贫工程，脱贫摘帽贫困村8个、贫困人口4283人。深入实施“添绿、净水、蓝天”三大工程，加大农村环境污染治理，全县生态环境持续优化。切实办好民生实事，建成廉租房1632套，公租房5308套，实施棚户区改造1000套，农村危房改造7350套。“五大保险”扩面提标，全县基本医疗保险覆盖率达到100%。每年拨付300万专项资金用于补贴边远山区和农村教师，总投资3.8亿元的县示范性中学、总投资5000万元的示范性公办幼儿园建设加快推进，我县被评为全省“发展学前教育事业典型县”，2016年高考二本以上上线率居全市第一。政府机构改革、乡镇区划调整、行政村合并全部完成，率先在全市推行项目审批“35天限时办结制”；集体林权制度改革顺利完成，农村土地确权登记颁证工作完成外业测量和公示，科学制定全县农地规划；首创“9+3”免费职教模式和“5+10+100”、

“300+600”门诊住院包干新农合补偿模式，全国各大媒体广泛关注。“湘江源头在蓝山”成功正名，蓝山知名度进一步提升。健全公共文化服务体系，打造了湘江源梨花文化旅游节、村（春）晚等文化品牌，征集提炼出“开放包容、敢为人先”的蓝山精神，评出了县树、县花。

——这五年，是社会大局持续稳定的五年。创新社会治理体制，建成县乡村三级群众服务网络，城区社区办公用房、云计算中心等社会治理重大项目基本完成，毛俊村网格化管理的先进经验被《人民日报》等中央媒体广泛报道。大力推进便民服务全程代办改革试点，服务网络更加完善。认真贯彻落实依法治县基本方略，深入开展“六五”普法，深入推进法律服务进政府、进企业、进重点工程、进乡村、进社区活动，干部群众法治意识不断加强，我县被评为全省“六五普法”先进县，毛俊村被评为“全国民主法治示范村”“全国文明村”。抓实人口和计划生育工作，稳定人口低生育水平，人口和计划生育全省先进县地位得到巩固。加强基层信访和矛盾纠纷化解，强化社会治安防控和刑事犯罪打击，严格公共安全和企业生产安全管理，全县社会大局保持和谐稳定，民调工作持续走在全省前列。

——这五年，是民主政治稳步推进的五年。县委充分发挥统揽全局、协调各方的领导核心作用，切实加强县四大家班子之间的工作协调和相互支持。建立了县人大、政府、政协和法院、检察院党组向县委报告工作制度，党的领导不断强化。支持县人大及其常委会依法行使职权，有效开展法律监督和各项工作；支持县政府进一步转变职能，深入推进依法行政；支持县政协积极履行政治协商、民主监督、参政议政职能；支持县人武部履行职能使命，推进国防后备力量建设；支持审判机关和检察机关依法独立公正行使审判权和检察权；积极引导工商联、无党派人士参政议政、民主监督；着力加强党的民族、宗教、侨务等工作；充分发挥工会、共青团、妇联等人民团体的桥梁纽带作用。爱国统一战线、群团、民主法制、精神文明和思想政治建设等方面的工作取得长足进步，党管武装工作得到加强，国防后备力量和民兵预备役建设实现新的突破。

——这五年，是党的建设全面加强的五年。全面贯彻落实中央党要管党、从严治党的重大部署，深入开展创先争优活动、党的群众路线教育实践活动、“三严三实”专题教育、“两学一做”学习教育，“四风”整治卓有成效，全县县直机关作风满意度总体评价排全省第2位，群众路线教育实践活动开展情况群众测评总体评价为“好”的达100%。全面推行“五分法”党建模式，着力实施党建“六大工程”，夯实党的基层执政基础。软弱涣散基层党组织得到有力整治；蓝山县驻东莞联合党委“双管共建”流动党组织管理模式被列入广州市社会服务管理创新项目，并在广州市范围内推广；毛俊村“五化一体”基层治理模式被中组部作为典型案例在全国推广，村党支部被评为“全国先进基层党组织”；雷建基、廖仁旺分别被评为全国、全省优秀党务工作者。不断强化用人导向，践行新时期“好干部标准”，在干部选拔运用中坚持“五比五看”，一大批优秀的干部脱颖而出。深入整治“三超两乱”，强化干部教育监督，着力打造“四铁”干部队伍。大力开展“提振精气神、提升执行力、提高满意度”活动，着力解决干部队伍中“不执行、慢执行、乱执行、软执行”的问题，“干在实处我带头、走在前列创一流”氛围日益浓厚，全县干部队伍执行力不断提升。始终保持反腐高压态势，查处了一批违纪违法案件，反腐倡廉工作取得重大成效。

这些成绩的取得，是中央、省委、市委坚强领导、大力支持的结果，是历届县委夯实基础、科学决策的结果，是全县干部群众齐心协力、扎实苦干的结果，是历届老领导、老同志出谋划策、鼎力支持的结果，是社会各界积极参与、辛勤劳动的结果。在此，我代表中国共产党蓝山县第十一届委员会，向为蓝山经济社会发展作出卓越贡献的同志们表示衷心的感谢和崇高的敬意！

五年的艰苦奋斗，五年的攻坚克难，五年的励精图治，五年的春华秋实，让我们深刻体会到：

必须始终坚持解放思想。解放思想就是解放思路，就是打破思想桎梏、改变行动惯性、转变工作作风，是促进蓝山经济社会发展的必然要求。五年来，我们坚持跳出蓝山看蓝山，横向比较找差距，顶层设计、规划先行，描绘了宏伟蓝图，找到了突破方向。正是因为思想得到解放，思路更加清晰，目标更加明确，在产业建设、城市建设、项目建设、民生建设等方面才取得了人民满意的明显成效。

必须始终坚持发展为要。五年来，我们把发展作为蓝山的首要任务、第一要务，把发展的思路聚焦到习近平总书记提出的“五大发展理念”上，把发展的着力点聚焦到产业和项目上，把发展的动力聚焦到改革和创新上，把发展的目标聚焦到全面小康和全民共享上，一切围绕发展，一切为了发展，才使得我县发展速度更快、质量更优、前景更广阔。

必须始终坚持改革创新。改革创新是动力，改革创新出活力，实践告诉我们，哪里有改革创新，哪里就有繁荣发展的局面。只有不断的改革创新，才能不断解放和发展生产力，不断推动经济社会发展。十一次党代会以来，我们始终坚持以改革为动力，向创新要活力，转变了工作方式，创新了工作思路，才顺利破解了征地、融资、用工等难题，助推了全县经济社会发展。

必须始终坚持依法治县。依法治县是依法治国基本方略在我县的具体实践，是贯彻依法治国重大战略的根本任务，是提高蓝山法治化水平的现实需要，是推动蓝山各项事业发展的内在要求。五年来，我们把法治蓝山建设作为最持久、最深刻、最长远的民生福祉，落实责任，加强宣传，法治教育深入人心，干部群众法治意识不断加强，为全县经济社会发展营造了良好的干事氛围。

必须始终坚持民生为本。民生是为政之本、和谐之基、幸福之源。五年来，我们坚持走好群众路线，把实现好、维护好、发展好最广大人民的根本利益作为一切工作的出发点和落脚点，把民生幸福作为第一追求，加大民生投入力度，强力推进扶贫攻坚，察民情、听民意、问民需、解民忧，人民群众就学难、就业难、看病难、住房难的问题得到有效缓解，人民群众看得到、体会得到、感受得到的获得感、幸福感显著增强。

必须始终坚持党的领导。蓝山实现赶超发展最根本、最重要的经验是始终坚持党的领导，坚定政治方向。五年来，全县各级党组织始终高举中国特色社会主义伟大旗帜，深入贯彻党的十八大、十八届历次全会和习近平总书记系列重要讲话精神，把握正确发展方向，始终在思想上、政治上、行动上与党中央保持高度一致，化解了一个又一个矛盾，破解了一道又一道难题，为全县经济社会发展扫除了障碍。实践证明，只有坚持党的领导，增强各级党组织的号召力、凝聚力和战斗力，我们的力量才会无坚不摧，我们的事业才能无往不胜。

在看到成绩的同时，我们也要清醒地认识到，目前我县经济社会发展还面临着诸多的问题和挑战。一是思想解放程度还不够，改革步伐不够快；二是经济基础比较差，全面小康建设还有短板；三是发展方式还比较粗放，产业结构不优，产业链条还未形成；四是各种矛盾和难题还很多，有待进一步化解；五是维护稳定的压力还比较大，良好的社会风气尚未形成；六是干部的素质和作风还需进一步提高和改进，等等。这些问题，需要我们高度重视，认真研究，切实加以解决。

## 二、今后五年的发展形势和奋斗目标

今后五年，是全面建成小康社会的决战决胜时期，外部因素复杂多变，机遇与挑战长期并存，我们必须认清形势，把握主动，创新突破。

从国际形势看，不确定性因素增多。目前，国际经济仍然处于深度调整之中，全球经济复苏动力不足，欧美等发达经济体虽然基本保持了温和复苏势头，但大部分新兴市场仍然面临较为严峻的经济下行压力，国际经济竞争的不平衡和不确定性进一步加剧。我县作为外贸进出口大县，对国际市场依赖性较强，毛织服装、玩具制鞋、电子信息等支柱产业将面临诸多问题考验，需要提前研判，积极应对。

从国内形势看，机遇挑战长期并存。当前，我国经济正处于转型发展的特殊时期，经济发展呈现出速度变化、结构优化、动力转换三大特点。国内一些重大工业区的经济回落，集中体现了供给侧改革的必要性和紧迫性。为加快经济转型发展，中央作出了“一带一部”“一带一路”“中部崛起”“东北振兴”等重大战略部署，蓝山作为“一带一部”的重要节点，将面临前所未有的发展机遇和重大挑战。

从县级层面看，发展红利持续释放。十一次党代会以来，县委团结带领全县人民，坚持以全面建成小康社会为总揽，以全面深化改革为动力，着力实施了“五大会战”“十件大事”，产业建设、城市建设、项目建设、民生建设等方面均呈现出良好的发展态势，为蓝山的发展奠定了坚实的基础。同时，省直管县体制改革、产城融合示范区建设、湘粤合作试验区建设和重大项目建设等改革发展的红利将得到持续释放。

总的来说，蓝山的发展已经进入转型升级、重心调整的关键时期，培育新产业、引进新技术、发展新业态已是迫在眉睫、时不我待。我们要牢固树立哲学思维、融合思维、互联网思维、起跑线思维和底线思维，准确把握大势，科学施策，主动发力，精准突破，为加快建成全面小康社会凝聚发展合力。

今后五年全县工作的指导思想是：高举中国特色社会主义伟大旗帜，以毛泽东思想、邓小平理论、“三个代表”重要思想和科学发展观为指导，深入贯彻落实党的十八大以来的决策部署和习近平总书记系列重要讲话精神，紧紧围绕“五位一体”总体布局和“四个全面”战略布局，全面落实“五大发展理念”，以全面建成小康社会为总揽，以改革为动力，以发展为要务，以产业为根本，以民生为宗旨，以党建为保障，开放崛起，创新突破，为加快建成“湘粤生态工贸创新城市”而努力奋斗！

今后五年全县工作的预期目标是：

——经济保持稳定增长。到2020年，全县GDP完成139.69亿元，年均增长9.8%；规模以上工业增加值完成41.55亿元，年均增长12.1%；全社会固定资产投资完成166.22亿元，年均增长17.6%；社会消费品零售总额完成59.74亿元，年均增长12.1%；城镇居民人均可支配收入完成35453元，年均增长10.5%；农民人均纯收入完成18421元，年均增长11%；财政总收入完成13.21亿元，年均增长16.4%。其中，人均GDP比2010年翻一番，财政总收入比2015年翻一番，经济发展速度高于省、市平均水平，城乡居民人均可支配收入高于省、市平均水平，各项主要经济指标进入全市先进行列。

——全面小康目标实现。协调推进各项社会事业发展，教育、医疗、就业等民生工程得到全面加强，低保、大病互助等社会救助体系不断完善，医保、社保等社会保障体系不断提标扩面，精神文明建设取得丰硕成果，生态环境不断改善，贫困人口全部脱贫，全面建成小康社会，实现第一个“百年”奋斗目标。

——争创工作卓有成效。国家卫生县城、省级文明县城、省级园林县城等“三城同创”目标全部实现，成功创建国家公园县、省级金融安全区、省级安全生产示范县，成功争取国家地质公园、国家湿地公园、水生态保护区，社会治理、安全生产、人口计生、深化改革等工作进入或保持全省先进行列。

——城乡发展步伐加快。县城面貌得到大幅改观，城市基础设施全面改善，人民群众文明习惯初步形成，“湘粤生态工贸创新城市”魅力突显，县城辐射带动能力显著增强。毛俊、所城、楠市等小城镇建设取得重大突破，毛俊镇进入全省旅游强镇行列。美丽乡村建设与休闲旅游深度融合，全面建成毛俊、大洞、百叠岭等乡村旅游示范点。

——深化改革活力绽放。省直管县改革取得实质性成效，省级下放权限迸发巨大活力。产城融合示范区建设有序推进，东方大道以北建成品质活力新县城，县城发展重心向北转移。全力推进湘粤合作试验区建设，基础设施、产业建设、人才交流等湘粤合作项目取得明显成效。行政管理体制、农村综合改革、社会治理体系等改革项目均取得重大成果，为开放发展注入强大动力。

——民主法治不断健全。不断健全党领导下的民主政治，人大、政府、政协及法院、检察院党组向县委报告工作制度形成常态，人大法律监督、政府依法行政、政协参政议政职能得到充分发挥，爱国统一战线作用突显，国防后备力量不断增强，党外监督不断强化，群团组织在经济社会发展中的作用得到有效发挥。

——党的建设持续增强。全面从严治党不断向基层延伸，基层党建得到全面加强，软弱涣散党组织动态清零，党建引领作用得到有效发挥。执行力建设不断引向深入，党员干部作风建设取得明显成效，队伍素质得到全面提升。党风廉政教育形成新的常态，“两个责任”得到全面落实，全县上下形成了风清气正、干事创业的浓厚氛围。

## 三、今后五年的主要任务和工作重点

今后五年，要按照“十三五”规划确定的基本路线和目标任务，突出重点，精准发力，实现全县经济社会发展新跨越。

（一）以有效投入为抓手，推进基础大升级

1. 完善水利基础设施。未来五年，全县计划完成水利基础设施投入70亿元，水利工程蓄引提水总量增加1.25亿立方米，达到2.25亿立方米，新增灌溉面积4万亩，改善灌溉面积11万亩。毛俊水库主体工程全面完工，毛江水库、两江口水库竣工蓄水；新建从岭脚至七里江城市防洪工程，完成塔峰、毛俊、土市、祠堂圩等7个排涝站建设；将舜水、俊水、钟水三条主要河流9段纳入中小河流治理项目，19段农村河道纳入农村河道治理工程；抓好高塘坪水库、龙溪河坝和群英水闸的除险加固工程，对龙溪河坝、群英等7个中型灌区完成渠系配套改造，实施五小水利、城乡供水一体化、农村饮水安全、山洪沟治理、抗旱应急水源、湘江源国家水利风景区等水利工程，推进水生态文明建设。

2. 打造循环交通路网。全力争取兴永郴铁路、广清怀高铁过境蓝山，加快推进湘江源至九嶷山、祠堂圩至岭脚G537线、县城至毛俊水库3条重点公路建设；升级改造大洞至火市公路。大力实施农村客运班车通达线路加宽、乡村公路连接、路网连接畅通工程，积极申报国家和省市级基础设施扶贫工程与项目，提级改造农村公路。加大农村公路危桥改造的实施力度，提高安全通行能力。积极推进乡镇客运服务站以及农村招呼站建设，和平汽车站完工营运。

3. 健全能源供应体系。全面改造城乡电网，新建110千伏变电站4座、35千伏变电站2座，改造行政村电网117个，架设郴州至蓝山220千伏电网主干线。到2020年，全县供电量达到5亿千瓦时，初步建成主网坚强、配网完善的电网结构。加快清洁能源基础设施建设，“十三五”期间完成风电装机80万千瓦以上。大力发展农村再生能源，积极引进开发光伏发电项目。

4. 提高信息网络水平。依托宽带中国、智慧蓝山建设，着力发展4G、5G宽带，实现县城、乡镇和村级移动网络宽带全覆盖，全县移动手机用户达13万户以上，4G用户普及率达到95%以上。结合国家信息化战略，重点加强光纤网络和无线网络建设，新建和改造的网络达到100兆及以上能力，行政村通光缆和宽带比例提升到90%，城区建设一批无线接入网4G、5G站点。

（二）以优化结构为主线，推进产业大转型

1. 做实园区平台。以加快湘粤开放合作试验区和湖南省产城融合示范区建设为重点，大力推进开放平台建设，重点抓好生态石材产业园、皮具产业园、华侨产业园、新能源产业服务园等园中园建设，完善海关、检验检疫、保税物流、集中验放等功能，积极申报建设公路口岸和商贸物流中心，整合提升口岸功能，努力把蓝山建设成为全市一类口岸、全省重要口岸城市。赋予经济开发区县域经济管理权限，建立园区融资平台，设立一级财政，加快经济开发区发展。加快以标准厂房、公共设施、交通路网为重点的园区基础设施建设，五年内建成标准厂房150万平方米以上，创业大道、龙泉大道、承丰大道、兴蓝大道、德政路、金石路等园区道路建成通车。创新招商方式，采取产业招商、小分队招商、点对点招商、以商招商等方式，提升招商质量和效益，招真商、招实商、招对蓝山发展有效益、有贡献的商。

2. 培植优势产业。始终坚持产业自信，以信息化带动工业化，以服务业提升制造业，以价值链延伸产业链，促进产业的调整优化、转型升级和融合发展。利用高新技术、先进适用技术和先进工艺改造提升传统产业，促进毛织服装、玩具制鞋等传统产业现代化、高端化、品牌化、集群化发展。坚定不移地发展生态石材、循环冶化、清洁能源、现代农业、加工贸易、商贸物流等六大支柱产业。其中，风电开发完成80万千瓦以上，石材开采、加工、贸易、观赏产值要达到30亿~50亿元，循环冶化基本建成集加工、选矿、交易一条龙的100亿铁锰矿产业集群，打造中国南方清洁能源之都、中国花岗岩之乡、中国南方铁锰矿之县。加快农村土地流转，以创建国家级出口食品、农产品质量安全示范县为契机，以农业标准化建设为重点，大力培育农产品加工龙头企业和专业合作社，建设一批优质农产品基地，实现农业规模化、标准化生产，推动传统农业向现代农业转型。扶持电商企业做大做强，至2020年，全县发展电商企业1000家以上。

3. 优化服务方式。牢固树立“发展第一、创业第一、服务第一”的理念，努力营造浓厚的投资兴业氛围。不断优化政策环境，制定出台鼓励创业就业的政策措施，破解企业融资、用地、用工等难题。不断优化政务环境，落实《湖南省行政程序规定》和《湖南省政府服务规定》，全面推行项目建设“35天限时办结制”，精简行政审批事项，规范办事程序，切实提高行政效能。大力实施执行力提升工程，从严治理“不作为、慢作为、乱作为”行为。不断优化建设环境，始终保持严打态势，坚决杜绝强买强卖、强装强卸、强行阻工等行为。不断优化金融生态环境，高度防范、严厉打击非法集资，全面建成省级金融安全区，切实提高金融服务能力。

（三）以统筹协调为手段，推进城乡大融合

1. 推进“三城同创”。“三城同创”工作要在常态化上下功夫，建立健全“三创”工作长效机制，决不能为了牌子而创建，决不能为了检查而应付。要组织群众参与，接受群众检阅，要让群众有成就感、获得感。一是全民参与抓“创卫”。紧扣2018年成功创建“国家卫生县城”的目标，进一步完善城区基础设施和市政设施，夯实创卫工作基础；按照精细化、无缝隙、全覆盖的要求，树立大城管理念，整合城管、市管、交通等部门力量，强化分工合作、联合执法，不断提升城市管理水平；加强城市管理数字化平台建设，全面实现县城交通数字化管理全覆盖，着力打造“智慧城市”；理顺城镇管理体制，充分发挥各单位、部门的主体作用和街道、社区（村）的基础作用。二是部门联动抓“创文”。紧扣今年内成功创建“湖南省文明县城”目标，积极培育和践行社会主义核心价值观，切实加强社会公德、职业道德、家庭美德、个人品德教育，精心实施市民素质提升、行政效能创优、文化精品打造、市容整治优化、文明品牌创建“五大工程”，强力营造知荣辱、讲正气、作奉献、促和谐的风尚，为县域经济社会发展提供良好社会环境，切实提升县域发展软实力。三是多管齐下抓“创园”。按照到2017年成功创建“湖南省园林县城”的目标，制定实施园林县城建设规划。一方面，突出“建绿增绿”，通过见缝插绿、拆墙透绿、破硬还绿、缺株补绿、立体造绿、小区（单位）增绿等措施，重点抓好县城街道及区域绿化，入城道路及城郊绿化。另一方面，突出“养绿护绿”，落实管护责任，开展园林建设综合整治，探索市场化道路，不断提高县城园林化水平。

2. 推进县城扩容。一是加快道路建设。实施县城西拓、北扩发展战略，全面提升县城发展容量和承载能力。全面完成蓝山大道、二广高速连接线、湘粤北路、创业大道、兴蓝大道、承丰大道、德政路、科技路等扩容道路建设，重点推进蓝山大道、二广高速连接线、东方大道、和平汽车站等城市门户景观区建设，以道路建设拉开县城发展框架。二是推进配套提质。高标准完善城市新区市政基础设施，加快推进给水管网、排水管网、燃气管道、供电管道和道路绿化、亮化、净化等配套设施建设，完成10万吨水厂、污水处理厂二期和工业污水处理厂工程，彻底解决城市内涝问题。以城东路沿线旧城改造为重点，加快实施棚户区和危房改造，促进旧城提质升级。以“打非治违、控违拆违”为手段，铁腕整治非法买卖土地、非法建设、非法生产行为。三是加快产城融合。按照“产业新城、城市新区、产城融合”的发展思路，加快新城区建设。一方面，推进城北城市综合体、招商服务中心、保障性住房、示范性中学、示范性幼儿园、“四馆两中心”建设，不断聚集新城人气；另一方面，生态石材产业园、皮具产业园、华侨产业园、新能源产业服务园等园中园集中推进，加快打造产业集聚、配套完善的创新型工业园区，形成新的经济增长极。

3. 建设活力乡村。一是坚持规划引领。把规划摆在推动城乡协调发展的突出位置，科学编制、严格实施各级各类规划。加强县域空间规划管理，将全县地域空间划分为城镇发展、农业生产、生态保护三类空间。城镇发展以县城为核心，以永连公路沿线、S324沿线为发展轴，通过强化“一核两轴”，不断提升城镇辐射带动能力。农业生产着力打造特色蔬菜产业区、特色水果产业区、特色经作产业区“三区”，建设粤港澳和湖南省重要的农产品基地。生态保护重点实施主体功能区示范工程、绿色城镇化建设工程、美丽乡村建设工程、经济发展绿色化工程、生态治理与修复工程、生态文明制度构建工程等六大工程，保护好湘江源头良好的生态环境。二是打造特色小镇。以全国重点镇楠市镇、省级特色镇毛俊镇、省际边界口子镇所城镇为突破口，找准发展风口，完善基础设施，培育特色产业，着力打造一批品质活力示范乡镇，引领带动城乡统筹发展。三是建设美丽乡村。按照“生产发展、生活宽裕、乡风文明、村容整洁、管理民主”20字方针要求，持续推进美丽乡村建设。坚持办点示范、以点带面，每年启动一批、建成一批，2017年全面完成村庄规划编制，2020年建成30个以上省市级示范村，2条美丽乡村旅游精品线路，10个以上乡村旅游项目和品牌。

（四）以共建共享为原则，推进社会大和谐

1. 维护社会稳定。坚持用群众工作统揽全局，着力形成党委领导、政府负责、社会协同、公众参与的社会治理格局。完善县、乡、村三级群众工作机构，加强和改善信访工作，把群众当家人，把群众的事当家事，把群众来信当家信，把做好群众工作当家业，落实干部接访、下访、包案责任制，化解基层矛盾。加强平安蓝山建设，完善街面防控、社区防控、单位防控、视频监控、虚拟社会防控、区域警务协作“六张网”。加强流动人口、特殊人群、重点地区和社会组织的服务管理，推动警力下沉，提高基层治安防控能力。保持打黑除恶高压态势，震慑暴力犯罪和黑恶势力犯罪，给人民群众以安全感。加强安全生产管理，严格落实“党政同责、一岗双责、失职追责”，持续开展矿山、危险化学品、道路交通、消防、建筑、食品药品生产经营等领域的综合整治，遏制重特大安全生产事故发生。加强应急管理和防灾减灾体系建设，提高应急处置、事故救援和抗灾救灾能力。

2. 推进依法治县。全面推进法治蓝山建设，切实提高各领域的法治化水平。推动依法执政，坚持党的领导、人民当家作主和依法治国的有机统一，实行依法决策、科学决策和民主决策相互衔接，提高各级党委依法执政的能力和水平。推动依法行政，加快政府职能转变，实施政务公开，实现政府管理和政府服务法治化。推动公正司法，规范证据制度，加强安全防范，提高司法效率，降低诉讼成本，形成权责明确、行为规范、监督有效的司法工作机制。完善审判公开、检务公开、警务公开制度，不断提高政府法制队伍、行政执法队伍、政法干警队伍和法律服务队伍的综合素质，着力以司法公开和队伍建设促进司法公正廉洁。加强司法救助和法律援助，依法维护投资者和人民群众的合法权益，坚决打击各类犯罪活动，营造公开、公平、公正、可预期的社会环境、法治环境和经济发展环境。全面实施“七五”普法规划，落实“谁执法谁普法”责任制，将普法工作纳入国民经济和社会发展总体规划，纳入绩效评估和综治考核。

3. 凝聚发展合力。始终加强党的领导，认真落实县人大、政府、政协和法院、检察院党组向县委报告工作制度。始终发展社会主义民主政治，坚持人民代表大会制度，坚持共产党领导的多党合作和政治协商制度。大力支持人大及其常委会依法行使职权，大力支持人民政协按章程履行职能，充分发挥人大、政协的作用，建立健全民主决策、民主监督的程序和制度，保障人民当家作主的权利。不断巩固和壮大爱国统一战线，广泛凝聚社会各界智慧和力量，形成齐心协力谋发展的工作合力。支持群团组织参与社会管理，发挥桥梁纽带作用，维护群众合法权益。加强国防教育、国防动员和后备力量建设，推动军民融合深度发展。

（五）以激发活力为目标，推进改革大突破

1. 深化行政管理体制改革。大力推行“四单”管理制度，进一步转变政府职能，及时承接落实省、市取消、调整、下放的行政审批事项。制定出台“一站式”审批实施意见，落实行政审批事中事后监管制度，将项目建设并联式审批模式推广到其他行政审批领域，对相关审批进行流程再造，推行“阳光”审批，网上审批。完善机构编制实名制管理系统，实施机构编制实名制管理。加快事业单位分类改革，在全县选取1~2个事业单位开展法人治理结构建设试点，推进有条件的生产经营类事业单位转为企业或社会组织，逐步取消学校、医院等单位的行政级别。深入开展扩权强镇试点，探索将城管、交通、环保、规划、国土等部分执法权下放到吸纳人口多、经济实力强的乡镇。巩固政府职能转变和政府机构改革、乡镇区划调整改革、合村工作成果。

2. 深化农村产权制度改革。全面完成农村土地承包经营权确权登记颁证工作，科学编制全县农地规划。加快建设省级生态农业科技园、现代农业综合产业园、现代农业特色产业园，积极引导工商资本入农，大力发展“公司+基地+农户”等新模式。完善农村土地经营权流转办法，建立农村产权交易中心，鼓励农民以转包、出租、互换、转让、股份合作等形式流转土地经营权，做大做强新顺农牧、温氏集团、神浓有机等农业企业，培育壮大家庭农场、农民合作社、专业大户等新型经营主体。探索以农村土地征收、集体经营性建设用地入市、宅基地制度改革为代表的“三块地”改革，充分释放农村土地活力。加大县级涉农资金整合力度，引进1~2家村镇银行，建立农业融资性担保公司，做实做大做强农建投，积极探索农村土地经营权、林权、农村宅基地使用权、农民自建房屋财产权抵押贷款的有效途径。建立健全特色农业保险、农产品溯源、科技成果效益分配等制度体系，推进农业规模化、标准化、机械化生产。全面完成供销联社综合性改革。

3. 深化社会治理机制改革。以建立“条块结合、以块为主”的网格化管理机制为重点，建立完善“智慧蓝山”社会综合服务平台，推进6个社区标准化建设。完善以党工委为核心的“一委一会三站一办”社区机构和“社区党工委—网格党支部—楼栋党小组”的党建工作格局，逐步下放县级服务事项，优化社区职能，增强社区自治和服务功能。制定出台农村网格化建设标准和工作流程，逐步开展农村网格化管理。积极拓展便民服务网络体系，实现209个村庄便民服务点全覆盖。加快推进全天候视频联网监控系统建设，提高治安防范科技化、智能化水平。进一步发挥自治组织和社会组织在社会治理中的作用，形成党政善治、社会共治的新格局。

4. 深化结构性改革。认真贯彻落实省、市关于推进供给侧结构性改革的具体要求，坚持市场主体地位，减少政府对微观经济活动的干预，让各类要素自由流动。制定出台推进全县新型工业化发展的意见，推进电子信息、轻纺制鞋、玩具服装、矿冶制造等中小企业转型升级，大力培育教育文化、健康养老、休闲旅游、运动健身等消费新热点，改善供给体系和需求结构，推动全县产业结构趋于优化。大力发展开放型经济，充分利用大数据优势，完善企业“抱团出海”“借船出海”和风险预警机制，扶持湘威、承阳、高信等企业做大做强，逐步形成产业集群。加快国有企业改革步伐，深入研究国有企业资产处理、人员安置等具体措施，集中处置落后产能，清理“僵尸企业”。以服务项目发展为导向，创新工作举措，合理调整资金、土地、劳动力等要素结构，补齐企业发展的短板，营造发展大产业、产业大发展的良好局面。

5. 统筹推进其他各项改革。深入推进省直管县改革试点，认真对接省直单位权限下放和承接工作，全面完成调整行政管理体制、扩大经济社会管理权限、加快政府职能转变三大任务，确保形成可借鉴的省直管县改革试点经验。加快产城融合步伐，建设好湘粤开放合作试验区，启动省级产城融合示范区建设，着力为县域经济发展注入新活力。推进新型城镇化，深化户籍制度改革，打破二元结构，真正让“农民”变“市民”。进一步推进公立医院改革，积极构建“基层首诊、双向转诊、急慢分治、上下联动”的医疗分级诊疗模式。全面完善公共文化服务体系，推动传统媒体与新媒体的融合，实现文化产业繁荣发展。积极落实“全面两孩”政策，严厉查处政策外多孩生育。深化生态文明体制改革，建立健全生态文明建设考核和责任追究机制。

（六）以全面小康为总揽，推进民生大改善

1. 坚决完成脱贫任务。按照省市要求，集中精力抓好精准扶贫工作。进一步落实《关于加快推进精准扶贫开发工作的决议》及“1+X+部门”政策文件，深入实施精准扶贫“六大工程”，扶贫措施精准到村、精准到户、精准到人。加强县、乡两级扶贫队伍建设，强化驻村帮扶工作队的实绩考核。抓好产业扶贫、就业转移、兜底保障，多渠道促进贫困人口增收；全面整合资金，实施项目扶贫，不断完善贫困地区尤其是贫困村基础设施建设，破除发展瓶颈制约；做大金融扶贫，撬动信贷投入，引进民间资金参与“三农”开发；加快智力扶贫，落实教育“雨露计划”等扶贫政策。

2. 全面发展民生事业。深入推进“三项优先”战略，大力推进民生事业发展。坚持教育优先，加大教育基础设施建设，全面实施标准化学校建设，全面普及高中阶段教育，推进教育信息化。深入推进“名师、名校、名校长”工程，大力创办特色教育品牌，提高教育质量。坚持就业优先，实施更加积极的就业措施，全面实施“三免两补一合同”扶持政策，推动大众创业、万众创新。做好重点群体就业工作，建立就业普惠制度，完善城乡均等的公共就业服务体系。加大医疗扶贫力度，发展中医药事业，启动中医院建设，引进高等级民营医院，提高医疗救助水平。加快乡镇卫生院及村卫生室标准化、规范化建设，全面实施城乡居民大病保险制度，建立覆盖城乡居民的基本医疗卫生制度，进一步提升基层医疗服务能力，推进城乡卫生服务一体化。加强社会保障，建立健全惠及全民、覆盖城乡、制度健全、相互衔接的新型社会救助体系。积极引进社会资本，推进康体养生、健康养老事业。

3. 不断巩固生态优势。把生态环境保护作为最大的民生工程，始终坚守环境底线、生态红线。继续实施“添绿、净水、蓝天”三大生态工程，深入推进生态蓝山建设，强化湘江源头的保护治理，坚持按照国家行业标准保护性开发资源产业，加大依法打击力度，对核心区域实行最严格的保护和监管。以推进水生态文明建设试点县、国家地质公园、国际旅游度假区建设为重点，引进战略投资者对湘江源旅游资源进行高标准、高规格的规划及开发，加快完善宾馆酒店、自驾车营地等旅游配套设施建设。着力推进“五边绿化”工程，抓好县城及高速公路、省道两旁可视范围内绿化攻坚工作，通过大户造林、基地化造林，提高造林质量。抓好通道绿化提质工程，重点对县城至湘江源等相关道路的绿化进行全面提质。

4. 加快提升精神文明。以省级文明县城、国家文明县城创建活动为载体，广泛宣传、大力弘扬社会主义核心价值观，大力宣传和保护蓝山舜文化、瑶文化、红色文化，加强“非遗”保护和管理。在提升传统文化产业的基础上，舞活“文化创意”产业龙头，加快开发新兴文化产业。立足湘江源生态资源优势，加快湘江源生态旅游与美丽乡村建设相结合，切实做大、做强、做响湘江源文化品牌。进一步加大文明创建力度，文明校园创建率达到100%，县级以上文明村镇达到50%以上。以“四馆两中心”为重点，加快推进公共文化体育基础设施建设，完善基层文体阵地，完成塔下寺民俗文化公园建设，全面启动夔龙公园建设，建成民俗风情街。进一步引导村级休闲文化广场建设，完善村级文化娱乐设施，完善公共文化服务体系，开展好丰富多彩的文艺活动，满足人民群众日益增长的文化需求。

## 四、扎实推进全面从严治党

按照中央和省委、市委全面从严治党的要求，切实加强党的建设，大力推进“党建+”工程，把党建优势转化为发展优势，把组织活力转化为发展动力。

1. 坚持“思想建党”，严守理想信念高地。严格落实意识形态工作责任制，用好思想建党这个传家宝，抓住思想教育这个生命线，坚持不懈地抓好思想理论武装。大力推进马克思列宁主义、毛泽东思想的学习，推进邓小平理论、“三个代表”重要思想、科学发展观的学习。深入推进“两学一做”学习教育，突出抓好习近平总书记系列重要讲话精神的学习培训，坚持全面学和专题学、反复学和跟进学、集体研究和个人自学“三个结合”，通过深学细悟、研机析理，更好地掌握讲话的核心要义和精神实质，做到学而信、学而用、学而行，做到不忘初心、继续前进。深入开展理想信念教育，将其列入县委党校、县委中心组学习、专题培训的重要内容，作为干部参加学习培训的必修课。注重用好红色教育资源，扎实开展驻村扶贫、结对帮扶等体验教育，充分发挥正反典型的教育警示作用，切实增强教育的针对性和有效性，不断强化“四个意识”，坚定“四个自信”。大力加强党性党风党纪教育，牢固树立党章意识，推动党内教育从“关键少数”向广大党员拓展、从集中性教育向经常性教育延伸。加强党的纪律特别是政治纪律、政治规矩教育，引导党员干部牢记和遵守中央提出的“五个必须、五个决不允许”等要求，任何时候都牢记党的宗旨，站稳党的立场，维护党的权威，始终与以习近平同志为总书记的党中央保持高度一致。

2. 坚持“从严治吏”，严管党员干部队伍。从严把好选人用人关口，坚持习近平总书记“好干部标准”，严格执行《党政领导干部选拔任用工作条例》。牢固树立重德才、重品行、重实绩、重执行、重基层一线的用人导向，把好干部选出来、用起来，让对党忠诚、对群众有感情、对事业负责任的人有希望，让想干事、能干事、会干事、干得好事而又不出事的人有舞台，让无精打采、无所事事、无事生非的人没市场，让华而不实、哗众取宠、投机钻营、拉拉扯扯的人没空间。从严实施干部管理监督，严是爱、松是害，严管就是厚爱，对干部放任自由既危害党的事业又祸害干部本身。坚持有权就有责，权责要对等，问责要较真，追责要严厉，决不能感情用事，决不能有怜悯之心。要全面推行领导干部有关事项报告制度，健全日常提醒、函询和诫勉机制，持续加强干部队伍执行力建设，不断完善对干部的考核和评价机制。要立明规矩，破潜规则，坚决促进能者上、庸者下、劣者汰。突出县直和乡镇党政正职这个“关键少数”，加强对“一把手”权力运行全过程、全方位的监督制约，确保权力公开透明运行。发挥群众监督作用，积极畅通举报渠道，推进“12380”举报工作规范化建设，着力构建信访、电话、网络、短信“四位一体”的综合性举报平台，织密群众监督之网，始终保持对违法违纪行为的“零容忍”，主动核实、敢于查处，让干部心有所畏、言有所戒、行有所止。

3. 坚持“久久为功”，着力转变工作作风。牢固树立“作风建设永远在路上”的思想，持续深入开展干部队伍作风建设，教育和引导党员干部严格遵守中央八项规定、省委九项规定、市委十项规定和县委十项规定、十条禁令。立足“守土有责”，坚持源头治庸、治懒、治散，强化作风建设“两个责任”和“一岗双责”。严肃追究“不作为、慢作为、乱作为”行为，建立内部检验与公众评议相结合的作风评价体系，形成更加科学的考评成果运用机制，大力整治影响发展的突出问题。以机关部门为重点，积极推行机关绩效管理，深入开展“作风建设提升年”活动，完善服务承诺、首问负责、限时办结、失职追究工作制度。建立工作作风状况定期分析研判和经常性开展专项整治制度机制，深化正风肃纪行动，坚决纠正“四风”问题，不断提高群众对作风建设的满意度。深化农村基层作风巡查，促进乡镇干部队伍作风持续好转，切实践行党的群众路线，深入一线解决民生难题，不断增进党群干群血肉联系，用干部的辛苦指数换取群众的幸福指数。

4. 坚持“固本强基”，不断夯实基层基础。以激发基层党建活力为目标，坚持把抓好基层党建作为最大的主业、最大的政绩，始终把党建工作放在突出位置，切实解决基层党建工作薄弱的问题，真正增强基层党组织的凝聚力和战斗力。大力推行“党建+”工程，完善“三级联述联评联考”机制，聚焦党建主责主业，重点加强乡镇（街道）、农村、社区、“两新”组织、机关事业单位、学校、医院等七个领域的党组织建设，落实“三会一课”、双述双评、民主评议、组织生活会等党内生活制度，抓实基层党支部规范化建设、乡镇（村）便民服务中心（站）规范化建设、合并村临时党组织建设、党组织和党员执行力管理等工作，全力打造学习型、服务型、创新型基层党组织。大力推行“一核心三组织五基本”农村基层治理法治化和社区“网格化管理、组团式服务”，大力整顿软弱涣散基层党组织，积极探索实施基层党组织书记职业化管理工作。以扩大基层民主为重点，进一步完善基层党组织民主决策、民主管理和民主监督制度，落实“四议两公开”工作法，扩大人民群众的知情权、参与权、监督权。切实加强基层党员队伍建设，严格党员发展标准和程序，健全不合格党员退出机制，不断优化党员队伍结构，提高党员队伍整体素质。切实加强流动党建工作，进一步打造流动党建品牌，重点加强“两新”党组织建设，用党的先进性引领民营经济发展。

5. 坚持“惩防并举”，狠抓党风廉政建设。着眼于未雨绸缪，惩防并举，坚持抓早抓小，运用好监督执纪问责的“四种形态”，对存在的问题早发现、早处置，防止小错酿成大祸，违纪变成违法。加强理想信念、道德情操、行为规范教育，让领导干部自觉限制私欲的膨胀，形成“不敢腐”“不能腐”“不想腐”的有效机制。健全完善党委（党组）及其主要负责人履行党风廉政建设主体责任清单和纪委（纪检组）及其主要负责人履行党风廉政建设监督责任清单，健全完善党委书记、纪委书记约谈提醒制度，切实加强纪检干部的培训、监督和管理。加强对“两个责任”落实情况的检查考评，对管党治党主体责任缺失、监督责任缺位，“四风”和腐败问题多发频发的党组织，坚持“一案三查”，严肃责任追究。围绕“三重一大”事项，抓住重点领域和关键环节，开展廉政风险防控工作，着力打造预防腐败的体制机制。始终坚持惩治腐败的高压态势，不断推进从严治党向基层、向农村延伸。大力加强乡镇纪委建设，深入开展“雁过拔毛”式腐败问题和“纠‘四风’、治陋习”专项整治工作，坚决整治损害群众利益的不正之风和腐败问题，以作风建设的实际成效取信于民。

目标已经确定，号角已经吹响，抓好今后五年的工作，关键在于落实，重点在于干事。让我们紧紧团结在以习近平同志为总书记的党中央周围，以时不我待的责任担当，以舍我其谁的豪情壮志，以敢叫日月换新天的创业精神，扬帆起航，乘风破浪，为加快建成“湘粤生态工贸创新城市”、全面建成小康社会而努力奋斗！

# 蓝山县人大常委会工作报告

## ——在蓝山县第十七届人民代表大会第一次会议上

（2016 年 11 月 28 日）

蓝山县第十六届人大常委会主任

## 过去四年的主要工作

过去的四年，在中共蓝山县县委的坚强领导下，蓝山县人大常委会深入贯彻党的十八大和十八届三中、四中、五中、六中全会及习近平总书记系列重要讲话精神，以邓小平理论、“三个代表”重要思想、科学发展观为指导，坚持党的领导、人民当家作主、依法治国有机统一，按照“四个全面”战略布局的要求，紧紧围绕县委部署和全县工作大局，认真履行宪法和法律赋予的各项职责，积极工作，较好地完成了各项工作任务。

四年来，县人大常委会召开 33 次常委会会议，听取和审议县人民政府、县人民法院、县人民检察院专题工作报告 56 项，通过 35 项决议、决定；检查 12 部法律实施情况，对 13 个部门开展工作审议，开展 26 项专题调研和视察；听取代表资格审查委员会关于个别代表的代表资格审查报告 6 个，决定和批准任免一批国家机关工作人员等。县人大常委会工作取得了新进展、新成效。

### 一、增强宪法意识，保障宪法实施

全面贯彻实施宪法，是建设社会主义法治国家的首要任务和基础性工作。始终恪守宪法，履行监督职责，大力弘扬宪法精神，坚决维护宪法权威，保证宪法在本行政区域内全面有效实施。

（一）坚持共产党的领导。中国共产党的领导是中国特色社会主义最本质的特征，是中国特色社会主义制度的最大优势。始终把坚持党的领导贯彻于人大工作的各方面，始终在思想上、政治上、行动上同以习近平同志为核心的党中央保持高度一致；始终坚持正确政治方向，依法行使“三权”，适时指导乡镇人大工作；始终坚持服从县委的正确领导，保证党的路线方针政策和县委决策部署在人大工作中得到全面贯彻和有效执行。

（二）建立宪法宣誓制度。参照《全国人民代表大会常务委员会关于实行宪法宣誓制度的决定》，制定《蓝山县实施宪法宣誓制度办法》，2016 年 1 月 1 日开始实施。2016 年，县人大常委会任命的 22 名国家机关人员都在宪法面前进行庄严宣誓。全县 14 个乡镇换届新当选的人大主席、副主席、乡镇长、副乡镇长举行宪法宣誓。实行宪法宣誓制度，体现国家工作人员对祖国对人民应有的忠诚、担当和庄严承诺，极大地激励和教育国家工作人员忠于宪法、遵守宪法、维护宪法、实施好宪法。

（三）宣传人民代表大会制度。《中华人民共和国宪法》第二条规定：“中华人民共和国的一切权力属于人民。人民行使国家权力的机关是全国人民代表大会和地方各级人民代表大会”。人民代表大会制度是人民民主专政国家的政体，决定国家的重大事务，体现国家生活的全貌，是其他政治制度赖以产生和建立的基础。2014年，围绕“人民代表大会制度建立60周年”的主题，组织召开“蓝山县庆祝人民代表大会制度建立60周年暨地方人大常委会设立35周年大会”，开展座谈会、征文大赛、书画摄影作品展和登山比赛。通过系列活动，积极宣传人民代表大会制度，组织和动员全县人民坚定中国特色社会主义道路自信、理论自信、制度自信、文化自信，在新的历史起点上坚持和完善了人民代表大会制度。

（四）指导县乡换届选举工作。县乡人大换届选举，是全县人民民主政治生活中的一件大事，是加强基层政权建设的重要途径，是率先全面建成小康社会的重要支撑。这次换届面临着新修改的选举法、代表法和地方组织法关于代表结构优化、代表素质把关、代投票行为规范等方面的更高、更严要求，同时，乡村区划调整、社情民意复杂等诸多新情况也增加了换届选举难度。常委会从保障“城乡同比”、落实“两升一降”、代表资源摸底、代表名额分配、提高代表素质、优化代表结构和加强国家权力机关建设等方面，精心制定内容翔实、科学可行的人大换届选举工作方案，在县委的统一领导下，把纪律和规矩挺在前面，确保换届选举风清气正。坚持党的领导、充分发扬民主、严格依法办事，妥善处理好各个环节中出现的问题，指导乡镇圆满完成换届选举任务，依法选举产生新一届县、乡两级人大代表，乡镇人大、政府换届圆满成功。为我县人大工作的新老交替、承前启后打下良好的基础。

（五）健全规范性文件备案审查制度。对规范性文件实行备案审查，是维护宪法尊严、保证国家法制统一的重要制度。县人大常委会以贯彻实施修改后的立法法为契机，加强备案审查制度和能力建设。县人大常委会工作机构与有关方面共同建立规范性文件备案审查衔接联动机制。目前，我县各类规范性文件纳入备案审查范围。四年来，县人大常委会工作机构依法向市人大常委会报备28件规范性文件，对“一府两院”报备的276件规范性文件逐件进行审查，研究各方面提出的审查建议，认真做好备案审查工作。

## 二、依法认真履职，谋全局议大事

县人大常委会紧紧围绕中心，充分发挥人大职能作用，竭力服务全县经济社会发展大局。

（一）立足全局，讨论决定重大事项。围绕县委重大决策，科学谋划，依法行使重大事项决议决定权，保证县委决策和人民意愿得到统一和实现。着眼于保障城乡居民饮用水安全，县人大常委会第三次会议作出《关于加强饮用水源地保护的决议》，从建章建制、水质监控、严防污染、信息公布、接受监督等方面提出要求，督促政府及其相关部门强化措施，抓好饮用水源地保护工作。着眼于破解融资难题，县人大常委会本着依法监督、严格程序、服务发展的理念，积极支持县人民政府依法依规筹措建设资金，形成相应的决定，有效确保中心城区棚户区改造、示范性中学建设、异地移民搬迁、保障性住房建设、创新创业园区建设等重大项目的资金需求，同时加强对资金管理、使用情况的监督。为推动全县经济健康发展，县人大常委会对“调整年度经济指标”、“以政府资产置换蓝山县农村信用合作联社不良贷款”等重大事件进行讨论，并适时、科学做出相关决定。

（二）助推发展，认真审议重大问题。围绕全县经济社会发展大局，认真听取和审议专项工作报告，提出意见建议，并形成审议意见进行交办，督促“一府两院”改进工作，解决问题。针对乡镇区划调整问题，县人大常委会第二十三次会议认真审议《蓝山县乡镇区划调整改革工作实施方案》，提出“明确乡镇政府驻地”和“将紫良瑶族乡更名为湘江源瑶族乡”等建议和意见，进一步完善方案，促进全县乡镇区划调整改革工作顺利进行。针对县城总体规划修改问题，认真听取和审议县人民政府关于蓝山县城总体规划中期修改情况的汇报，要求相关部门要严格执行该规划，确保规划的权威性和可持续性。针对文化古迹保护问题，县人大常委会第一次会议批准了《蓝山县虎溪历史文化名村保护规划（2012—2030）》。有力推动加强虎溪村古建筑群保护措施，更好地发挥虎溪历史文化名村的优势。针对城市建设管理问题，县人大常委会在广泛征求社会各界意见的基础上，进行认真审议和投票表决，确定桂花树为县树、梨花为县花，有力推动"三城同创"。先后就重点项目建设、新农村建设、现代农业发展、创建省级卫生城市、"8·16"灾后重建、村委换届选举、毒品整治、网吧治理、母婴保健、义务教育经费预算执行等方面，认真听取和审议相关情况的专题汇报。

（三）发扬民主，依法进行人事任免。县人大常委会认真贯彻县委意图，始终坚持党管干部和人大依法任免干部相统一的原则，完善和规范干部任免制度。四年来，县人大常委会依法履行对拟任人选的审查、任免程序，依程序进行人事任免事项214人次，都严格按照宪法和地方组织法的有关规定，认真做好任前调查、法律考试、供职发言、审议询问、任前公示等方面的任命把关工作，确保任免事项公平公开公正，努力把群众的满意度、公认度作为任免干部的重要标准，依法任免"一府两院"机关工作人员，为平稳进行机构改革、推动全县经济社会持续健康发展提供有力保障。依法任命人民陪审员，推动人民陪审员制度建设，拓宽人民群众有序参与司法监督渠道。

（四）认真调研，积极回应社会关切。围绕人民群众关注的热点，针对生态石材产业开发、风电开发、民办教育发展、税制改革、"六五"普法工作、人防工作、烤烟生产等情况开展调研，对存在的问题，有针对性地提出建议和意见，形成专题调研报告。认真代言人民群众的所需、所盼、所想，帮助相关职能部门改善工作，切实为人民群众履好职、服好务。比如，调研农业农村工作时，委员们就进一步整合资金，强化项目建设、加大农村环境治理力度，打造美丽乡村提出许多好的建议和意见。为科学编制"十三五"规划，提高规划编制水平，深入相关部门对"十二五"规划执行情况和"十三五"规划编制情况进行调研，并及时将调查情况反馈给县人民政府及相关职能部门，为科学制定"十三五"规划，保障民本民生、推动蓝山快速发展献计献策。

## 三、强化责任意识，扎实推进工作监督

四年来，县人大常委会突出重点，着力增强监督实效，推动县委重大决策部署贯彻落实，服务民生，促进依法行政、公正司法，推动社会和谐发展。

持续开展"四行"活动。坚持将"四行"活动作为人大工作的民生之行，广泛宣传、持续推进"环保世纪行"、"农产品质量安全行"、"农民健康行"、"民族团结进步行"，四项活动都连续获得市"优秀组织奖"表彰。"环保世纪行"通过集中采访报道湘江源头生态环境保护、水资源安全、创建省级卫生城市等工作，有效促进我县环境质量根本好转。专题审议新《环境保护法》执行情况，针对全县在法律宣传不广、环保意识不强、执法力度不够等方面问题进行意见交办，督促县人民政府排查出74家排污企业。"农产品质量安全行"抓牢"田间-市场-餐桌"环节，督促县人民政府制定完善一系列规章制度、强化农民科技培训、加大农产品检验检测设备投入，进一步保障全县农产品的质量安全，确保蓝山多年来没有发生一起农产品质量安全事故。"农民健康行"针对农民"看病难、看病贵"的问题，对全县新型农村合作医疗工作情况开展了一次专题调研，进一步规范农合医疗服务和基金监管行为；听取《传染病防治法》贯彻实施情况汇报，实地查看县直及乡镇卫生院传染病预防监测、救治设备设施

的建设情况，推动标准村卫生室建设，进一步维护广大人民群众的身体健康。“民族团结进步行”通过深入基层，开展对民族地区经济社会的调研，推动民族地区经济社会稳步发展，进一步促进民族政策的落实，促进民族团结进步事业的发展。

认真开展工作审议。先后对县安监局、教育局、水利局、劳动和社会保障局、司法局、国土资源局、住建局、交通运输局、民政局、文广新局、食品药品监督管理局、国税局、城市管理行政执法局等13个与民生密切相关的政府部门开展工作审议。通过工作审议调查，认真查找这些部门在贯彻执行相关法律法规、落实人大决议决定、规范工作流程、抓实工作纪律、主动服务人民群众等方面存在的问题。在集中审议大会上实事求是、直言不讳地提出批评和建议，集中交办整改意见。采取跟踪督办、重点督办、对整改工作进行审议和测评等方式，促进被审议部门认真解决工作中的问题，提高为人民服务的主动性，提升业务水平和工作效能。

强化财政预算监督。认真贯彻实施新《预算法》，进一步完善全口径预算监督。听取和审议全县财政决算情况、计划执行情况和财政预算执行情况、部门预算编制情况及相关审计报告和审计整改情况的汇报，审查和批准财政决算、预算调整方案等，督促审计工作报告指出问题的整改落实。通过对计划常态化监督，强化宏观经济管理，推进依法理财，促进蓝山经济健康发展。

狠抓决议决定落实。作出决议决定后，重在抓好落实。为贯彻落实好第十五届人大常委会作出的《关于开展土地清理整顿，规范土地市场秩序的决议》和《关于加强全县医疗卫生工作，努力提高人民健康水平的决议》，县人大常委会多次开展视察调研，及时跟踪监督，听取县人民政府执行情况汇报，提出意见、建议，向县人民政府交办。县人民政府认真落实决议，把开展土地清理整顿和加强全县医疗卫生工作作为助推蓝山科学发展的重要举措来抓，努力探索土地开发利用和医疗卫生体制改革。自2013年2月26日县人大常委会作出《关于加强饮用水源地保护的决议》后，县人大常委会持续关注饮用水质量安全问题。2014年6月县人大、县政协组织人大代表、政协委员开展了一次联合视察，重点视察水源保护区的环境保护情况，听取林业、国土、环保、水利等职能部门的工作情况汇报。代表、委员们同堂共议，在会上指出要完善监督机制、加大治理力度，从建章建制、严防污染、严格执法、信息公布、有序开发等方面提出意见和要求。同时，县人大常委会向县人民政府进行专题意见交办，进一步督促政府及其相关部门强化措施，抓好饮用水源地保护。

听取和审议专项工作报告。为切实履行好职责，加强对政府及其部门工作监督，县人大常委会突出重点，听取和审议政府专项工作报告56项，涉及经济社会各个方面。围绕加强宏观调控和科学决策，适时听取和审议计划和财政相关情况汇报，保障全县经济稳定健康发展。围绕事关经济社会发展的重大问题，听取和审议建设社会主义新农村、生态蓝山建设、重点工程建设、广播电视、药品监督、质量监督、社会保险、医疗卫生、劳动就业、电子商务发展等工作情况汇报，强化监督，促进依法行政。

加强对司法工作的监督。听取和审议县人民法院关于审判工作情况汇报、刑事诉讼法执行情况汇报及法院超期审判案件情况汇报，提出审议意见30余条，推动县人民法院加强队伍建设，完善审判工作制度，加强基层法庭建设，健全便民诉讼机制，提升审判工作整体水平，提高案件审判质量和办案效率。听取和审议县人民检察院关于监检工作情况汇报、民事行政监督工作汇报、反贪反渎工作情况汇报和公安、检察超期羁押情况汇报，督促司法部门紧扣“公正执法、执法为民”主题，积极探索和规范工作的监督范围和方式，更好地为社会发展服务，为社会和谐稳定提供有力的法律保障。针对人民群众日益关注的禁毒工作，组织禁毒工作专项视察，既肯定全县禁毒工作成绩，又进一步关注到毒品形势的严峻性、复杂性，代表们从“加大宣传力度，从娃娃抓起，从媒体宣传抓起”、“实行打击和挽救、教育与惩治并举”、“完善机制，积极推进禁毒工作社会化，全面建成网格化社会管理体系”等方面提出建议、意见20多条，为打赢全县禁毒战争献计献策。

深入开展执法检查。执法检查是人大监督的法定形式，县人大常委会组织代表重点对《中华人民共和国食品安全法》《中华人民共和国药品管理法》《中华人民共和国传染病防治法》《中华人民共和国环境保护法》《中华人民共和国人口与计划生育法》《中华人民共和国农产品质量安全法》《中华人民共和国道路交通安全法》《中华人民共和国义务教育法》《中华人民共和国大气污染防治法》《中华人民共和国刑事诉讼法》《中华人民共和国刑法》《中华人民共和国母婴保健法》等12部法律法规贯彻实施情况进行执法检查。督促有关单位及时整改存在的问题，保障宪法和法律法规得到贯彻执行，切实维护社会公平正义，营造公开、公平、公正的法治环境。2015年4月，新《食品安全法》修订出台，贯彻了中央“最严谨的标准、最严格的监管、最严厉的处罚、最严肃的问责”的要求，要坚决治理餐桌上的污染。县人大常委会重视新《食品安全法》的贯彻实施情况，县人大常委会主任、县人大常委会副主任分别带队，深入乡镇，深入农贸市场、米粉加工厂、饮食店、学校食堂和周边小超市实地检查，推动食品安全“一法一条例”贯彻落实到位，强化普法、执法和监管措施，从根本上扭转食品安全问题频发的状况，补齐民生短板，守住民生底线，切实保障“舌尖上的安全”。

## 四、增强服务意识，促进代表履职

坚持尊重代表主体地位，把充分发挥代表作用作为密切联系群众的主要途径、作为提高县人大常委会工作质量的重要基础，完善代表工作机制，不断提高服务代表、服务群众的水平。

做好信访工作。从维护社会稳定的大局出发，进一步建立健全有关信访接待制度，坚持领导定期接访和督办落实制度，明确专人负责信访工作，积极做好疏导工作。四年来，共接待受理群众来信来访600余件（次），按照有关规定向“一府两院”进行转办。其中20余件作为重点督办件，县人大常委会领导持续跟踪督办，督促解决一些侵害群众利益的问题，较好维护人民群众合法权益。

强化代表建议办理。高度重视代表建议意见办理工作，确保人民群众的知情权、参与权、表达权、监督权落到实处。对年初人代会期间代表提出的建议意见，召开专题交办会，向“一府两院”及其职能部门和承办单位提出具体的办理要求和办理时限，明确承办单位的承办责任和县人大常委会内设机构的督办责任。在承办部门的认真办理和县人大常委会有针对性的督办下，代表建议意见都得到较好落实。同时，确定六到十件建议，由县人大常委会主任、副主任重点督办。如，办理《关于修复、硬化七里江旧桥至枫树脚蓝大公路路段的建议》，县公路局第一时间进行砂石填补，再研究改造方案并及时施工，不到半年，完成该路段水泥硬化；对《关于提高边远山区教育、医护人员津补贴的建议》，财政、教育、卫生等部门及时研究调整方案，妥善调整边远山区教育、医护人员的津补贴发放方案，代表和群众反映良好；办理《关于加强三蓝广场管理，提升蓝山城市形象的建议》，县政府统一组织，开展综合整治，依法依规拆除违规设施，清除周边摊点，营造干净、整洁、文明的广场环境，赢得广大市民的好评；办理《关于对猫大公路损毁路面修复的建议》，县人大常委会主要领导组织分管交通的副县长、相关职能部门、乡镇（街道）领导与代表们一起实地勘探、研究建设方式，并多次发函督促办理，解决山区群众出行难问题；《关于在县城主城区禁止燃放烟花爆竹的建议》得到县人大常委会高度重视，县人大常委会主要领导多次过问，县人民政府精心组织调研，出台相关管理条例，于2016年11月1日开始施行。四年来，代表提出建议意见400多件，人大代表建议的办结率达到100%，满意率达到96%，代表们对代表建议意见的办理工作给予充分肯定。

促进代表依法履职。一是注重代表履职学习。坚持从提升代表综合素质入手，有计划地组织代表学习《中华人民共和国宪法》《中华人民共和国地方各级人民代表大会和地方各级人民政府组织法》《中华人民共和国选举法》《中华人民共和国人民代表大会和地方各级人民代表大会代表法》《中华人民共和国各级人民代表大会常务委员会监督法》等法律法规及相关的政策、规定，使代表能正确理解和把握人民代表大会制度的性质、地位、作用，增强代表履职的责任感和使命感。二是搭建代表履职平台。认真组织闭会期间代表活动，不定期组织县人大常委会组成人员和部分人大代表开展调研、视察活动，四年来，县人大常委会共组织26次代表视察或调研活动，主要涉及农业产业化发展、烤烟生产、新农村建设、饮用水源地保护、城市管理、创卫工作等情况。组织视察时，扩大了代表参与面，重视发挥代表作用，重点吸收基层代表、熟悉相关工作的代表参加视察，认真征集、转办代表提出的建议意见，有关部门及时反馈办理结果。三是扎实开展“双联”工作。常委会组成人员通过多种方式加强与人大代表的联系，听取意见和建议，帮助解决实际困难和问题。召开工作审议大会时，特别邀请单位职工、社区居民、普通农民列席会议参加审议，多渠道听取群众意见。四是指导乡镇人大工作。认真落实《中共全国人大常委会党组关于加强县乡人大工作和建设的若干意见》，重视和加强乡镇、街道的人大机构建设，积极指导乡镇人大主席团各项工作，努力推动乡镇人大代表工作室建设，抓好代表联系群众工作，实行人大代表向选民报告工作履职情况制度。

## 五、增强担当意识，抓实自身建设

县人大常委会始终把思想政治建设放在首位，坚持用邓小平理论、“三个代表”重要思想、科学发展观和习近平总书记系列重要讲话精神武装头脑、指导实践、推动工作。深入开展群众路线教育实践活动、“三严三实”专题教育、“两学一做”专题教育，坚定理想信念，切实增强思想自觉和行动自觉，始终以严和实的精神做好人大工作。深入推进党风廉政建设和反腐败斗争，认真反思衡阳破坏选举案、南充拉票贿选案和辽宁拉票贿选案的深刻教训，努力营造风清气正、干净干事的良好氛围。坚持不懈抓作风建设，自觉遵守“六大纪律”，遵守中央“八项规定”，继续改进会风文风，积极开展调查研究。坚持常委会党组集体学习制度，认真办好常委会专题讲座，全面提升运用法治思维和法治方式开展工作、解决问题的能力。人大机关全面加强思想、组织、作风和制度建设，充分发挥了参谋助手和服务保障作用。县人大常委会领导积极参与县委安排的重点项目和各项中心工作，深入联系乡镇，开展精准扶贫、整顿“软弱涣散”、调处群众纠纷等工作，推进县委决策的全面落实。县人大代表、县人大机关干部在“8·16”抗洪救灾中奋战一线、踊跃募捐，热心参与各项公益事业，弘扬红军精神，认真践行社会主义核心价值观，积极发挥模范带头作用。

四年来，县人民代表大会及其常务委员会在县委的坚强领导下，认真履行宪法和法律赋予的职责，在审议、决定重大事项，依法开展监督、任免工作，加强和改进代表工作等方面，取得了新的成绩，胜利完成了县十六届人民代表大会一次会议确定的目标任务。

四年来，县十六届人大常委会取得的成绩，归功于县委的正确领导和全县人民的高度信任，这也是全体县人大代表、县人大常务委员会组成人员和县人民代表大会机关工作人员辛勤工作的结果，是“一府两院”支持配合的结果。

过去的四年工作，虽然取得了一定的成绩，但也还存在许多不足。对照宪法和法律，对照新形势、新要求，对照党和人民的期盼，县人大常委会的一些工作亟待改进和加强。一是调查研究有待进一步深入。每次会议审议前，县人大常委会对调查研究的重视还不够，有的调研只是走过场，走马观花、蜻蜓点水。二是审议质量有待进一步提高。县人大常委会组成人员审议发言的质量仍然存在“短板”现象，有的草率应付、隔靴搔痒，有的泛泛空谈、漫无目的，有的择善而言、不敢较真，很大地影响了审议质量，没有充分发挥人大常委会职能作用。三是执法检查的方式有待进一步探索。开展执法检查形式单一，仅限于听报告、看现场、开座谈等方式，还存在“雷声大雨点小”的现象，导致检查不够深入、发现的问题不够全面，执法检查的效果有时不理想。四是批评、意见和建议的督办力度有待进一步加强。一些部门在办理过程中只见“文来文往”、不见“现场落实”，办理的效果与代表期待还有一定差距。对这些存在的问题，新一届县人大常委会将高度重视，认真加以解决。

## 展望与建议

人民代表大会的性质是国家权力机关，人大制度的根本原则是“一切权力属于人民”。坚持和完善人民代表大会制度，做好新形势下人大工作，是党和人民赋予我们的光荣使命。

未来五年，是蓝山县全面完成“十三五”规划、实现全面建成小康蓝山的冲刺时期，也是转变发展方式、推动创新崛起的攻坚时期。当前，蓝山县经济发展势头良好，蓝山作为首批省直管改革试点县，发展机遇明显增多，加上全县干部群众开拓创新、真抓实干的闯劲，为蓝山县抢抓机遇，实现跨越发展汇聚了强大能量。

新一届蓝山县人大常委会要紧密团结在以习近平为核心的党中央周围，始终高举中国特色社会主义伟大旗帜，全面贯彻党的十八大和十八届三中、四中、五中、六中全会精神以及省党代会精神，以邓小平理论、“三个代表”重要思想、科学发展观为指导，深入学习贯彻习近平总书记系列重要讲话精神，按照“五位一体”总体布局和“四个全面”战略布局，牢固树立和贯彻落实“创新、协调、绿色、开放、共享”的新发展理念，坚持党的领导、人民当家作主、依法治国有机统一，认真学习贯彻《中共全国人大常委会党组关于加强县乡人大工作和建设的若干意见》和省委文件精神，围绕县委提出的奋斗目标，加强和改进监督工作，推动县委重大决策部署贯彻落实，为促进经济社会平稳较快发展、保持社会和谐稳定作出新的贡献。

一是解放思想，进一步提升决议决定水平。要以创新、协调、绿色、开放、共享的新理念，立足蓝山实际，谋划发展全局，适时作出决议和决定。要围绕“三城同创”、“创建湘粤生态工贸创新城市”和建设富饶、美丽、幸福新湖南，谱写蓝山新篇章加大专题调研力度，着力破解发展难题，促进县委重大决策贯彻落实，促进蓝山经济社会目标任务圆满完成。要狠抓决议决定的落实，将在本次大会上通过的《关于举全县之力建设毛俊水库的决议》《关于在县城主城区禁止燃放烟花爆竹的决议》，县人大常委会将持续监督，咬定青山不放松，真正把决议精神落到实处。

二是强化责任，进一步依法实施工作监督。人大及其常委会监督“一府两院”的工作和实施有关法律情况，是人民代表大会制度的内在要求和制度安排，体现了国家一切权力属于人民的宪法原则。县人大常委会要把宪法法律赋予的监督权用起来，坚持问题导向，坚持监督与支持相统一，确保宪法法律得到有效实施，促进“一府两院”依法行政、公正司法，推动“十三五”规划纲要全面实施。县人大常委会要积极回应群众期盼，围绕“更优秀的教育，更稳定的工作，更满意的收入，更可靠的社会保障，更优质的医疗服务，更舒适的居住条件，更优美的生活环境”目标，持续监督食品安全、环境保护、学位建设、医疗卫生建设、文明法治建设等与人民生活息息相关的问题。

三是规范程序，进一步抓好人事任免工作。要把坚持党的领导、充分发扬民主与严格依法办事紧密结合起来，坚持干部“四化”和德才兼备原则，坚持党管干部和民主集中制原则，选好、任好国家公职人员。坚持宪法宣誓制度，增强国家机关工作人员的宪法意识、公仆意识、责任意识。完善公职人员履职报告制度，坚持任后监督。

四是探索机制，进一步推动代表依法履职。要贯彻落实《全国人大常委会办公厅关于完善人大代表联系人民群众制度的实施意见》，建立和完善“双联”机制和选民监督代表制度，建立健全人大代表联系人民群众的工作平台，完善人大代表与人民群众联系的方式方法，使人大代表真正做到对人民负责，受人民监督，为人民谋利。要认真做好蓝山县第十七届人民代表大会期间代表提出建议的处理、交办和督办工作，建立健全人大代表反映人民群众意见和建议的处理反馈机制，提高人大代表议案、建议的办理质量和实效。加强、创新人大代表培训方式，提高代表综合素质，丰富和完善闭会期间人大代表参加活动的组织形式和活动方式，更多地组织人大代表参加执法检查、视察、调查等活动，为人大代表依法履职提供条件和保障。

五是严守纪律，进一步加强自身建设。自觉坚持党的领导，严守政治纪律和政治规矩，切实增强政治意识、大局意识、核心意识、看齐意识，围绕党中央决策部署履职尽责。紧扣党的政治、组织、廉洁、群众、工作和生活“六大纪律”，把纪律建设摆在更加突出的重要位置，积极开展党风廉政教育，严格落实《关于新形势下党内政治生活的若干准则》《廉洁自律准则》《党内监督条例》《纪律处分条例》，加强和规范党内政治生活，强化党内监督和人民群众监督，保证全体党员发挥先锋模范作用，保证领导干部忠诚干净担当。推动践行“三严三实”要求常态化、长效化，持之以恒抓好思想建设、作风建设、制度建设和队伍建设，积极营造良好的政治生态环境。

谋篇布局冲刺全民小康，凝心聚力共创美好蓝山。全面建成小康社会的光明前景召唤着我们，全面建成法治社会的重大使命激励着我们。站在新的起点，激流勇进，我们责无旁贷。让我们在中共蓝山县委的坚强领导下，把发展的眼光放得更远，把奋斗的脚步踩得更实，不忘初心、团结一心、坚定信心、下定决心，为实现“十三五”时期经济社会发展目标，为全面建成小康社会、为建设和谐幸福新蓝山而努力奋斗！

# 政府工作报告（摘要）

——在蓝山县第十七届人民代表大会第一次会议上

（2016 年 11 月 27 日）

魏和胜

## 一、十六届政府工作回顾

2012 年以来，在县委的正确领导下，在县人大、县政协的监督支持下，十六届县人民政府以全面建成小康社会为总揽，团结带领全县广大干部群众，凝心聚力，真抓实干，攻坚克难，全县呈现出综合实力大增长、城乡面貌大变化、民本民生大改善的喜人局面。蓝山先后被列为和评为国家主体功能区建设试点示范县、湘江源头区域国家生态文明先行示范县、湘江源国家水利风景区、国家级出口食品农产品质量安全示范区、全国十大生态产茶县、全国生猪调出大县，湖南省直管县经济体制改革试点县、承接产业转移重点县、承接产业转移代办服务试点县、外贸进出口基地县、县域经济发展先进县、全面小康推进工作“十快进县”、产城融合示范区、省级创业孵化基地、省级农业生态科技园、现代农业综合产业园、特色产业园。计划生育、安全生产、社会治理、环境保护、信访维稳、新型工业化、新农村建设、农业综合开发、烤烟生产、土地管理和耕地保护、维护矿产资源开发秩序、烟基建设、无偿献血、乡镇区划调整改革等工作被评为省、市先进。

紧盯全面小康，推进加快发展，县域经济迈上新台阶。经济总量明显提升。2016 年与 2012 年相比，地方生产总值由 66.27 亿元增加到 96.28 亿元（预计数，下同），年均增长 9.8%；规模工业增加值由 15.59 亿元增加到 25.46 亿元，年均增长 12%；财政收入由 4.18 亿元增加到 7.12 亿元，年均增长 16.3%；全社会固定资产投资由 39.87 亿元增加到 86.64 亿元，年均增长 24.1%；社会消费品零售总额由 22.34 亿元增加到 37.73 亿元，年均增长 13.2%。2016 年，全面小康实现程度达到 89.1%，比 2013 年提高 22.8 个百分点。发展质量明显提升。三次产业结构占比由 2012 年的 18.9 : 40.8 : 40.3 调整为 2016 年的 17.8 : 36.4 : 45.8，产业结构持续优化。节能降耗持续下降，万元 GDP 能耗下降至 0.6 吨标煤/万元，烟花爆竹行业整体退出有序开展。高新技术企业新增 7 家，总数达到 10 家，被评为全省科技成果转移转化示范县。人均均量明显提升。2016 年，人均地方生产总值、人均财政收入、城镇居民人均可支配收入、农民人均纯收入分别达到 28309 元、2093 元、23672 元和 12025 元，分别是 2012 年的 1.42 倍、1.7 倍、1.24 倍和 1.39 倍。金融供给明显提升。2012 年至 2016 年，年度新增贷款累计达 33.6 亿元，融资平台实现融资 23.83 亿元，信贷投放和融资均创历史最好水平，有力支持了全县经济社会发展。

主抓实体经济，推进转型升级，产业建设实现新发展。工业经济提质发展。规模工业企业发展到 83 家，规模工业总产值由 2012 年的 54.1 亿元增加到 2016 年的 102.3 亿元。新兴产业扬帆起航，风电开发签约 93 万千瓦、核准 40 万千瓦，塔峰、大桥、四海坪等 20 万千瓦风电场开工建设。石材产业园完成征地2000多亩，中石、龙坪石材入园建设，蓝杰石材建成投产。成功引进湘商基金运营商实施铁锰矿循环冶化。以湘威制鞋、必达通讯科技、昇悦玩具、承阳针织、卓华服装等为代表的加工贸易扩产提能，毛针织产业实现自动化操作，归雁创业园12家企业建成投产，高信电子一期竣工投产，湘江源皮具产业园开工建设。完成外贸进出口总额4.73亿美元，湘威制鞋多次跻身全省外贸进出口十强企业。工业园区拓展到5.1平方公里，建成标准厂房58万平方米，被评为湖南省新型工业化产业示范基地。现代农业稳步发展。建成农产品基地242个，发展省市农业龙头企业14家，打造农业品牌50个，培育新型农业经济组织820个，完成种植业“三品一标”认证认定38个，“百叠岭”茶叶、“湘蓝”和“志昱”葡萄被评为湖南省著名商标，“舜玉”香芋被评为永州市知名商标。粮食、蔬菜、茶叶、水果、畜禽渔等稳产增产，烤烟收购稳定在7万担以上。三产业蓬勃发展。通关平台全面完善，保税仓封关运营，冷链物流主体完工。房地产开发102万平方米、销售6925套，餐饮住宿、批发零售、休闲娱乐提档升级。湘江探源、梨园赏花、茶园品茗等生态旅游品牌逐步打响。龙湾三蓝度假区、百叠岭生态观光茶园被评为全省农业旅游示范点，大洞村被评为全省五星级乡村旅游示范区。

注重城乡统筹，推进扩容提质，城乡面貌呈现新变化。县城扩容提质步伐加快。更加注重规划引领，确立了建设“湘粤生态工贸创新城市”的发展定位，县城总体规划修订全面完成，城乡控制性和修建性详规稳步实施。19条扩容道路建设加快，21条主次干道和54条背街小巷完成提质改造，县城一、二市场完成升级改造，供水排污、管道燃气、垃圾收运、路灯照明、公交站台、小游园等市政配套设施不断完善，夔龙公园和舜水河左岸成为市民休闲娱乐健身新亮点。市容市貌整治有效加强，县城主城区禁止燃放烟花爆竹强力推进，成功创建省级卫生城市，“三城同创”深入推进，县城变大、变美、变亮。2016年，全县城镇化率达到47.3%，比2012年提高7.2个百分点。美丽乡村建设如火如荼。深入推进品质活力乡镇建设，全面完成8个乡镇和6个少数民族乡总体规划，楠市镇被列为全国小城镇建设重点镇，毛俊镇和所城镇分别被列为全省特色镇和口子镇建设范围，4个乡镇被评为全省生态示范乡镇。农村“五大革命”成效明显，农村改水改厕有序实施，农村环境综合治理强力推进，13个乡镇农贸市场建设改造稳步推进，建成县级农村淘宝服务中心和127个村级服务站，虎溪村被列为第四批中国传统村名录，上清涵村和大洞村分别被评为全省新农村和美丽乡村建设示范村。基础设施建设成绩斐然。省道322线、324线改造完成，二广高速和厦蓉高速竣工通车，南下广东、北上永州、东赴郴州、西进桂林更为便捷，湖南南大门区位优势进一步凸显。新改建农村公路483.36公里，交通局被评为全国交通运输系统先进集体。蓝山人民翘首期盼的毛俊水库开工建设，实现了广大人民群众的夙愿，水库总投资达27.89亿元，是蓝山有史以来最大的工程项目。完成1.36万处水利工程和35座病险水库除险加固，毛江水库续扩建工程和两江口水库建设启动实施。解决12.07万农村人口饮水安全问题，60%的行政村通上自来水。建成烟水烟路170公里、育苗工场6个、烘烤工场11个，完成高标准农田建设4.5万亩。电力体制改革实现重大突破，地方电网成功并入国家电网。新建1座220千伏变电站和2座110千伏变电站，城乡电网改造有序推进，城乡供电质量明显提升。信息网络迅速发展，乡镇实现光网宽带全覆盖，行政村以上区域电话和移动信号基本实现覆盖。

倡导改革创新，推进创先争优，激发加快发展新动能。创先争优成效明显，蓝山获得国家级荣誉19项、省级荣誉269项、市级荣誉294

项。蓝山被列为全省十三个、全市唯一的省直管县经济体制改革试点县，各项改革任务有效落实，“四清单一目录”制度基本确立。撤乡并村工作走在全省前列，成功将25个乡镇办事处撤并为14个乡镇、358个行政村合并为209个。“营改增”全面实施，部门预算和国库集中支付基本实现全覆盖。成功组建农村商业银行，村镇银行签约落地，金融外汇服务全市领先，不良贷款清收依法强力推进，成功创建市级金融安全区，省级金融安全区有望年内创建成功。城乡一体化征地和集体土地上房屋征收与补偿安置取得突破，不动产统一登记制度稳步实施。首创“5+10+100”、“300+600”医改模式和“9+3”免费职教培训模式，成为全省医疗改革和职教改革的典范。城乡网格化管理扎实推进，毛俊村被评为全国民主法治示范村和全国文明村，廖仁旺同志被评为全国劳模。农村产权制度改革深入推进，集体林权制度改革、国有林场改革全面完成。

坚持民生优先，推进共建共享，社会事业取得新进步。坚持不懈办好民生实事，每年民生支出占比70%以上。全面完成114项重点民生实事项目。2013年“8·16”特大洪涝灾害灾后重建任务基本完成。五大保险参保32.28万人次，城乡低保、特困人员基本实现应保尽保。建成廉租房1008套、公租房5308套，改造棚户区4500套、农村危房7350套。完成脱贫7944人，摘帽贫困村20个。新增城镇就业21340人，农村劳动力转移就业23000人，零就业家庭实现动态清零。“湘江源头在蓝山”成功正名，全县森林覆盖率达到70.87%，县境内河流断面水质达标率100%，空气质量优良率达到98%。社会事业全面进步。完成26所合格学校和15所公办幼儿园建设，示范性中学和幼儿园开工建设，2016年高考升学率排全市各县区第一名。9个乡镇卫生院和69个村卫生室完成改扩建，中心医院门诊和外科大楼投入使用，疾控中心成功创建湖南“县级甲等”疾控机构。建成乡镇综合文化站15个、农村书屋359家、农村体育健身工程258个，塔下寺保护修缮工作全面铺开，电影院加快建设。全面二孩政策有序实施，人口和计生工作保持全省先进。荆竹、湘江源、汇源、浆洞、犁头5个瑶族乡成功举办30周年乡庆。安全生产持续稳定，食品药品安全监管不断加强，定点屠宰秩序有效规范。依法信访调纠稳步推进，综治民调持续好转，社会大局和谐稳定。人武部、法院、检察院、市监局实现整体搬迁，国防动员指挥中心投入使用，国防动员、后备力量建设以及双拥共建不断加强。

强化效能建设，推进作风转变，执政水平有了新提升。自觉接受县人大的法律监督和县政协的民主监督，广泛听取民主党派、工商联和无党派人士的意见和建议，办理人大代表建议案441件、政协提案328件，办复率100%。“六五”普法全面完成。重大行政决策充分听取法律专家的意见建议。乡镇区划调整和政府机构改革全面完成，顺利实现省市行政审批提速两个1/3的要求，率先在全市推行35天限时办理建设项目并联审批制度，城乡建设项目一体化征费全面实施，商事制度改革顺利推进。简政放权成效明显，取消行政许可项目106项、调整110项。政务信息公开大力推进，建立县长热线和县长信箱，政府网站全新上线，电子监察系统运行良好。政府绩效考核评估、干部实绩卡和执行力卡管理全面实施。深入开展党的群众路线教育实践活动、“三严三实”专题教育和“两学一做”学习教育，严格落实党风廉政建设责任制，行政监察、审计监督和财政监督持续加强，严肃查处违规违法违纪行为，政府自身建设明显加强。

各位代表，过去五年的成就令人振奋、经验弥足珍贵，总体来说就是四个“必须始终坚持”：必须始终坚持县委领导，主动接受县人大和县政协的监督支持，集蓝山人之智，聚蓝山人之力，上下同心，团结干事；必须始终坚持发展要务，抓项目、兴产业、惠民生，全力以赴稳增长、调结构、促转型；必须始终坚持改革创新，推进创先争优，破解发展难题，释放发展活力；必须始终坚持民生优先，把增进民生福祉放在第一位，做到发展依靠人民、发展为了人民、发展成果由人民共享。

在肯定成绩的同时，我们也清醒地认识到，全县经济社会发展中还存在一些问题和不足，主要表现在：经济总量还不大，综合竞争力还不强；基层基础欠账还比较多，基层工作压力还比较大；城乡发展还不协调，农民增收渠道还不宽，脱贫攻坚任重道远；公共服务和社会治理体系还不够完善，教育、医疗、社会保障等民生领域还存在薄弱环节；经济发展环境还不优，“三强”行为仍然存在；改革进入攻坚期，政府体制机制障碍亟待破解，行政办事效能和工作作风有待提高和转变；等等。对于这些问题，我们将坚持问题导向，正视问题，直面矛盾，采取切实可行的措施认真加以解决。

## 二、今后五年的主要目标和任务

今后五年全县经济社会发展的指导思想是：高举中国特色社会主义伟大旗帜，深入贯彻落实党的十八大以来的决策部署和习近平总书记系列讲话精神，紧紧围绕“五位一体”总体布局和“四个全面”战略布局，全面落实“五大发展理念”，以全面建成小康社会为总揽，大力实施创新引领、开放崛起战略，打造湘粤对接第一城，为加快建成“湘粤生态工贸创新城市”而努力奋斗！

全县经济社会发展的主要预期目标是：到2021年，全县完成地方生产总值158.7亿元，年均增长9.8%；规模工业增加值45.1亿元，年均增长12.1%；全社会固定资产投资194.9亿元，年均增长17.6%；社会消费品零售总额66.79亿元，年均增长12.1%；城镇居民人均可支配收入38998元，年均增长10.5%；农民人均纯收入20263元，年均增长11%；财政总收入15.21亿元，年均增长16.4%。经济发展速度高于省、市平均水平，城乡居民人均可支配收入高于省、市平均水平，各项主要经济指标进入全市先进行列。

围绕上述目标，将突出抓好以下工作：

（一）突出项目建设，加快完善基础设施。坚持把项目建设作为经济工作的主战场，以项目带投资，以项目调结构，以项目促发展。精心抓好项目包装。围绕资源禀赋、产业基础及国家投资重点，精心包装、推介一批事关全局的重点项目，列入国家和省市重大项目建设笼子。深入实施项目突破。坚持把毛俊水库作为蓝山的“一号工程”，统揽全局，协调各方，举全县之力加快毛俊水库建设，引领带动全县农田灌溉、城乡供水、发电供电和水利设施提质升级。全面完成毛江水库和两江口水库建设，大力推进中小河流生态化治理，完成9万亩高标准农田建设，努力解决7个中型灌区农田灌溉问题。全面加强城乡一体化供水工程建设，逐步完善城乡供水体系，着力解决7.75万人饮水安全问题，力争行政村通自来水率达到80%。大力推进湘江源至九嶷山公路建设，打通南部山区交通瓶颈，引领带动南部山区、民族地区加快发展和湘江源国家森林公园保护开发。全面完成蓝山至毛俊公路和祠堂圩至岭脚公路建设，着力解决蓝大公路和永连公路“肠梗阻”问题。加快农村公路升级改造和通村组公路建设。全面推进城乡电网升级改造，新建3座110千伏和2座35千伏变电站，改造行政村电网117个，架设郴州至蓝山220千伏电网主干线。全面加快新信息基础设施建设，推动通讯宽带建设提质，着力消除边远地区通讯、通电、通网盲区，实现县乡村通讯和网络宽带全覆盖。优化项目建设环境。突出项目策划，优化审批流程，减少审批时间，加快前期工作，创造条件强力推动项目建设。坚持用真心做好群众思想工作，用政策维护群众合法利益，用法律打击“三强”行为，做到“发现一起、打击一起、消除一起”，全力优化项目建设环境。

（二）突出产业升级，加快推进产业集聚。坚持以产业建设为支撑，加快转型提质升级步伐，全力打造“产业蓝山”靓丽名片。加快推进现代农业。全面提升农业规模化、标准化、产业化水平，稳步推进“公司+基地+农户”种养殖模式。全面加快农业生态科技园、现代农业综合产业园和农业特色产业园建设。深入开展特色农业提升行动，稳定发展粮食、烤烟、蔬菜等产业，粮食播种稳定在34万亩左右。培育壮大茶叶、葡萄、黄花梨、油茶等特色产业，大力发展生猪、肉牛、家禽、水产等特色养殖。深入开展“三品一标”认定，培育壮大农村新型经营主体和新型职业农民。不断提升农业科技化水平，力争科技进步对农业增长贡献率达到58%。加快提升新型工业。改造提升传统产业。加快资源整合和技术创新，推动服装、玩具、制鞋等产业提档升级。以发展总部经济为主线，推进湘威制鞋、昇月玩具、高信电子等企业总部落户。整合提升农产品深加工和竹木深加工产业，提质改造铸造产业。加快新兴产业培育。深入推进铁锰矿循环冶化和生态石材开发，着力打造“中国南方铁锰矿之都”和“中国花岗岩之乡”。加大稀土勘探力度，着力打造湘南稀土矿加工基地。加快风电开发和光伏发电产业，完成风电开发80万千瓦以上，着力打造“中国南方清洁能源之都”。提升园区聚集效应。推动企业向园区集中、产业向园区集聚，新增园区面积5平方公里以上，建成标准厂房150万平方米以上，园区工业产值占全县工业产值的75%以上。深入推进开发开放。主动对接产业转移，加快发展外向型经济，引领“蓝宁道新江”加工贸易走廊持续走强。立足县内资源禀赋和产业基础，瞄准大企业、大集团，大力开展精准招商，着力引进一批战略投资者。不断完善海关、检验检疫、保税物流、集中验放等功能，努力把蓝山建设成为全市一类口岸、全省重要口岸城市。加快发展现代服务业。大力推动现代服务业总量扩张、结构优化、水平提升，努力将现代服务业打造成加快发展的新引擎。稳步推进商品房开发，新增保障性住房5500套，规范小区物业管理，健全多层次住房供应体系。培育壮大现代物流、金融保险、科技服务等生产性服务业，提升发展商贸流通、居民服务、健康养生等生活性服务业。加快发展旅游业。牢固树立全域旅游发展新理念，紧紧围绕“湘江之源、生态蓝山”做文章，重点发展湘江探源游、乡村民俗游、红色文化游，全力打造湘江源国家森林公园旅游龙头，着力建设一批农业观光、民俗风情、休闲度假等乡村旅游景点，建成一批特色旅游名镇名村，保护修缮一批红色旅游景点，打造湘粤边界独具特色的生态旅游目的地和知名生态公园县。

（三）突出城乡统筹，加快建设宜居家园。坚持城乡统筹，城乡同治，努力建设湘粤生态工贸创新城市。强化城乡规划引领。坚持大气魄、大手笔推进城乡发展规划，加强规划编制，强化规划执法，强力推进“控违拆违”，全力维护规划严肃性。推进城市扩容提质。推进“东进南改”。全面推进城市防洪工程建设，高标准完成龙溪渠道及景观市政工程建设，启动实施县城舜水河右岸建设，推进舜水河左岸提质改造延伸，推进“一水两岸”联城发展。稳步推进城东南路片区和城东北路片区改造，加快实施棚户区改造，促进旧城提质升级。推进“西扩北拓”。全面完成高速连接线、蓝山大道、和平汽车站、民俗风情街等工程建设，精心打造门户景观新亮点。按照“产业新区、产城融合”的理念，全面完成创业大道、湘粤北路、龙泉路等园区路网建设，加快园区配套功能建设，拓展城市发展新空间。完善城市功能。加快完善供排水和污水处理体系，新建1家日供水9万吨的新水厂，完成第二污水处理厂建设。改造疏浚地下排水管网，着力解决城市“内涝”问题。大力实施“三化”工程，稳步推进夔龙公园、塔下寺文化公园、森林植物园等公园建设。推进城市综合管理。创新城市管理机制，推动城市管理重心下沉，推进城市管理市场化运作，加快建设“数字城管”。不断完善城乡垃圾收运体系，严格落实“门前五包”，强力整治市容市貌，成功创建省级文明县城、园林县城和全国卫生县城。加快美丽乡村建设。以乡镇区划改革为契机，全面推进品质活力乡镇建设，增强楠市、毛俊、所城、土市、新圩、太平、祠市等中心集镇辐射带动力和集聚力。强力推进农村“五大革命”，掀起美丽乡村建设新高潮。大力推进现代农业、电子商务和乡村旅游融合发展，促进农业、农村、农民现代化转型。

（四）突出改革引领，加快释放发展活力。坚持以省直管县改革试点为契机，促改革、清路障、破壁垒、优环境，全力激发经济社会发展活力。推进省直管县试点改革。全面完成省直管县改革试点任务，为省直管县改革出经验、做示范、树标杆。全面推行“四清单一目录”管理，推进简政放权，深化商事制度改革，推进并联审批，建立一站式窗口、网上申报和多证联办制度。强化社会治理改革。强化城乡网格化管理，精心打造政务服务综合平台，完成云计算中心、“智慧蓝山”综合应用平台建设，形成“人在格中走、事在格中办、管理无盲点、服务零距离”的便民服务体系。深化户籍制度改革，引导农民向中心集镇和县城集聚，推动“农民”变“市民”。加强城乡监控体系建设，实现村组监控全覆盖。开展农村综合改革。完善农地利用规划，完成土地承包经营权确权登记，建立农村产权交易平台，全面开展农村产权交易。推进农村集体资产股份制改革和宅基地入市改革试点。深入推进供销社综合改革。严格耕地保护，加强土地流转平台建设，有效治理耕地抛荒。激发全民创新创业。深入推进产教融合，加大与高校科研院所合作力度，注重培养创新创业人才。大力推动“大众创业、万众创新”，努力把蓝山建设成为创业、创新、创客的温馨家园。加快推进“互联网+”工程，拓展互联网与经济社会各领域融合的深度和广度，支持新技术、新产品、新业态、新模式竞相发展。加快发展电商产业，推动各行业“触电上网”，力争电商产业成为新的经济增长点。破解要素瓶颈制约。推进劳务合作，主动为企业“招工引劳”，加强校企合作和技能培训，着力缓解企业用工难题。切实加大土地报批，强力推进征地拆迁，深入开展土地清理，严厉打击土地“三非”行为，着力解决用地难题。创新信贷融资机制，强化银行信贷支持，做实做强融资平台，激活民间资金，探索PPP、股权融资等投融资模式，着力解决建设资金难题。大力营造高效便捷的政务环境，重拳整治“门难进、脸难看、事难办”问题，坚决刹住索、拿、卡、要等歪风邪气，全力创优经济社会发展环境。

（五）突出生态保护，加快生态文明建设。坚持生产和生活两头入手、治理和保护两手齐抓，大力加强生态文明建设，努力让蓝山的山更绿、水更清、环境更宜人。厚植绿色生态优势。深入开展湘江源头区域生态文明先行示范县建设，重点实施主体功能区示范、绿色城镇化建设、美丽乡村建设、经济发展绿色化、生态治理与修复、生态文明制度构建等六大工程。大力实施“添绿、净水、蓝天”三大生态工程，着力推进林业生态工程，切实抓好森林防火工作，确保森林覆盖率达到74.75%。加强生态环境保护。深入推进湘江源头保护和治理，切实抓好禁止开发区域、水源涵养区、生物多样性保护区等重要生态系统的保护修复。深入实施大气、水、土壤防治行动计划，落实最严格的饮用水、耕地、林地、矿产和野生动植物保护制度。全面加强生态环境监管执法，严厉打击乱挖乱采、乱砍滥伐、乱捕滥猎行为，做到有案必立、立案必查、违法必究。深入推进城乡环境综合治理，突出加强农业面源污染和畜禽养殖污染治理。推进绿色循环低碳发展。大力发展循环经济，加快建立循环工业、农业、服务业体系，推进废弃物资源化利用，促进生产和生活系统的循环链接。积极发展林下经济，探索发展碳汇交易和低碳技术交易平台建设，推广新能源发电、污水处理、土壤修复、大气污染防治等清洁低碳技术。着力引导生产生活方式和消费模式向节约、绿色、文明、健康方向转变。

（六）突出民本民生，加快全面建成小康。始终坚持民生为本，增进民生福祉，确保2019年建成全面小康，让人民群众更有尊严地共享改革开放成果。坚决打好扶贫攻坚战。坚持把脱贫攻坚作为第一民生工程，动员各级各部门和社会各界联动配合，坚决打赢精准脱贫这场输不起的攻坚战，确保2017年全县建档立卡贫困村和贫困人口全部脱贫。提升保障和改善民生水平。落实更加积极的就业创业政策，建立健全覆盖城乡、自由转接、优势互补的社会保障体系，全面实施以基本养老保险和医疗保险为重点的全民参保计划。健全社会救助体系，稳步提高最低工资、城乡低保和特困人员供养标准，持续抓好慈善工作。全面发展社会事业。统筹推进各类教育均衡发展，办好人民满意教育。大力实施学位“三年攻坚计划”，建成示范性中学和幼儿园，优化城乡学位布局，努力解决城区学位紧张和中小学“大班额”问题。深入实施“三名工程”，打造教育品牌，整体提升教育教学质量。加快构建现代公共文化服务体系，完成“四馆两中心”建设，加快基层文化活动中心建设，加强革命历史遗址、历史文物、古村落、瑶族文化等传承保护与利用。广泛开展群众喜闻乐见的文体活动，丰富城乡居民业余文化生活。坚持把人民健康放在优先发展位置，建立覆盖城乡的基本医疗卫生制度，加快基层医疗卫生服务体系建设，不断提高公共服务水平，深入开展全民健身活动，全力推进健康蓝山建设。完成医养结合项目建设和妇幼保健院整体搬迁，力争县中心医院建成二等甲级以上现代综合医院。严格落实全面二孩政策，推进流动人口均等化服务，着力提高人口计生服务水平。大力实施“质量强县”战略，狠抓质量提升，推进品牌创建和商标保护。突出加强食品药品监管，切实保障群众饮食和用药安全。维护社会和谐稳定。进一步规范依法信访秩序，强化重大事项社会稳定风险评估，深入开展社会矛盾纠纷排查化解，依法及时就地解决群众合理诉求。深入开展安全隐患排查整治，严格安全监管执法，有效预防各类安全生产事故发生。加强突发事件应急管理，完成人防应急指挥中心建设和地质灾害应急指挥中心建设。坚定支持国防和军队改革，大力推进军民融合发展，深入开展国防教育，切实抓好双拥共建和国防后备力量建设。

## 三、2017年工作目标和主要工作

2017年，全年全县经济社会发展主要预期目标是：完成地方生产总值106.5亿元，增长9.5%；规模以上工业增加值28.6亿元，增长10%；全社会固定资产投资102.24亿元，增长18%；社会消费品零售总额42.33亿元，增长12.2%；财政总收入8.26亿元，增长16%；城镇居民人均可支配收入26158元，增长10.5%；农民人均纯收入13348元，增长11%。

（一）主攻重点项目建设。狠抓水利项目建设。全面推进毛俊水库建设，切实抓好库区征地、土方工程等基础性工作。严格落实国家和省市移民政策，全力抓好移民工作，确保移民“移得出、稳得住、能发展、可致富”。全面完成毛江水库续扩建主体工程和两江口水库抗旱应急水源工程。大力推进“五小”水利项目建设，启动城乡供水一体化项目建设，完成饮水工程建设10个村以上。完成2.25万亩高标准农田建设，启动实施城市防洪闭合圈和钟水河火市段治理工程建设，争取龙溪河坝和群英灌区两个一般中型灌区改造配套项目进入水利建设规划。狠抓交通项目建设。加快高速连接线扩建工程和蓝山大道建设，开工建设湘江源至九嶷山公路、蓝山至毛俊公路、祠堂圩至岭脚公路，加快和平汽车站建设。稳步推进农村公路升级改造，行政村通畅率达到100%。推进农村危桥改造，建成农村招呼站 15 个。狠抓电力项目建设。大力实施变电站扩容，启动 1 座 110 千伏电站和 2 座 35 千伏变电站建设，完成 14 处小水电站增效扩容改造。启动电力大楼和 220 千伏郴州至蓝山的电网主干线建设，加快推进新一轮农村电网改造。加快推进“国进民退”计划，全力保障山区乡镇用电安全。狠抓通讯设施建设。切实加大通讯基站建设，新建 4G 移动基站 310 个，升级改造 45 个无线网络基站，逐步实现行政村移动网络全覆盖。大力推进光纤和有线宽带建设，切实加强宽带网络资源补盲和优化，全面实现 WIFI 全覆盖。

（二）推动产业提质升级。促进农业提效。建立农业标准化示范基地 10 个，示范面积 2 万亩。完成粮食种植 34 万亩、蔬菜种植 11.2 万亩、水果种植 6 万亩、人工造林 2.5 万亩。烤烟种植 3.6 万亩，收购烟叶 8 万担。创新农产品促销模式，依托农村电商，拓宽农产品销售渠道。结合美丽乡村和乡村旅游建设，加快发展休闲农业，建成一批特色休闲农业产业景观。强化农产品质量安全追溯体系建设，大力推进“三品一标”认定工作。加强新型农业经营体系建设，培育提质一批示范合作社和示范家庭农场，发展市级以上龙头企业 2 家。大力推进温氏集团 40 万头生猪养殖项目建设，巩固生猪调出大县和生猪良种补贴县位置。促进工业提升。推进加工贸易提能提质。加快湘江源皮具产业园、华侨同心产业园和归雁创业园建设，启动高信电子二期和万和科技建设，年内新增外贸出口实绩企业 3 家以上，外贸进出口总额突破 1.5 亿美元。加快新兴产业建设。新启动 20 万千瓦风电场建设，完成 40 万千瓦风电场建设。中石、龙坪、博成等石材企业投产达效，新增 3~5 家石材企业入园建设。完成循环冶化产业园火市片区和太平片区选矿场建设，600 万吨选矿和 200 万吨还原生产线竣工投产。加强园区配套建设。加快园区水电、路网、通信、排污等配套设施建设，全面启动龙泉路、兴蓝大道、承丰大道、科技北路、金石路、学府路、学前路等道路建设。大力实施“211”工程，加快建设 2 平方公里创新创业园，建成标准厂房 10 万平方米，引进入园企业 30 家以上。培育企业创新发展。大力实施“大众创业、万众创新”行动计划，新引进创新创业企业 20 家以上。推动各类科技资源向企业集聚，谋划争取一批重大战略性新兴产业项目，支持有条件的企业承担国家和省市重大科技成果转化项目。全年新增规模工业企业 12 家以上，高新科技企业 2 家以上。促进旅游业加快发展。高起点编制好湘江源旅游发展规划，有序推进湘江源国家森林公园保护性开发，加大旅游基础设施的投入，着力引进战略投资者实施保护性开发。大力发展乡村旅游。依托我县优美的自然环境和丰富的乡土文化资源，精心选择一批乡村旅游示范点，整合相关项目和资金向示范点倾斜，并通过以点带面的方式，掀起乡村旅游建设新高潮。充分利用百叠岭、大冲、长铺、竹林、坪源、源桐等六个村列入全国乡村旅游扶贫重点村的政策利好，因地制宜推进全县乡村旅游与精准扶贫融合发展，有效发挥乡村旅游对脱贫攻坚、改善民生的带动作用。加快城市休闲公园建设。编制好夔龙公园和森林植物园建设规划，加快夔龙公园和塔下寺文化公园配套设施建设，切实抓好蓝山湿地公园前期包装和申报工作。着力打造精品旅游路线。立足我县旅游产业基础和发展前景，按照全域化旅游的理念，精心打造“湘江源—长铺舜文化—汇源瑶文化”和“梨园花花世界—毛俊百家姓文化村—百叠岭茶文化园—航昇水乐园”两条旅游精品线路。促进三产发展。加强与阿里巴巴、京东等企业合作，不断健全农村淘宝网络，培育引进一批新的电商龙头企业和人才队伍，鼓励引导广大青年、个体工商户、农村致富带头人等群体投身电子商务创业，发展农村电商 50 个。出台房地产健康平稳发展意见，规范房地产市场秩序，激活城乡居民住房消费。进一步完善城乡物流配送体系，规范城乡物流配送运营，冷链物流、凯利汽车城实现竣工运营。

（三）加快提升城乡品质。加速县城改造提质。加快城乡规划编制。全面完成县城总体规划中期修改，加快编制县城控制性详细规划、各级专项规划和第三轮矿产资源规划，调整完善土地利用总体规划，划定永久基本农田，完成县城人防工程建设规划和地下空间利用规划修编。加大“控违拆违”力度，严厉打击城乡乱占乱建抢建行为。加快县城改造提质。启动实施城东南路片区和城东北路片区改造，加快高速连接线、蓝山大道、东方大道后续工程建设，开工建设湘粤北路、五里南路、余香路、新民北路、边贸北路等道路，将蓝山大道设计向北延伸至舜源街道。加快湘源壹号、逸品蓝山、蓝庭枫景等项目建设，启动实施星级宾馆、三蓝综合体等项目建设。加快县城配套建设。启动第三农贸市场和水果、竹林、建材批发3个专业市场建设，完成城乡农贸市场改造。新铺供水管网10公里，建成管道燃气门站和污水处理厂二期工程。深入推进“三城同创”。精心实施市民素质提升、行政效能创优、文化精品打造、市容整治优化、文明品牌创建“五大工程”，重点加强“建绿增绿”和“养绿护绿”工作，县城绿地率达到35.27%，年内成功创建湖南省园林县城。加速美丽乡村建设。坚持规划引领、项目带动，统筹实施小城镇建设，突出加大全国重点镇、口子镇、特色镇建设力度，全面提升楠市镇、所城镇、毛俊镇聚集力度。按照“规划先行、农民主体、产业支撑、梯次推进”的原则，大力推进美丽乡村建设。高标准完成209个行政村村庄规划编制，全面完成二广、厦蓉高速沿线村庄可视范围内房屋的立面改造，突出加快28个美丽乡村示范村建设。着力加强农村公共基础设施建设，全面推进村级休闲文化场所建设。整体推进农村环境综合整治，完成30个示范村综合整治。新建乡镇垃圾中转站4个，完善农村垃圾收集和无害化处理。

（四）精准实施扶贫攻坚。强化扶贫机制建设。严格扶贫工作领导责任制，建立县直单位和县、乡镇干部帮扶体系，充分调动社会力量，壮大帮扶主体，丰富帮扶手段，落实帮扶责任，确保每个贫困村都有结对帮扶单位，每个贫困户都有结对帮扶责任人。大力实施产业扶贫。坚持以产业为核心，因地制宜帮扶贫困村培育和发展富民产业，确保每个贫困村至少有1个富民产业，推动精准扶贫实现由“输血式”向“造血式”转变。大力改善生产生活条件。坚持规划引领、项目带动，大力实施贫困村基础设施提升行动，积极整合各类资金，扎实推进贫困村以水、电、路、讯为重点的基础设施建设，全力改善贫困村生产生活条件。2017年，力争所有贫困村安全饮水、道路硬化、安全用电、网络通达实现100%。大力开展易地扶贫搬迁。对“一方水土养不起一方人”的村组全面实施易地扶贫搬迁，努力实现搬迁群众“搬得出、稳得住、好起来”的目标。大力争取各方支持。认真研究扶贫开发新精神，切实加大各级项目和资金争取。强化与国家和省市定点帮扶单位联系，抓好已定援助项目落实落地。所有贫困村建立金融扶贫服务站，年内发放扶贫小额贷款2亿元。加强扶贫项目和资金管理，发挥互助资金“酵母”作用，提升贫困群众自我发展能力。

（五）深入推进改革创新。推进行政管理体制改革。深化省直管县改革试点，完善“四单管理”工作机制。深化以政务服务“一门式”改革为核心的行政审批制度改革，切实做好审批事项“接、放、管”工作。深化商事制度改革，推进营业执照全程电子化登记管理。深化城市管理综合行政执法体制改革，建立与城乡一体化发展相适应的建管分离新机制。推进财税金融体制改革。全面推进“营改增”，全面落实结构性减税。加强财源建设和财税征管，推进信息共享平台建设，深化综合治税与规范部门收费改革工作，营造公平税务环境。加强政府性债务管理，做好政府存量债务置换。争取农发行在蓝山设立分支机构，组建1家村镇银行，加强城投、农投、旅投等融资平台建设，全年新增贷款10亿元，平台融资20亿元。推进农村综合改革。加快农村集体建设用地和宅基地使用权确权登记，完成农村土地承包经营权登记发证和产权制度改革扫尾工作，探索土地承包经营权和农民住房产权抵押贷款试点。推动农村土地经营权有序流转，完善和规范土地流转平台，开展项目网上招商，建设3处2000亩以上连片流转示范基地。

（六）着力增进民生福祉。坚持群众利益至上，集中人力财力精力，多办顺民意、解民忧、增民利的好事实事，确保全年民生支出占比75%以上。统筹抓好高校毕业生、退役军人、城镇就业困难人员、农村劳动力等各类群体就业工作，年内新增城镇人口就业4200人、农村劳动力转移就业3000人，帮扶困难就业人员就业6500人。落实全民参保计划，实现“新农保”全覆盖，稳步推进城乡居民基本医疗保险一体化。大力开展助困、助医、助学、助孤行动，完善农村留守儿童、妇女、老年人关爱政策，健全残疾人保障制度，支持社会福利和慈善事业加快发展。推进劳动保障监察“两网化”建设，切实维护农民工合法权益。加快发展社会事业。完成10所合格学校标准化建设和3所学校维修改造，加快示范性中学、示范性幼儿园和辅仁学校新校区建设，顺利通过湖南省义务教育均衡发展考核和教育两项督导评估。启动医养结合项目、塔峰卫生院和妇幼保健院项目建设，争创省级慢性非传染性疾病综合防控示范区。加快推进“四馆二中心”建设，完成影剧院建设和农村广播“村村响”工程建设，加强塔下寺、万年桥、挑盐古道、虎溪、滨溪、南平古城等文化遗产保护和瑶族非物质文化遗产传承保护工作，实施土市、楠市、新圩等地红军长征旧址文物修缮，积极申报国家级文化遗产保护项目。举办好大桥瑶族乡20周年乡庆。加快社区用房和政务“三中心”建设，完成3个社区服务用房和62个行政村便民服务站建设改造。启动气象局整体搬迁和人影基地建设。全面完成第三次农业普查工作。加强以候鸟为重点的野生动物保护工作。加强国防后备力量建设，大力开展双拥共建活动，积极做好人民防空工作，启动人防应急指挥中心建设。大力支持工、青、妇等人民团体和关工委、老年大学等群团组织发挥桥梁纽带作用，充分发挥民主党派参政议政作用，促进各项事业协调发展。严格实施质量控制体系建设，加快检验检测中心及计量检定建设。切实抓好“七五”普法工作。严格落实安全生产责任机制，深入开展“打非治违”，坚决遏制安全生产事故，力争创建省级安全生产示范县。推进社会治安防控体系建设，加强城乡网格化服务管理工作。推动信访、人民调解、行政调解和司法调解有机融合，有效预防和化解矛盾纠纷，全力维护社会稳定。

## 四、全面加强政府自身建设

牢记为民宗旨，加快建设服务政府。始终把人民群众对美好生活的向往，作为矢志不渝的奋斗目标和强大动力，努力为人民群众办实事、解难事、做好事。坚持把与群众利益息息相关的公共服务事项，纳入县乡村三级便民服务体系，全面实施便民服务全程代办。不断完善政务服务、电子政务、“12345”热线等平台建设，加快建立“一号申请、一窗受理、一网通办”的政务服务体系。坚持“以公开为常态，不公开为例外”的原则，大力推进政务决策、执行、管理、服务、结果“五公开”。深入推进网上政务服务和电子监察系统高效运用，加强政府网站建设，健全网上交办、联动督查等网络问政制度，畅通政民互动渠道。关心爱护广大基层干部群众，大力营造肯干事、能干事、干成事的浓厚氛围。

坚持依法行政，加快建设法治政府。坚持法无授权不可为、法定职责必须为，自觉把法治作为理政之道，严格按照法定权限和程序履行职责，全面推进依法治县进程。建立和完善政府法律顾问制度，严格遵守政府工作规则，完善公众参与、专家论证、风险评估、合法性审查、集体讨论决定等重大行政决策制度，加快政府工作制度化、规范化建设。加强法治队伍建设和守法氛围营造，加大行政执法培训和监督力度，推进严格、规范、公正、文明执法。在县委的领导下，认真落实县人大及其常委会的决议决定，自觉接受人大法律监督、政协民主监督，虚心接受社会舆论、新闻媒体和群众监督，高质量办好人大代表建议和政协委员提案。

坚持求真务实，加快建设实干政府。着力强化勇于担当、善于担当的责任意识，困难面前敢闯敢试、敢为人先，矛盾面前敢抓敢管、敢于碰硬。着力强化政府执行力建设，大力发扬踏石留印、抓铁有痕的实干精神，对确定的工作雷厉风行、真抓实干，看准的事情坚持不懈、紧抓不放，做到善谋善为、善做善成。着力强化“干在实处我带头，走在前列创一流”工作作风，以“干精品、创一流、争先进”的追求和干劲，全力推动各项工作创先争优。着力强化绩效评估、政务督查、效能监察和行政问责，重拳整治行政不作为、慢作为以及乱作为等现象，打通服务群众“最后一公里”。着力强化社会诚信体系建设，构建守信激励和失信惩戒制度，使守信者一路畅通，失信者寸步难行。严格履行政府承诺，坚决做到“言必行、行必果、诺必践”，以良好的执行落实能力取信于民。

保持清廉本色，加快建设廉洁政府。持而不懈推进作风建设，坚定不移推进反腐倡廉，矢志不渝打造廉洁政府，实现干部清正、政府清廉、政治清明的目标。全面落实党风廉政建设责任制，严格落实“两个责任”，履行“一岗双责”，持之以恒纠正“四风”，坚持用制度管权管事管人，把权力关进制度的笼子。坚持有权必有责、用权必担责、滥权必追责，自觉接受权力监督。健全廉政风险防控机制，坚持有腐必反、有贪必肃，严肃查处各类违纪违法案件，严厉惩治腐败行为，决不允许腐败分子有藏身之地。坚持“老虎”、“苍蝇”一起打，推动反腐倡廉向基层延伸，做到反腐败无禁区、全覆盖、零容忍。

# 中国人民政治协商会议蓝山县第八届委员会常务委员会工作报告

——在政协蓝山县第九届委员会第一次全体会议上

（2016年11月26日）

陈海潮

## 过去四年的工作回顾

按照中央和省、市委有关市县乡领导班子同步换届的决策部署，八届县政协届期为四年。四年来，政协蓝山县第八届委员会在市政协的科学指导和中共蓝山县委的坚强领导下，坚持学习贯彻中共十八大以来的决策部署和习近平总书记系列重要讲话精神，积极开展专题学习教育活动，牢牢把握团结和民主两大主题，按照“凝心、献计、出力”要求，切实履行政治协商、民主监督、参政议政职能，充分发挥人民政协协调关系、汇聚力量、建言献策、服务大局的作用，为助推“湘粤生态工贸创新城市”建设，全面建成小康社会作出了积极贡献。

### 一、以增进思想共识为主轴，巩固履职基础

四年来，政协蓝山县第八届委员会坚持把思想建设放在首位，以中共十八大精神统领方向，用两大主题凝聚人心，在学习引导中提升认识，在明晰任务中强化责任，在加强宣传中扩大影响。

始终坚持把学习作为人民政协事业之本、力量之源。把学习作为一项制度，逢会必学，政协全会、常委会和各界别工作组会议都把学习作为一项重要议程。通过学习，提升政治把握能力，达成思想共识，引领履职实践，为推动政协事业进步和实现蓝山科学发展凝心聚智。通过学习，切实把全体政协委员和机关干部职工的思想行动统一到县委、县政府的重大决策部署上来，确保县政协组织与县委、县政府同心、同向、同行。通过学习，牢牢把握正确的政治方向，不断巩固政协履职的思想政治基础，努力将各方面的积极性、主动性、创造性凝聚到改革发展的具体实践之中。

始终坚持把维护大局作为政协工作的出发点。蓝山县委对政协工作高度重视，切实把政协工作纳入党委工作总体布局，列入重要议事日程，统一研究、认真部署，推动政协工作的有效开展。县政协在研究制定每年度的《县政协工作要点》都紧扣县委、县政府的工作思路，紧紧围绕重大决策部署，突出服务大局、助推发展这个重点来安排视察、调研等活动。同时，县政协按照推进协商民主广泛多层制度化发展的要求，参照省、市政协的做法，借鉴兄弟县区政协的成功经验，结合蓝山实际出台《政协蓝山县委员会“专题协商”规程》。认真按照县第十一次党代会和全县经济工作会议的决策部署，研究确定政协工作的总体思路，明确了建议案、民主评议、调研视察等履职重点内容，在广泛征求各方意见基础上，细化工作任务，落实工作责任，并在履职中做好对接，使政协工作在全局中明晰思路、找准定位，努力做到与县委县政府工作合心、合拍，形成群策群力谋发展的整体合力。

## 二、以推动科学发展为主线，积极建言献策

四年来，政协蓝山县第八届委员会坚持把推动科学发展作为政协履职的第一要务，始终围绕县委县政府的中心工作，多形式开展协商议政，主动发挥政协在全局工作中的作用。

围绕持续推进县委、县政府重大决策部署的落实，紧扣产业发展、项目建设、民本民生、深化改革等方面的课题开展专题协商，协商意见引起了县委、政府及相关部门的重视，促进了工作的改进和落实。如在乡镇行政区划改革有关事项的协商中，县政协八届十四次常委会建议把紫良瑶族乡更名为湘江源瑶族乡，将太平圩、土市、祠堂圩三个建制乡撤乡建镇，得到县委、县政府的充分肯定和采纳，新的乡镇区划改革方案得到省民政厅批复。

始终突出问题导向，紧紧围绕人民群众普遍关注的热点难点问题，精心选择具有全局性、前瞻性的课题开展视察、调研，40多项优秀视察、调研成果得到及时有效转化。如对湘江源头生态建设和县城饮用水源保护的视察，促成县委、县政府对石材工业园重新选址；《创新破难，再掀工业园区建设发展新高潮》、《蓝山县“美丽乡村”建设的调查与思考》等调研报告荣获全市优秀调研成果奖；《关于进一步激活民间资本的调研报告》、《破解征地拆迁难题，推动全县项目建设》等一批调研成果有效推动县委、县政府相关政策的完善。

在助推发展中不遗余力。按照县委提出的“四个轮子一起转”的要求，县政协领导班子和机关工作人员主动融入县委、县政府中心工作，投身项目建设一线，接地气，创实绩。既对项目建设的科学实施、有序推进积极建言献策，又在招商引资和项目建设的一线协调关系，出主意、作宣传、解难题，倾力支持项目的顺利实施。由县政协牵头引进的皮具产业园建设项目落户开工，县政协统一祖国组引进的“同心华侨产业园”落户蓝山。县政协领导班子成员负责或参与的高速公路连接线、必达电子产业园、新民西路、毛俊水库、县城路网改造、美丽乡村建设、城市创卫、垃圾一体化收运工程等一批重点项目建设取得明显成效。

## 三、以践行履职为民为根本，关注民本民生

四年来，政协蓝山县第八届委员会认真践行“人民政协为人民”的理念，把关注民本民生作为政协工作的出发点和落脚点，抓住人民群众关注的教育、住房、就业、就医以及文化事业发展中的热点难点问题，通过提案、社情民意信息、视察调研等途径，把群众所盼所忧反映出来，引起党委政府的重视和社会的关注。如《关于义务教育面临的困境及出路》、《蓝山县边远山区学生“营养改善计划”运作情况调查及建议》、《蓝山县医改情况调研报告》、《保护湘江源头，建设生态蓝山》等调研成果，为民生改善提出一系列对策建议，得到县委、县政府的充分肯定。县政协充分发挥民主监督职能作用，按照“在监督中支持，在支持中服务”的原则，2014年积极配合县委、县政府创建“省级文明卫生城市”工作，首次开展对“县城建设与管理工作”的民主评议活动。评议活动充分发挥人民政协作为协商民主重要渠道的作用，达到让群众受到感动、部门受到触动、工作得到推动的目的。省、市主流媒体对这次评议活动高度关注，《湖南日报》、《永州日报》对评议工作进行报道，省政协《湘声报》头版头条刊登《掌声为诤言响起——蓝山县政协“辣味”十足评议县城建设与管理》。在2013年“8·16”特大洪灾救灾工作中，面对百年不遇的大灾给灾区群众造成的重创，县政协委员带头募捐300多万元，为调动社会各界力量全力支援灾区重建，提振灾民信心，推动灾后重建起到积极作用。县政协领导班子成员充分发扬关注民生、重视基层的传统，围绕推进新农村建设、软

弱涣散村级组织建设和精准扶贫等中心工作主动帮助联系的乡镇办事处和行政村谋划发展思路，破解工作难题。深入所联系的村开展“一进二访”，（进村入户、访困问需、访贫问计），为改变村级组织软弱涣散状况和落实脱贫目标开方子、找路子、结对子。2014年县政协主要领导联系的洪观八五村实现了由“软弱涣散村级组织”到“全市由乱到治先进典型”的蜕变；2015年在南岭林场坪石头村“精准扶贫”工作中，筹集投入资金100多万元解决通路、通电问题，为该村脱贫奠定坚实基础。

## 四、以激发委员活力为重点，展示委员风采

四年来，政协蓝山县第八届委员会注重发挥政协团结面广、包容性强的优势，坚持大团结、大联合，营造民主氛围，广泛开展联络联谊活动，采取多种形式激发委员活力，凝聚发展力量。县政协在完善《党组工作规程》和机关内部管理相关制度的同时，根据《中国人民政治协商会议章程》，结合县政协工作实际，大胆创新方法，激发委员活力，推动委员履职，提升委员形象。2014年县政协出台《委员履职管理办法》，通过规范管理，强化履职，开展活动，搞好服务，使整个班子和队伍始终保持良好的精神和工作状态，充满生机和活力。组织开展委员履职经验交流会、“我为政协添光彩”征文演讲等一系列活动，在省、市报刊杂志发表理论研讨、通讯和经验推介文章30余篇。同时，县政协充分发挥自身优势，积极支持委员创办领办企业，政协委员创办的郁葱林业、三峰茶业、新顺农牧、合利制衣、蓝杰石材、中石石业、中信投资、鼎鑫水稻等一批优秀企业，对我县经济发展起到很好的带动作用。政协委员勇立潮头争当创业先锋、立足岗位敬业奉献的氛围方兴未艾，涌现了朱文辉、胡庆华、雷沅传、杨新禧、李贵日、李先志、黄积文、曾文杰、雷统六、林济龙、唐小莲、汤建新、陈海腾、吴楠等一批带头创新创业、主动作为、引领发展的优秀政协委员。

## 五、以专题教育活动为契机，加强自身建设

在党的群众路线教育实践活动、“三严三实”专题教育和“两学一做”学习教育活动中，县政协抓好上党课，组织学习研讨，坚持问题导向，注重正反面典型教育，从灵魂深处解决群众观念淡化和“不严不实”的问题，深入开展专项清理整治，建立长效机制，狠抓整改落实。要求县政协领导班子和政协委员、政协工作者必须与县委保持一致，必须热爱蓝山，必须忠实履职，必须遵纪守法，确保全县政协工作正确的政治方向。县政协领导班子始终自觉履行党风廉政建设责任，及时将县委、纪委关于党风廉政建设的各项要求和部署贯彻落实到位。主要领导率先垂范，始终坚持把管党治党的责任记在心上、扛在肩上、抓在手上、落实在行动上，以高度的政治自觉带领县政协班子落实好“两个责任”，推进党风廉政建设和反腐败工作走向深入。

蓝山县政协八届一次会议以来，各项工作都取得了较好成绩，这是县委正确领导、县政府大力支持的结果，是政协各参加单位和全体委员共同努力的结果，也是各位老领导、县各有关部门和单位、各乡镇以及社会各界积极支持配合的结果。

工作虽然取得了一些成绩，但与形势的发展、与县委的要求和社会各界的期望，还存在着差距和不足，主要表现在：协商议政的水平有待进一步提升，民主监督的途径有待进一步拓展，参政议政的质量有待进一步提高，服务发展的能力有待进-步加强，委员的主体作用有待进一步发挥等。将在今后的工作中，认真研究，采取有效措施加以解决，努力把政协各项工作做得更好。

## 四年来的主要体会

不忘初心，方得始终。回首四年历程，县政协在中共蓝山县委带领下，团结各界人士，和衷共济，砥砺前行，深入基层接地气，挺立潮头解难题，勇于担当，敢于任事，努力把政协的职能履行好，把政协的优势发挥好，把政协事业推向一个新阶段。

第一，围绕一个核心，在县委领导下开创新局面。坚持和维护党的领导，是政协工作积极健康发展的基础。依靠县委的领导和支持，政协才能更好地发挥作用。四年来，县政协坚持与县委保持一致，同唱一首歌，共渡一条河。坚持重要工作向县委请示，把县委的决策不折不扣地落实。县委重视政协工作已成常态，县委、县政府与政协组织和政协委员保持经常性的沟通和联系。凡属事关全县改革、发展、稳定大局的重要部署、重大决策，都及时向政协通报，切实做到重大问题协商在县委决策之前，县人大通过之前，政府实施之前，以提高决策的科学性。几年来，县委、政府非常注重为委员履行职责创造条件，积极支持政协委员开展视察、调研、评议等活动，注重发挥政协委员参政议政能力，为政协委员知情出力提供条件。

第二，突出第一要务，在助推发展中发挥好作用。助推发展，服务民生，是政协工作作用的体现。四年来，县政协注重发挥政协组织人才荟萃，智力雄厚的优势，在全民创新创业中有所作为。发挥委员主体作用，齐心构建和谐，通过发挥广大政协委员的积极性、主动性和创造性，凝聚方方面面的智慧和力量，为推动全县区域经济社会发展多作贡献，真正体现人民政协组织的独特优势。

第三，把握两大主题，在民主团结中呈现新气象。民主与团结，如人之双足，鸟之两翼，缺一不可。中共十八大首次提出“社会主义协商民主”的概念，并强调要充分发挥人民政协作为协商民主重要渠道作用，这为人民政协事业的科学发展和可持续发展提供了强大的理论武器，开拓了更广阔的发展空间。我们正是按照十八大的指引，拓宽民主渠道，广泛团结力量，使政协真正成为四轮驱动中的重要一轮。

第四，强化三大理念，在履职实践中展示新形象。新的时代、新的形势赋予政协事业新的使命和要求。新常态下，县政协牢牢把握“务实、创新、担当”理念，把政协工作不断推向前进。务实，就是扎扎实实地深入基层，摸实情，说实话，就是老老实实了解民意，倾听民声，把发现的问题如实反映出来。创新，就是勇于开拓，敢于打破陈规，敢于冲破世俗、陋习乃至某些“潜规则”，发人所未发，做改革先锋。担当，就是要敢于任事，敢呼吁，敢监督，敢担责。这样，政协事业才会不断前进，不断焕发出蓬勃生机。

## 今后五年工作的建议

未来五年，是中华人民共和国全面深化改革、全面依法治国、全面从严治党、全面建成小康社会的关键时期，政协工作任重道远，政协事业大有可为。我们要紧密团结在以习近平同志为核心的党中央周围，按照“五位一体”的总体布局，突出五大发展理念，增强四个意识，强化四个自信，高扬民主团结旗帜，按照中共蓝山县委的部署，围绕建设“湘粤生态工贸创新城市”目标，把政协的职能履行好，把政协的作用发挥好，为加快蓝山县经济社会科学跨越发展汇聚力量，献计出力。

一、努力为全县改革发展稳定建言献策。今后五年，县政协将紧紧围绕县委、县政府中心工作，在工作布局上积极呼应，在工作重点上主动对接，在目标任务上协力同心，在工作部署上及时跟进。把服务发展作为履职之要，把民生改善作为履职之本，把社会和谐作为履职之基，围绕科学发展凝聚助推动力；围绕改革创新，提高协商建言能力；围绕改善民生，提振民主监督活力；围绕和谐稳定，增进民主团结合力。结合蓝山县改革发展实际选课题、搞调研、提建议、进净言、献良策，使政协工作与县委、县政府同频共振，在服务发展中彰显作为，更好更优地发挥政协职能，服务党政工作全局。同时，广泛动员政协委员在扩大开放、改革创新、招商引资、项目推介、人才引进、全民创业等方面多做搭桥铺路的工作，为蓝山县经济社会发展助力加油。

二、充分发挥人民政协协商民主作用。今后五年，县政协要进一步丰富协商内容、完善协商形式、规范协商程序，推进协商民主广泛、多层、制度化。紧紧围绕全县发展大局确定协商议题，体现多样性、针对性、可行性。充分发挥政协独特优势，进一步做好增进共识、汇聚力量、建言献策、服务大局的工作，为全县科学发展营造良好氛围。在协商民主的方式上创新，深入进行专题协商、对口协商、界别协商和提案办理协商，就党政关心、群众关切、社会关注的热点、难点问题进行民主监督。在政协提案办理工作上创新，引导政协各参加单位和政协委员提出高质量的提案，加大对提案办理的跟踪督办力度。在协商主体的作用发挥上创新，提升政协委员议政建言、知情议政和考核评价工作水平。建立政协领导联系政协常委、政协常委联系政协委员制度，积极开展好“四个一”活动（提出一件有份量的提案、反映一条有价值的社情民意、参加一次有收获的视察调研、为群众办一件实事）和“请人民走进政协，让政协走进人民”活动，完善邀请群众代表列席政协有关会议制度，进一步扩大公民有序政治参与，增强政协工作的透明度。

三、切实加强政协队伍自身建设。今后五年，县政协在中共蓝山县委的领导下，全面推进政协自身建设。去年出台的《中国共产党统一战线工作条例（试行）》规定了十种民主监督形式，十八届六中全会强调：要重视民主党派和无党派人士提出的意见、批评、建议，鼓励党外人士讲真话，进净言，完善知情、沟通、反馈、落实等机制。我们要把这些精神学习好，贯彻好。要不断提高常委会的协商议政水平；强化委员作用，真正发挥委员在政协工作中的主体作用，在界别群众中的代表作用，在本职工作中的模范作用。政协委员要认真学习贯彻《政协章程》，密切联系群众，了解和反映人民群众的愿望和要求，积极参加县政协组织的各项活动和各专委会安排的视察、调研等活动，撰写提案，反映社情民意，争做合格的政协委员。加强政协各专委会与政府部门、政协委员的联系，搭建沟通交流、协商建言、监督评议新平台。积极探索发挥界别作用的方法和途径，通过开展界别视察、调研以及界别之间的学习交流活动，增强界别凝聚力，扩大界别影响力。完善委员动态管理和考核机制。加强政协机关作风建设，严格执行中央和省、市、县委关于改进工作作风，密切联系群众的有关规定，进一步提升机关干部的学习能力、调研能力、服务能力和创新能力。把政协机关建成委员的团结之家，民主之家，和谐之家，幸福之家。

民主汇聚力量，团结成就大业。在中共蓝山县委的正确领导下，深入贯彻落实中共十八大和十八届五中、六中全会精神，高举团结、民主两大旗帜，围绕县委的工作部署和目标要求，汇聚力量、同心同向、与时俱进、扎实工作，为把蓝山县建成“湘粤生态工贸创新城市”，全面建成小康社会作出新的更大的贡献！

# 大　事　记

## 1 月

1 月 4 日，蓝山县经济开发区被评为第三批改造提升传统产业类型（纺织服装产业）湖南省新型工业化产业示范基地。

1 月 6 日，湖南省委原第一副秘书长吴定宪，省委组织部原常务副部长周阳生，中国绿化基金会湖南代表处主任曹长生，永州市原副市长、正厅级干部刘新普等老领导到蓝山调研指导工作。县领导朱阳辉、黄和平、蒋季红陪同调研。吴定宪一行分别深入永州湘威运动用品有限公司，永州必达电子信息产业园了解企业生产运营情况。

1 月 7 日下午，县委书记何冲龙主持召开县委常委会议。县领导秦志军、朱阳辉、陈海潮、黄和平、蒋季红、刘素萍、唐志雄、何红喜、黄萍、黄小兵出席会议。会议听取“关于蓝山县国民经济和社会发展第十三个五年规划纲要编制”的说明、审议《蓝山县贯彻落实党的十八届三中全会重要改革举措实施规划（2014—2020 年）》，原则同意《关于切实抓好 2016 年烤烟工作的意见》和《蓝山县二中 2016 年公开招聘高中教师实施方案》；传达学习党风廉政建设和反腐败工作有关情况的通报。

1 月 10 日，县委书记何冲龙主持召开县委常委（扩大）会议，研究部署 2016 年全县经济工作和人大、政协两会相关事宜，并审议通过行政村目标管理综合考核等 7 项表彰名单和《政府机构改革和乡镇区划调整干部鼓励政策》。何冲龙强调：要以项目建设为突破口，推动产业发展升级，努力保持经济稳定增长；要进一步加强《政府工作报告》的修改完善，着力提高代表委员的履职能力，把“两会”开成一个团结鼓劲开拓创新的大会。

1 月 16 日，蓝山县委经济工作会议在县政府大礼堂召开。会议的主要任务是全面贯彻落实中共十八届五中全会和中央、省委、市委经济工作会议精神，总结 2015 年暨“十二五”工作，坚决贯彻“创新、协调、绿色、开放、共享”发展理念，坚持发展第一要务，部署 2016 年暨“十三五”工作，推动全县各项工作实现“十三五”的良好开局。县委书记何冲龙在会上作讲话；县委副书记、县长秦志军主持会议；朱阳辉，陈海潮，黄和平、蒋季红、刘素萍、黄永英、唐志雄、何红喜、黄萍、黄小兵等全体在职县领导出席会议。

1 月 16 日下午，中共蓝山县委第十一届委员会第五次全体（扩大）会议在县政府大礼堂召开。会议的主要任务是，审议通过《中共蓝山县委关于制定蓝山县国民经济和社会发展第十三个五年规划的建议（草案）》。县委书记何冲龙主持会议。

1 月 18 日上午，政协蓝山县第八届委员会第四次会议在县政府大礼堂开幕。县政协主席陈海潮代表政协蓝山县第八届委员会常务委员会在会上作政协工作报告。

1 月 19 日上午，蓝山县第十六届人民代表大会第五次会议在县政府大礼堂召开。人大主任主持大会。县人民政府县长秦志军向大会作蓝山县人民政府工作报告。大会审查蓝山县国民经济和社会发展第十三个五年规划纲要（草案）、计划报告和财政报告。

1月21日，市人大常委会主任高建华带领市经投公司、华融湘江银行永州分行等后盾单位相关负责人，深入湘江源瑶族乡坪源村走访慰问贫困群众。高建华强调，要坚定信心，因地制宜，科学规划，找准产业项目，大力实施“就业扶贫”，坚决打赢扶贫攻坚战，让村民早日脱贫致富过上幸福生活。县委书记何冲龙、县人大常委会主任等陪同走访。

## 2月

2月4日，县委副书记、县长秦志军主持召开第十六届县人民政府第三十二次常务会议。黄永英、唐志雄、赵七秀、吴新波、赵忠辉、李月红、曾海波参加会议。朱阳辉、黄和平、蒋季红、黄萍、陈扬新、盘运贵等列席会议。会议研究和讨论关于退伍军人安置工作、关于2015年村级集体经济达标奖补资金安排情况、关于安全生产和春运工作。

2月14日下午，中共蓝山县第十一届纪委第六次全会在县政府礼堂召开。县委书记何冲龙出席会议并作讲话，县委副书记、县长秦志军主持会议。县领导朱阳辉、陈海潮、黄和平、蒋季红、刘素萍、黄永英、唐志雄、何红喜、黄萍、黄小兵等出席会议。会议主要任务是，深入学习贯彻习近平总书记重要讲话和十八届中央纪委第六次全会、十届省纪委第八次全会、四届市纪委第九次全会精神，总结2015年党风廉政建设和反腐败工作，研究部署2016年主要任务。县委常委、纪委书记何红喜代表县纪委常委会向大会作工作报告。

2月20日下午，毛俊水库工程可行性研究报告审查会在南海三楼会议室圆满结束，《毛俊水库工程可行性研究报告》预审查顺利通过。会议由水利部长江委员会副总工程师夏仲平主持，长江水利委员会规划计划局副局长、教授级高级工程师荣凤聪等审查组领导专家、省市领导专家、新田县、郴州市嘉禾县相关领导，县领导何冲龙、秦志军、朱阳辉、黄和平、蒋季红、黄永英、唐志雄、何红喜、黄小兵等出席会议。毛俊水库工程项目是国务院2014年5月公布的172个重大水利项目之一，是湖南省委、省政府力争2016年开工的重大水利工程。工程位于舂陵水一级支流毛俊水中下游，是一座以灌溉为主、结合供水、兼顾发电等综合利用的大（二）型水库。水库总库容1.165亿立方米，设计灌溉面积47.21万亩，装机容量16兆瓦，总投资27.8亿元。工程建成后，将彻底改善永州南部、郴州西部地区干旱缺水问题。

## 3月

3月7日上午，县委副书记、县长秦志军主持召开全县一季度经济形势分析会。县领导黄永英、唐志雄、赵七秀、吴新波、赵忠辉、曾海波等参加会议。会议认真分析一季度全县经济运行情况，并就下阶段经济工作进行安排部署。县统计局、财政局、发改委、国税局、城投公司等有关部门负责人分别围绕税收、重点项目推进、金融运行、招商引资等相关工作情况进行汇报与讨论。

3月8日，省委巡视第八组巡视蓝山县工作动员会召开。省委巡视第八组组长郭树人作动员讲话，永州市委常委、市纪委书记朱映红代表市委就配合巡视工作提出具体要求，蓝山县委书记何冲龙主持会议并作表态发言。

3月10日，长江水利委员会组织专家到蓝山县审查毛俊水库工程水土保持方案报告书。通过现场查勘和听取汇报，专家组通过《湖南省蓝山县毛俊水库工程水土保持方案报告书》预审查。县领导何冲龙、秦志军、黄和平、赵忠辉、盘运贵等陪同调研或参加审查会。专家组一行先后到梅梅岭隧洞进口、舜水河倒虹吸、均田渡槽等地，对毛俊水库水土保持、库区、灌区及当地地质地貌、植被等情况进行详细地查勘和了解，并与相关专家、设计人员进行充分的交流与讨论。

3月10—11日，央视纪录频道纪念中国工农红军长征胜利80周年大型文献纪录片《大会师》摄制组走进蓝山拍摄，先后到蓝山县土市新村、刘八五村、楠市下洞村、祠堂圩潘星村、总市刘景福村取景，并采访当年见证红军过境百岁老人。

3月18日，县委书记何冲龙出席并宣布阿里巴巴农村淘宝蓝山县服务中心正式开业。秦志军、陈海潮、黄永英、赵忠辉等县领导和永州市商务和粮食局领导出席，并为阿里巴巴农村淘宝运营中心揭牌。副县长曾海波主持开业仪式。

3月18日，市委副书记、市长易佳良率市政府办、地税局等相关负责人，深入蓝山县调研指导毛俊水库工程前期工作。他强调，要倒排时间、细化任务，主动作为、超常规作为，并联实施、合法高效，又好又快地加快毛俊水库各项前期工作进度，力争工程年内开工建设。县委书记何冲龙，县委副书记、县长秦志军等县领导陪同调研。

3月28日上午，2016年县委政法工作会议在县委党校会议室召开。县人民政府副县长、公安局局长李月红主持会议，县委书记何冲龙，县委常委、政法委书记黄小兵，县人大常委会副主任郭晓武，法院院长柏国平，检察院检察长吕新陵，公安局政委秦学君等领导出席会议。会议传达中央、省、市委政法工作会议精神，回顾总结2015年全县政法工作，认真分析政法工作面临的形势，全面安排部署2016年政法工作，会议还表彰全县2015年度政法、国家安全人民防线、防范和处理邪教、见义勇为等先进单位和先进个人。

## 4月

4月12日，县委书记何冲龙在县委常委会议室主持召开县委常委会议。秦志军、朱阳辉、陈海潮、黄和平、蒋季红、刘素萍、黄永英、唐志雄、何红喜、黄萍等县领导出席会议。会议传达“湘南地区全面建成小康社会工作座谈会议”精神及贯彻落实意见、中组部《关于“三严三实”专题教育总结报告》和“全市组织部长、统战部长会议”精神及贯彻落实意见、“全市公车改革工作会议”精神及蓝山县贯彻实施初步意见、省纪委通报《让失责必问成为常态推动全面从严治党落到实处》、“全市‘三名工程’推进会议”精神及蓝山县贯彻落实意见、“全省扶贫办主任会议”精神及蓝山县贯彻落实意见、“全市美丽乡村建设工作会议”精神及蓝山县贯彻落实意见；传达学习“习近平总书记参加湖南代表团审议时的重要讲话和参加全国政协十二届四次会议民建、工商联界委员联组会时的重要讲话精神”；研究《创建省级文明城市实施方案》《蓝山县关于贯彻落实湖南省党委（党组）意识形态工作责任制实施细则的意见》《2016年蓝山县宣传思想工作要点》《2016年蓝山县委中心组理论学习安排意见》、2016年蓝山县精神文明建设工作要点、《蓝山县房产税费征收实施方案》、政府组成部门三定方案；会议还学习《地方党委工作条例》。

4月14日，蓝山县党务工作会议在县政府大礼堂召开，会议回顾总结2015年办公室、组织、统战和宣传工作，安排部署2016年各项工作。县委书记何冲龙要求全县各级党务工作者要紧扣发展主题、凝聚发展力量、服务发展大局，以一流形象创造一流业绩，把全县上下的思想统一起来、干劲激发起来、力量凝聚起来，为全面建成小康蓝山再做新的贡献。

4月18日，县委书记何冲龙在南海大酒店会见蓝山旅台同乡会会长雷建漳及朱炎电、成醒等蓝山籍台胞一行。蓝山旅台同乡会于1988年9月在台湾创办，共有500多名会员，分布在台湾15个地区，旨在广泛联络蓝山旅台乡亲，沟通两岸乡亲情谊，促进祖国统一大业。

4月19日下午，市委常委、副市长蒋善生到蓝山县调研毛俊水库工程前期工作情况。他强调，要充分做好各项准备工作，扎实推进毛俊水库前期工作顺利进行。县委书记何冲龙，县委副书记、县长秦志军，县委常委、组织部部长、统战部部长蒋季红，县政协副主席盘运贵参加座谈。

4月27日下午，省委政研室副主任、省全面小康办常务副主任张伟达一行到蓝山县调研开展全面小康工作。县委书记何冲龙，县委副书记、县长秦志军，县委常委、常务副县长黄永英，县人大常委会副主任郭晓武陪同调研。

## 5月

5月10日，“绿色湘江·我们共同见证”湖南省2016绿色卫士湘江漂流暨环保骑行大型环保宣传启动仪式在湘江源头蓝山县举行，宣传省政府湘江保护和治理“一号重点工程”第一个三年行动计划成果，倡导绿色环保生态理念，呼吁保护湘江一江清水。湖南省文明办副主任熊科文宣布活动启动。省市绿色卫士志愿者和蓝山志愿者共300余人参加活动。

5月12日下午，县委副书记、县长秦志军主持召开第十六届县人民政府第三十七次常务会议。县领导黄永英、唐志雄、赵七秀、吴新波、赵忠辉、李月红等参加会议，朱阳辉、蒋季红、黄小兵、梁有余、刘惠明等列席会议。会议传达中央和省市相关文件会议精神，听取和研究蓝山县政府网站建设的情况汇报、关于舜峰、辅仁社区办公用房选址的调整方案、关于国土有关工作的情况汇报、关于公安相关工作的情况汇报、关于建房征税标准报批的情况汇报、关于将县生猪定点屠宰管理职能划拨工作情况汇报、关于蓝山县特色品牌产品入驻永州市源味街优惠暂行办法、关于明确五里坪核心保护区域的情况汇报，并原则通过相关方案。

5月16日上午，全县2016年人口和计划生育工作半年形势分析会在党校二楼会议室召开。县委副书记、县长秦志军出席会议并作讲话，朱阳辉、陈海潮、黄和平、蒋季红、刘素萍、何红喜、黄萍、黄小兵等县领导出席。县直各单位主要负责人、乡镇场、办事处党政负责人和分管计生领导参加会议。

5月19日，由省出入境检验检疫局、省农业委等部门组成的考核组，到蓝山县检查指导创建国家级出口食品农产品质量安全示范区建设工作。副县长赵七秀及县相关部门负责人陪同检查。

5月20日，市委政法委常务副书记唐国玉，市委组织部公选办主任杨湘燕，研究室主任何常胜等一行到蓝山县督查政法队伍建设工作。朱阳辉、黄小兵、李月红、柏国平、吕新陵等领导及组织部、政法委、编办、人社局、司法局、财政局等部门主要负责人参加座谈会。

5月20日上午，省住建厅城建处处长陈建群率调研组一行到蓝山县调研指导城市基础设施建设管理工作。县委副书记、县长秦志军，县委副书记朱阳辉，县委常委、副县长唐志雄陪同调研或出席座谈会。陈建群一行先后到英才路、新民路、创业大道、污水处理厂等地实地查看，现场考察供水、污水处理和雨污分流等建设管理情况，详细了解蓝山县县城功能定位、规划重点、提质改造等情况。

5月27日上午，2016年全县禁毒工作会在县委党校二楼会议室召开。县委副书记、县长秦志军，县委常委、政法委书记黄小兵，副县长、公安局局长李月红出席会议。

## 6月

6月2日，市委常委、市纪委书记杨永深入蓝山县调研指导纪检监察工作，并听取蓝山县县乡换届纪律执行情况汇报。县委书记何冲龙，县委常委、纪委书记何红喜出席汇报会。杨永一行到县纪委标准化谈话室，仔细查看谈话室建设配备情况和审批使用情况，询问办案管理及工作开展情况，对蓝山县规范办案管理，严格办案程序，强化安全文明办案表示肯定。

6月3日上午，省委巡视第八组组长郭树人代表巡视组向蓝山县领导班子反馈巡视情况，永州市委常委、市纪委书记杨永对蓝山县整改工作提出要求，县委书记何冲龙主持会议并作表态发言。

6月14日上午，省军区参谋长郭辑山在永州市军分区司令员王守海的陪同下，到蓝山县检查指导人武工作。县委副书记、县长秦志军，县委常委、人武部部长黄萍陪同检查。郭辑山一行先后察看人武部会议室、监控室、训练场以及器材配备室等基础设施建设。在座谈会上，郭辑山听取蓝山县人武部基本情况以及“两学一做”活动开展情况和军事训练、征兵工作情况。

6月14日，市委常委、常务副市长唐湘林率市水利局、市安监局、市交通局等单位有关负责人，深入蓝山县就辖区内重点项目建设安全开展联合执法检查。唐湘林强调，要紧绷安全生产这根弦，抓实安全生产责任落实，明确项目主体、监管、领导责任，突出问题导向，强化问题整改，确保主汛期间辖区内重点项目建设安全。县委副书记、县长秦志军，县委副书记朱阳辉，县政协主席陈海潮，县委常委、常务副县长黄永英等县领导陪同检查或出席汇报会。

6月22日，在“感动中国”第四届全国群众文化艺术周舞蹈总决赛中，独具瑶族风情，反映蓝山县瑶族同胞放牛、打梆生活情景的民族歌舞《牛梆声声》，获银靴奖，这是蓝山县继获全省欢乐潇湘群众艺术周银奖、全市金奖之后的又一重大斩获。

6月30日，由县委组织部、县委宣传部、县直工委共同主办的蓝山县庆七一“红旗颂”大型群众合唱比赛在县二中体艺馆举行。何冲龙、朱阳辉、陈海潮、刘素萍、黄永英、何红喜、黄萍、黄小兵等县领导出席，全县广大干部职工、老党员、周边群众等千余人参加或观看合唱演出。

## 7月

7月1日上午，蓝山县在政府大礼堂召开“雁过拔毛”式腐败问题和“纠‘四风’、治陋习”专项整治暨落实省委巡视第八组反馈意见整改工作推进会。县委书记何冲龙作讲话，秦志军、陈海潮、黄和平、蒋季红、刘素萍、黄永英、唐志雄、何红喜、黄萍、黄小兵等县领导出席会议。县委副书记朱阳辉主持会议。会上，塔峰镇、楠市镇、农业委3个单位的主要负责人分别汇报相关工作情况。县委常委、县纪委书记何红喜就省委巡视第八组反馈意见整改落实工作进行安排部署。

7月1日，蓝山县纪念中国共产党成立95周年大会在县政府大礼堂召开。县委书记何冲龙作讲话，县委副书记、县长秦志军主持会议。朱阳辉、陈海潮、黄和平、蒋季红、刘素萍、黄永英、唐志雄、何红喜、黄萍、黄小兵等县领导出席会议。会上，县委副书记朱阳辉宣读《中共蓝山县委关于表彰2016年优秀共产党员、优秀党务工作者和先进基层党组织的决定》。李军文等80名优秀共产党员、龚小飞等48名优秀党务工作者、毛俊镇毛俊村党支部等19个先进基层党组织受到表彰。

7月20日，蓝山县博亿农业开发有限公司和蓝山县竹市近江封朝文葡萄园选送的夏黑葡萄以果穗整齐、果粒漂亮、果粒大小一致，果粒着色成度好、糖份含量高、果肉脆、风味浓、农药残留检测值为0，荣获全省第三届（湘葡绿品杯）葡萄品评会果实品质评比大赛金奖。

7月27日，为纪念红军长征胜利80周年，由广东省省委宣传部、广东省军区政治部、广东省国防教育办公室、广东省旅游局主办的广东省媒体“重走长征路”联合采访团走进蓝山。广东省国防教育办公室副主任谢冰、广东省电视艺术家协会常务副主席张小棣、广东省青少年军校校长温元麟，蓝山县领导何冲龙、刘素萍、黄萍等陪同采访或出席相关活动。

7月27日晚，2016年蓝山县“欢乐潇湘和美永州”暨创建文明卫生园林县城大型群众文艺晚会在三蓝广场激情开唱。市委宣传部副部长蒋旭军，县委常委、宣传部部长刘素萍，县委常委、纪委书记何红喜，县政府副县长赵七秀等共同观看演出。

7月28日，县委书记何冲龙在县委常委会议室主持召开县委常委会议。秦志军、朱阳辉、黄和平、蒋季红、刘素萍、黄永英、唐志雄、何红喜、黄小兵等县领导出席会议。陈海潮等应邀列席会议。会议传达《全省半年经济工作会议及全市上半年经济形势分析会议精神》《全市对台工作会议精神及贯彻落实意见》；审议通过《蓝山县2016年度落实党风廉政建设责任制检查考核实施方案》《和平汽车站、蓝山大道合同》《示范性幼儿园工程招标公告》《蓝山县保障性住房第二期棚户区建设施工合同》《毛俊水库工作汇报及征地方案》；听取巡视整改工作情况汇报、选人用人整改方案汇报。

## 8月

8月2日下午，召开全县领导干部大会。永州市委组织部副部长裴春雷宣布省委和市委关于蓝山县委、县政府主要领导调整的决定：何冲龙任冷水滩区委委员、常委、书记，不再担任蓝山县委书记；秦志军任蓝山县委书记，提名免去其蓝山县人民政府县长职务；魏和胜任蓝山县委委员、常委、副书记，提名为蓝山县人民政府县长候选人，不再担任双牌县人民政府县长；朱阳辉交流到郴州市另有任用，不再担任蓝山县委副书记。

8月4日下午，县委书记秦志军主持召开县委常委会议。魏和胜、陈海潮、黄和平、蒋季红、刘素萍、黄永英、唐志雄、何红喜、黄萍、黄小兵等县领导出席会议。会议听取审议《关于加强防范处理邪教基层基础工作的意见》文件精神的落实意见及传达省、市反邪教工作会议精神，《中华人民共和国母婴保健法》贯彻实施情况和关于两江口水库工作。

8月18日，2016年“沪洽周”永州现代农业招商推介会暨重点项目签约仪式在上海举行。永州市副市长罗双全主持招商推介会，市委副书记张严致辞，副市长刘鹏，蓝山县委书记秦志军，副县长赵七秀、赵忠辉出席推介会暨签约仪式。这次“沪洽周”上永州共签约项目36个，其中农业产业化项目19个，总投资68.53亿元。蓝山县签约项目2个，总投资额4.8亿元。

8月18日晚，蓝山县“激情八月·活力文明蓝山”广场文化艺术周在三蓝广场正式启幕。300多名文化艺术爱好者参加开幕式表演，吸引3000多名群众到现场观看，再次唱响“欢乐潇湘”。

8月30日上午，中国共产党蓝山县第十二次代表大会开幕。市委组织部副部长、市人力资源和社会保障局局长、党组书记唐树成，市纪委常委、监察局副局长、正处级纪检监察员盘晓波到会指导，向大会的召开表示热烈祝贺。秦志军、魏和胜、李劲涛、黄和平、聂朝飞、刘素萍、何红喜、黄萍、黄小兵、苏建华、赵忠辉、吴忠心出席会议并在主席台前排就坐。县委书记秦志军代表中国共产党蓝山县第十一届委员会向大会作题为《开放崛起，创新突破，为加快建成湘粤生态工贸创新城市而努力奋斗》的报告；县委常委、纪委书记何红喜代表中国共产党蓝山县纪律检查委员会作工作报告；县委常委、组织部部长候选人提名人选苏建华作党费收缴、使用和管理情况报告。

8月31日下午，蓝山县第

十二届纪律检查委员会第一次全体会议在县纪委会议室召开，县十二届纪委委员参加会议。市纪委常委、监察局副局长、正处级纪检监察员盘晓波，市纪委副处级纪检监察员王柏青，市纪委第四纪检监察室副主任赵勇坚，市委组织部冼荣军及县委书记秦志军到会指导。

## 9 月

9 月 7 日，县人大常委会主任主持召开县十六届人大常委会第三十次会议。县人大常委会副主任郭晓武、钟芝莉、陈扬新、邓泽干、梁有余，县人大常委会副主任候选人刘惠明、袁凤、彭继学出席会议。会议以举手表决方式通过任命县、乡选举委员会成员；审议通过县、乡人大换届工作方案。

9 月 8 日，蓝山县在政府大礼堂召开庆祝第三十二个教师节暨表彰大会。县委书记秦志军出席会议并作讲话。县委副书记、代理县长魏和胜主持会议。县委常委、宣传部部长刘素萍宣读表彰决定；大会为受到表彰的单位和个人颁奖；县教育局主要负责人就全县教育工作进行全面总结，名校长代表、名师代表、优秀班主任代表、最可爱乡村教师代表分别向大会作典型发言。

9 月 26 日，国家质量监督检验检疫总局公布 2016 年度国家级食品农产品质量安全示范区名单，蓝山县成为全国新增 65 个国家级出口食品农产品质量安全示范区之一。

9 月 30 日下午，县人大常委会主任主持召开县十六届人大常委会第三十一次会议。县人大常委会副主任郭晓武、钟芝莉、陈扬新、邓泽干、梁有余出席会议。县委常委，组织部部长苏建华应邀列席会议。

会议宣读县委人事任命文件；提请接受相关人事任免议案；拟任人员作供职发言。会议还以无记名投票方式表决通过各项议案。会议表决，任命聂朝飞为蓝山县人民政府副县长；任命陈毅强为蓝山县公安局局长，免去李月红蓝山县公安局局长职务；接受柏国平辞去蓝山县人民法院院长职务；接受吕新陵辞去蓝山县人民检察院检察长职务；免去杨广亮内司工委主任职务；任命吴昭明为蓝山县人民法院副院长；任命曲军为蓝山县人民检察院副检察长，提名副院长吴昭明为蓝山县人民法院代理院长。人大主任为新任命人员颁发任命书；新任命人员向宪法宣誓。

## 10 月

10 月 9 日上午，湖南毛俊水库工程可行性研究报告评估会在蓝山县南海酒店三楼多功能厅召开。汪小刚、沅本清、杨小庆、张金接、冯杰等国家发改委及评估组领导专家、省市相关部门领导等出席评估会。永州市副市长蒋善生和蓝山县委书记秦志军分别在会上致欢迎词。蓝山县领导魏和胜、李劲涛、陈海潮、唐志雄、黄和平、刘素萍、何红喜、黄萍、黄小兵、苏建华、赵忠辉等参加。会议由中国水利院副院长、教授级高级工程师汪小刚主持。会上，湖南省水利厅总工程师张振全代表项目建设设计部门讲话，湖南省水利水电勘测设计研究院相关负责人就毛俊水库工程基本情况、水文、工程地质、工程任务和规模、工程布置及建筑物、机电及金属结构、施工、建设征地与移民安置、环境影响评价、水土保持等 16 个方面进行相关情况汇报。

10 月 13 日下午，召开美丽乡村建设、重点项目建设、旅游发展和秋冬农业生产工作会议。县委书记秦志军强调，各级各部门要认清形势，查找问题和原因，坚持精准实策，落实责任与措施，理清工作思路，明确工作重点，突出集中整治，强化责任落实，争取各项工作取得更好成绩。

10 月 26 日，蓝山县文广新局、蓝山县文联、创想世纪国际文化艺术院联合主办的“神美湘江源、清澈蓝山水”书画作品展在湖南文化馆开幕，受到省会人民关注，省文联、省图书馆、湖南大学等部门相关负责人和省会文化艺术界代表参加开幕仪式，《中国文化报》、《湖南日报》、《潇湘晨报》、红网等媒体应邀派出记者参加活动并进行宣传报道。

## 11月

11月3日，省人大常委会副主任李友志率调研组一行到蓝山，就贯彻落实省委人大工作会议精神及相关工作，加强和改进人大工作做法、经验和存在的问题进行调研。永州市委书记陈文浩，市人大常委会主任高建华，县领导秦志军、苏建华、陈扬新、黄正军等陪同调研并出席座谈会。

11月10日—11日，湖南省文化厅党组副书记、副厅长禹新荣在省公共文化服务处处长颜喜及永州市文体广新局党组书记、局长李小星的陪同下，到蓝山县督查南平社区文化服务中心，毛俊镇文化站、村文化服务中心和塔下寺等公共文化活动场所。县委书记秦志军会见督查组一行，县委常委、宣传部部长刘素萍参加会见，副县长李勇全程陪同。

11月17日，开国元勋陈毅之子、中国人民对外友好协会原会长陈昊苏，朱德外孙刘武，刘少奇之女刘爱琴一行到蓝山县土市镇新村探访红色文化，缅怀革命先辈，并为“中国工农红军渡口”石碑揭牌。永州市委常委、秘书长唐能武，市委常委、宣传部部长、副市长刘尤碧，县领导魏和胜、刘素萍、黄萍、苏建华陪同前往。

11月23日，湖南毛俊水库工程建设启动仪式在蓝山县举行，湖南省人民政府副省长戴道晋宣布工程启动，水利部建设与管理司副司长徐元明作讲话，永州市委书记陈文浩致辞，市委常委、常务副市长唐湘林主持开工仪式，蓝山县委书记秦志军汇报毛俊水库工程情况。

11月26日上午，政协蓝山县第九届委员会第一次会议在县政府大礼堂开幕。出席开幕式并在主席台前排就座的领导有：市委派驻蓝山“两会”选举工作指导组组长、市委组织部班子成员、工会主席邓可旺，县委书记秦志军，县委副书记、代县长魏和胜，县委副书记李劲涛，县八届政协主席陈海潮，县政协党组副书记、县政协第九届委员会主席提名人选唐志雄，大会主席团常务主席成员盘运贵、黄石保、李松旺、黄积文、许旭阳、吴焕澎。会上，县八届政协主席陈海潮代表政协蓝山县八届委员会常务委员会向大会作工作报告。县委书记秦志军向大会致贺词并作讲话。

11月27日上午，蓝山县第十七届人民代表大会第一次会议在县政府大礼堂开幕。会议认真总结十六届政府工作，全面谋划今后五年目标任务。永州市人大常委会主任高建华到会指导。大会执行主席秦志军、魏和胜、李劲涛、郭晓武、刘惠明、梁有余、袁凤、彭继学在主席台前排就座。县人民政府代县长魏和胜向大会作蓝山县人民政府工作报告；大会审议通过本次会议的选举办法，听取计划、财政报告、《关于举全县之力建设毛俊水库的决议草案的情况说明》《关于在县城主城区禁止燃放烟花爆竹的决议草案的情况说明》《关于设立蓝山县第十七届人民代表大会法制委员会、财政经济委员会的议案的情况说明》。

## 12月

12月9日，省委宣传部副部长、省文明办主任刘进能一行对蓝山创建省级文明县城工作进行考评验收。市委宣传部副部长周平平、市文明办主任陈水恩、蓝山县委书记秦志军陪同检查。唐志雄、黄和平、聂朝飞、刘素萍、何红喜、黄小兵、苏建华等县领导陪同检查或出席汇报会。各专业组组长、常务副组长、各牵头单位负责人、相关职能部门负责人及三创办全体人员参加汇报会。

12月14—15日，省金融办副巡视员盘永胜到蓝山县调研指导金融创安工作。省金融办科长王伟华，市金融办主任曾宪孝，副主任文中林，市人民银行副行长杨金日，市金融稳定科科长唐凌辉，县领导秦志军、魏和胜、黄和平、聂朝飞、梁有余陪同。

12 月 16 日上午，在县委党校会议室举行县委中心组第四季度集中学习，邀请湖南省委讲师团巡视员、教授陈志强，永州市委讲师团主任周勇作中共十八届六中全会、省第十一次党代会精神专题讲座。县委书记秦志军主持学习，县领导魏和胜、李劲涛、黄和平、聂朝飞、刘素萍、何红喜、黄萍、苏建华、赵忠辉等参加学习。

12 月 24 日，市委书记李晖到蓝山县调研。市委常委、秘书长唐能武，副秘书长周进荣，秦志军、魏和胜、李劲涛、黄和平、聂朝飞、刘素萍等领导参加陪同调研或在项目现场介绍情况。

12 月 27 日上午，蓝山温氏畜牧有限公司蓝山一场标准化种猪养殖示范基地项目建设举行开工仪式。县委书记秦志军出席开工仪式并致辞，县委常委、组织部部长苏建华主持开工仪式，赵忠辉、梁有余、彭继学、陈毅强、黄正军等县领导出席开工仪式。

# 蓝山概貌

## 地理位置

蓝山县位于南岭山脉中段北侧，东接郴州临武县，南界江华瑶族自治县及广东连州市，西邻宁远县，北交郴州嘉禾县。地处北纬25°01′～25°37′，东经111°54′～112°27′之间。南北长67千米，东西宽55千米。

## 历史沿革

蓝山历史悠久，源远流长，建县已有2200多年的历史。竹管寺横江砠出土的石斧、石凿、石箭和陶片等文物证明，早在夏商前，县境已有先民在此生息繁衍，是虞舜南巡过化之地。春秋战国时期，县境属楚。汉高祖五年（前202年）建县，名南平，隶属桂阳郡。隋炀帝大业三年（607）年，并入临武县。唐高祖武德四年（621）复置南平县，属郴州。唐玄宗天宝元年（742），以境内“山岭重叠，荟蔚苍萃，浮空如蓝”而更名为蓝山，隶属桂阳郡。宁真宗景德三年（1007），属桂阳监。元属桂阳路。明洪武元年（1368），属郴州。二年，属桂阳府；九年，属衡州府桂阳州。清属桂阳州。民国3年（1914），属衡阳道；11年直属湖南省；26年，全省分为9个督察区，蓝山属第8督察区。中华人民共和国成立后，始属郴县专区，1952年属湘南行政公署，1954年属郴县专署。1958年12月，与嘉禾县合并，称蓝嘉县，1961年7月，蓝嘉分设，隶属郴州专区。1962年12月，改属零陵专署。1995年11月，撤销零陵地区，设立永州市，蓝山县隶属于永州市。

## 区　划

蓝山县共辖塔峰、楠市、土市、新圩、太平圩、毛俊、所城、祠堂圩8个建制镇，湘江源、犁头、大桥、荆竹、汇源、浆洞6个瑶族乡，南岭、浆洞、荆竹3个国有林场，原种场1个，黄茅岭茶场1个，国家森林公园1个，共有209个行政村，14个社区居委会。县域总面积1806平方公里，其中土地总面积1798平方公里，耕地面积21.36千公顷。

## 自然资源

**【土地资源】** 蓝山县耕地面积23.99万亩，其中水田18.85万亩，旱土5.14万亩，人平耕地0.7亩。

**【水资源】** 蓝山县年平均降水量1660毫米，地跨长江、珠江两大流域的发源地，水系发达，5千米以上或集雨面积10平方千米以上河流69条。水能理论蕴藏量21.2万千瓦，年平均地表水经流量18.568亿立方米，地下水每年平均水量为3.377亿立方米。年平均水资总量23.592亿立方米，人均6954立方米。每亩耕地拥有地表水量8250立方米。

**【矿产资源】** 蓝山已探明矿产有铁、锰、铅、锌、铀、铜、硅石等24种，黑土型锰铁矿储量达1.5亿吨以上，矿藏总值名列永州市第二，其黑土状铁锰矿则名列湖南省第一。

【森林资源】　蓝山县境内森林资源较为丰富，享有“荟蔚苍翠，浮空如蓝，百里森林，封殖广远”，“樵富竹林”之美誉。境内盛产松、楠竹、桉树，有水杉、银杏、黄杉、斑竹、龙竹等38种珍稀植物，森林覆盖率达72%。至2003年，蓝山县林业用地143848.5公顷，占蓝山县总面积的79.65%，森林蓄积454.4万立方米，森林覆盖率71.52%，是湖南省的重点林区县。毛俊镇火市办事处大汉口等丘陵区的桉树，发展到1万余亩，为蓝山县工业原料林的基地。

## 气候综述

【概况】　2016年，蓝山县平均气温为19.1℃，比历年平均值偏高1.1℃；年极端最高气温为38.6℃，出现在7月31日，年极端最低气温为-1.9℃，出现在1月25日；全年大于等于35.0℃的高温日数达29天。全年气温偏高，特别是12月气温显著偏高。7月和8月持续高温天气，降水较少，其中7月22日至8月1日出现中度高温热害天气。年降水量为2107.8毫米，比历年平均值偏多512.4毫米。降水时空分布不均匀，主要集中在4月至6月、8月、11月，其中4月比历年平均偏多五成以上，而7月显著偏少，只有历年同期月降水量的一半。年日照时数为1100.1小时，较历年平均值偏少253.4小时。其中2月因为降水显著偏少，导致日照时数明显偏多。9—11月阴雨日数较多，日照明显偏少。年无霜期为284天，上年终霜日为2月17日，2016年初霜日为11月28日。年平均风速为1.3米/秒。

**2016年蓝山县月平均气温及距平一览表**　　单位：摄氏度（℃）

| 月份 | 1 | 2 | 3 | 4 | 5 | 6 | 7 | 8 | 9 | 10 | 11 | 12 |
|---|---|---|---|---|---|---|---|---|---|---|---|---|
| 当月气温 | 7.3 | 9.2 | 14.2 | 20.6 | 22.7 | 27.7 | 29.8 | 27.5 | 24.8 | 20.4 | 14.3 | 10.9 |
| 历年平均 | 6.5 | 8.6 | 12.5 | 18.7 | 22.9 | 26.1 | 28.3 | 27.3 | 23.8 | 19.1 | 14.0 | 8.6 |
| 气温距平 | 0.8 | 0.6 | 1.7 | 1.9 | -0.2 | 1.6 | 1.5 | 0.2 | 1.0 | 1.3 | 0.3 | 2.3 |

**2016年蓝山县月降水量及距平一览表**　　单位：毫米（mm）

| 月份 | 1 | 2 | 3 | 4 | 5 | 6 | 7 | 8 | 9 | 10 | 11 | 12 |
|---|---|---|---|---|---|---|---|---|---|---|---|---|
| 月降水量 | 122.6 | 64.5 | 215.3 | 290.4 | 231.2 | 376.8 | 89.5 | 321.0 | 81.6 | 114.0 | 177.8 | 23.1 |
| 历年平均 | 76.6 | 115.4 | 151.8 | 188.7 | 221.1 | 213.5 | 154.5 | 174.4 | 105.5 | 77.8 | 73.5 | 42.6 |
| 降水距平 | 46.0 | -50.9 | 63.5 | 101.7 | 10.1 | 163.3 | -65.0 | 146.6 | -23.9 | 36.2 | 104.3 | -19.5 |

**2016年蓝山县月日照时数及距平一览表**　　单位：小时（h）

| 月份 | 1 | 2 | 3 | 4 | 5 | 6 | 7 | 8 | 9 | 10 | 11 | 12 |
|---|---|---|---|---|---|---|---|---|---|---|---|---|
| 日照时数 | 36.8 | 108.9 | 66.9 | 19.7 | 85.2 | 141.2 | 219.6 | 149.4 | 64.3 | 36.7 | 57.3 | 114.1 |
| 历年平均 | 60.9 | 48.3 | 59.4 | 88.1 | 111.8 | 130.2 | 209.4 | 173.2 | 128.3 | 119.5 | 114.5 | 109.9 |
| 日照距平 | -24.1 | 60.6 | 7.5 | -68.4 | -26.6 | 11.0 | 10.2 | -23.8 | -64 | -82.8 | -57.2 | 4.2 |

【主要气候事件】 **暴雨洪涝** 2016年，蓝山县受高空槽及低空切变线影响，出现多次强降水过程，造成人员失踪、房屋倒塌、农作物受灾。5月19—20日，24小时降雨量超过100毫米的站点有5个，其中最大降雨在大桥瑶族乡大冲站，达到223.9毫米。此次强降雨导致全县大部分地区受灾，造成农作物受灾严重、房屋倒塌、公路边坡塌方严重，全县直接经济损失1165.25万元。6月12—13日8时，全县普降中到大雨，局部地区暴雨，24小时降雨超过50毫米的雨量站有16个，超过100毫米的雨量站有3个，其中犁头瑶族乡降雨达138.8毫米。犁头瑶族乡降雨主要集中在6月12日16~18时，2小时降雨量达100.7毫米，造成山洪暴发，交通电力中断。失踪人口2人，全县直接经济损失4676.22万元。8月12日8~20时，全县普降大到暴雨，超100毫米站点18个，其中最大降雨在所城镇，雨量167.7毫米。舜水河县城站超警戒水位0.16米。全县16个乡镇（街道办）全部受灾，受灾人口9.7万人，转移安置人口1346人，倒塌房屋13间，农作物受灾面积0.10万公顷，成灾0.06万公顷，绝收0.03万亩。造成直接经济损失4897万元。

**高温热害** 2016年，蓝山县全年高温日数为28天，多于历年平均。其中从7月22日到8月1日连续11天出现高温热害天气，加之降水缺少，导致农作物受灾、人口饮水困难、河水断流，对农作物、人们健康及户外作业造成严重影响。

**连阴雨** 2016年3月17—25日，蓝山县出现轻度连阴雨天气。4月20~26日出现轻度连阴雨天气，全月雨水极其偏多，日照偏少，对农作物的生长生活造成一定影响。

**冰雹** 2016年3月12日，蓝山县多地出现雷雨冰雹天气，蓝山站观测到冰雹最大直径为19毫米，雷雨冰雹导致农作物、车辆、基础设施受损。

**寒潮及低温霜冻** 2016年1—3月，蓝山县受强冷空气影响，出现多次寒潮天气过程，导致气温骤降，最大气温降幅达16℃以上，其中2月6—8日出现连续低温霜冻。

## 人　口

2016年年末总人口42.2万人，常住人口34.34万人，城镇化率为46.5%，出生率为11.8‰，死亡率为5.8‰，自然增长率为6‰。

## 国民经济发展

2016年，全县地区生产总值达到97亿元，增长9%，其中，第一产业增加值16.32亿元，增长3.2%；第二产业增加值35.11亿元，增长7%；第三产业增加值45.58亿元，增长13%。按常住人口计算，人均生产总值为28423元，增长9.3%。三次产业结构由上年的17.6：37.7：44.7调整为16.8：36.2：47。工业增加值为33.23亿元，占地区生产总值的比重为34.3%。完成农林牧渔业总产出30.2亿元，增长3.4%，实现增加值16.79亿元，增长3.4%。全县粮食种植面积35.17万亩，增长1.3%，实现产量126111吨，减1.7%；油料种植面积11.55万亩，增长4.8%；蔬菜种植面积11.4万亩，增长4.9%。烟叶产量6615吨，增长11.5%。牲猪出栏92.49万头；牛出栏1.34万头，增长3%；羊出栏2.94万头，增长6.9%；家禽出笼299.6万羽，水产品产量1558吨，增长10.4%。完成工业增加值33.23亿元，增长6.8%，其中，规模工业增加值完成28.42亿元，增长7.7%。非公有制规模工业增加值完成26.7亿元，增长7.7%。规模工业增加值分轻重工业看，轻工业实现增加值12.62亿元，增长11.8%；重工业增加值实现15.8亿元，增长4.6%。省级及以上产业园区规模工业增加值22.74亿元，增长11.5%，占规模工业增加值的80%，比上年提高8.2个百分点。高新技术产业增加值完成10.3亿元，占GDP的比重达到10.6%。规模以上工业农产品加工产值完成52.77亿元，同比增长49.4%。规模工业企业主营业务收入116.5亿元，增长26.8%；盈亏相抵后实现利润2亿元，增长18.6%。

实现建筑业增加值27464万元，增长10.1%，占地区生产总值的比重为2.83%。具有资质等级的总承包和专业承包建筑企业房屋建筑施工面积57.67万平方米，增长14.4%，房屋建筑竣工面积20.89万平方米，增长6.9%。完成固定资产投资74.05亿元，增长17.1%。其中，国有投资38.08亿元，增长31.4%，占全部投资的51.4%，非国有投资完成35.97亿元，增长5%，占固定资产投资的比重为48.6%。其中，第一产业投资3.6亿元，同比减少15.3%；第二产业投资32亿元，增长34.2%；第三产业投资38.45亿元，增长9.4%。二产业投资完成32亿元，增长34.2%。技术改造投资13.84元，增长58.2%，占全部固定资产投资的比重为18.7%，比上年提升4.9个百分点。房地产业实现增加值37011万元，增长8.6%，房地产业完成投资45099万元，增长32.3%，商品房屋销售面积22.36万平方米，增长15.7%。完成交通运输、邮电通信业增加值6.85亿元，增长4.3%。全县货物周转量170787万吨公里，增长3.5%。旅客周转量115856万人公里，增长5.5%。民用汽车保有量稳步增加，全县民用车辆达16973辆。邮电通信业稳步发展。全县邮电业务总量41281万元，增长7.8%。年末固定电话用户4万户；移动电话用户19.13万户，年末互联网宽带用户21343户。社会消费品零售总额37.63亿元，增长11.7%。分地域看，城镇消费品零售额28.66亿元，增长14.9%；乡村消费品零售额8.96亿元，增长2.5%。分行业看，批发实现零售额7126万元，增长15.5%，零售业实现零售额325552万元，增长9.7%；住宿业实现零售额8180万元，增长48.5%，餐饮业实现零售额35416万元，增长24.5%。进出口总额12935万美元，增长17.5%。其中，出口10393万美元，增长16.1%；进口2542万美元，增长23.8%。实际利用外商直接投资7000万美元，实际到位内资17亿元。财政总收入（老口径）达到72961万元，增长17.9%，其中，地方财政收入51754万元，增长14.8%；在总收入中，国税完成22611万元，增长43.7%；地税完成34502万元，增长22.4%；财政完成15849万元，下降11.6%。全年财政总支出为222220万元，增长9.9%。其中科学技术经费支出2339万元，增长1.5%。年末全县金融机构本外币各项存款余额839215万元，增长16.3%，其中城乡居民储蓄存款余额达649824万元，增长9.3%。年末全县金融机构各项贷款余额553011万元，增长35%。保险保费收入17543万元，比去年增长13.8%。

## 文教体卫

全县拥有乡镇文化站15个，文化馆1所，文物管理所1所，图书馆1所。全县文物藏品336件，其中一级1件，二级17件，三级52件，一般文物266件，图书馆藏书5万册。拥有普通中学12所，其中普通初中10所，高中2所，中等职业学校2所，小学20所，九年一贯制学校16所，小学教学点96个，特殊教育学校1所，特殊教育学校在校学生人数50人。小学适龄儿童毛入学率为105%，初中毛入学率为100%。普通中学在校学生18951人，其中初中在校学生14935人，高中在校学生4016人，中等职业学校在校学生4512人；小学在校学生35217人，增长1.70%。共有各类医疗卫生机构433个（含基层医疗卫生机构、卫生室），其中医院1个，建制乡卫生院15个，疾病预防控制中心、妇幼保健院、卫生监督所各1所，拥有床位总数1787张，比上年增加40张。全县卫生技术人员1812人。开展新型农村合作医疗工作的村209个，参加农村合作医疗的农民33.56万人。广播电视事业继续发展。全县拥有电视台1座，差转台1座。电视人口覆盖率99.2%。有线电视用户1.5万户。全县举办、参加各类运动会、单项比赛和健身活动20余项次，参与人数8.8万人次。

## 人民生活

城镇居民可支配收入为23796元，比上年增长10.6%，农村居民人均可支配收入达到12014元，增长9.9%。城镇居民人均消费性支出13844元，比上年增长10.2%。农村居民人均生活消费支出8264元，增长5.7%。全县居民人均居住面积74.3平方米。2016年，全县城镇居民恩格尔系数为35%，比上年下降1.3个百分点，农村居民恩格尔系数为37%，比上年下降1.9个百分点。参加城镇基本养老保险人数2.44万人，参加失业保险人数1.85万人；参加城镇职工基本医疗保险人数2.28万人，参加城镇居民基本医疗保险人数1.52万人，参加城乡居民基本养老保险人数15.38万人。全年城市低保资金和农村低保资金按规定标准发放到位率均为100%。

# 中共蓝山县委员会

## 纪检监察

【概况】 2016年，蓝山县纪委、监察局主动适应从严管党治党新常态，坚持把纪律和规矩挺在前面，聚焦主责主业，深入推进“三转”，践行“四种形态”，从严正风肃纪，着力营造良好政治生态，为加快建设“湘粤生态工贸创新城市”提供强有力的纪律保障。

【压紧压实“两个责任”】 2016年，县纪委、监察局进一步健全党委统一领导、纪委组织协调、部门协调联动的党风廉政建设和反腐败工作格局。协助县委制定《中共蓝山县委、蓝山县人民政府关于2016年贯彻落实党风廉政建设责任制的分工意见》，详列责任清单，从县“四大家”班子及其成员到16个乡镇（街道）党委（党工委）、81个县直单位党委（党组）、73个部门单位纪委（纪检组），层层细化责任，层层传导压力。全面落实《党风廉政建设“签字背书”、责任报告和廉政谈话工作操作流程》，进一步健全函询谈话、述责述廉、定期报告、考核评估等制度，不断完善明责、督责、考责、追责为一体的完整闭合责任链条，确保党风廉政建设“两个责任”落地生根。建立健全监督考核机制，综合运用明察暗访和随机抽查等方式，定期、不定期对各地各部门落实“两个责任”的情况进行监督检查，年终由县委常委带队对各地各部门落实“两个责任”的情况进行集中考核。严格落实“一案三查”，以责任追究倒逼“两个责任”全面落实。全年对9名落实主体责任不力的党委（党组）负责人和18名履职、监管不到位的其他人员进行责任追究。

【狠抓巡视整改】 2016年，县纪委、监察局充分发挥巡视利剑作用，围绕重点领域、重点行业、重点部门单位进行集中清理整治，全面抓好巡视发现问题的整改工作，着力营造良好的政治生态环境。深入开展清理乱收费、乱罚款，整治基层干部不作为、乱作为等13项专项整治，清理乱收费、乱罚款1326.53万元，清退乱发津补贴594万元、在重点项目指挥部任（兼）职取酬362.91万元，整治基层干部不作为、乱作为1214起。对照省委巡视第八组反馈意见，及时研究制定巡视反馈意见整改方案和《蓝山县巡视整改工作责任追究办法》，将巡视组反馈的7个方面34个问题，按照“谁主管、谁负责”的原则，逐一分解到部门、落实到个人，巡视整改工作取得阶段性成效，得到省委巡视组的高度认可。

【狠抓换届风气监督】 2016年，县纪委、监察局坚持预防在先、警示在先、教育在先，会同组织部门及时转发省、市《关于加强换届风气监督的通知》，编印《换届工作操作指南》、“九个严禁”、“九个一律”换届纪律提醒卡，印发《严守中央“九个严禁”，确保换届风清气正》漫画手册1.2万余册，通过签订承诺书、电话短信提醒、组织集中学习、观看警示教育片、开展谈心谈话、专项督察等方式，大张旗鼓地广泛宣传发动，确保换届纪律要求入脑入心。成立13个换届风气督导组、巡察组加强对乡镇换届工作的联系指导，县第十二次党代会和人大、政协“两会”期间，派驻20个驻团（组）监督组全程24小时监督，组建14个暗访组巡回督查，以最坚决态度、最严明纪律、最强硬措施，确保县、乡换届风清气正，实现“零落选、零信访、零违纪、零失误”的目标。

【狠抓执行力监督】 2016年，县纪委、监察局围绕中央、省、市和县委、县政府重大决策部署的贯彻落实情况加大监督检查力度，大力提升干部队伍执行力，确保政令畅通，以严明的纪律为全县经济社会发展护航。全年重点围绕扶贫攻坚政策落实、扶贫资金发放、合乡并村工作、创建文明卫生园林城市、毛俊水库等重点项目开工建设工作开展专项督查34次，发现行政不作为、慢作为、乱作为等问题12个，下发整改督办函16份，约谈单位主要负责人16人。

【加大执纪审查力度】 2016年，县纪委、监察局坚持把纪律规矩挺在前面，突出抓早抓小，践行运用监督执纪“四种形态”，以纪律的尺子管住大多数，持续释放执纪必严的强烈信号，全年共约谈提醒43人次、诫勉谈话31人次、函询14人次。坚持尺度不松、力度不减、节奏不变，突出惩治重点，做到有贪必肃、有腐必惩，以“零容忍”态度保持惩治腐败的高压态势。全年共立案83件，给予党纪政纪处分91人次，处分科级干部17人，移送司法机关6人，在未使用“两规、两指”措施的情况下，查处县民政局原募委会主任张某，太平圩镇财政所原信息员李某，县民政局原副局长黄某某，副处级职级干部、原粮食局党组书记、局长黄某某等一批有影响的大要案件，形成强大的震慑作用。

【加强反腐败协调】 2016年，县纪委、监察局加强反腐败协调机制建设，及时调整充实县委反腐败协调小组，定期召开反腐败协调小组会议，进一步健全执纪执法机关关于涉嫌违纪违法犯罪案件和案件线索的通报、移送机制，不断提升反腐败协调的整体水平。强化协同作战，加大追逃追赃工作力度，12月1日成功将潜逃12年之久的全市重点追逃对象成志勇抓获归案。

【整治“雁过拔毛”式腐败】 2016年，蓝山县深入开展“雁过拔毛”式腐败问题专项整治，县纪委监察局编印《蓝山县惠民补贴政策“一册通”》9.5万本，印发便民监督卡9.5万张，发放到全县每一户农户手中，梳理排查问题1296个，给予党纪政纪处分18人，移送司法机关5人，中央电视台、中央纪检监察部网站、新华网、新浪网、新湖南客户端等多家主流媒体对蓝山县专项整治工作进行报道。

【纠治“四风”】 2016年，县纪委、监察局加大明察暗访力度，紧盯元旦、春节、“五一”、中秋、国庆等重要时间节点，瞄准隐形变异的“四风”问题。全年先后组建专项检查组59个，累计抽调检查人员434人（次），共开展督查13次，检查宾馆酒店茶楼74家（次），检查超市商场38家（次），检查高速公路进出口12个（次），检查单位390个（次），检查居民小区28个（次）。加大通报曝光力度，对违反中央八项规定精神和全县关于作风建设有关规定的问题，坚决做到发现一起，处理一起，释放越往后执纪越严、处理越重的信号。全年共下发通报8期，对公车私用、中餐违规上酒饮酒等3起违反中央八项规定精神的典型问题在三湘风纪网、永州廉政网等媒体进行点名通报。在全县开展“纠‘四风’、治陋习”专项整治工作，梳理排查“四风”问题线索689条，查处违规公款吃喝问题2起、违规发放津补贴或奖金福利问题604起、违规操办婚丧喜庆事宜问题5

起、参赌涉赌问题57起，给予党纪政纪处分54起，有力纠治党员干部中存在的歪风邪气。

【加强廉洁文化教育】　2016年，县纪委、监察局不断健全常态化廉洁教育机制，营造尊廉、崇廉、守廉的良好氛围。深入开展廉洁文化“六进”活动，切实加强良好家风建设，会同县妇联开展“廉洁”家庭创建活动，向全县党员领导干部印发倡议书1120份，组织党员领导干部家属签订承诺书560份。结合“两学一做”专题教育，加强党章党规党纪教育，督促全县党员干部坚持道德高线、守住法纪底线，筑牢拒腐防变思想防线，全年累计为各部门订阅“两项法规”系列用书300余册，编发《漫画新规》5000余份，举办新任领导干部廉政培训班1期，培训新任科级干部60余人，在县委党校举办廉政知识专题讲座3期，培训党员干部500余人。严格落实党政一把手“五个不直接分管”、个人有关事项报告、乡科级党政正职述责述廉述德等制度，2名科级干部向县纪委报备因私出国有关事宜，42名科级领导干部报备婚丧喜庆有关事宜，6名乡科级党政正职进行述责述廉述德。针对“雁过拔毛”式腐败问题专项整治中发现的问题，进一步完善惠民补贴“一卡通”发放管理等有关制度，堵塞制度漏洞，从源头上防范腐败行为的发生。

【强化自身建设】　2016年，县纪委、监察局继续深入推进“三转”。深化纪检体制改革，把更多的人员机构调整充实到监督执纪一线，县纪委监督执纪人员占机关总人数的72%。16个乡镇（街道）按照一、二类乡镇7人、三、四类乡镇5人的标准，配备100名乡镇纪委委员，并落实专职专岗专责。加强纪检监察干部政治素质和业务能力建设，结合“两学一做”专题教育，加强对《中国共产党廉洁自律准则》《中国共产党纪律处分条例》等党内法规及纪律审查知识的学习，举办专题培训班3期，培训纪检监察干部600余人次，选派120余人纪检监察干部参加省、市纪检监察业务知识培训，全县纪检监察干部的执纪能力有效提升。加强对纪检监察干部的监督管理，把严格要求、严格教育、严格管理、严格监督贯穿于干部队伍建设的全过程，重申关于全县纪检监察系统工作日及公务用餐禁酒的通知，着力打造一支忠诚、干净、担当的纪检监察铁军。

## 县委办工作

【概况】　中共蓝山县委办公室的主要职责是协助县委贯彻执行党的路线、方针、政策和省、市委的重大决策及工作部署，围绕县委在各个时期的中心工作，完成综合调研、协调事务、值班调度、督促检查、信息反馈、文电处理、保密管理、后勤保障等任务。2016年，共有干部职工52人，内设值班、综调、督查、文秘、信息、政工等科室，管理县委机要局。县委办公室严格按照“三提升三创建”（提升服务质量、提升工作效率、提升队伍素质，着力创建学习型、创新型、服务型机关）的总体要求，以提高“三服务”（服务领导、服务基层、服务群众）工作水平为目标，扎实开展“两学一做”（学党章党规、学系列讲话、做合格党员）学习教育、“五比五做”（比党性，做坚守忠诚的表率；比学习，做知行统一的表率；比担当，做主动作为的表率；比服务，做追求卓越的表率；比自律，做清正廉洁的表率）主题活动，逐步形成日常服务程序化、重大服务规范化的鲜明特点，有力地保证县委机关的高效运转，办公室参谋助手、桥梁纽带、窗口示范作用得到充分发挥。县委办被评为全市党委办公室工作先进单位；调研、文秘、法规、政工、机要密码、机关事务、接待、档案单项工作被评为市先进。

【队伍建设】　2016年，县委办着眼于队伍建设，把创建学习型办公室摆在首要位置，抓好“两学一做”学习教育，先后开展四次集中学习和专题讨论。组织20余名干部参加市委办、市委组织部等单位组织的培训，积极学习外地的先进经验和工作方法，更好的服务办公室工作。采取跟班学习、公开招考等形式，培养和选拔一批素质较高、富有朝气的干部充实到各科室。注重从政治、经济、生活等多方面关心干部，共有6名干部受到提拔重用。

【综合调研】　2016年，县委办紧紧围绕县委中心工作，团结协助，积极进取，求真务实，圆满完成县委领导和上级交办的各项工作任务，较好地履行以文辅政职能，充分发挥参谋助手作用，为推动全县经济社会发展做出积极贡献。全年共起草领导各类讲话稿150余篇，综合文稿110余篇。其中情况汇报40余篇、论述文章20余篇、会议纪要30余篇，调研报告20余篇。其中《关于营改增试点改革对我县财政收入的影响及对策分析》得到省长杜家毫肯定性批示。《守护湘江源头让碧水长流》《坚定目标创新突破努力建设“湘粤生态工贸创新城市”》《坚持融合发展建设美丽乡村》《践行五大理念决胜全面小康》等在中央、省市多家媒体网站刊发。

【督促检查】　2016年，县委办强化力量、突出重点、优化方法，充分发挥督促检查作用，不断提高质量和实效，推动重点工作落实。对县委经济工作会议、县委常委会、县委常委办公会等确定的目标任务、重点工作跟踪督查督办。同时，围绕县委工作重点，开展脱贫攻坚、三城同创、信访维稳、安全生产、防汛抗旱等专项督查。2016年，共开展各项督查活动66次，编发通报34期，专报12期。共办结各级领导批示件151件，其中，市级领导批示件7件，县级领导批示件144件，办结率均达100%。强化督查与调研的融合，撰写一批督查调研材料，分析问题难点，提出对策建议，为领导决策提供可靠依据。

【文秘法规】　2016年，县委办按照《“两办”联合行文制发程序》和《县委办文件制发程序》及时、准确、规范办理并下发各类正式文件111个，其中县委文件52个，县委办文件59个，做到精简办文。办文过程严格按照文秘人员多轮校稿、领导层层把关原则，确保有件必核、件件必审，改进办文方法，实现办文“零差错”。严格按照《蓝山县党内规范性文件备案办法》《县委规范性文件制定办法》《中共蓝山县委办公室党内规范性文件备案工作流程》开展全县党内法规工作，完善全县党内规范性文件的制定和报备，全年向市委及时报备党内规范性文件14个，报备率、备案通过率达到100%。同时认真、准确做好县委常委会议纪要和县委常委办公会议纪要的编辑、送审、印发工作，全年共编辑、印发县委常委会议纪要37期，县委常委办公会议纪要15期。

【信息工作】　2016年，县委办紧紧围绕县委中心工作和全县经济社会发展的重点热点，积极介入社会突发性事件的处置和信息撰写及上报工作。全年上报各类信息379条，为领导决策发挥参谋作用。积极稳妥迅速处置各类突发事件信息，重点做好1月21日永连公路南风坳路段槽罐车侧翻致丙烷（液化气）外泄安全事故、2月2日祠堂圩镇军威加油站燃油泄漏起火事故、5月30日土市镇上泉洞村在建村综合大楼垮塌事故、县文联党组主要领导网鱼时溺亡等紧急信息的处置和上报工作，为县委、县政府决策提供第一手资料。同时，积极调研反映全县政治、经济、文化、稳定等方面的情况，为领导提供前瞻性、预警性信息服务，其中《蓝山县聚焦“五大理念”打造县域经济升级版》《蓝山县大力推行“厕所革命”建设美丽新农村》《蓝山县强化源头治理保护湘江源》《基层党委信息工作面临四大问题》等信息被省市信息部门采用编发，受到省市领导高度关注。

【值班会务】　2016年，县委办牢固树立“值班工作无小事”理念，认真履行岗位职责。及时准确做好值班电话接听工作，保证县委、县委办公室与各级各部门工作联系的畅通；做好与市委值班室、县内各级各部门的值班衔接工作，确保信息及时收集和上报。按照“零差错、零失误、零空档”（简称“三零”）要求，全年共处理电报154份，办理上级文件586份，完成各类会务工作200余次，接待群体性来访130次约360余人。转办书记批示件125件，制定各类活动、会议方案120余个。高效做好值班工作，确保上情下达及时准确。值班室实行24小时专人值班制度，为领导公务活动有序开展提供有力保障。

## 组织工作

【概况】　中共蓝山县委组织部是县委主管组织工作和干部工作的职能部门，内设办公室、干部办、组织办、基层办、干部教育监督室、党员教育中心、干部档案管理中心、“两学一做”学习教育协调小组办公室，直属机关工委等8个办室，25个编制。

【基层党建】　2016年，县委组织部坚持把加强党的领导、严格依法办事、严肃换届纪律贯穿于县乡换届工作的始终。组建6个联络组、14个指导组和700多人的县乡选举工作队，建立县、乡、组三级“责任清单”，推行“四包三定三集中”（四包：县级领导包联系乡镇（街道）、乡镇（街道）干部包村社、村社干部包选民小组；三定：定人员、定时间、定任务；三集中：全县各级集中力量、集中时间、集中精力抓好换届选举工作）的工作模式，对“两代表一委员”（党代表、人大代表、政协委员）的推荐提名人选实行“三审双审”制，筑牢纪检等21个部门审核“防火墙”。为14个乡镇配齐配强领导班子144名，县级换届选举取得圆满成功，整个换届过程风清气正，实现“四零四好四满意”的总体目标。制定《蓝山县基层党建标准化工作指南》，细化县直、乡镇等12类党建考核细则，推行“三张清单”（问题清单、任务清单、责任清单），落实党组织书记“双述双评”（党组织书记向党委述职，由党委评议，向党员群众述职，由党员群众测评。）、党建研究“月例会”制、党建任务“月清月结”制和党建督查“季度督查”制，创建40个党建示范点，“以点带面”推进固本强基工程。扎实开展十项党建（“一章程一准则四条例学习情况”，软弱涣散党组织关系排查情况，宗族势力影响基层组织建设、干扰换届工作情况，党员组织关系排查情况，党内组织生活开展情况，开展民主评议党员、处置不合格党员情况，党组织设置情况，党组织书记履职情况，违规发展党员情况，党委、党组织领导班子团结情况）大排查，全面推进“七项”（党员组织关系集中排查工作情况，党代表和党员违纪违法未给予相应处理情况排查情况，基层党组织近期换届专项检查情况，党费收缴使用管理工作专项检查情况，推进非公企业和社会组织党的组织覆盖和工作覆盖情况，抓党建促脱贫攻坚工作情况，机关党员干部学习教育情况）党建重点任务，深入开展“雁过拔毛”式腐败专项整治，3名贪污受贿党员的被“双开”，15名违法违纪党员被开除党籍；“两新”（新经济组织、新社会组织）党组织覆盖率分别提升到40%、33.9%；党组织与党员定期通联、定点学习、定时考核成为常态，特别是流动组织和党员“双管共建”（蓝山县在广州花都区的流动党员由蓝山县和广州花都区探索建立的“共同组建、共同管理、共同服务”的流动党组织的工作模式在广州全市范围内推广）异地管理模式被《中国组织人事报》宣传推介，并在全省发展党员和党员管理工作座谈会上作典型发言。充实基层党务工作力量，选优配强乡镇（街道）专职副书记、组织委员，全面建立乡镇党建工作站，突出抓好党组织书记队伍的教育、管理和培训工作，及时调整不胜任现职、工作不在状态的党组织书记6人，选派“第一书记”55人。建立经费保障正常增长机制，落实党建经费5000余万元，实现党建经费“三个确保”。投入6000多万元改善乡镇“五小”设施建设和保障农村基层组织建设，全面完成合乡并村工作，启动实施农村党组织书记专职化工程，其经验做法分别被《湖南省乡镇区划调整改革工作简报》《永州通讯》《永州改革简报》刊发推介。

**【“两学一做”学习教育】** 2016年，全县把扎实开展“两学一做”学习教育作为全体党组织、全体党员最大的政治任务来抓。坚持分类指导，制定“1+7”工作方案，即1个总方案和机关、农村、社区、行业系统、流动党员、离退休党员和“两新”党组织7个分类指导意见，印发《“两学一做”学习教育简明读本》1.6万余册，组织766个党支部列出学习计划、学习清单，采取集中学与个人学、流动送学与驻点讲学、线上与线下学习等方式，确保党员学习“全覆盖”。积极搭建学做载体，56名党员县级领导以上率下，带头下基层搞调研、讲党课，带头开展专题讨论、学习实践，帮助基层党组织和党员解决实际问题120余起、听取意见建议85条、走访慰问困难党员68人、发放慰问金6.88万元。毛俊村党支部书记廖仁旺被评为湖南省优秀党务工作者；驻广州市花都区流动党总支被湖南省委评为先进基层党组织，被广州市委评为非公企业党组织“两学一做”示范点。

**【干部选用】** 2016年，制订出台《蓝山县干部选拔任用规范化工作指导》，对人事动议、民主推荐、考察考核等8个关键环节进行了规范化设计。严格执行《党政领导干部选拔任用工作条例》，认真落实领导干部调整预审制和全程纪实制，将执行力考核结果作为干部“能上能下”的重要依据，全年按程序研究调整的13批次、475人次干部中，有80名实绩突出、执行力强、群众公认的优秀干部得到提拔或重用。深入推进“三超两乱”（超职数配备干部、超机构规格提拔干部、超审批权限设置机构、擅自提高干部职级待遇、擅自设置职务名称）专项整治，充分利用换届和职务与职级并行政策的契机，控增量、减存量，共消化超职数干部170人。全面推进干部人事档案专项审核，严格执行干部选拔任用有关事项报告制度，落实“一报告两评议”工作，完成全县52名县处级领导干部、248名新选拔任用的干部及交流的干部报告个人有关事项工作。加大涉组涉干信访件查核力度，全年共查核举报信访件27件。完成上级调训任务66人次，举办科级干部培训班2期，短期培训班12期，培训学员1000多人次。抽调或选派100多名年轻干部或科级干部到重要部门、重点项目、征地拆迁、信访维稳、脱贫攻坚等基层一线锻炼成长。积极开展公职人员招考工作，全年共招聘事业岗位人员170人，完成市委组织部分配的9名公务员（其中省委组织选调生3人、法检两院6人）进人进编工作。

## 宣传工作

**【理论学习】** 2016年，全县理论学习形式灵活。邀请省市专家举办专题报告会，开展县委中心组集中学习10次20天。组织县级领导干部为基层党组织上党课，以点带面强化基层党组织中心组理论学习。开展“三个一”学习和心得征集活动，组织领导干部撰写“学讲话用讲话”心得体会100余篇。理论宣传内容鲜活。在蓝山新闻网设立“理论园地”专题，向永州新闻网《理论视察》栏目投稿、荐稿20篇。开展“五中全会精神进基层”、党的十八届六中全会精神、《关于新形势下党内政治生活的若干准则》、《中国共产党党内监督条例》集中宣讲和微宣讲活动100余场次。开展“五中全会精神进基层”百姓微宣讲竞赛活动，推荐微宣讲先进个人3人。发行《习近平谈治国理政》3000本、《胡锦涛文选》1500本、《十八届六中全会学习笔记本》2000本。制定《蓝山县关于进一步加强社会宣传文化活动管理暂行规定》，加强对辖区内研讨会、报告会、论坛、讲座管理。理论调研成果丰硕。完成《蓝山县非遗文化保护与开发调研》《蓝山县文化产业发展调研》《基层舆论引导工作的现状及应对方式》等3篇课题调研任务，成功申报“永州智库”重点课题《全域旅游背景下的风情小镇和美丽乡村建设——以蓝山县湘江源为例》。调研文章《湖南蓝山县：“四个引领”增强党员执行力》在《党建》杂志发表。

**【新闻宣传】**　2016年，全县新闻宣传工作坚持正面宣传，在蓝山新闻网设立“三城同创”“两学一做”“聚焦党代会”“聚焦两会”“党委换届选举”等专题专栏，开展“回眸十二五·发现蓝山之美”、“落实党代会　共谋新发展”等大型采访报道。2016年在主流媒体上稿1600多篇。其中，在新华网、人民网等中央媒体发稿100余篇，在湖南日报发稿80篇，在湖南卫视《湖南新闻联播》《午间新闻》发稿43篇。在《永州日报》上稿300余篇，永州电视台上稿300篇。蓝山新闻网更新新闻3677篇，编发手机报稿件1935篇。更新“蓝山新闻”微博、“中国微蓝山”微信信息分别达到2500条和850条。制作了《三蓝文化之窗》画册、《走进湘江源》摄影作品集、《三蓝花正红——2015年新闻报道回眸》《梦飞湘江源MV》等系列外宣品。完善宣传机制。坚持新闻报道“三审制”，对新闻内容进行严格把关。每周召开一次新闻通气会，对蓝山新闻网和红网蓝山手机报、中国微蓝山一周新闻进行点评。加强舆情监控处置，实行急事急报、每天一分析、每周一回顾，重大舆情第一时间向上级汇报。加强对县内民间网站、论坛、微博、微信和公众微信号的管理，用“网络七条底线”加以引导和管理，上报省市网信办对违规发布有害信息的网站论坛及微信禁言16次，有效遏制有害信息和谣言在网络传播，共监控涉用蓝山网络舆情986起，下发督办函（电）77件次，回复率100%。编发舆情简报42期、舆情快报22期，完成网评任务11000余条。

**【文明创建】**　2016年，县委宣传部以创建省级文明县城为总揽，推进“三城同创”，蓝山县被评为省级文明县城。组织开展文明创建，全县5个单位被评为省级各类文明单位，雷巧英家庭被评为省级文明家庭，13个单位创建市级各类文明单位。开展“十佳文明称号”评选，在“中国微蓝山”投票单篇文章点击量最高达到6.7万次，“十佳文明”评选微信阅读总量达到50万人次，参与投票人数达35万人，引起社会良好反响。邀请全国道德模范提名奖获得者盘晓红到各单位和学校举办巡回讲座近百场次，培育和践行社会主义核心价值观。组织开展“我评议、我推荐身边好人”活动，组织在中央文明网推荐身边好人线索近1000条，毛俊村支部书记廖仁旺、中心医院职工伍军华上榜“湖南好人”。加强爱国主义教育，策划开展纪念红军长征胜利80周年“重走长征路·共筑中国梦”等主题实践活动，公布一批爱国主义教育基地。组织中小学校开展“缅怀革命先烈　弘扬红色志愿”祭扫活动、“我的中国梦·向国旗敬礼”网上签名寄语活动。在中小学校深入开展“扫黄打非”、正版生活、绿色阅读等系列宣传教育活动，整治出版物市场检查出版物经营单位349家次，收缴非法音像制品210余张、非法出版物1100余册。见证绿色湘江湖南省大型环保宣传活动在永州市蓝山县启动，消息在中央文明网刊发。开展“学雷锋、见行动，认领微心愿、温暖身边人”活动，联系志愿者帮助汇源中心小学购买校园广播功放和广场舞音箱，帮助南平街道“鸭掌少年”杨浩捐款13000元做手指粘连分离手术。为志愿者购买公益保险1200余份，网络文明传播达到45000条。

【文化事业】　2016年，县委宣传部大力推进文化体制改革。电影公司完成企业化管理转型，亚美影城顺利开业。探索电视节目制播分离模式，蓝山电视台影视频道先后引进《第一首映》《三下乡》《世界多美丽》三档栏目。全县文化产业固定资产投资达到12亿元，文化产业增加值达到6.83亿元，文化产业增加值占GDP比重达7.1%。成功举办2016年蓝山县春节联欢晚会、第四届梨花文化旅游节，春赏花旅游文化品牌初步形成。结合中国共产党成立95周年和红军长征胜利80周年，举行“红旗颂”大型群众合唱比赛。以全国文明村毛俊村村支书廖仁旺为原型的本土廉政文化微电影《开标》展播，引起良好反响。送文化下乡活动完成46场，发放广播电视“户户通”设备9500套，农村广播“村村响”建设有序推进。县文体广新局组织的“欢乐潇湘”大型群众文艺汇演取得一金二铜，创历史最好成绩，原创男子群舞《挑盐古道》分别获得省、市“欢乐潇湘”文艺汇演一等奖和金奖，瑶族舞蹈《牛绑声声乐》获得2016年“感动中国”全国文化艺术周舞蹈比赛银奖。“五里坪古墓群建设控制地带内违法建设案”入选国家文物局“2014－2015年文物行政执法十大指导性案例”，完成塔下寺环境整治工程，对土市新村红六军团指挥部旧址、红军渡口等六处文物点进行地标建设。三蓝文化展厅正式对外开放，集蓝山史前文化、古代文化、瑶族风情、旅游文化、书画作品、红色文化、蓝山名人志士等内容于一体。严格广播电视监看监听平台管理，监管平台实行24小时值班。

【自身建设】　2016年，县委宣传部通过招考引进两名新闻编辑人才到新闻中心工作，配备一名志愿服务专干，新闻中心编制增加到7个。积极开展“两学一做”学习教育，全年由宣传部班子成员为宣传部全体党员干部讲党课4次。组织全体干部观看社会主义核心价值观影片《白毛女》、《勇士》，成功参加“红旗颂”大型合唱比赛开场表演，组织参加纪念红军长征胜利80周年重走长征路活动，组织宣传系统干部开展庆祝记者节羽毛球比赛和迎元旦登山活动。县委宣传部被省委宣传部评为2016年度全省先进舆情信息工作联系点，被市委宣传部评为全市宣传系统创先争优先进单位、调研和舆情工作先进集体；红网蓝山站（蓝山新闻网）被评为全市网络问政工作先进单位。《蓝山建三蓝文化展厅培育和践行社会主义核心价值观》被评为全市宣传系统李达杯宣传工作创新奖。

## 统战工作

【加强统战工作领导】　2016年，蓝山县成立以县委书记为组长的中共蓝山县委统战工作领导小组，切实加强党委对统战工作的领导，建立健全统战工作协调机制，大统战格局日益牢固。制订《2016年蓝山县统战工作目标管理实施方案》，把统战工作纳入乡镇和党政主要领导的实绩考核内容，纳入党建目标责任考核内容，纳入县、乡镇（街道）在党校的培训和教育内容，并在全县统战工作会议上作总体部署。制订下发《2016年蓝山县统战工作要点》，进一步明确了工作目标。建立统战系统工作交流会群，强化统战内务建设，制定重要工作安排表，提高工作水平和工作效率。及时召开县工商联、侨联换届工作筹备会议，制定换届工作筹备方案，明确人员分工和具体实施步聚、时间要求。制订《中共蓝山县委统战部开展“两学一做”学习教育实施方案》和《蓝山县党外代表人士“两学一助”（学系列讲话、学优良传统、助力新湖南）学习教育工作方案》，组织召开统战系统以及全县党外干部代表人士、非公经济企业代表人士“两学一做”“两学一助”动员会，通过微信、QQ等多种媒介创新学教形式，组织开展党支部书记带头学党章党规、学教育读本、带头讲党课，组织全体党员温习入党誓词，开展专题讨论、调查研究等系列学习教育活动，深入蓝山驻东莞、郴州、广西平乐、云南等流动党支部，指导和开展“两学一做”和“两学一助”学习教育，使活动取得实实在在的效果。

**【加强党外人士管理】** 2016年，县委统战部制订下发《关于对全县无党派代表人士和党外知识分子进行调查摸底的通知》，建立健全党外代表人士信息台账；制订《蓝山县党外代表人士分级分类管理办法（试行）》，强化对党外人士的日常考察和综合评价，促进党外人士的规范化管理和使用。通过定期召开党外人士座谈会，全年共报送党外人士建议及提案40篇。在县人大、县政府、县政协换届工作中严格代表、委员资格审查和结构比例，县级党外人大代表的比例从原来的10%多升为33.16%；党外政协委员的比例为60.76%。同时提前对60名优秀非公经济代表人员建档，进行综合评价，保证推荐人员的广泛代表性和优秀性，使非公代表在政协委员中达到了17.08%。结合换届工作，积极向县委、政府和县组织部门反映全县党外正职和各单位领导班子成员中党外干部的配备情况，建议在换届过程中按要求配齐配强党外干部。全县党外干部配备包括副处级领导6名，党外正职4名，党外副职101名。遵照《中国共产党统一战线工作条例试行》（简称《条例》）、省委《实施细则》精神，积极开展新的社会阶层人士摸底工作，建立健全台账资料；配合市委统战部较好地完成对各县区落实《统一战线工作条例》和《实施细则》情况的调研工作。通过深入调研留学人员情况，联系培养一批留学人员代表人士，组织开展留学人员帮扶家乡教育活动。7月2日，澳大利亚“首都地区”中国学生学者联谊会会长陶品儒一行6人对县汇源乡中心小学实行定向帮扶，赠送价值2万余元的多媒体教学设备。组织统战试点单位中西医结合医院深入到土市、太平等多个乡镇开展义诊活动，现场发放资料、各类药品价值上万元，深受百姓的好评。

**【服务经济建设】** 2016年，县委统战系统积极“三城同创”工作，定期开展道德讲堂活动，严格做好分担责任区的卫生和“文明劝导”工作，组建治安防控巡逻队参与夜间路面巡逻，积极维护县城社会治安稳定，建设美丽文明和谐新蓝山。通过不厌其烦、深入细致地对蓝山大道责任包干户黄格标进行相关拆迁政策的宣传解说，让其全面了解蓝山大道建设的重要意义，明确征迁补偿的标准、拆迁户的安置方案以及相关奖励措施等细节，顺利完成该户的拆迁工作。2016年年初，通过会同工商联等部门组织召开“访民企、办实事、强信心”座谈会，深入到蓝山三峰茶叶、新顺农牧有限公司、宏泰工业园、迈斯特优育用品有限公司等多家企业实地走访，总结当前蓝山非公企业经济发展状况，了解企业存在的问题和困难，并积极向县委政府汇报情况，同有关部门进行沟通协调，帮助出面调解矛盾纠纷，切实为非公企业在融资、建设发展、招工用工、员工培训、发展会员等方面排扰解难，寻找有效解决办法。开展“十佳创业明星”评选活动。县工商联深入广西平乐县、云南省昆明市、广州狮岭镇等地宣传家乡发展情况，引导非公经济人士黄代龙、唐艳丰、王志宏等大股东回到家乡筹建蓝山皮具产业园。工商联结对帮扶毛俊镇山溪村，结合民企联村活动的开展，引导非公企业和经济人士积极投身助力扶贫攻坚行动，为联系村解决村级活动场所、村级医务室立项、小水利建设等实际问题。12月，统战部和工商联联合组织工商界人士和工商联届的政协委员为梨头瑶族乡中心小学21名贫困学生发放捐款8400元（每人400元），为毛俊困难户捐款2000元。

【服务港澳台同胞及侨胞】2016年，县委统战系统工积极接待台胞台属回乡探亲活动，对台交流交往更加深化。开展蓝山旅台同乡会组团回乡探亲、祭祖活动，协助湘威公司邀请、接待和组织沿海鞋材台商到蓝山考察及“蓝台青少年湘江源文化之旅”（蓝山县、台湾地区简称蓝台）等大型涉台交流活动，极大地促进了两地经济文化交流。支持现有在蓝山台企（台湾在蓝山企业）扩大发展，加大对台招商引资力度。全年为承阳公司、航昇公司、湘威公司等招收新员工560余人，有效缓解台企用工短缺的问题。县委、县政府把湘威三期、承阳二期项目列为县重点建设项目，全力推进。截至12月，湘威三期新增投资1800万美元，承阳二期新增投资1000万美元，其他台企均有新增投资。新引进涉台企业两家，港台合资企业高信电子公司，一期投资已完成1.85亿元，9月8日正式投入生产；蓝腾电子商务科技有限公司签订1.5亿元的中外合资环保家具制造项目投资协议，在县宏泰工业园租厂房投厂。以“省华侨同心产业园”为平台，强化对外交友联谊活动。成功与永州市外事侨务办公室联合举办侨界中秋节联谊、2016香港“活力蓝山·薪火相传”等活动，累计接待80多名归侨侨眷代表、海外侨胞、侨属企业家回家乡考察，为蓝山扩大对外开放、经济社会发展建言献策；接待包括新加坡国立大学东亚研究所所长郑永年、香港蓝山县联谊会副会长杨晓浓、李照彬，美国维州社区学院委员会主席赵惠普等在内的海外侨胞、港澳同胞、海外留学人员157人次，其中海外团组2个，对外的联谊交友进一步加深。

【贯彻民族宗教政策】 2016年，县委统战系统认真贯彻学习中共十八大及历届全会精神和《中国共产党统一战线工作条例（试行）》中有关民族宗教工作的会议精神，依法依规管理民族宗教事务，稳步推进民族宗教工作。通过深入少数民族地区开展调查研究，全面掌握少数民族社会经济发展情况，积极为少数民族地区完善基础设施建设、促进教育、医疗、就业等民生工程发展。通过定期召开全县民族宗教工作会议，传达省市民族宗教会议和相关文件精神，坚持党的宗教工作基本方针，依法管理宗教事务，既保障公民的宗教信仰自由，又积极引导宗教与社会主义社会相适应，定期组织工作人员和宗教代表人士集中学习，实现健康有序发展。根据《宗教活动场所财务监督管理办法》（试行）的有关规定，组织相关部门和人员，对各宗教场所的财务管理情况进行系统的检查指导。改善宗教活动场所硬件环境。9月，蓝山县塔下寺改造工程顺利竣工，重新恢复为宗教活动场所。积极组织第14届少数民族乡篮球运动会，促进民族体育事业的发展。成功举办蓝山县首届瑶家歌王赛，促进民族团结。蓝山县首届瑶家歌王赛在省、市新闻媒体竞相宣传报道，并产生重大影响。与公安、安全、外事等相关部门协调协作，定期排查民族宗教领域不安定因素，研究应对措施，及时消除隐患。确保3个观音诞生日、盘王节及少数民族篮球运动会等重大活动期间的区域稳定。通过走访慰问、开展联谊等方式深入到少数民族群众、信教群众中，化解矛盾、理顺情绪。全年接待群众来信来访20余件，答复群众业务咨询260余次，涉及政策法规查询、房屋权属纠纷、反映意见建议等。办理恢复、更改民族成份证明41件，办理2016普通高考两种考生审核81件。

**【开展实践创新活动】** 2016年，县委统战部积极开展统战工作实践创新活动。建立蓝山统战文化展示厅。出版统战读物《乡情》《蓝山抗日英雄谱》《两地书．故乡情》《走进台湾》《蓝山传统文化集锦》《百叠岭》等，为宣传蓝山文化做出积极贡献。在申报资料报送方面，严格按要求及时向省委、市委统战部报送相关资料。

**【队伍建设】** 2016年，县委统战部超额完成市委统战部分配的信息报送任务数（30分），其中市委统战部内网15篇，省委统战部内网6条，省委统战部办公室编写《统战工作周报》（第28期）2条，市委统战部《统战工作简报》6篇，永州统战网14篇，三湘统战网上发表稿件11篇（任务数10条），由统战部报送的《统战干部应提升“四识”》理论文章分别在人民政协网和三湘统战网发表。撰写调研文章《关于“访民企、办实事、强信心”的调研报告》《蓝山“四步曲”奏响“网络问政”最强音》《如何充分发挥党外代表人士作用强化党外人才教育培训》《促进党外人才有效供给》《发挥优势引导党外人士通过“结对帮扶”活动开展精准扶贫工作》《浅谈推进蓝山统战文化建设》《“借船出海”助推新的社会阶层人士统战工作》共7篇。成立党外人士信息管理中心，核定编制5人，已公开选调2人。县台办申请成立“蓝山县海峡两岸交流中心”，核定事业编制2人。

## 对台工作

**【概况】** 中共蓝山县委台湾工作办公室、蓝山县人民政府台湾事务办公室（以下简称为蓝山县台办）成立于1956年。2016年有行政编制2人，主任1人，副主任3人。2016年，经中共蓝山县委常委会议研究决定，蓝山县台办下设蓝山县海峡两岸交流中心，事业编制2人。蓝山县是湖南省重点对台工作县。2016年，蓝山县台办被评为永州市对台工作先进单位、永州市对台宣传工作先进单位。

**【对台交流】** 2016年，蓝山县共举办3次大型海峡两岸交流活动。清明节期间，旅台蓝山同乡会一行13人组团回乡，其中有5位蓝山籍二代台胞第一次回乡，蓝山县台办组织开展参观风景区、工业园和县城提质改造工程项目，召开台胞台属联谊座谈会，开展台海形势报告、招商项目推介、为蓝山经济发展讨论等活动；2016年5月，蓝山县邀请台商一行15人到蓝山考察，在座谈会上介绍蓝山县的投资环境、优惠政策和招商项目，经考察达成与湘威公司协作，共建鞋业城。暑假期间，开展“蓝台青少年湘江源文化之旅”活动，永州、台湾18名大、中学生参加，参观舜帝陵、荆竹瑶寨吊脚楼、江华香草园，并在湘威公司、航升水乐园举办书画、棒球、游泳等活动。

**【排忧解难】** 2016年，蓝山县制定《定期走访台企制度》《涉台应急预案》《来信来访接待制度》等，全年共为台企、台胞和台属调处矛盾纠纷、投诉案件等10余宗，依法保护台胞、台商和台属的合法权益，营造良好的投资环境。

**【对台经济】** 2016年，蓝山县充分发挥优势和特色，全力推动在蓝台企发展，做大做强。全县原有台企5家，其中湘威公司新增投资1800万美元，承阳公司新增投资1000

万美元。新引进台企2家，高信电子科技有限公司一期投资2亿元，于9月8日正式投入生产；蓝腾电子商务科技实木家具有限公司投资2000万元，于3月1日租厂房生产，并计划投资1.5亿元，购地4公顷建设厂房。蓝山台企2016年全年进出口额约1.3亿美元，名列永州市第一。

【对台宣传】　2016年，蓝山县积极配合党和国家做好对台宣传，宣传党的对台政策，坚决遏制“台独”分裂活动。积极推介蓝山资源优势，促进经济快速发展，实现富民强县。在2016年春节期间，发动台属开展“写一封信，打一个电话，寄一张贺年片”活动，向来蓝山的台胞发放宣传资料，为台湾《湖南文献》撰稿，做好岛内宣传工作。全年，在中台办的《台湾工作通讯》，省台办的《对台工作》《湘台连线》等报刊网站共发表15篇通讯报道和调研文章，其中《做好当前对台交流交往工作的思考》荣获永州市台办调研文章二等奖。

## 县直机关党建工作

【概况】　2016年，县直属机关工作委员会（简称直工委）设书记1人，副书记1人，有直工委委员3人，兼职2人，辖县直机关基层党组织233个，其中党委5个，直属机关党委10个，党总支部10个，党支部208个，共有党员4791人，其中女党员982人。

【基层组织建设】　2016年，县直属机关工作委员会坚持将党建工作摆在首要位置，不断健全党建工作机制，抓实抓细党员管理。健全督查指导制，督促每个单位党组织认真贯彻落实《中国共产党党和国家机关基层组织工作条例》《湖南省贯彻落实〈中国共产党党和国家机关基层组织工作条例〉的实施办法》《中共永州市委关于贯彻落实〈中国共产党党和国家机关基层组织工作条例〉实施意见》，压实各级机关党组织书记的党建责任主体，明确各级党委（党组）主要负责人要担负起党建第一责任人职责，做到“机关党建工作方案亲自审定、重要任务亲自部署、关键问题亲自落实、整改落实亲自督导”，确保党委（党组）定期研究机关党建工作。3—5月，结合省委巡视组在蓝山期间，认真开展机关党建“十项大排查”，摸清“家底”，建立问题清单489个，下发督查通报10期，制定整改方案10个，下发整改交办函126份，整改突出问题458个。认真落实基层党建七项重点任务，特别是扎实开展2008年至2016年党员党费清理工作。年初，县直工委下发《关于全面推进县直机关基层党支部规范化建设的指导意见》，按照基本组织、基本队伍、基本活动、基本制度、基本保障、基本台账“六个规范化”的要求打造人社局、国税局、安监局、检察院、地税局、广播电视台、烟草局、文体广新局、农业委、水利局、卫计委、交通局等党支部规范化建设示范点，全县有80%的机关党支部达到规范化建设的标准。指导县公路局等82个支部按期换届，规范支委会人选的审批把关。协助县纪委处理违法违纪党员30人。圆满完成县直单位131名出席县第十二次党代会代表的选举工作。健全定期调研制，县直工委部署1~2次主题调研，认真开展定课题、定时间、定方式的党建调研，邀请县委组织部、县委党校、县委宣传部、县教育局等部门的人员参与评审，分类表彰。2016年围绕“如何激发机关党员干部干事创业内生动力”进行了专题调研，卫计委、农业委、林业局、交通运输局、中心医院报送的文章荣获优秀调研文章。

【党员教育管理】　2016年，县直属机关工作委员深入开展“两学一做”学习教育活动，县直工委把严的要求、实的标准贯穿党员教育管理中，认真学习宣传贯彻中共十八届四中、五中、六中全会精神，将学习宣传贯彻中共十八届四中、五中、六中全会精神和习近平总书记系列重要讲话作为首要政治任务，在县直机关迅速兴起学习宣传热潮。认真做好县直机关发展新党员、党组织书记政治素质和业务能力提升等工作，2016 年，共培训入党积极分子 80 人、发展对象 72 人。成功举办县直机关党支部书记业务培训班，对县直机关 258 名党组织书记进行业务培训，进一步提升县直机关党组织书记的政治素质和业务能力。有针对性地组织县直机关党组织书记学习借鉴不同行业、不同部门抓党建工作的好经验、好做法。4 月，组织县直机关 15 名党组织书记到县国税局进行为期一天的党建工作学习考察活动，学习该单位抓党建工作的先进经验，增强抓好机关党建的责任感和目标性。县直工委逐一落实“三会一课”、民主评议党员、领导干部双重组织生活会等一系列党员管理制度，对完成情况差的党组织下发督查通报、整改交办函，约谈党组织书记。每季度对直属单位督查“两学一做”学习教育活动督查一次，对四次专题讨论开展情况进行专项督查。2016 年年底，组织开展机关党组织书记“两述两评”活动，并将机关党建考核结果纳入县委年终绩效考核内容。

**【党员队伍建设】** 2016 年，县直属机关工作委员积极开展庆“七一”党建活动，组织县直机关新党员、部分老党员相继到土市镇红军渡口旧址、蓝山革命烈士英雄纪念碑等地，举行隆重的入党宣誓仪式。结合纪念红军长征胜利 80 周年，先后组织 1000 多名党员到土市、洪观开展重走长征路活动，让党员接受红色教育，经受革命传统的洗礼，进一步增强党员的荣誉感和使命感。积极开展党内关爱活动，安排党费 6 万余元用于春节期间对生活困难党员的走访慰问。积极开展党建文体活动和关爱活动，增强党员的归属感。联合其他单位成功举办首届“人社杯”工间操比赛，共有 31 个队参加；举办“创新创业杯”气排球比赛，共 38 支球队参加比赛，参赛的领队、教练员和运动员达 482 人，比赛取前 8 名，评选优秀组织奖、道德风尚奖、优秀夫妻运动员奖，让气排球运动在蓝山县蔚然成风；举办纪念中国共产党建党 95 周年“红旗颂”大型红歌合唱比赛，共有 17 个队参加。举办“两学一做”知识抢答赛，有 30 个队参加。

**【服务中心工作】** 2016 年，县直机关 116 个单位的 4000 多名在职党员干部按照“深入群众、体察民情，深入村（社）、增进感情，深入企业、促进发展，结对帮扶、责任到人”的要求，共联系结对企业和项目 43 个，结对帮扶 219 个村、社区，结对贫困户 6978 户，走访慰问困难群众、贫困户 3 万余人次，落实帮扶资金、物资共计 3900 余万元。帮助解决群众反映强烈的突出问题 1149 件，进一步提高群众对机关党员的满意度。从县直单位党员干部中下派“第一书记” 57 个，促使 20 个精准扶贫村脱贫致富、21 个软弱涣散党组织实现转化升级。认真组织党员服务群众进社区，组织县直机关 4000 多名党员深入社区，结合“党员主题活动日”，根据单位职能、工作性质及个人专业特长，争当政策法律宣讲员、文明行为劝导员、困难群体帮扶员、邻里纠纷调解员、社会治安巡逻员、环境卫生保洁员“六大员”，进一步密切干群关系，为蓝山县成功创建省文明县城发挥应有的作用。认真组织开展“亮身份、践承诺、比奉献”活动，在县交通局、政务中心、人社局、地税局、国税局等县直重点部门、服务行业和窗口单位，通过公开承诺和群众点评，接受群众监督，较好地克服了“门难进、脸难看、话难听、事难办”的现象，树立为民服务的良好形象。

## 机构编制工作

**【概况】** 蓝山县编制委员会办公室（简称县编办）是县机构编制委员会的常设办事机构，内设综合室、监督检查室，下设两个副科级事业机构：县事业单位登记管理局、县机构编制信息中心，核定行政编制7人，主要负责全县行政管理体制与机构改革及机构编制管理工作，既是县委工作机构，又是县政府工作部门。

**【政府机构改革】** 2016年，县编办集中时间力量，对政府机构涉改单位主要职责、内设机构和人员编制等事项进行规范，经主管常委和主管县长审核签字，并依据程序经过县编委会、政府常务会和县常委会研究审议，对全县46个涉改单位发出“三定”（机构设置、职能配置、人员编制配备）文件，并完成新组建单位的挂牌和人员的划转工作，并及时清理规范临时机构、议事协调机构。

**【行政审批制度改革】** 2016年上半年，县编办组织人员对全县的权力清单行政许可类的184项事项名称、承诺办结时间和运行流程图进行统一规范和完善。按照机构改革后的机构设置情况，各部门均重新修改完善行政职权事中事后监管办法，并按照市审改办要求，在2016年8月底前公布本县辖区权力清单。按照省、市要求，对县政府工作部门的行政权力事项进行进一步集中清理，蓝山县人民政府发文《关于承接落实国务院和省市人民政府取消、调整及下放行政职权的通知》，其中县本级取消的行政审批事项39项，承接市政府下放的行政审批事项13项，县本级调整的行政审批事项1项。按照省市要求，及时出台《蓝山县政府工作部门行政职权动态管理办法》，规定政府工作部门及相关单位的行政权力事项需增加、取消、下放或变更要素的，由实施行政权力的行政机关或单位按照规定程序及时调整。根据蓝山县政府办下发的《蓝山县行政审批基本流程规范办法》文件，按照蓝山县公布的部门权力清单，蓝山县各级行政机关和法律、法规授权的行政审批实施机关实施行政许可权力，设定行政许可基本流程，编制行政许可流程清单，对行政许可基本流程实行动态调整、修改。坚持“凡批必进、应进全进”的原则，在全县行政权力清理的基础上，凡与企业和人民群众密切相关的行政管理事项，包括行政许可、非行政许可审批，均纳入政务中心集中办理。要求进驻大厅的各单位行政审批股长认真核对本单位有效行政、非行政审批事项。2016年，蓝山县接入网上政务服务和电子监察系统的单位共有48个单位，纳入系统审批的事项共有289大项，全年共收审批件46957件，办结46948件，办结率为99.99%。同时继续深入推进“两集中两到位”改革工作，通过优化调整，县政务服务中心集便民服务、行政审批为一体，可实现“一站式”办理。截至12月1日，中心共受理办结各类政务服务事项22026件，办结率100%，其中，建设项目并联审批件19件。

**【中心镇扩权强镇改革试点】** 2016年，县编办稳步推进中心镇扩权强镇改革试点工作，根据《中共湖南省委办公厅湖南省人民政府办公厅〈关于开展经济发达镇行政管理体制改革试点工作的指导意见〉》文件精神，结合蓝山县实际，选定楠市镇作为扩权强镇改革试点乡镇。从相关单位抽调人员组成蓝山县扩权强镇试点工作领导小组，工作领导小组下设办公室，由编办主任齐新华任办公室主任。工作领导小组多次召开座谈会、多次到楠市镇调研，并两次组织人员到省扩权强镇试点郴州市宜章县的梅田镇考察学习。按照加强基层政权建设、统筹城乡协调发展的要求，努力破解制约楠市镇经济社会发展的体制机制问题，理顺职责关系，优化组织结构，扩大管理权限，着力提高社会管理和公共服务能力，充分发挥楠市镇在区域经济社会发展中的辐射带动作用，加速推进楠市镇新型工业化、城镇特色化和城乡一体化进程的总体思路，拟定《蓝山县楠市镇行政管理体制改革试点工作方案》（草案）。按照“权责一致、依法依规、能放即放”的原则下放权限，初步拟定此次县级向楠市镇下放的行政许可、管理服务事项和行政执法事项。

**【事业单位分类改革】** 2016年，县编办根据事业单位分类改革的总要求，在工作安排上保持与省市同步推进。按照2015年度市委、市政府全面深化改革工作任务，蓝山县政府序列行政类事业单位的改革在县政府职能转变和机构改革中已得到落实。省、市批复蓝山县行政类事业单位共13个，其中县体育局、县旅游外事侨务局分别并入县文体广电新闻出版局和县政府办公室，其余事业单位承担的行政职能已全部划转到其主管部门，有的事业单位还变更机构名称。按照2016年蓝山县编制委员会办公室事业单位法人治理结构改革工作任务进度表的要求，对拟定进行事业单位法人治理结构改革试点的单位进行调研，确定县供销联社为试点单位，并拟订《蓝山县事业单位法人治理结构建设试点工作实施方案》（征求意见稿）。

**【行政执法管理体制改革】** 2016年，县编办结合“三定”工作对文化综合执法、市场监督执法、城市管理领域执法队伍和农业综合执法等的机构设置、职能配置、人员编制配备等进行调整完善，在充分调查研究的基础上制定《蓝山县全面开展综合行政执法改革工作方案》（送审稿）。

**【乡镇区划调整配套改革】** 2016年，县编办按时按职完成乡镇的重新划类工作。对乡镇职责规范和机构编制调整进行大量的调查研究，出台《关于乡镇机构编制调整的通知》，对乡镇机关内设机构、公益事业单位及部门派驻机构的机构设置、职能配置和人员编制配备进行统一规范明确。全面完成撤乡并镇工作，按照省市要求，蓝山县由15个乡镇调整为14个乡镇，建制村由358个行政村调整为214个，各乡镇党政班子均按新核定职数调整配备到位。

**【事业单位法人年审年检】** 2016年，县编办根据省市全面实施事业单位网上登记和做好2015年度事业单位法人年度报告公示工作的要求，在蓝山政府网上发出《关于做好2015年度事业单位法人年度报告公示工作的通知》，明确年度报告公示范围、操作程序、具体要求及业务咨询，建立qq工作群，要求蓝山县各事业单位在报送2015年度事业单位法人年度报告的同时换发新版事业单位法人证书。2016年，全县有323个事业单位完成2015年度公示工作并领取新证，新设立登记单位8个，变更登记单位109个，注销登记单位7个。

**【统一社会信用代码赋码工作】** 2016年，县编办根据中央、省、市编办关于开展机关、编办直接管理机构编制的群众团体统一社会信用代码赋码工作的要求，下发《关于开展全县党政群机关统一社会信用代码赋码工作的通知》，对全县乡镇、县直各部门开展此项工作的时间、任务、程序等进行详细明确的规定，确保赋码工作顺利有序开展。2016年，共赋码51个单位。

**【政务和公益中文域名注册管理】** 2016年，县编办印发《蓝山县机关事业单位中文域名注册和网站标识管理工作实施方案》的通知，建立日常工作交流平台机制，通过电话、网络等渠道进行指正解答，妥善处理遇到的问题，防止因为单位不会操作而放弃注册、挂标，保证域名的注册率和挂标率。对存在疑问的注册单位和计算机水平不高、业务操作不熟练的单位，及时对相关工作人员进行点对点指导或由编办帮助其代办注册，及时解决各单位在注册过程中遇到的问题。2016年，已办理270个单位的域名注册及续费。

【机构编制管理创新】 2016年，县编办共召开4次编委会议，讨论事项共76项，编委会议和调配工作小组会议召开前，编办都通过认真了解各上会事项情况和周边县区的做法，以及对照相关文件政策规定，提出合理性建议，确保每次编委会会议都能高效召开。向市编办申请事项23项，通过积极向上汇报争取，市编办批复蓝山县全年用编计划356名、明确或新增科级领导职数17名，批复蓝山县新设、升格副科级机构7个。县编办全年为5个基层一线单位调配增加编制24名。与县财政局联合转发省编办和省财政厅《关于在全省机关事业单位实行人员编制与经费预算联合管控的通知》。2016年，蓝山县行政编制总数1474名（含政法专项编制及后勤服务编制），行政实有人员1790名，与市里下达的数额相等，事业编制总数9276名，事业实有人员7004名，均未突破2012年年底事业编制总量。

【机关建设】 2016年，县编办按照县委的安排部署，紧密联系机关党员干部思想、工作、作风实际，把“两学一做”学习教育作为提升机关自身建设的重要抓手，按照“三会一课”制度，党支部每月组织一次集中学习，每2个月召开一次全体党员会议，重点围绕“四个专题”进行专题讨论，通过巩固拓展党的群众路线教育实践活动和“三严三实”专题教育成果，进一步解决党员队伍在思想、组织、作风、纪律等方面存在的问题，保持发展党的先进性和纯洁性。同时，以服务机构编制中心工作为重点，加强对机构编制工作特别是简政放权、行政审批制度改革、事业单位分类改革的宣传报道，为各项改革任务的顺利实施营造良好的舆论氛围，进一步提高社会各界对机构编制工作的理解和认识程度。全年共向中央编办、省市编办和县政府报送各类工作信息50余篇、调研文章10余篇。2016年，县编办将中央、省市有关机构编制政策法规和规范性文件，整理汇编成《机构编制政策法规和管理知识选编》，印刷500多本，向全县所有单位进行赠送，加大机构编制宣传力度。

【精准扶贫】 2016年，县编办抽调1名政治思想好、业务素质强的科级干部到所挂联的帮扶村毛俊镇杨家洞村进行精准扶贫工作，并组织编办全体干部职工深入帮扶村，了解困难群众的生产、生活情况，尽力帮助他们解决实际困难和问题，与他们一起研究制定翔实可行的规划方案。按照要求，将全村85户贫困户的帮扶责任分解到22个帮扶责任人身上，对2016年脱贫的21户贫困户全部实施小额信贷的帮扶措施，每年为每户增收5000元。同时为村级建设项目积极筹措资金，通过多次到交通、财政、水利、林局部门协调，为村组解决51万元的建设资金和1.2万元的工作经费。

## 党校工作

【概况】 中共蓝山县委党校（简称县委党校）成立于1958年12月，原址位于离县城30千米的原早禾办事处株木水村，1980年迁至县城湘粤中路67号现址。2016年年底，有校园面积22亩，总建筑面积10368平方米，有多媒体教室2个，图书室藏书3万余册。核定编制人员17人，内设办公室、教务科、科研信息科、总务科4个科室。有在编在岗正式干部职工16人，其中校委会班子成员4人，专职教师9人，工人3人，有高级讲师4人，讲师8人，研究生学历2人，本科学历10人，理论教员全部达到大学本科以上学历，教职工队伍年龄、专业结构较为合理。党校于2011年顺利通过全省党校系统“办学水平评估”，被评为湖南省甲等县级党校。2012年落实为中专体制，校长高配为副处级，2013年副校长高配为正科级，2014年被市委、市政府评为“永州市文明单位”，2015年被省爱委会评为“湖南省文明卫生单位”等荣誉称号。

**【干教培训】** 2016年，县委党校开办主体班4期，其中科级干部培训班2期、股所长班2期，培训学员200余人次。协助县委、组织部、宣传部等部门举办短训班6期，培训学员1000余人次。学校开设《正家风是领导干部的必修课》《增强四个意识维护领导权威》《刘少奇与党性修养》《马克思主义认识论》《社会主义核心价值观》《试论干部执行力》《毛泽东思想研究》《全面推进依法治国》《提升领导干部法治思维能力》《信仰的力量》《语言艺术与领导素养》等党性修养和思想政治教育课程。积极探索教学模式，更新教学内容，充分发挥党校培训轮训党员领导干部的主渠道和学习、研究、宣传马列主义、毛泽东思想、中国特色社会主义，特别是习近平总书记系列重要讲话的主阵地以及干部党性锻炼的大熔炉作用，注重教育和引领广大教员紧跟时代、紧扣中心、紧贴实际开展教学，坚持理论与实际相结合、理论教育与能力相结合、组织要求与个人需求相结合，力求教学内容凸显时代性、体现地方性、增强针对性。同时组织老师学员到江华涔天河水库等地开展实地调研，将调研成果转化为课堂教学。加强与周边市县党校的经验交流，派骨干教师参加省委党校师资班培训，进一步增强教师队伍的教学能力，教师讲课深受学员欢迎。

**【科研成果】** 2016年，县委党校围绕县委政府重大决策部署开展调研。出台《党校科研成果奖励办法》等制度，严格实施科研考核，完善科研激励机制，对省市立项课题实施责任人制度，促进科研工作走上制度化、规范化的轨道。王爱民参与一项省级课题《建设服务、责任、法治、廉洁政府研究》成功结项。党校教师撰写的“关于山区精准扶贫的路径探析——以蓝山县为例”“蓝山县发展乡村文化旅游产业探析”荣获全省党校系统理论研讨会二等奖。“明确新要求，适应新常态” “蓝山县承接‘两型’产业转移的调查与思考”荣获省理研会三等奖。“关于蓝山县‘大众创业、万众创新’工作的调查与思考”“蓝山县开展精准扶贫工作的现状与出路”“对蓝山县农村基层医改的调查与思考”“净化政治生态视野下‘为官不为’问题规避”荣获市理研会三等奖。

**【创建工作】** 2016年，县委党校按要求完成党建、安全生产、综治维稳、党风廉政建设等县委、县政府安排的各项中心工作。重点抢抓在全县深入开展“三城同创”的有利契机，投入3万余元积极开展创国家卫生县城、巩固提升省级文明县城创建成果和创建市级园林单位工作，整理完善“三城同创”等相关资料，加大校园基础设施建设，种植花草树木，绿化美化亮化校园，为示范性县级党校建设奠定基础。

## 史志工作

**【《永州市志蓝山概况（1996—2015）》编纂工作】** 2016年，县史志办将3月29日市委、市政府的《永州市志》编纂工作动员大会精神及时向县委、政府汇报。县委、县政府高度重视，迅速成立以县委书记秦志军为名誉主任、县长魏和胜为主任、县委办主任黄和平、常务副县长聂朝飞等为副主任的《永州市志蓝山概况（1996—2015）》编纂委员会，制定切实可行的实施方案，落实修志经费10万元，正式启动编纂工作。

【《蓝山县乡镇简志》编纂工作】　2016年，县史志办在2015年初稿的基础上，对《蓝山县乡镇简志》进行补充、修改、完善。史志办严把资料关、体例关、史实关和审核关，多次下乡镇（街道）场交流督查、指导、召开座谈会，针对存在的问题进行具体解剖，并在广泛征求多方面意见的基础上多次审稿、修稿，使其更完善、更准确无误。21个乡镇（街道）场撰写的近30万字的简志第二稿报送市史志办审阅。

【《名村志》编纂工作】　2016年，县史志办按照市史志办《关于开展永州市〈名村志〉编纂工作的通知》要求，与中国邮政集团公司蓝山分公司联合成立编纂工作小组，开展村志编纂工作。6月25日，与长铺村签订编纂协议，正式开展资料搜集工作。2016年年末，完成太平镇大洞村、所城镇长铺村、大桥瑶族乡小目口村的名村志编纂出版。

【党史专题征集】　2016年，县史志办多次到档案局、纪委、人大、组织部、民政局、文广新局等单位征集资料并核实史料，补充、修改、完善《党史专题》第三辑、《历届党代会资料汇编》和《纪念红军长征八十周年资料汇编》三个党史专题资料。完成市史志办组织的《潇湘潮涌》征稿任务，报送《蓝山烤烟大有"钱途"——秦光荣同志视察蓝山烤烟种植》《铭记瞬间——秦光荣视察蓝山旱灾灾情》等文章。完成《蓝山境内第一个苏维埃政府考证》《珠犁山·红六军团鲜血染红的热土》等文章。为中央党史研究室《图说长征》收集、整理、提供大量的长征图片。完成市党史联络组交办的《蓝山县农村双层经营责任制》专题材料组稿任务。

【队伍建设】　2016年，县史志办着眼于提高史志队伍的理论素养、知识水平和业务能力，结合党史编研工作实际，精心组织干部职工学习中共十八届六中全会精神，积极组织开展"两学一做"活动，认真落实"四深入" "转四风"，切实转变干部作风。组织专题学习，召开班子民主生活会及支部组织生活会，从"三观"上深刻检查剖析了班子及个人的问题根源，提出改进的具体措施，达到"批评—团结—批评"的目的；遵照本办"两学一做"工作方案，按步骤、按标准开展活动，切实查找和解决党员干部中存在的问题。进一步建立完善考勤制度、岗位责任制度、会议制度、节假日值班制度、文件资料收发和整理制度，加强内部管理。深化中央"八项规定"、省委"九项规定"及市委"十项规定"的认识并在日常工作中严格遵守执行。

## 档案工作

【概况】　蓝山县档案局成立于1983年，1986年设置蓝山县档案局（馆），即蓝山县档案局、档案馆实行局馆合一制。县档案局（馆）为县委直属正科级参照公务员管理事业单位。内设办公室、业务股和综合法制股，人员编制8人。216年，有在职人员15人，获蓝山县社会管理综合治理民调工作先进单位、蓝山县就业与再就业和社会保障工作先进单位、永州市档案工作先进单位、湖南省档案宣传工作"先进集体"称号。党组副书记、副局长龙文军撰写的论文《县级档案行政管理体制改革探析》荣获湖南省档案学会全省第二十四次学术论文三等奖。

【档案业务】　2016年，县档案局对县委办、县调纠办档案174卷、1200件进行接收进馆。严格执行《湖南省档案工作规范化管理》地方标准，积极进行业务指导，2016年12月经过县档案局的精心指导下，蓝山县人民法院机关档案室顺利通过省、市档案局的验收，成功晋升为省特级档案室，成为永州市法院系统第二个省特级档案室。档案数字化工作扎实推进，蓝山县档案局根据实际，投入5万余元对革命历史档案、民国档案、卫生局和轻工业局全宗档案全部进行数字化处理，向数字档案馆建设迈出坚实的一步。投入280万元添置各种设施设备，安装档案密集架1230立方米，空调49台，除湿机9台，计算机27台，电脑服务器2套及档案消毒柜、扫描仪、烟雾防盗报警装置、温湿度控制系统、计算机档案管理系统、内部局域网等设施设备，档案保管保护设施进一步完善。

**【档案利用】** 2016年，县档案局继续坚持信息资源为社会各界提供利用服务，从2013年8月1日起，县档案局全面实行免除档案查阅利用费。增强档案服务功能，县档案馆馆藏档案资源得到有效开发利用，全年县档案馆查阅档案达5110人次，提供利用档案7000余卷、件。

**【档案法制建设】** 2016年，县档案局加强档案信息报送，鼓励工作人员积极向各类媒体，尤其是向档案报刊和党报党刊投稿，在《档案时空》、《永州日报》和蓝山网站等共发表档案新闻报道14篇。为切实提高公众对档案重要性的认识，在“6·9”国际档案日进行集中宣传活动，制作跨街宣传横幅25条，宣传专板5块，印制宣传资料1000份，发送短信150条。为有效加强对县直各单位机关档案室档案的监督管理，县档案局结合档案工作目标管理考核对全县150多个副科级以上单位进行执法检查，检查考核情况以“两办”文件通报全县，对不合格单位下发限期整改通知。2016年6月，在县委党校举办为期2天的科干一、二班及股所长培训班，共140多名领导干部参加培训，由蓝山县档案局党组副书记、副局长龙文军授课，培训班开设档案工作法律法规及档案业务知识讲座课，有效地提高领导干部的档案执法意识。

**【档案馆项目建设】** 2016年11月，蓝山县国家综合档案馆大楼全面完工，配套设施全部配齐，即将投入使用。蓝山县国家综合档案馆于2009年开始申报，2014年3月省档案局审定新档案馆总建筑面积为4059.12平方米，工程总造价2017万元，其中中央下达补助资金530万元，地方配套1487万元，2014年11月开工建设。

## 老干部工作

**【概况】** 中共蓝山县委老干部局（简称县老干局）有干部职工15人，下设局办公室、老干待遇办、老干活动办。挂靠老干局单位：县关工委办公室、县老年书画协会、县老年大学、县老年科协。2016年服务管理全县离退休老干部61人，其中，离休干部11人（异地安置4人），副处级以上退休干部50人。

**【落实老干部政治待遇】** 2016年，蓝山县坚持县委在职领导联系离退休老干部制度。每名领导联系1~2名离退休干部，不定期走访所联系的老干部1至2次，平常保持沟通联系。2月3日，召开2015年蓝山县离退休老干部信息通报会暨迎新座谈会，县长秦志军通报全县经济社会发展情况。县委书记何冲龙作讲话。2月3—5日，在职县级领导对居住在蓝山县城的离退休老干部进行走访慰问，送去慰问金1000元，为老干部解决一些实际困难，充分体现县委、政府对离退休老干部的关怀和厚爱，让老干部充分享受到改革发展成果。做好老干部政治理论学习工作，保持老干部理念常新。4月7日组织全县老干部和全局工作人员学习《关于进一步加强和改进离退休干部工作的意见》的精神。8月3日组织全县老干部和全局工作人员学习文件精神。11月16日组织全县老年支部书记学习《关于进一步加强和改进离退休干部工作的意见》、中共十八届六中全会公报精神，把中央文件的精神传达贯彻到老干部和全局工作人员中。为老干部免费订阅《中国老年报》《老年人》《自我保健》等杂志，为全县30个离退休党支部订阅《学习参考》，为县处级老干部订阅《中办通讯》，组织部专门从党费中为老干部订阅《党建》杂志。年初，老干部党校和老年大学制定好2016年度老干部学习计划，每季度组织老干部集中到老年大学进行政治理论学习，传达党和国家的方针政策，通报县委、政府对重大事项的决定及重要会议精神，开展学习贯彻中共十八大和十八届三中、四中、六中全会精神等，让老干部始终在思想上、行动上与县委、县政府保持一致，自觉做到政治坚定，思想常新，与时俱进。坚持局领导必访老干部制度，即老干部生病住院必访、重要寿辰必访、家中有重大事情必访、丧葬大事必访。建立工作人员联系老干部制度，要求工作人员每月28日前对居住在县城的离退休老干部进行一次走访，征求老干部意见和建议，帮助他们解决在“两个待遇”落实中存在的一些具体问题。全年共走访老干部310余人次，接待来访的老干部47人。做好县直科局邀请老干部座谈会，县发改委、卫计委、林业局、县党校等单位，专门邀请老干部进行座谈，通报部门情况，让老干部感受到社会改革发展带来的巨大成就。按照省市要求，县老干局积极动员全县广大离退休干部加入老干部网络宣传员行列，坚持每天点击“爱晚论坛”并跟帖，每天浏览“中共湖南省委老干部局网站”，积极参加网络活动。组织引导5~6名老干部骨干网络宣传员注册微博地址，在新华网、人民网、共产党员网等全国性的知名网站、论坛发帖发声，在全国网民面前展现蓝山老干部网宣员和蓝山老干部的良好风范。组织老干部积极开展以“展示阳光心态、体验美好生活、畅谈发展变化”为主要内容的增添正能量征文活动，收到征文12篇，送市局参评文章3篇。给予每篇征文100元的奖励。制定离退休党组织开展“两学一做”学习教育指导意见。6月29日下午，县委常委会听取县老干局关于落实《关于进一步加强和改进离退休干部工作的意见》及市双先会文件精神的汇报，并决定根据常驻蓝山县离退休党员的多少情况成立党支部，由县老干局和县直工委负责实施；各单位按不高于每月100元的标准，给予老年支部书记通讯补贴。11月11日县委常委会研究，同意成立蓝山县离退休干部党工委。全县共有离退休党组织30个，离退休干部党组织按照50%的比例返回党费，用于离退休党员和支部活动开展与场地建设。

**【落实老干部生活待遇】** 2016年，蓝山县为确保离休干部“三个机制”正常运行，明确财政、人社、卫生、老干、离休干部原单位等部门职责，做到人有单位管、钱有地方出、服务有保障、离休干部的“两费”无拖欠。全县机关事业单位离休人员工资全部纳入财政预算，实行财政保底。企事业单位离休干部基本离休费在机关社保发放，生活补贴和交通费、护理费、健康休养费每年足额由县老干局发放。离休干部医药费实行实报实销。对易地安置的离休干部做到一年一次上门走访，如有重大情况出现，及时派人解决处理。老干部交通费，高龄护理费，病残护理费，健康休养费，每年补发1~2个月基本离休费等按标准及时发放到老干部手中。

**【老年大学工作】** 2016年，老年大学有第一课堂注册学员1137人，第二课堂学员454人，第三课堂学员691人。学校开设政治理论、书法、绘画、诗词楹联、保健、器乐、葫芦丝、戏曲、声乐、太极拳（剑）、舞蹈共12门课程15个班。积极组织老干部开展增添正能量活动。开展“争当三好学员”的活动，即在校争当好学员、在家争当“好家长”、在社会争当“好公民”，年终评选“三好”学员各48名，分别给予20元奖励。春节前学校组织书画班学员利用乡镇赶集日开展送春联下乡进农户活动。开展一系列的正能量活动。如“庆七一·红旗颂”演唱会，戏曲班学员送戏进敬老院活动。中秋节学校组织学员开展以“叙述身边事，畅谈社会发展变化，传播社会正能量”为主题的座谈会，让大家饮水思源，感谢党的关心，拥护中国共产党。

**【关心下一代工作】** 2016年，县“关工委”配合市“关工委”组织的讲师团广泛开展“三爱”、青少年法制、传统教育等社会主义核心价值观系列教育活动，加强青少年思想道德建设，到县城部分中小学校进行“三爱”教育宣讲3场。组织县老干部巡回宣讲，宣讲场次70余场次。开展“在家做好孩子、在学校做好学生、在社会做好公民”的“三好”活动和“国学教育进课堂、进学校、进班级、进家庭”活动为主题，引导青少年积极向上向善。

# 蓝山县人大常务委员会

**【概况】** 2016年，县人大常委会在内设内务司法工作委员会、农业农村工作委员会、科教文卫工作委员会、选举任免联络工作委员会、环保城建工作委员会、办公室的基础上，于11月29日蓝山县第十七届人民代表大会第一次会议表决通过，设立法制委员会、财政经济委员会2个专门委员会。县第十六届人大常委会组成人员21人，2016年11月29日蓝山县第十七届人民代表大会第一次会议选举产生的县第十七届人大常委会组成人员28人。2016年，蓝山县人大常委会共组织召开2次人民代表大会会议（即蓝山县第十六届人民代表大会第五次会议、蓝山县第十七届人民代表大会第一次会议）、10次蓝山县人大常委会会议和12次蓝山县人大常委会主任会议，1次新任代表培训会、1次乡镇人大主席培训会，听取和审议“一府两院”工作报告16个，做出决议决定15个，审议专项工作4项，开展工作视察5次，工作调研4次，执法检查2次，督办代表建议84件。县人大常委会会议依法任免国家机关工作人员71人次。

**【召开蓝山县第十六届人民代表大会第五次会议】** 2016年1月18—21日，蓝山县召开第十六届人民代表大会第五次会议。出席会议代表192人，列席人员397人。会议听取和审查县人民政府县长秦志军作的《蓝山县人民政府工作报告》；审查和批准《蓝山县国民经济和社会发展第十三个五年规划纲要》；听取和审查蓝山县发展和改革委员会主任陈志玛作的《关于蓝山县2015年国民经济和社会发展计划执行情况与2016年国民经济和社会发展计划草案的报告》，批准蓝山县2016年国民经济和社会发展计划；听取和审查蓝山县财政局局长吴友忠作的《关于蓝山县2015年预算执行情况与2016年财政预算草案的报告》，批准蓝山县2016年财政预算草案；听取和审查蓝山县人大常委会主任作的《蓝山县人大常委会工作报告》；听取和审查蓝山县人民法院院长柏国平作的《蓝山县人民法院工作报告》；听取和审查蓝山县人民检察院检察长吕新陵作的《蓝山县人民检察院工作报告》。大会期间收到代表提出的建议、批评和意见84件。

**【召开蓝山县第十七届人民代表大会第一次会议】** 2016年11月26—29日，蓝山县召开第十七届人民代表大会第一次会议。出席会议代表193人，列席人员301人。会议听取和审查县人民政府代理县长魏和胜作的《蓝山县人民政府工作报告》；听取和审查蓝山县发展和改革委员会主任陈志玛作的《关于蓝山县2016年国民经济和社会发展计划（预计）执行情况与2017年国民经济和社会发展计划草案的报告》，批准蓝山县2017年国民经济和社会发展计划；听取和审查蓝山县财政局局长吴友忠作的《关于蓝山县2016年财政预算（预计）执行情况与2017年预算草案的报告》，批准蓝山县2017年县级预算；听取和审查蓝山县人大常委会主任作的《蓝山县人大常委会工作报告》；听取和审查蓝山县人民法院代理院长吴昭明作的《蓝山县人民法院工作报告》；听取和审查蓝山县人民检察院副检察长曲军作的《蓝山县人民检察院工作报告》；审议通过《蓝山县第十七届人民代表大会第一次会议选举办法》，选举蓝山县第十七届人民代表大会常务委员会主任、副主任、委员，选举蓝山县人民政府县长、副县长，选举蓝山县人民法院院长，选举蓝山县人民检察院检察长，选举出席永州市第五届人民代表大会代表；审议通过《关于举全县之力建设毛俊水库的决议》；审议通过《关于在县城主城区禁止燃放烟花爆竹的决议》；审议通过《关于设立蓝山县第十七届人民代表大会法制委员会、财政经济委员会的决定》和《蓝山县第十七届人民代表大会法制委员会、财政经济委员会主任委员、副主任委员、委员名单》。会议期间收到代表提出的建议、批评和意见136件。

**【召开县人大常委会会议】** 2016年1月8日，蓝山县召开第十六届人大常委会第二十五次会议。会议审议通过《2016年蓝山县人大常委会工作计划要点》；审议通过《关于实施宪法宣誓制度的办法》；评选2015年度优秀人大代表、优秀代表建议；讨论关于蓝山县第十六届人民代表大会第五次会议有关事项，并通过关于召开蓝山县第十六届人民代表大会第五次会议的决定；审议并通过关于补选蓝山县第十六届人民代表大会代表资格审查报告。2016年4月26日，蓝山县第十六届人大常委会第二十六次会议召开。会议组织观看衡阳贿选案教育视频；审议县公安局提请的关于对县人大代表李节光采取刑事强制措施的议案；审议县人民政府提请的关于成立蓝山县经建投资开发有限公司、关于蓝山县城北基础设施建设项目融资贷款的2个议案；审议县人大常委会主任会议、县人民政府、县人民检察院提请的人事任免事项。2016年6月28日，召开蓝山县第十六届人大常委会第二十七次会议。会议听取和审议县人民政府关于食品安全“一法一条例”执行情况、关于《中华人民共和国母婴保健法》执行情况、关于电子商务发展情况、关于《中华人民共和国刑事诉讼法》执行情况和关于反贪污贿赂工作情况的报告，审议县人民政府提请的关于蓝山县湘江源舜水河综合整治项目政府购买服务资金列入财政预算、关于将蓝山县旧城（城中村）棚户区改造项目政府购买服务资金列入财政预算、关于向蓝山县湘江源生态旅游发展有限公司的议案。2016年7月15日，蓝山县第十六届人大常委会第二十八次会议召开。会议传达关于县乡人大换届工作的有关精神；补选参加永州市第四届人民代表大会代表。2016年8月26日，蓝山县第十六届人大常委会第二十九次会议召开。会议听取和审议县人民政府关于2016年1—6月全县计划执行情况、关于2016年1—6月全县财政收支预算执行情况、关于蓝山县2015年度预算执行和其他财政收支的审计工作情况、关于代表建议办理情况的报告；审查和批准2015年度财政决算；审议县人大常委会主任会议提请的人事任免事项。2016年9月7日，召开蓝山县第十六届人大常委会第三十次会议。会议任命县、乡选举委员会成员；审议通过县、乡人大换届工作方案。2016年9月30日，召开蓝山县第十六届人大常委会第三十一次会议。会议审议县人大常委会主任会议、县人民政府、县人民检察院提请的人事任免事项。2016年10月31日，召开蓝山县第十六届人大常委会第三十二次会议。会议听取和审议县人民政府关于2016年全县财政预算调整情况的报告，审查批准2016年县级财政预算调整方案；听取和审议蓝山县第十七届人民代表大会代表资格审查报告。2016年11月16日，召开蓝山县第十六届人大常委会第三十三次会议。会议听取和审议县人民政府关于2016年计划完成情况和2017年计划安排情况、关于2017年全县部门预算编制和2017年全县财政预算安排情况的报告；讨论关于蓝山县第十七届人民代表大会第一次会议有关事项，并通过关于召开蓝山县第十七届人民代表大会第一次会议的决定。2016年12月28日，召开蓝山县第十七届人大常委会第一次会议。会议听取和审议县人民政府关于食品安全“一法一条例”执法检查发现问题整改情况、关于《中华人民共和国母婴保健法》执法检查发现问题整改情况、关于2015年预算执行和其他财政收支审计整改情况、关于政府性债务资金管理使用情况的报告；通过《2017年蓝山县人大常委会工作计划要点》、《蓝山县人大常委会组成人员履职评价暂行办法》；审议县人民政府关于将易地扶贫搬迁项目、蓝山县农村综合公共服务中心建设项目的政府购买服务列入县财政预算事项的2个议案；审议县人大常委会主任会议、县人民政府提请的人事任免事项。

【讨论决定重大事项】 2016年，蓝山县人大常委会贯彻落实县委决策部署，把一批事关全县经济社会发展重大事项，列入常委会的议程进行专题审议，全年依法科学作出《关于批准蓝山县2015年财政决算的决定》《关于批准蓝山县2016年财政预算调整的决定》《关于同意向县经建投资开发有限公司注资的决定》《关于将蓝山县旧城（城中村）棚户区改造项目政府购买服务资金列入财政预算的决定》等决议决定13项，把党的重大决策和主张与人民群众的自觉行动高度统一。蓝山县人大常委会坚持创新、协调、绿色、开放、共享的新理念，高度关注和支持环境保护、县城文明创建和毛俊水库建设工作等重大事项，加大专题调研力度，经过主任会议、常委会会议反复研究，向蓝山县第十七届人民代表大会第一次会议提请议案，并经会议表决通过《关于举全县之力建设毛俊水库的决议》《关于在县城主城区禁止燃放烟花爆竹的决议》2项决议，推动“禁燃”工作、毛俊水库建设工作依法有序开展、取得实效。

【听取专项工作报告】 2016年，蓝山县人大常委会围绕经济社会发展的重大问题、人民群众关注的热点问题，听取和审议“一府两院”专项工作报告16项，涉及经济法治文化环境社会各方面。围绕加强计划预算执行监督，推动经济平稳健康运行，常委会完善全口径预算监督措施，听取和审议关于全县财政决算情况、关于计划执行情况、关于财政预算执行情况、关于部门预算编制情况、关于审计报告和审计整改情况的报告，审查和批准财政决算、预算调整方案等，督促县政府进一步加强对全县经济运行情况的分析研究，积极应对国内经济下行压力、主体产业不景气等因素，有效破解财政收入增长乏力、收支矛盾突出等深层次问题，促进全县经济持续平稳健康运行。县政府及财政部门高度重视常委会会议审议意见，以整改审计出的问题为切入点，进一步加强预算科学化、精细化管理，强化税收征管，调优支出结构，完善财政、审计监督，规范预算执行，公共财政保障能力得到有效提升。围绕全县经济社会稳定健康发展，听取和审议关于生态蓝山建设、禁毒工作、创卫工作、电子商务发展等工作情况的报告，提出审议意见并强化监督和跟踪督办，促进政府及其职能部门依法行政。听取和审议县人民法院关于刑事诉讼法执行情况汇报、县人民检察院关于反贪反渎工作情况汇报，并提出审议意见20余条，督促司法部门紧扣“公正执法、执法为民”主题，加强队伍建设，提高办案效率，更好地为社会发展服务，为社会和谐稳定提供有力保障。

【人事任免】 2016年，蓝山县人大常委会始终坚持党管干部原则，充分发扬民主，严格依法开展人事任免工作。1月

1日开始实施《蓝山县实施宪法宣誓制度办法》，明确县人大及其常委会选举或决定任命的国家工作人员以及“一府两院”任命的国家工作人员，就职时都要向宪法宣誓。严格执行任前调查、法律考试、任前公示、述职发言、投票选举、颁发任命书、向宪法宣誓等程序，依法审查通过人事任免事项71人次。其中，免去县人民政府县长1人次，任命县人民政府副县长2人次，任免政府工作人员49人次；免去法院院长1人次，任命法院副院长1人次；免去检察院检察长1人次，任命检察院副检察长2人次，任免检察院工作人员6人次；任免人大机关工作人员8人次

**【执法检查】** 2016年，蓝山县人大常委会围绕群众热点、焦点问题，组织开展食品安全法“一法一条例”执法检查，主任、副主任分别带队，深入乡镇、学校、食品加工企业、农贸市场、饮食店、学校食堂和周边小超市实地检查，推动食品安全“一法一条例”贯彻落实到位，推动强化普法、执法和监管措施，从根本上遏制食品安全问题，守住民生底线，保障“舌尖上的安全”，守护全县广大人民群众身体健康和生命安全；组织开展《中华人民共和国母婴保健法》执法检查，深入政府部门调查资料，实地察看基层卫生院、卫生室建设情况，走访孕产妇、召开座谈会，在宣传普及、部门协调、提高服务、规范管理等方面提出建议、意见，推动五大公共卫生工作落实到位，确保母婴健康，促进家庭和谐幸福。

**【“四行”活动】** 2016年，蓝山县人大常委会坚持将“四行”活动作为人大工作的民生之行，广泛宣传、持续推进“环保世纪行”“农产品质量安全行”“农民健康行”“民族团结进步行”。“环保世纪行”，通过督促县人民政府排查排污企业，集中采访报道湘江源头生态环境保护、水资源安全、创建省级卫生城市等工作，有效促进全县环境质量根本好转；“农产品质量安全行”，抓牢“田间—市场—餐桌”环节，督促县人民政府制定完善一系列规章制度、强化农民科技培训、加大农产品检验检测设备投入，进一步保障了全县农产品的质量安全，确保没有一起农产品质量安全事故发生；“农民健康行”，开展食品药品监督管理情况视察，开展《中华人民共和国母婴保健法》执法检查，召开全县新型农村合作医疗工作情况座谈会，促进全县医疗服务和基金监管行为，维护广大人民群众的身体健康；“民族团结进步行”，通过深入基层，开展对民族地区经济社会的调研，推动民族地区经济社会稳步发展，进一步促进民族政策的落实，促进民族团结进步事业的发展。

**【视察调研】** 2016年，蓝山县人大常委会坚持为民履职，紧紧抓住事关民生改善和社会事业发展的重大问题，深入开展视察、调研，认真履行职责，为维护人民群众根本利益，推动社会全面进步，作出积极努力。县人大常委会围绕全县生态蓝山建设、创卫工作、烤烟生产工作、禁毒工作、重点项目推进、“互联网+”（农村淘宝）发展、食品药品监督管理、农村环境治理、精准扶贫工作等情况开展了调研、视察活动，针对存在的问题，认真代言人民群众的所需、所盼、所想，为保障民本民生、推动蓝山快速发展献计献策，科学、可操作性地提出建议和意见，形成专题调研报告或交办意见，督促相关职能部门改善工作，切实为人民群众履好职、服好务。

**【规范性文件备案审查】** 2016年，蓝山县人大常委会贯彻落实新《中华人民共和国立法法》，与有关方面共同建立规范性文件备案审查衔接联动机制，全县各类规范性文件纳入备案审查范围。2016年，依法向市人大常委会报备2件规范性文件，对“一府两院”报

备的规范性文件逐件进行初步审查，研究各方面提出的审查建议，认真做好备案审查工作。

【换届选举】 2016年，蓝山县人大常委会从坚持党的领导、保障“城乡同比”（相同数量的人口选举相同数量的人大代表）、落实“两升一降”（基层人大代表和少数民族代表比例上升党政干部人大代表比例下降）、代表资源摸底、代表名额分配、提高代表素质、优化代表结构和加强国家权力机关建设等方面，精心制定内容翔实、科学可行的人大换届选举工作方案，在县委的统一领导下，把纪律和规矩挺在前面，确保换届选举风清气正。坚持党的领导、充分发扬民主、严格依法办事，妥善处理好各个环节中出现的问题，指导乡镇圆满完成换届选举任务，依法选举产生新一届县、乡两级人大代表，乡镇人大、政府换届圆满成功。

【办理代表建议】 2016年，蓝山县人大常委会高度重视代表建议意见办理工作，确保人民群众的知情权、参与权、表达权、监督权落到实处。对蓝山县第十六届人民代表大会第五次会议期间代表提出的84件建议、意见，县人大常委会召开专题交办会，向“一府两院”及其职能部门和承办单位提出具体的办理要求和办理时限，明确承办单位的承办责任和常委会内设机构的督办责任，并主动督办、跟踪督办。黄余万代表提出的《关于安装县乡干线公路沿线标识牌的建议》、陈昌明代表提出的《关于修复毛俊毛江至军田电站道路的建议》、江洋辉代表提出的《关于加大蓝山县城交通秩序整治力度和道路设施投入的建议》、黄伦发代表提出的《关于从速处理县经开区内垃圾山，建设美丽湘江源的建议》、曾宪武代表提出的《关于加强新农合资金的管理和保障乡村卫生室用药需求的建议》和张日勤代表提出的《关于在县城主城区禁止燃放烟花爆竹的建议》得到常委会高度重视，由常委会主任、副主任重点督办。人大代表建议的办结率达到100%，满意率达到96%，代表们对代表建议意见的办理工作给予了充分肯定。

【促进代表履职】 2016年，蓝山县人大常委会坚持从提升代表综合素质入手，举办人大代表学习班，有计划地组织代表学习《中华人民共和国宪法》《中华人民共和国地方各级人民代表大会和地方各级人民政府组织法》《中华人民共和国选举法》《中华人民共和国人民代表大会和地方各级人民代表大会代表法》《中华人民共和国各级人民代表大会常务委员会监督法》等法律法规及相关的政策、规定，使代表正确理解和把握人民代表大会制度的性质、地位、作用，增强代表履职的责任感和使命感。认真组织闭会期间代表活动，不定期组织人大常委会组成人员和部分人大代表开展调研、视察活动，通过组织调研、视察，扩大代表参与面，发挥代表积极作用，并征集、转办代表提出的建议意见，促进“一府两院”工作。扎实开展“双联”（人大常委会联系人大代表、人大代表联系选民）工作。制定“双联”工作方案，加强常委会组成人员与人大代表的联系，加强人大代表与选民的联系，畅通沟通渠道，广泛听取意见和建议，协调解决实际困难和问题。

【指导乡镇人大工作】 2016年，蓝山县人大常委会认真落实《中共全国人大常委会党组关于加强县乡人大工作和建设的若干意见》，重视和加强乡镇、街道办事处的人大机构建设，召开乡镇人大主席、街道办事处人大联络员基层人大工作座谈会，加强县乡人大之间、镇乡人大之间的交流互动。邀请各乡镇人大主席列席县人大常委会会议，指导乡镇人大主席全面熟悉人民代表大会制度和人大工作程序、掌握履行代表职务所需的法律知识和其他相关知识。指导乡镇人大主席团各项工作，推动乡镇人大代表工作室建设和人大代表小组活动，抓好代表联系群众工作，实行人大代表向选民报告工作履职情况制度。

**【接待来信来访】** 2016年，蓝山县人大常委会从维护社会稳定的大局出发，把接待来信来访作为了解民情民意、密切联系群众的重要方式，进一步建立健全有关信访接待制度，坚持领导定期接访和督办落实制度，明确专人负责信访工作，积极做好疏导工作，对来信来访以及市、县交办件，及时研究处理。全年共受理市、县交办件3件，人民群众来信12件，接待来访127人次，其中6件作为重点督办件，由常委会领导负责跟踪督办落实，为维护法律尊严和人民群众的合法权益，有效化解社会矛盾，促进社会和谐发挥积极贡献。

# 蓝山县人民政府

## 县政府办工作

【概况】 2016年，蓝山县政府办认真学习贯彻中共十八大、十八届三中、四中、五中、六中全会精神，学习习近平总书记系列讲话精神，深入开展“两学一做”专题学习教育，紧紧围绕全县工作大局，充分发挥办公室“参谋助手、信息反馈、督查督办、综合协调、后勤保障”等五大职能，圆满完成全年各项工作任务。

【深入开展调研】 2016年，县政府办围绕全县经济和社会发展的战略性、全局性问题出思路，选择领导关注的焦点问题和群众反映的热点问题开展调研活动。全年集中精力，组织相关单位重点在电子商务、商贸物流、旅游发展、美丽乡村、应急管理、人防建设、征地拆迁、石材开发、生态环保等方面开展专题调研，撰写有分量的调研报告11篇，为领导决策提供有价值、有创意的意见和建议。高质量完成县政府领导在各种大会上的讲话、报告、致辞等1000余篇材料的起草工作，得到领导的肯定和好评。

【强化信息服务】 2016年，县政府办加强政务信息公开工作，通过政府网站公开发布各类政务信息2万余条，信息公开程度不断提高。加强信息报送工作，全年共向市政府报送政务信息867条，被采纳746条，政务信息报送工作在全市名列前茅；不断提升县长信息办复效率，全年县长信箱共收到群众来信316件，其中有效来信314件，及时处理来信313封，信件答复时间均控制在3~5个工作日内，信件办复率达到99%。不断强化应急信息报送，全年准确研判、及时处置、报告各类突发事件120余起，向市应急办报送应急信息40余篇，没有出现一例瞒报、迟报、漏报、错报现象，没有发生一起因处置不力而造成事态扩大的事件。加强信息采集工作，为领导及时了解国内外动态和省市县重要信息提供便利。

【严格办文办会】 2016年，县政府办出台专门文件，规范办文程序，就公文办理、公文报送、公文审查、公文格式等方面进行进一步规范。按照精简文件简报的要求，对没有实质内容、可发可不发的文件简报一律不发，严格控制发文数量，保障发文质量，全年审核下发县本级文件548件，呈阅办理上级文件691件，处理明传电报463件，转处领导批示件577件。出台办会规范流程，严格会议审批，精简会议活动，控制会议规模和开支。可开可不开的会议，坚决不开；可归口召开的会议，合并召开；可由部门或部门联合召开的会议，不以县政府名义召开。全年筹备组织会议254次，其中政府常务会议8次，县长办公会2次。加强会前、会中、会后服务，全面提高会议服务质量，得到领导的好评和肯定。改进会风，提倡开短会、讲短话，提高会议效率。严肃会纪，对无故缺席者进行批评通报。强化信息保密工作，严格落实《关于印发蓝山县人民政府和蓝山县人民政府办公室印章管理有关规定的通知》，对县政府和县政府办公室印章进行规范化管理，实行专人管理，并建立用印台账，2016年办理县政府公章用印业务263件，政府办公章用印业务102件。建立健全机要保密文件的收发传阅、档案管理、退文、保密守则、文秘机要工作等制度，并严格按制度办事。加强阅文管理，使领导能及时、安全的阅批文件。按照“全天候、无间隙、零失误”的要求，认真落实24小时值班和领导双休日、节假日带班制度，确保信息渠道畅通。严格遵循快传、准传、早办、快办的原则，对领导交办的事项和部门（单位）、群众来信来访反映的问题，做到件件有登记、事事有答复。

**【不断强化督查督办】** 2016年，县政府办督查室针对县委、县政府年初确定的各项工作目标完成情况和事关蓝山经济社会发展大局的重大决策和重要部署，采取定期督查的方式，制定各阶段工作目标、重点和措施，定期检查并通报进展情况。先后开展风电场建设、美丽乡村建设、保障房建设和全市工业现场会、毛俊水库开工仪式等多项重点工作和大型活动的督办及全年各项经济指标完成情况督办等工作；对“三创”、防汛、高标准农田建设、深化体制改革、重点民生实事项目等工作进行了年跟踪督办。2016年是蓝山县创“省文”的攻坚之年，县政府办督查室于每周四开展全县创文大督查，并对创文工作进展不快、成效不明显、存在困难和问题的地方进行现场督办，按月进行创文工作考核，每个季度兑现一次奖惩，为全县高分成功通过省创文办考核验收提供保障。同时，针对热点问题以及涉及人民群众切身利益的急事、大事，快速反应，即时督办，狠抓进度时效，确保各项热点、焦点及民计民生问题积极妥善解决。结合工作实际，对县长信箱和县长热线中，群众反映的，移交到督查室进行督办的每个问题，核实调查后，按照领导的批示精神督促相关部门限时办理，并对办理结果进行跟踪落实。全年共落实市政府及市领导督查督办事项3件，配合完成市政府督办事项30余件；对县政府常务会议、县长办公会议的落实情况进行跟踪督办，编发县政府常务会议纪要落实情况18期；开展专项督办及政务活动检查80余次；完成重点民生实事项目15项；办理人大代表建议84件，政协委员提案54件。狠抓市政府和县政府各项工作任务的落实，认真做到“决必督、督必办、办必果、果必报”。

**【不断推进政务公开】** 2016年，县政府办着力推行阳光政务，向社会公布办公室工作、业务等情况，接受群众监督，增强工作透明度。蓝山县政府门户网站（2016新版）于11月份正式上线，网站上线后，获得省市领导和广大网民的一致好评，有望跻身2016年省市优秀政府网站行列。网站共公开发布各类政务信息2万条，发布政务公开工作要点信息6213条，规范性文件59条，政策解读类信息25条，县长信箱办件313封。全年，接入网上政务服务和电子监察系统的单位共有48个单位，纳入系统审批的事项共有289大项，共收审批件41670件，办结41670件，办结率为100%。

**【不断加强法制建设】** 2016年，县政府办认真落实规范性文件“三统一”、报备、申请审查及有效期制度。全年对56件县政府的规范性文件草案进行合法性审查，其中予以“三统一”（即统一登记、统一编号、统一公布）的文件有48件；县政府不折不扣向市政府报送备案，报送市政府备案的规范性文件23件；3人次提出规范性文件异议的申请，均及时进行处理和答复；根据机构改革和职能职责的调整，对权力清单和责任清单实时调整，突出权责一致，规范权力行使。对依法应当举行听证的重大行政决策事项，做到应听尽听。对东方丽都行政处罚案、城区禁放烟花爆竹、烟花爆竹企业整体退出，水价调整，移民政策制定等举行听证会，严格执行公开产生听证代表，反馈听证意见及意见采纳情况等听证会规则；依法受理、办理行政复议应诉案件13件，受理10件，不予受理3件，审结10件，其中：维持7件，驳回3件，结案率达100%；进一步规范和完善相对集中行政处罚权。

【后勤保障不断规范】 2016年，县政府办严格遵守《党政机关厉行节约反对浪费条例》《党政机关国内公务接待管理规定》等文件规定，按照“热情、周到、节约、规范、高效、廉洁”的原则，建立和完善相关规章制度，对经费管理、公务接待、差旅活动、公务用车、办公用房、会议活动、资源节约等作出全面规范，严格依法按章办事。

## 信访调纠工作

【概况】 2016年，蓝山县以省委巡视第八组驻蓝巡视为契机，进一步畅通信访渠道，压实工作责任，以强化基层基础建设为抓手，以化解信访积案为着力点，全面推行逐级走访，全力推进信访工作制度改革和“网上信访”，打造“阳光、责任、法治”信访，化解一大批信访积案。2016年，蓝山县各级各部门共接待群众来访2293批2948人次；县信访接待中心共接待来访群众1026批1829人次，与2015年同期相比批次、人次分别下降22%、27%（不包含省委巡视组接待数据）；进京上访23批48人次，与2015年同期相比批次、人次分别下降18%、16%；赴省上访21批44人次，与2015年同期相比批次、人次分别下降12%、14%。

【畅通信访渠道】 2016年，蓝山县深入开展《信访条例》、依法逐级走访宣传，开展《信访条例》执行情况检查、组织信访法律法规政策集中宣传、发放逐级走访手册、开展依法信访宣传，理顺改革要求，树立正确导向，打造法治信访。组织国土等相关部门上街宣传信访条规，发放宣传用品1万余份，订购《逐级走访事项办理手册》3万余册，信访漫话书1万余册，制定《逐级走访信访政策规定十问十答》等各种版面。联合县人民法院、县人民检察院、县公安局、县司法局发布《关于进一步依法规范信访秩序的通告》6000余册，在各村组、车站、主要路口等张贴，在重大会议、敏感重点时期集中开展治理非法信访法制宣传活动，共张贴标语2000余条、出宣传栏130余期、电视通告100余次、短信2万余条，对来访的群众进行耐心细致地讲解该政策，引导上访群众合理、依法、有序地表达其诉求，让信访群众观念得到较大转变，为依法逐级走访工作开展奠定坚实的基础。以县“两办”名义下发《关于进一步完善县级领导分类接访制度的通知》，从乡镇（街道）、县直各部门到县级领导如何接待来访群众作出具体规定，明确县级领导接待来访群众的时间安排，在县政府门户网站、县电视台及县信访接待中心提前公示。全年共有26名任实职县级领导接待来访群众337批1095人次，受理初信、初访信访事项164件，交办领导批示件62件，共办结202件，办结率达89.3%。推行阳光信访。全面推进信访信息化建设，建立网上流转、网下办理的群众信访事项办理程序，实现办理过程和结果可查询、可跟踪、可督办、可评价，增强透明度和公正性，对网上信访系统上级交办的网上信访投诉60件，人民建议4件，省长信箱12件，来信84件、来访83件共计243件，市交办件3件，市长信箱27件全部进行交办，中央、省、市交办的案件完成率为100%，比2015年多完成162件。对申请复查的33件进行甄别，出具复查意见10件，不予受理12件，退办5件，要求落实处理意见的6件。网上信访录入

320件并办结，网信占比达40.4%。用好书记县长信箱、电话接访和网上信访，建立“信、网、访、电”四位一体矛盾纠纷化解机制，为群众提供无缝对接。完善基层平台。积极推进社区网格化管理全覆盖，初步划分成管理网格106个，在毛俊村开展农村网格化管理试点。在乡镇采取“村干部+人民调解员，确保小事不出村；包村领导+驻村干部，促进基层信访重心下移；信访主体（责任单位）、司法协同，“两代表一委员”工作室、《百姓档案》的县、乡、村、组四级群众工作服务网络建设的推广，推动信访法治化建设。

【解决信访问题】　2016年，蓝山县各级各部门按照“横向到边、纵向到底”的要求实行矛盾纠纷“一月三排查”，进一步完善排查建档制度并逐一落实责任，防止排查断档和责任落空，同时加强信访维稳风险评估，防止“决策一出台，问题跟着来”，全年共排查各类矛盾纠纷621件。以省委巡视和“千案攻坚”行动为契机，加大问题化解力度。全年解决初信初访信访事项115件，信访积案23件，有效维护群众合法权益。县委书记、县长定期听取信访工作专题汇报，亲自接访，亲自调度，对重点信访问题做出批示，始终关注交办件办理工作进展情况，并亲自包案指导重点信访事项的调处化解。其他县级领导按照联点分片的责任，切实抓好每件信访件的落实。每一个信访事项至少由一名县级领导包案牵头落实，对自己所包事项亲自走访约谈、亲自协调处理、亲自督查督办，共交办41件重点信访积案，全部落实包案领导，做到“五个一”，（争取解决一批、三级终结一批、依法打击一批、切实稳控一批、突出转化一批），化解积案减压力，23件积案得到有效化解。

【落实信访责任】　2016年，蓝山县加强信访接访力量，优化接待环境，规范受理办理程序，切实解决好初信初访问题，努力提高实体办理质量，对未向办理机关提出或在办理过程当中的信访事项，不再予以受理，并做好政策的解释工作。对涉法涉诉案引导群众走司法程序，畅通出口，对重大疑难案件公检法司定期会商、研判，发挥职能优势，形成强势合力。对非法组织、煽动越级访、集体访和堵门堵路，扰乱社会秩序的挑头人物，对恶意进京滋事、挂号的违法人员进行依法处置。

【加强队伍建设】　2016年，蓝山县先后安排2批5人新提拔人员到县信访岗位挂职学习，并将此做法作为一项制度长期坚持。面向社会招聘1名临时人员和3名事业编制工作人员，增强工作力量，为蓝山县信访工作开展注入新鲜血液。

【落实省委巡视组交办信访件】2016年3月7日，省委巡视第八组进驻蓝山开展巡视工作。巡视期间，共交办案件11批500件信访案件，其中省级交办7批182件、本级交办4批318件；召开62次专题会议，走访当事人328名，整理各类资料6416份，并按照“三到位一处理”的要求，即诉求合理的解决到位、诉求无理的思想教育到位、生活困难的帮扶救助到位，行为违法的依法处理，确保按时按质按量完成交办事项。确保工作措施到位，问题化解到位。

【调处山权纠纷】　2016年，蓝山县调纠办成功调处所城镇廖家庄村1组与林布村7组关于坪岭坳的权属问题，化解两村长达15年，调解3次未果的山权纠纷。主动服务大局，调处乡际纠纷，毛俊镇毛俊村与禾坪村上禾组关于程家背基石脚山林权属纠纷通过法律途径解决。调处国有林场纠纷，处理涉及面广政策性强的荆竹瑶族乡十里村与荆竹林场关于将军岭山场的山林权属问题。

## 电子政务管理

【概况】　2016年，县电子政务管理办公室按照“建设好一个外网平台、运行好多套业务系统、维护好一个门户网站、推进好智慧城市建设”的要求，以“争先创优”为目标，全力推进电子政务工作进程。全年，县委常委会3次，政府常务会议2次，对智慧城市建设、政府网站建设工作进行研究，对存在的问题进行解决，决定2017年新增预算政府网站信息发布奖励资金5万元，县长信箱信件办理经费3万元。同时，同意县电子政务办招录2名专业技术人员，增强电子政务工作力量。县长、常务副县长主持召开副科级以上单位参加的全县性大会2次，对电子政务工作、政府网站内容保障工作进行安排部署，对先进单位和个人进行表彰奖励。主要领导带头看网读网，亲自批复县长信箱来信。为学习外地先进经验，推进全县电子政务工作，县领导带队赴上海、佛山、深圳、永州等地考察学习3次。

【政府门户网站升级改版】
2016年，县电子政务管理办公室对蓝山县政府门户网站进行升级改版，于11月正式上线运行。新版政府网站功能完善，将教育、林业、国土、统计、卫计等部门子网站已全部整合至县政府门户网站平台，实现“一级政府一个政府门户网站”要求，全县政府网站群统一后台管理，统一技术标准，县政府门户网与子站之间实现网站共建、资源共享；对县长信箱办理系统、信息公开平台、网站后台等进行了全面整合，实现一个账号登录，一个系统管理，对政务信息审核发布、县长信箱交办答复、公务邮箱收发和站点绩效考核统一管理；按照2016年省市政府网站绩效考核要求，对网站栏目进行优化整合，突出办事服务、信息公开、重点领域方面的信息，增设一些实用性强、有特色、群众关注的栏目，重点打造“湘江源头在蓝山”生态旅游名片，彰显蓝山县地方特色；新增一键排版、清除格式、编辑表格和统计单位信息、多平台信息共享、大附件上传等功能，实现中央门户网站、省市政府网站政策信息自动转发，增强互动功能，优化意见征集、网上调查、县长信箱、建议咨询等栏目，确保手机网页能够写信，实现实名注册制；对手机访问门户网站进行优化，在突出重要栏目，凸显“县长信箱”的前提下，制作蓝山县手机门户网站。同时，增加微信、微博、无障碍浏览技术。全年，共公开发布各类政务信息22489条，发布政务公开工作要点信息6213条，发布政府采购及招投标信息212条，公布部门权力清单位和责任清单，各级各部门通过信息公开发布平台发布各类政务信息8052条。政务微博更新数量3935条，政务微信更新数量2750条。转载中央、省市各类新闻6139条。记者外出采访实时报道103次。向市政府网报送信息1106条，报送采纳数在全市名列前茅。县长信箱办理效率进一步提升，县长信箱共收到群众来信316件，其中有效来信313件，及时处理来信313封，信件答复时间均控制在3~5个工作日内，信件办复率达到99%。县政府网站采取共建共管模式，为全县各乡镇、部门分配账号128个。召开全县内容保障工作暨培训大会，对副科级以上单位的分管领导及网站信息员226人进行业务培训。下发《关于做好蓝山县政府门户网站（2016新版）内容保障工作的通知》，对网站栏目进行任务分解。

【网上政务服务】　2016年，蓝山县接入网上政务服务和电子监察系统的单位共有48个单位，纳入系统审批的事项共有289项，全年共收件55985件，办结52813件，办结率为99.7%，实现对行政审批过程的全程跟踪、监察和督办，全年办理事项无黄牌、红牌警示。通过开展网上政务服务和电子监察工作，各部门的服务水平和责任意识明显增强，经济社会发展环境不断优化，群众满意率不断上升。

【智慧蓝山建设】　2016年1月，按照蓝山县云计算中心与永州市云计算中心共享共建共用，托管在市云计算中心机房要求，县电子政务管理办公室对采购的服务器、存储、中间件等软、硬件在永州市云计算中心机房进行上架安装，根据项目使用情况进行调试、配置等工作。组织县采购中心、采管办对设备进行验收。2月正常投入使用，可承载全县基于电子政务外网的信息化建设硬件需求。蓝山县云计算中心建成使用。

【政务数据中心建设】　2016年，县电子政务管理办公室启动政务数据中心建设。政务数据中心包括人口、法人、地理信息、城市部件、房屋房产、经济信息六大数据库数据采集，涉及20多个职能部门。项目启动后，县电子政务管理办公室和万达信息蓝山项目部先后到县国土局、房产局、人社局、城管局等20多个单位进行走访调研，了解各部门的数据需求、数据落地情况，对各部门的情况整理形成调研总结。全年完成城区10平方千米的城市部件数据采集工作，建立城市部件、地理信息库，将城市部件划分归类为7大类95小类，采集到总计4.5万余个城市部件的信息。根据项目建设内容要求，初步完成数据共享服务平台、数据中心实体库表的搭建，从市级数据中心下放低保、五保等数据，质监局的法人信息数据等数据入库。

【综合应用云平台】　2016年，智慧蓝山综合应用云平台上线运行，已初步完成社会治理、网格化联动处置、数字城管、公共服务等子系统的上线，初步完成网格员移动手机终端“社管通”的开发、上线及培训工作。县电子政务办下发《关于做好智慧蓝山·网格化管理及电子政务综合应用云平台建设工作的通知》《关于对接人口库有关数据的通知》等文件。对全县6个社区、16个乡镇（街道）网格员进行4次业务培训，打通县城6个社区、16个乡镇街道办、86个农村网格化试点村和精准扶贫村及123个职能部门的电子政务外网。初步采集到全县实有人口、房屋数据32万余条，实现市县数据对接。12月23日邀请电子政务专家对综合应用云平台进行初步验收。

【网络安全防范】　2016年，县电子政务管理办公室不断完善政府网站防攻击、防篡改、防病毒等安全防护措施，建立科学、有效、反应迅速的应急工作机制。中心机房配置博华防火墙、博华安全网关、天融信防火墙、网域上网行为管理、VENUSTECH入侵防御系统等安全设备，网站数据备份库服务器共2台，机房专职管理人员按时检查机房并做好日志记录。全年中心机房和业务系统安全稳定运行。

## 民族宗教工作

【上级领导考察调研】　2016年6月21—22日，中共湖南省委常委、宣传部部长张文雄率领省委宣传部常务副部长李发美、湖南省水利厅副厅长王跃生到永州，听取永州防汛工作汇报，并在中共永州市委书记陈文浩，市委常委、副市长蒋善生，市委常委、宣传部部长石艳萍陪同下，深入蓝山县等民族地区和宗教场所考察调研。6月22日，张文雄带领调研组来到蓝山县考察调研县域经济社会发展、宣传文化和文明创建工作。张文雄一行到塔下寺、湘威运动用品有限公司、毛俊镇毛俊村实地考察调研，详细听取相关情况汇报。在塔下寺，张文雄参观各个景点，对蓝山县及时采取保护性修缮措施、保护古文物的做法予以充分肯定，希望把这一厚重的历史文化资源保护好、传承好。11月18日，中共蓝山县委副书记、县长魏和胜带领县扶贫、林业、财政、城管等相关部门负责人，深入汇源瑶族乡和大桥瑶族乡就精准扶贫工作进行调研。在汇源瑶族乡，魏和胜一行先后深入学校和大源村实地了解该乡基础设施建设，异地扶贫搬迁工作开展情况。魏和胜指出：精准扶贫是当前的一项重大政治任务、重大民生任务，汇源乡村干部要进一步解放思想，敢于担当，结合本乡实际，开阔视野，充分发挥林业资源优势，做好林下经济文章，带动村民脱贫致富，切实增强发展后劲；魏和胜要求：乡村干部在关注社会大局稳定、老百姓收入等问题的同时，要切实把相关惠民政策研究透、了解透，因人施策做好百姓工作；要落实主体责任，进一步宣传好国家政策，让异地扶贫搬迁落到实处，要切实保障弱势群体和五保户利益。在大桥瑶族乡，魏和胜一行首先来到湘源岭村了解扶贫工作开展情况。魏和胜强调：要深入学习贯彻中央扶贫工作会议精神，找“病因”，定措施，精准施策，要想法子转变老百姓的思想观念，调动村民脱贫积极性，着力发展养殖、种植等产业，增强贫困户“造血”功能，加快脱贫致富步伐。后盾单位要把精准扶贫工作记在心上，多出点子，能做到的就一定做到，确保湘源岭村如期完成脱贫目标任务。魏和胜一行还查看大桥瑶族乡村整体异地扶贫搬迁工程进度情况。魏和胜强调：要进一步加强施工队伍管理，在确保施工质量的前提下，抢抓时间节点，克服天气因素，有序组织施工，确保大冲村整体异地扶贫搬迁工程早日顺利完成。

**【学习与宣传】** 2016年5月24—26日，蓝山县开展“习近平总书记讲话精神进瑶乡”微宣讲活动，3天时间分别深入湘江源瑶族乡、大桥瑶族乡、浆洞瑶族乡进行宣讲，蓝山县委宣传部、县党校领导和蓝山县民宗局、各民族乡机关全体干部职工参加此次宣讲学习。每到一个瑶族乡，宣讲组都组织学习对“两学一做”学习教育的认识，分析国际国内的形势，要求要转方式、转职能，主要在于创新。会议还组织学习五大发展理念，概括它的背景、内涵和意义，并结合3个少数民族乡实际提出打造绿色瑶乡，生态旅游瑶乡。会议指出，此次学习是按照中共蓝山县委的要求，把讲话精神的学习贯彻不断向纵深推进，推动在蓝山民族地区迅速兴起学习贯彻讲话的新热潮，进一步把广大党员干部和少数民族群众的思想和行动统一到习总书记系列重要讲话精神上来。要结合工作实际，把“两学一做”落到实处，切实带动民族地区老百姓脱贫攻坚，发家致富奔小康。6月18日，蓝山县委常委、宣传部部长刘素萍到湘江源瑶族乡给党员、干部们上“两学一做”学习教育党课，题为《凝心聚力，守住青山绿水》。党委书记刘国梁课后表示，要结合湘江源瑶族乡实际，聘请高资质单位对湘江源瑶族乡在原有建制规划基础上进行“生态特色旅游名乡”再策划编制。同时，做到“一村一品”和“一村一产业”，带动民族地区百姓发家致富，过上小康生活。

**【社会活动】** 2016年12月10日，蓝山县首届瑶家歌王赛在荆竹瑶族乡新寨村举行。永州市人大常委会原副主任、正厅级领导赵荣，市委统战部副部长周生来，市民宗委领导蒋季红，市卫生局原副局长李茶生，蓝山县人大常委会主任，中共蓝山县委常委、宣传部部长刘素萍，县委常委、政法委书记黄小兵，县人大常委会副主任袁凤，副县长李勇、陈毅强、周晓芬，县政协副主席许旭阳等出席开幕式。开幕式由副县长周晓芬主持。蒋继红在开幕式上致辞，刘素萍在开幕式上讲话。比赛当天，经过前期的推选，共有20位来自各少数民族乡的瑶家歌手前来参赛，分平地瑶组与过山瑶组。赛场上，选手们用一首首经典瑶歌称颂党恩、赞美生活。本次歌王赛的举办，在弘扬民族文化，挖掘拯救传统瑶歌，保护非物质文化遗产的同时，丰富蓝山县少数民族乡群众的文化生活，让更多的人走进瑶寨，了解瑶文化。2016 年 5 月 10—12 日，蓝山县民族宗教事务局主办、蓝山县瑶文化研究协会协办的蓝山县首届瑶族长鼓舞免费培训班在蓝山县城开班。来自全县 6 个民族乡 24 位热爱瑶族长鼓舞的少数民族群众参加本次培训。通过培训，向全县长鼓舞爱好者们传授瑶族长鼓舞技艺，进一步传承瑶族文化，在全县上下营造浓厚的瑶族文化氛围。

**【文化遗产】**　2016 年 6 月 15 日，湖南省文化厅组织专家按照评审标准和程序，对全省各市州推荐申报的第四批省级非物质文化遗产代表性项目进行认真评审和科学认定，蓝山县的过山瑶瑶歌与江华瑶族自治县瑶族八宝被制作技艺、永州“异蛇王酒”传统酿泡技艺、抬阁（黄阳司扎故事）、状元李郃的传说等 5 个项目进入省级非物质文化遗产代表性项目名录中的新名单。

## 机关事务服务

**【概况】**　2016 年，机关事务服务中心坚持以科学发展观为指导，认真贯彻执行党的方针、政策，以建设“和谐机关、平安机关、优秀机关”为主题，紧紧围绕县委、县政府中心工作，强化稳定、顾全大局、加强服务，坚定信心，迎难而上，确保政府机关大院正常工作秩序，领导交办的各项工作任务全部完成。

**【加强业务学习】**　2016 年，机关事务服务中心结合“纠四风、治陋习”“三城同创”和“强化执行力”等活动，要求保洁员、保安发扬爱岗敬业精神，制定岗位练兵计划。全年共开展岗位练兵 6 次，组织业务考核 3 次。通过开展岗位练兵与考核，达到对“保洁工具、消防设施、监控设施、报警设施”人人会操作，遇事能处理的良好效果。

**【加强制度建设】**　2016 年年初，机关事务服务中心制订《大院食堂卫生管理制度》《保洁员工作操守》《机关大院门卫制度》《保卫巡逻制度》《情报信息汇报制度》和《机关大院门卫保安请销假制度》。通过学习，工作人员的政治思想有了明显提高，工作作风有明显转变，纪律上明显增强。

**【加强安全检查】**　2016 年，机关事务服务中心始终把安全检查作为日常工作重点内容常抓不懈，不断完善各项安全检查内容和形式，做到防患于未然。坚持每天不间断巡查、不定时抽查和重大事项通报制度，把安全检查、日常巡查与开展节假日和重大活动期间的安全大检查、机关各值班点及技防设施运行情况紧密结合起来，发现隐患及时处理并提出整改意见和防范措施，全年会同公安机关和消防管理部门对机关大院的重点部位，要害部位进行 6 次安全大检查，对各值班点和前后门值班岗位抽查 60 余次，为机关大院工作环境提供安全保障。同时主动与卫生局等相关部门衔接，对机关食堂的卫生安全进行考核并达标。

**【加大机关巡逻防范力度】**　2016 年，机关事务服务中心针对社会治安形势，适时调整防范布局和力度，保安人员白天 1 人不间断巡逻，晚上 2 人协同巡逻，实行巡逻考勤登记制度，严格实行白天巡逻不少于 8 次，晚上不少于 3 次。同时，进一步加强保安巡逻人员的管理和指导，不断完善巡逻工作责任制，采取面上巡逻与守候相结合，充分发挥报警求助、安全宣传和看楼护院功能，适时开展专项整治，加强安全防范工作管理，随时清理大院内滞留的闲散人员，净化大院环境。

**【提升技防功能】**　2016 年，机关事务服务中心购买 6 万余元的安全保卫及 2 万余元的保洁相关设施，包括警棍、监控器、盾牌、服装、扫把、铁锹等。严格按照技防设施操作规程进行操作，充分发挥技防设施的监控作用，对监控到的情况认真登记，资料随时调用，从而提高防范力度，增强了防范效果，为打击违法行为提供有力证据材料。

【加强消防安全工作】 2016年，机关事务服务中心积极开展消防安全宣传教育，严格贯彻落实《中华人民共和国消防法》，严格执行火灾应急预案，建立防火档案，配合消防管理部门对机关消防设施安全检查2次，自查6次，参加消防安全知识专题讲座2次，从而提高工作人员的消防安全意识和消防自救能力。并在政府后门设置消防器材及流程展示厅，方便工作人员随时进行训练。

【积极配合信访工作】 2016年，机关事务服务中心处置群体上访152起，维护群体上访秩序136次，向信访局移交上访人员2643人，劝阻引导上访人员3685人（次）对30多名重点缠访闹访人员进行跟踪服务，有效维护政府机关大院办公秩序。

## 移民工作

【项目计划编报】 2016年，县移民局按照“资金跟着项目走，项目跟着计划走，计划跟着规划走”的管理原则，及时编制移民后期扶持项目年度计划和移民扶助金项目计划，并呈报市移民局审批。全年省市拨付到位的移民资金达646万元，其中通过“一卡通”账户，发放2342人移民两个季度直补资金140.52万元，拨付基金项目资金520万元。

【项目建设】 2016年，蓝山县共安排项目65个，验收项目63个，计划验收的项目2个。在基础设施建设方面，一方面继续完成2015年度移民后期扶持项目，另一方面，着力抓紧实施本年度计划项目，已硬化村组道25千米，完工饮水工程1处，解决171人的安全饮水问题。产业开发方面，继续引导移民发展以自主投入为主、移民产业引导资金奖补为辅，以种养为主要内容的产业基地建设。在2015年抓好80亩油茶种植的基础上，2016年完成240亩山油茶种植，完成80亩的猕猴桃种植，60亩的厚朴种植，产业开发取得成效。

【移民培训】 2016年，蓝山县选送移民参加由省移民局举办的转移就业培训，向省移民局报送3名学员参加厨师培训，学员培训结业后，就业有保障，确保培训移民有稳定的收入来源。从蓝山移民的实际出发，确定蓝山的转移就业培训专业为驾驶员培训，已有16名移民报名参训。实用技术培训按年初的安排在新圩镇竹山村举办，开办的专业为油茶种植及改造。省市分配蓝山县的移民培训指标196人，其中实用技术培训180人，转移就业培训16人，蓝山县共办班2期，完成全部培训任务。

【综治工作】 2016年，蓝山县移民局通过认真排查矛盾，及时处理隐患，使所有矛盾纠纷消除在萌芽状态，确保移民区和库区的稳定，也没有出现移民越级上访。全面落实特别防护期和节假日值班制度，有效杜绝影响社会大局稳定的事情发生，确保社会秩序稳定，收到较好的社会效果。认真做好民调和夜间街面巡逻工作，有效地遏制街面的各类案件的发生，确保人民生命财产的安全和社会大局的稳定。

【落实计划生育政策】 2016年，蓝山县移民局优先优惠扶持移民计生对象。对独生子女家庭和两女户家庭，在安排移民生产开发项目资金时对农村独生子女家庭和两女户给予优先优惠；移民避险和改善生存环境搬迁建房时对独生子女家庭按增加1人的标准划分宅基地或给予适当补助；对独生子女户和两女户给予120元的补助。全年列入独生子女户和两女户的移民补助对象有23户。

# 政协蓝山县委员会

【概况】 中国人民政治协商会议蓝山县委员会（以下简称县政协）成立于1984年3月。现有委员界别13个，政协委员158人。内设办公室、经济科技人口资源环境委员会、提案法制群团委员会、学习文史宣教卫体民族宗教三胞联谊委员会等“一办三室”，设党组1个，机关有2个党支部，现有中共党员14名，干部职工40人（含离退休人员）。2016年，政协蓝山第八届委员会召开18次政协常务委员会会议，2016年11月25日至11月28日召开政协蓝山县委员会第九届委员会第一次会议。会议听取县政协第八届委员会工作报告和县政协第八届常委会关于提案工作情况的报告，听取委员会的协商发言。28日上午，县政协第九届委员会第一次会议，举手表决通过选举办法，投票选举产生第九届县政协主席、副主席、秘书长和常务委员。

【政治协商】 2016年，政协蓝山县委员会始终坚持把推进科学发展作为人民政协履行职能的第一要务，紧紧围绕中共蓝山县委、蓝山县人民政府的重大决策部署，紧扣蓝山经济社会发展大局和人民群众普遍关心的热点、难点问题，开展协商议政、建言献策。按照推进协商民主广泛多层制度化发展的要求，参照湖南省、永州市政协的做法，借鉴兄弟县区政协的成功经验，结合蓝山实际出台《政协蓝山县委员会“专题协商”规程》。围绕持续推进中共蓝山县委、蓝山县人民政府重大决策部署的落实，紧扣产业发展、项目建设、民本民生、深化改革等方面的课题开展专题协商，协商意见引起县委、政府及相关部门的重视，促进工作的改进和落实。在蓝山县乡镇行政区划改革有关事项的协商中，政协蓝山县委员会八届十四次常委会建议把紫良瑶族乡更名为湘江源瑶族乡，将太平圩、土市、祠堂圩三个建制乡撤乡建镇，得到了县委、县政府的充分肯定和采纳，新的乡镇区划改革方案已得到湖南省民政厅批复。

【民主监督】 2016年，政协蓝山县委员会始终把关注民本民生作为政协工作的出发点和落脚点，始终抓住人民群众普遍关注的教育、住房、就业、就医以及文化事业发展中的热点难点问题，通过提案、社情民意信息、视察调研等途径，把群众所盼所忧反映出来，引起党委政府的重视和社会的关注。《关于义务教育面临的困境及出路》《蓝山县边远山区学生“营养改善计划”运作情况调查及建议》《蓝山县医改情况调研报告》等调研成果，为民生改善提出一系列对策建议，得到县委、县政府的充分肯定。政协蓝山县委员会充分发挥民主监督职能作用，按照“在监督中支持，在支持中服务”的原则，积极配合县委、县政府创建“省级文明卫生城市”工作，首次开展对“县城建设与管理工作”的民主评议活动。评议活动充分发挥人民政协作为协商民主重要渠道的作用，得到县委、县政府的充分肯定，达到让群众受到感动、部门受到触动、工作得到推动的目的。省、市主流媒体对这次评议活动高度关注，

《湖南日报》《永州日报》对评议工作进行报道，湖南省政协《湘声报》头版头条刊登《掌声为诤言响起——蓝山县政协“辣味”十足评议县城建设与管理》。

**【参政议政】** 2016年，政协蓝山县委员会突出问题导向，紧紧围绕县委、县政府的重大决策部署和人民群众普遍关注关心的热点难点问题，精心选择具有全局性、前瞻性的课题开展视察、调研，视察、调研成果得到及时有效转化。对湘江源头生态建设和县城饮用水源保护的视察，促成县委、县政府对石材工业园重新选址；《创新破难，再掀工业园区建设发展新高潮》《蓝山县“美丽乡村”建设的调查与思考》等调研报告荣获全市优秀调研成果奖；《关于进一步激活民间资本的调研报告》《破解征地拆迁难题，推动全县项目建设》等一批调研成果有效推动县委、县政府相关政策的完善。

**【中心工作】** 2016年，政协蓝山县委员会始终坚持和维护党的领导，积极争取党委重视、政府支持，政协工作有了新局面。中共蓝山县委对政协工作高度重视，切实把政协工作纳入党委工作总体布局，列入重要议事日程，统一研究、认真部署，推动政协工作的有效开展。2016年年初，政协蓝山县委员会常委会议研究制定的《县政协工作要点》，得到县委高度重视和批复，为政协开展工作、履行职能明确方向和要求。按照县委提出的“四个轮子”一起转的要求，政协蓝山县委员会领导班子和机关工作人员主动融入县委、县政府中心工作，投身项目建设一线，接地气，创实绩。既对项目建设的科学实施、有序推进积极建言献策，又在招商引资和项目建设的一线协调关系，出主意、作宣传、解难题，倾力支持项目的顺利实施。由政协蓝山县委员会牵头引进的皮具产业园建设项目已落户开工，县政协统一祖国组引进的“同心华侨产业园”已落户蓝山。政协蓝山县委员会领导班子成员负责或参与的高速公路连接线、必达电子产业园、新民西路、毛俊水库、县城路网改造、美丽乡村建设、城市创卫、垃圾一体化收运工程等一批重点项目建设取得明显成效。政协蓝山县委员会充分发挥自身优势，积极支持委员创办领办企业，政协委员创办的郁葱林业、三峰茶业、新顺农牧、合利制衣、蓝杰石材、中石石业、中信投资、鼎鑫水稻种植专业合作社等一批优秀企业，对蓝山县经济发展起到很好的带动作用。政协委员勇立潮头争当创业先锋的氛围方兴未艾，涌现了朱文辉、胡庆华、雷沅传、汤建新、陈海腾、吴楠等一批带头创新创业引领发展的优秀政协委员。政协蓝山县委员会把服务基层作为政协工作主战场，领导班子成员充分发扬关注民生、重视基层的传统，围绕推进新农村建设、软弱涣散村级组织建设和精准扶贫等中心工作主动帮助联系的乡镇（街道）和行政村谋划发展思路，破解工作难题。主动深入所联系的村开展“一进二访”，为改变村级组织软弱涣散状况和落实脱贫目标开方子、找路子、结对子。政协蓝山县委员会主要领导联系的土市镇刘八五村实现由“软弱涣散村级组织”到“全市由乱到治先进典型”的蜕变；在南岭林场坪石头村“精准扶贫”工作中，为解决通路、通电问题筹集投入资金100多万元。

**【自身建设】** 2016年，政协蓝山县委员会高度重视党建工作，充分发挥政协党组的战斗堡垒作用，坚持正确的政治方向，自觉接受党的领导，满腔热情协助党执好政，充分发挥好凝心聚力的作用。始终坚持把学习作为人民政协事业之本、力量之源。政协蓝山县委员会把学习作为一项制度，逢会必学，政协全会、常委会和各界别工作组会议都把学习作为一项重要议程。通过学习，提升政治把握能力，达成思想共识，引领履职实践，为推动政协事业进步和实现蓝山科学发展凝心聚智。通过学习，切实把全体政协委员和机关干部职工的思想行动统一到县委、县政府的重大决策部署上来，凝聚思想共识，汇聚发展力量，确保政协蓝山县委员会组织与县委、县政府同心、同向、同行。通过学习，主动影响群众、宣传群众、团结群众，聚集更多正能量，助推各项事业健康发展。在党的群众路线教育实践活动和“三严三实”专题教育活动中，抓好上党课，组织学习研讨，坚持问题导向，注重正反面典型教育，从灵魂深处解决群众观念淡化和“不严不实”的问题，深入开展专项清理整治，建立长效机制，狠抓整改落实。要求县政协领导班子和政协委员、政协工作者必须与县委保持一致，必须热爱蓝山，必须忠实履职，必须遵纪守法，确保全县政协工作正确的政治方向。政协蓝山县委员会在完善《政协蓝山县委员会党组工作规程》和机关内部管理相关制度的同时，根据《中国人民政治协商会议章程》，结合蓝山县政协工作实际，大胆创新方法，激发委员活力，推动委员履职，提升委员形象，出台《政协蓝山县委员会委员履职管理办法》，通过规范管理，强化履职，开展活动，搞好服务，使整个班子和队伍始终保持良好的精神和工作状态，充满生机和活力。组织开展委员履职经验交流会、“我为政协添光彩”征文演讲等一系列活动，在省、市报刊杂志发表理论研讨、通讯和经验推介文章30余篇。政协蓝山县委员会领导班子精诚团结，始终自觉履行党风廉政建设责任，及时将县委、纪委关于党风廉政建设的各项要求和部署贯彻落实到位。主要领导率先垂范，始终坚持把管党治党的责任记在心上、扛在肩上、抓在手上、落实在行动上，以高度的政治自觉带领政协蓝山县委员会领导班子落实好“两个责任”，推进党风廉政建设和反腐败工作走向深入。

# 社会团体

## 县总工会

【概况】 2016年，县总工会结合开展“两学一做”学教活动，坚持“三个贴近”（贴近实际、贴近生活、贴近群众）工作思路，焦聚四个“着力”（着力开展“美丽蓝山，文明先行”系列活动，着力为服务职工群众维权办实事，着力推进“职工之家”规范化建设，着力加强工会自身建设），确保八个加强到位，努力推动全县工会工作创新发展。

【困难帮扶工作】 2016年，县总工会一如既往地扎实开展包括春送岗位、夏送清凉、金秋助学、冬送温暖，大病救助和女职工“两癌”保险在内的工会品牌帮扶活动。全年共安排帮扶资金51.5万元，帮扶困难职工685人。其中送温暖走访351人，发放慰问金30.3万元；帮扶困难劳模21人，发放慰问金2.6万元；培训农民工80人，安排培训经费2万元；“金秋助学”28人，发放助学金5.6万元，向一线职工开展夏送清凉活动200人次，发放夏送清凉物资折价2.5万元；为6名患重症特困职工提供大病救助金6万元。困难女职工专项帮扶35名，安排帮扶资金2.5万元，为困难职工群众解决一些实实在在的问题。

【工会维权】 2016年，县总工会通过开展厂务公开民主管理和工资集体协商等工作实现源头参与，从宏观上维护广大职工的合法权益。全县共有203家非公企业签订工资集体协商合同，覆盖职工4352人；在全县79家国有集体及控股企业、全部事业单位推行厂务公开制度，推行职工（代表）大会制度；已建工会组织的203家非公企业中，有194家推行厂务公开民主管理，达到“公开解难题、民主促发展”的效果。如湘威公司的工会工作已经成永州市非公企业工会的典范，在缓解劳资纠纷、维护和谐劳资关系方面发挥积极作用。加强劳模服务管理，举行新春劳模座谈会、劳模风采宣传、劳模“美心教育·幸福人生”讲坛、组织劳模新农村视察、组织劳模免费体检35人次和“寻找最美班组长”等一系列活动；对市级以上劳模状况进行调查，建立健全困难劳模档案；加强劳模资金使用管理，实行专款专用；建立2家劳模创新工作室。

【文体活动与劳动竞赛】 2016年，县总工会先后联合举办第二届“创新创业·职工杯”气排球比赛，第二届“健康杯”职工乒乓球比赛，第一届羽毛球比赛，第三届“健康杯”职工围棋象棋比赛和第一届卫计委系统“迎国庆”暨“三城同创”职工拔河比赛。广泛组织各种劳动竞赛活动，先后开展“安康杯”竞赛活动、最美班组长评选活动、最佳一线职工评选活动、女职工“芙蓉杯”竞赛活动、职工技能比赛、“工人先锋号”创建活动、节能减排等一系列劳动竞赛活动。

【工会组建工作】 2016年，县总工会以非公有制企业建会、农民工入会为重点，不断加强工会组建工作。全县相继建立蓝山县毛织行业、小水电站行业联合工会。其中湘威公司工会成为永州市外资企业工会的典范。

## 共青团蓝山县委

【服务党政大局】　2016年，共青团蓝山县委组织青年参与创国卫工作，以创建国家级文明卫生县城为契机，组织青少年志愿者开展“学雷锋·共创文明城”活动。切实履行职责，落实政府大院责任区创国卫工作责任，深入舜峰路、三里村大力开展卫生清扫、文明劝导、创国卫宣传。积极发动蓝山县义工协会等志愿者组织自发参与、全力投入创国卫热潮中。组织青年参与创省级文明县城工作，充分发挥团组织的组织优势、阵地优势、网络优势，进一步加强和改进未成年人思想道德建设，强化宣传教育，进一步提高全县团员青年的文明素质，从公共文明素养提升宣传、公共文明劝导、市容环境监督等方面参与文明县城的创建，为蓝山县成功创建省级文明县城凝聚青春力量。组织青年参与创市级森林城市工作，湘江源头是蓝山对外宣传的一张响亮的名片，保护湘江源头是建设“生态蓝山”的头等大事。上半年，组织青年志愿者开展植树活动，种植“共青林”50亩，累计造林达3000余亩，同时积极做好原有“共青林”的后期抚育。组织沿河乡镇开展保护母亲河行动，通过青年志愿者们在河流沿岸植树造林、保持水土、防治污染，帮助青年树立绿色文明意识、生态环境意识和可持续发展意识，为蓝山生态环境建设做出贡献。

【服务青少年发展成长】　2016年，共青团蓝山县委围绕促进青年就业，与人社局抓住春节期间大量农民工返乡过年的有利时机开展“春风行动”暨企业现场招聘会，为广大农民工提供包括制鞋、服装、电子、玩具、保安、文员、生产管理等近60个工种、5000多个工作岗位。扎实开展青年创业工作，引导青年进一步解放思想，推动青年创业小额贷款，帮扶青年进行电商创业，积极推选3名创业青年参加永州市首届青年电商创业大赛。继续举办青年电商创业专题培训，邀请阿里巴巴旗下杰夫电商学院专业团队到蓝山县开讲，全年共培训青年500余名，充分提升广大青年的创业意识与热情。先后开展“精准扶贫、爱心助学”学雷锋志愿服务活动；“三五学雷锋，共创卫生城”；“缅怀革命先烈弘扬红色志愿”清明祭扫；“6·26”国际禁毒日“万人签名”暨“禁毒书画巡回展”活动；庆“八一”国防教育活动；“相约九嶷”——蓝山宁远新田三县机关企事业单位单身青年交友联谊活动；“重走长征路·共筑中国梦”等主题活动，并积极组织县中小学生参加“第七届省少儿才艺大赛”，取得优异成绩。持续开展关爱贫困青少年、留守儿童活动，通过开展“希望工程一元捐”、向上争取助学资金，发动团干部和爱心单位捐款近6万元；开展“湖南省交通频道助学”“海湘助学基金”“芙蓉学子”“华融湘江银行”“李雨助学”等助学金共25.2万元，共资助19名寒门学子帮助其圆“大学梦”；继续开展东莞起航助学活动，新增受资助学生15人，长线资助人数达205人；六一儿童节期间，到汇源、新圩等乡镇看望留守儿童10人，发放助学金3000元，8月开展“精准扶贫”爱心助学边界行活动，向26名贫困学生发放助学金4万余元。开展“法制宣传进社区”活动，向青少年宣传未成年人保护法和禁毒知识；开展“蓝结行动第六季——禁毒志愿者三蓝行”活动，组织志愿者参加6·26国际禁毒日宣传活动，开展禁毒宣传。联合社区、司法局关爱留守儿童、服刑人员子女，加强亲情陪伴；4月在社区与乡镇开展预防青少年违法犯罪民调宣传活动，多次联合司法局进行公共法制教育进校园活动，组织公开讲座15次，受教育学生达1.5万人次。

【加强思想政治引领】 2016年，共青团蓝山县委抓思想凝聚，增强青少年思想道德建设。举办宣传教育活动，开展"三五"学雷锋、清明祭扫、社会主义核心价值观宣讲等活动，教育引导青少年树立正确的观念意识、坚定理想信念。开展先进评选活动，"五四"期间，评选表彰一批先进个人和集体，树立一大批有感召力、影响力的青年典型。发掘树立优秀典型，推选"永州市五四红旗团委（总支）"1个、"永州市优秀团干"3名、"永州市优秀团员"5名；塔峰镇青少年综合服务平台获评为省级青少年综合服务平台。并积极推选组织与个人参与市级青年文明号、青年岗位能手、青年安全生产示范岗的评选。

【加强基层组织建设】 2016年，共青团蓝山县委争取县级领导重视，落实党建带团建，党建带团建工作已纳入全县党委党建工作的考核内容，建立健全基层团组织班子，配套工作经费，与财政局联合出台《蓝山县乡镇（街道）团委工作经费管理使用办法（试行）》，充分运用激励机制，调动基层团干部积极性，通过强有力的组织保障和经费保障，推动基层团组织工作开展。全面推进两新组织和社会组织团建，新建非公企业团组织15个；示范性乡镇直属团组织、村团支部和农村专业合作社团建工作稳步推进；并借力农村淘宝推动团组织建设，成立村淘团支部、网络团支部等。强化服务平台建设，继续做好青少年综合服务平台、"青年之家"的建设，完成年初建设目标，用有形的平台将服务做到青年身边。规范团员发展，提升团员先进性。坚持团要管团、从严治团，按照坚持标准、控制规模、提高质量、发挥作用的总要求，不断提高发展团员和团员管理工作科学化水平，以二中、民族中学为试点，严格按照规定流程发展团员，努力建设一支能够充分体现先进性和发挥模范作用的团员队伍。抓驻外团建，扩大团组织覆盖面。驻粤团工委选举产生新一届驻粤团工委班子，合理设置工作部门，打造一个责任清晰、团结有力的基层团委班子，驻深团工委换届正在紧张筹备中。抓团干部队伍建设，有力凝聚团员青年。为深入贯彻落实上级群团工作会议精神，深入推进共青团改革，团县委于6月启动"1+100"（1团干部至少联系100名青年）制度，截至2016年年底，团县委机关2人、乡镇（街道）团干部16人已开展"1+100"工作，按照"1+100"的要求，共直接联系青年2846人，开展线上互动200余次，线下活动101次，进一步将团组织深深植根于青年中，成为广大青年遇到困难时想得起、找得到、靠得住的可靠力量。

## 县妇女联合会

【概况】 2016年，蓝山县妇联全面贯彻落实中共十八大系列全会精神，围绕中心、服务大局，一手抓发展，一手抓维权，开拓创新、锐意进取，助力"三城同创"，充分发挥坚强阵地和温暖之家的作用，团结带领全县妇女参与蓝山经济建设和社会发展，为实现幸福和美新蓝山做贡献。

【妇联组织建设】 2016年，县妇联深入开展以服务为主题的基层妇联组织改革工作，积极争取各级党委政府重视，将基层妇女组织建设纳入基层党建总格局，全面推动基层"妇代会"改"妇联"。经县委常委会议同意，成立高规格改革领导小组，下发《蓝山县基层妇联组织改革工作实施方案》，并联合县委组织部转发了省委组织部、省妇联《关于坚持党建带妇建全面推进服务型基层妇联组织建设的意见》，在组织部的支持和指导下实现党建、妇建同步规划、同步部署、同步实施、同步考核。截至12月底，已全面完成14个乡镇妇联组织改革工作，完成14个村“妇代会”改“妇联”试点工作。扎实推进市、县级“示范妇女之家”创建工作。因地制宜依托村级组织活动场所、文化站、农家书屋等现有场地，建好、用好、管好市、县级“示范妇女之家”。积极申报所城镇山田村和塔峰镇三蓝社区“妇女之家”为市级示范“妇女之家”，以点带面全面促进全县各级“妇女之家”创优创先。坚持“党建带妇建，妇建服务党建”的原则，充分发挥桥梁纽带作用，积极在“两新”组织中拓展妇联工作触角，拓宽妇联工作平台。在借鉴蓝山县驻广东流动党支部成功经验的同时，根据流动妇女的情况和特点，县妇联在与广东省、市、区各级妇联密切衔接后，在狮岭镇党委、政府的高度重视下，积极探索，大胆实践，以创新的思维、方法和机制，为在异地他乡工作的蓝山籍妇女姐妹建立花都区狮岭镇蓝山流动妇女联合会。成立流动妇联是全省第一个探索试点，花都区狮岭镇蓝山流动妇联是湖南省在粤成立的第一个流动妇联，在全省妇联组织史上具有重要的标志意义。10月25日，组织开展“重走长征路·共筑中国梦”活动，全县各行各业妇女同胞100余人同全县干部群众一起沿着红军长征过境蓝山部分路线，徒步行走10千米。

【维护妇女儿童权益】　2016年，县妇联扎实开展“三八”维权周宣传活动。在“三八”节期间，与县司法局联合通过宣传车，以咨询、法律讲座、发放宣传资料等形式对反家庭暴力法、新婚姻法等与妇女儿童密切相关的法律知识进行宣传，发放各类宣传资料3000余册，接待群众咨询280余人次，提高全县广大妇女的法律素质。在6·26期间，县妇联携手塔峰镇，以“远离毒品，关爱生命”为主题，以开展寻找最美家庭、文明家庭、平安家庭创建为抓手，在全县广大家庭中开展“不让毒品进我家”的活动。与县禁毒大队、团县委等单位在三蓝广场联合开展“珍爱生命远离毒品”国际禁毒日“万人签名”活动。发放各类禁毒宣传资料1200余份，发放禁毒宣传帽和蓝结行动标志——“蓝结”400个，接待群众现场咨询300余人次。联合县司法局、县法律援助中心积极开展家庭律师进社区普法讲座，邀请县内知名法律专家、律师3人深入南平社区、南门社区、三蓝社区、中国人寿保险蓝山支公司开展4场普法讲座，参与群众360人。安排1名副主席进行信访接待工作，认真做好信访接待登记，为广大妇女提供法律指导和咨询服务。全年共接待来信来访97件，得到有效解决95件，办结回复率98%，另外维权热线电话接听5件。未发生重大典型侵权案件和省市妇联交办案件。联合县法制办、司法局、民政局成立蓝山县婚姻家庭纠纷人民调解委员会，县财政专门设立调解预算经费。县司法局对全县40多名人民调解员进行婚姻家庭调解业务知识培训，县法律援助中心对李晓秋等6名弱势困难对象开展婚姻家庭纠纷法律援助，县妇联为欧海嫦等4名妇女下达维护妇女儿童合法权益督办意见卡。对全县各乡镇（街道）的女干部现状进行调研，对优秀妇女干部、副科级以上女干部进行了摸底建档，以此为依据积极向县委组织人事部门做好女干部推荐工作，为全县女干部成长成才助力护航。在县乡两级换届中，提拔副处级女干部1名，正科级女干部3名，副科级女干部9名。

【关爱帮扶妇女儿童】　2016年，县妇联积极开展“献爱心、送温暖”活动，通过春节、三八节、母亲节、六一儿童节等节日契机，整合社会资源，开展对困难留守妇女、贫困儿童、空巢老人家庭的关爱帮扶活动。多方争取资金，直接发放贫困帮扶资金2.2万元，联系发放帮扶资金2.8万元。“陈师傅金店”贫困生奖学金继续在县二中发放贫困生奖学金3万元，帮助60名成绩优秀的寒门学子。三八期间，与县劳动局在全县范围内联合开展“春风行动”暨“返乡创业、在家就业”服务活动，全县有近5300个外出务工人员返乡就业，近3000人返乡创业，其中湘威运动用品有限公司、昇悦玩县厂、承阳毛织厂等几个规模企业的员工返工率在80%左右。春节前后，积极组织湘威、昇悦、高信等13家用工需求量大的外资企业，分别在县城和毛俊、楠市、所城举办现场招聘会共17场次，直接把就业岗位送到求职务工人员家门口。继续加大对妇女创业就业培训，与县劳动局联合举办新型职业女农民、女大学生SYB（全称START YOUR BUSINESS，译为创办你的企业）等培训班共3期，培训人数491人，其中大中专学校毕业女生158人。电商培训班1期，培训人数48人。扎实推进小额担保贷款项目，全年共发放小额担保贷款357笔，共计3300万元，其中女性贷款165笔，共计1534万元，女性获贷率46.48%。继续在全县开展女性安康保险工作，扩大投保范围和人数，每个乡镇（街道）妇联积极行动，主动抓该项工作，全年共有2854名妇女参保，缴纳保费16.9万余元。6月17日，在全县农村启动适龄妇女“两癌”（乳腺癌、宫颈癌）免费检查项目，截至9月20日，完成“两癌”免费检查5116例，超任务数146例，提前完成全年省市民生工程目标任务。针对已查验出来的“两癌”贫困患者，县妇联进行走访慰问，极大的抚慰贫困患者，提升“两癌”免费检查的社会认可度。

**【举办庆“三八”节活动】** 2016年3月8日，蓝山县在县政府大礼堂举办庆“三八”表彰大会，对获得永州市妇女工作先进集体和先进个人及县“巾帼建功先进集体”“三八红旗手”“最美家庭”“最美创业”等137名先进单位和个人进行表彰。县妇联与县广播电视台联合在电视台开辟《三蓝半边天》电视专栏，对全县获得表彰的“巾帼建功先进集体”和“三八红旗手”等先进典型进行宣传报道，向社会充分展示广大基层妇女的时代风采。县妇联从各战线、各单位、各社会团体中招募一批遵守社会公德、具有公益精神和奉献意识的巾帼志愿者，组建一支巾帼志愿者服务队，从事社会服务工作。在湖南省志愿服务网注册巾帼志愿者300人并关注加入“永州市巾帼志愿者服务队”。与县直工委、人社局联合举办蓝山县首届“人社杯”快乐工作、健康生活工间操比赛，全县各部门及企事业单位的31支代表队，600余名干部职工参加比赛。

**【开展“我送妈妈一枝花”感恩母亲节公益活动】** 2016年5月8日，县妇联、县妇幼保健服务中心在仰东超市门口联合举办“关爱贫困母亲”感恩母亲节公益活动。活动现场分别为12位贫困孕妇和22位贫困母亲发放“幸福分娩”孕产包、食油和大米等慰问品，为每位母亲送一支康乃馨表示对她们节日的问候，让她们感受到党和政府对她们的关心。

**【开展关爱儿童活动】** 2016年，县妇联在“4·23日世界读书日”来临之前，在全县中小学及幼儿园发放“每天半小时、书香伴成长”亲子阅读行动倡议，倡议广大家长和孩子每天共同阅读半小时。同时，组织各中小学校开展内容丰富、形式多样的家庭阅读活动，得到广大家庭的热烈欢迎和积极参与。5月24日，县委宣传部、关工委、县妇联等单位在县教育局举行2015年蓝山县“最美孝心少年”表彰大会。唐金秀、刘纯余、贺雨杰等10名同学被授予蓝山县第三届“最美孝心少年”称号，县委常委、宣传部部长刘素萍出席会议并为获奖少年颁发证书和奖金。唐金秀同学还被评为全省“最美孝心少年”。5月31日至6月1日，县妇联联合县教育局和县青少年活动中心，在县二中体艺馆举行“快乐起航”2016年中小学生、幼儿艺术展演活动。来自全县各中小学校、幼儿园均选送节目参加。2016年，长沙钢材协会20多名爱心志愿者到蓝山县开展“圆梦湘江学子”爱心助学第三季回访活动，他们走进大山深处，为贫困学生送上大米、食用油、牛奶等爱心物资，学习用品，助学金共计7.5万余元。副县长、县妇儿工委主任赵七秀带领县妇联、卫计委、团县委等单位负责人先后到汇源瑶族乡中心小学、芦溪小学看望慰问少年儿童，给他们送上节日慰问金及慰问品。组织全国巾帼文明岗单位（县国税局）的工作人员到新圩镇滨溪村小学，为28名贫困留守儿童送去新书包、橡皮泥、文具等物品。组织县交警大队到蓝山县三完小开展“小手拉大手，安全一起走”暨关爱贫困留守儿童活动，为10名贫困留守儿童发放新书包、字典、文具盒等学习用品。交通民警还根据留守儿童日常出行的特点，教他们识别交通信号灯和道路交通标识、标牌，列举典型交通事故案例和交通违法行为，教育小朋友们通过十字路口时要注意遵守交通信号灯，走斑马线等交通安全知识。

**【开展家庭文明道德建设活动】** 2016年，县妇联继续开展寻找“最美家庭”“最美创业”“最美湘女”活动。推荐县人社局左文平家庭和新圩麦田村卢慧兰家庭参与永州市“最美家庭”的评选，县森林公安局雷莉参与永州市“最美湘女”的评选。积极响应市妇联“大众创业、万众创新”号召，踊跃参与“最美创业”活动，县博爱学校校长雷慧云获得永州市“十佳女企业家”称号、香花葛源葛根种植专业合作社理事长李香花获得永州市“十大女创业明星”荣誉。积极组织全县女老板参与县“十佳创业明星”评选活动，推荐女性创业明星候选人3名。组织评选蓝山县“十佳文明家庭”。组织开展“全民阅读进家庭”、创建“廉洁家庭”，常态化开展“好家风好家训”“好妈好爸好家风”宣传展示等活动。在市妇联组织的“亲子阅读共享幸福”家庭读书征文活动中我县史雯同学获一等奖，彭格兰、李彩洋等13名学生获得二等奖、三等奖等奖项。

**【贫困村精准扶贫工作】** 2016年，县妇联以软弱涣散党组织整治为契机，积极帮助联系贫困村的建设。4月15日，县妇联领导到毛利坪村看望慰问精准扶贫帮扶户赵阿保一家，为他争取种植帮扶资金1000元，帮助他开展生产自救。4月底，永州市妇联联合中化化肥有限公司湖南分公司、永州市恒慧农资有限公司到蓝山县楠市镇石泉村开展精准扶贫“三下乡”活动，为村民们送来3.5吨价值1万余元的生产物资，农业专家还为村民讲授一堂生动、富有实际操作性的农业技术指导课，助力村民农业生产致富奔小康。

## 县科学技术协会

**【概况】** 2016年，蓝山县科协内设办公室及科技普及中心、科技咨询中心两个下属事业单位，有林学会、财会学会、青辅学会、统计学会、医药学会、建筑学会、农机学会、农学会、畜牧水产学会等9个学会。有行政编制2人，事业编制2人。2016年，县科协紧紧围绕科技兴县、人才富县的战略，贯彻实施《全民科学素质行动计划纲要》，全面推进公民科学素质建设，认真为科技工作者服务，为社会经济发展服务，为提高全民的科学文化素质服务及加强自身建设，促进科协工作全面开展，圆满完成年初工作任务。

**【推进公民科学素质建设】** 2016年，县科学技术协会组织骨干力量，认真调查研究，于8月底形成领导干部、农民、城镇劳动人口、社区居民、未成年人5类重点人群科学素质行动实施方案，以及科学教育与培训基础工程、科普资源开发与共享工程、大众传媒科技传播能力建设工程、科普基础设施工程等4项实施方案，《蓝山县全民科学素质行动计划纲要（2016—2020年）实施方案》，蓝山县全民科学素质工作领导小组工作规则等11个规则和实施方案，共计5万余字的建议稿，交县委研究行文，以便实施。县委常委会专题研究推进全民科学素质建设工作，形成常委会议纪要。

【科普宣传】 2016年，县科学技术协会充分利用科技活动周和全国科普活动日等平台，将蓝山县特种养殖协会理事长张修任，训养国家二级保护珍禽白鹇等优秀高效项目采取印发技术简介、安排有意向的养殖户到特种养殖协会参观学习和召开专门培训会等多种形式，将饲养繁殖白鹇这一投资规模小，适合家庭和规模养殖、产品畅销、经济效益好的致富门路向全县推介。在县体艺馆一楼侧厅，开设“蓝山县科普展厅”，采取数字科普和图文并茂的形式，集自然科学、食品安全、养生保健、反毒禁毒、安全生产、计生防病等科普常识为一体，为市民呈现一个赏心悦目的科普展厅。组织所属9个学会和塔峰镇6个社区开辟“科普园地”，广泛宣传“创文创卫”等科普知识。

【科普培训】 2016年9月20日，县科协牵头联系县农业委、县优质水果协会，举办优质水果种植技术培训班。全县12个乡镇22个行政村的83名葡萄西瓜种植大户参加培训。省葡萄协会副会长、塔峰镇花果村葡萄种植大户彭才庆，全国优秀科普带头人、县优质水果协会理事长刘先雄以及全国优秀科普带头人、土市镇泉塘村“西瓜大王”程少良等3位“土专家”，在培训班上传授葡萄西瓜种植技术。湖南省润丰达生态环境科技有限公司专家蔡文华，在培训班上讲述使用有机肥、微量元素肥、生物肥和生态有机肥的作用和精准施肥的技术措施。

【科普创建】 2016年，县科协创建蓝山县花果庄园科普教育基地，蓝山县鸿运生态养殖科普示范基地。大力培育农村专业技术协会、农村科普示范基地和科技示范户。2016年毛俊镇沙溪村唐召旭获中国科协、财政部“全国优秀科普带头人”称号，蓝山县优质水果协会获“湖南省优秀农村专业技术协会”表彰。

## 县归侨侨眷联合会

【概况】 蓝山县归侨侨眷联合会（以下简称侨联）成立于1984年，为正科级单位，行政编制1人，事业编制2人，其中，主席1名，副主席7名（其中兼职6名）。2016年，县归侨侨眷联合会积极开展“五带、五为”活动，强化侨联组织职能，进一步强化侨联组织，掌握侨情、凝聚侨心、团结侨民、发挥侨力、宣传侨法、维护侨益、服务侨胞、建好侨家、稳定侨区9项职能，成为当地党组织、村民理事会等村级组织的有益补充。

【侨情普查】 2016年5—7月，蓝山县侨联组织开展侨情普查。普查结果：全县有华人华侨109人，港澳同胞165人，计274人；有归侨4人，侨眷、侨属3万多人；建立“港澳台、海外优秀青年人才库”，登记在册人员184名。5月，组织侨资企业调查，调查结果：蓝山县正常运营的侨资企业有30家，从业人数约1.2万人，实际利用外资2.99亿美元。

【为侨服务】 2016年，县归侨侨眷联合会积极开展为侨服务工作。春节前夕，省侨联领导上门慰问梁琴韵等困难归侨。蓝山县委常委、组织部部长、统战部部长蒋季红在春节和端午期间集中慰问困难归侨侨眷并走访侨资企业。县侨联全年共走访困难归侨侨眷、侨资侨属企业、双联单位50家，发放慰问金和物品价值2万元。9月，县归侨侨眷联合会帮助协调成克远、杨青山等侨属子女就学事宜。建立侨联委员联系制度，贺志坚等委员积极主动为联系侨眷侨属嘘寒问暖、排忧解难，有效延伸侨联工作手臂。发挥侨联法律顾问委员会作用，宣传贯彻涉侨法律法规，维护侨界权益，成功处理涉侨权益问题7件。从7月开始，县侨联铺开“千侨帮千户”工程，共结对帮扶10户贫困侨属，助力全县扶贫攻坚。

【参政议政】 2016年，县侨界政协7名委员在两会中认真撰写提案、积极建言献策。向政协提交提案35份，报送社情民意9份，其中采用1份。优秀调研报告1份。组织侨界政协委员赴基层调研4次，侨界政协委员更加贴近群众，履行职责，反映侨情民意。

【海外联谊】 2016年春节前夕，县归侨侨眷联合会向美国、加拿大、日本、英国、新加坡、中国香港地区的蓝山籍人士寄送纸质和电子新年贺卡100多份，表示节日问候。借助电话、微信、QQ、电子邮箱等渠道与海外侨界人士保持经常性联系。6月30日，由蓝山县在香港各社团会员组成的2016“活力蓝山·薪火相传”参访团一行20多人到蓝山参观考察。7月，葡萄成熟期间，香港蓝山联谊会10余名会员组团回乡参访，感受家乡新貌，品味家乡味道。8月17—21日，县侨联主席黄少敏、党组副书记伍细权2人参加由市政协副主席带队的赴澳工作团，出席“澳永心连心、艺海见真情”活动，并拜会一批蓝山籍同胞。其间中国侨联兼职副主席、澳门归侨会会长刘艺良接见赴澳工作团的蓝山代表。9月28日，接待美国永州同乡联谊会会长小梅子一行。10月，香港铜锣湾集团副总叶惊涛一行到蓝山县考察，参观湖南省华侨产业园。

## 县工商业联合会

【概况】 蓝山县工商业联合会成立于1952年（以下简称县工商联）。2016年，县工商联紧紧围绕县委、县政府中心工作，积极发挥桥梁纽带和参谋助手作用，为促进非公经济的健康发展和非公经济人士的健康成长做出积极贡献。全县共有会员552个。其中，企业会员355个；团体会员20个；个人会员177个。全县工商联直属会员266个，商会组织会员286个。有商会组织20个。其中，行业组织6个（2个在民政部门登记为社团法人），异地商会2个，乡镇、街道商会12个。2016年，县工商联有行政编制2名，工作人员4人，执委54人，主席1人，副主席10人，副会长12人。蓝山县被市工商联评为2016年度基层组织工作先进县。

【服务非公经济】 2016年，县工商联围绕中心，及时组织开展针对非公有制经济的“访民企办实事强信心”等调研活动，献计献策，为全县民营企业在新常态下如何做好服务、促发展提出新思路和新举措，帮企业解决实际问题10余件。召开工商联主席、会长、执委及部分优秀民营企业家参加的经贸交流洽谈会，动员工商界人士共同研究、强强联合，努力破解融资难题。与建行蓝山支行开展银企战略合作；加强对外联络工作，与广西省平乐县工商联建立友好商会。

【光彩事业和扶贫工作】 2016年，县工商联坚持团结、服务、引导、教育的方针，积极引导非公经济人士参与全县各项公益事业，不断扩大企业的社会影响力，促进企业实现经济和社会价值的双赢。积极与省、市对接开展扶贫工作，制定实施方案，成立扶贫工作领导小组，有专人负责扶贫工作，启动“万企帮万村”工作。建立光彩事业信息库，动员和支持广大非公经济人士积极参加捐资助学等慈善活动和道路扩建、抗洪救灾等项目建设，参加此类活动的企业达50余家，捐赠款物总值50余万元。

## 残疾人联合会

【概况】 蓝山县残疾人联合会是中国残疾人联合会的地方组织，是残疾人自身代表组织、社会福利团体和事业管理机构融为一体的联合性团体，成立于1991年3月，为副科级群团组织，由蓝山县民政局代管。1997年10月升格为正科级群团组织，归口蓝山县人民政府联系和管理。2011年3月，经中共蓝山县委批复成立蓝山县残疾人联合会党组。2016年，有工作人员19人。内设办公室、财务股、办证室、康复站、教育就业站。

【培训就业】 2016年，蓝山县残疾人联合会积极开展教育、就业和扶持工作。蓝山县创办一所特教学校，方便残疾人入学，有在读学生50多人。根据学校教学情况，蓝山县残疾人联合会拨付3万元经费。同时，全年为残疾人家庭学生发放3.7万元受益29人次。蓝山县残疾人联合会分期分批对残疾人进行创业培训，全年培训5期243人次，其中在新圩镇龙家坊村培训41人次、毛俊镇沙坪村培训9人次、县城集中培训157人次、博盛服装厂培训36人次。开展“连千村帮万户”工程，在新圩镇龙家坊村，举办实用技术培训2期，资助帮扶村资金3.8万元。蓝山县残疾人联合会拨付资金16万元，带动全县大批残疾人就业和创业，起到示范效应和辐射作用，较为典型的有：博盛服装厂、鑫旺竹业、毛俊镇葡萄基地、楠市镇特种养殖基地、祠市镇水果基地、所城镇养鸭基地等；先进人物有：包中祥、吴首法、盘荣达、龙寻富、黄孝满等36人。

【康复工作】 2016年，蓝山县残疾人联合会落实湖南省为民办实事项目，即“贫困残疾儿童抢救性康复项目”，救助康复对象为20名0~7岁贫困残疾儿童，其中脑瘫14例、孤独症1例、智障儿童5例。蓝山县残疾人联合会通过开会部署、全面发动、调查摸底、逐一筛查，将他们分别送到湘雅博爱康复中心、永州新希望康复学校、永州星旺儿童康复医院、新田新语学校等进行康复治疗。为48名精神病患者免费送药，资助5.7万元，收到良好的社会效果。全年为残疾人免费发放轮椅、拐杖、手杖、助行器、坐便椅、助听器等辅助器具257件，使残疾人得到实惠、减轻负担、受到帮助、感到温暖。

【信访维权】 2016年，蓝山县残疾人法律救助工作站被湖南省残疾人联合会批准为省级工作站。开展法律救助维权行动，及时答复处理来信来访等残疾人切身利益问题，共接待来访430人次，协调解决40名残疾人三轮载客摩托车的营运问题，承办县级交办件2件，信访及时办结率为100％。

【保障工作】 2016年，蓝山县残疾人联合会重点抓重度残疾人护理补贴和特困残疾人生活补贴发放工作。蓝山县召开政府常务会议1次，出台实施意见1个，召开协调会议3次，政府专项督查2次，发文通报2次。全年为1637名残疾人发放护理补贴98.22万元，为2114名残疾人发放困难生活补贴126.84万元。为2761名残疾人办理意外伤害保险，共计保费8.28万元，其中残保金支出5.52万元，人寿公司捐助2.76万元。安排5万元慰问特困残疾人120人；安排走访智力残疾群体，发放康复补贴4.2万元，其中“助残日”当天为10名孤独症儿童每人发放500元慰问金。为邵阳、张家界、广西、广东、四川等外地到蓝山的残疾人提供资金救助。为残疾人发放机动轮椅燃油补贴1340人，发放资金额34.84万元。组织实施贫困残疾人无障碍改造项目，筹资21万元，为全县30户贫困残疾人家庭实施无障碍改造。2016年，蓝山县残疾人联合会与蓝山县住建局联系将20户残疾人纳入全县农村危房改造，使残疾人能够安居乐业。实施

“阳光家园计划”，居家托养80户，发放资金4.8万元。

**【精准扶贫】** 2016年，蓝山县残疾人联合会联系土市镇建整工作，资助2万元；联系扶持省级贫困村毛俊镇沙坪村，资助帮扶资金2万元、办公经费5000元。同时多方争取交通、财政等部门共投入资金16万元，架设桥梁1座，整修村道6千米，扶持药材基地2个、养殖基地1个。联系塔峰镇富阳村，扶持残疾人实用技术培训1期共26人次，资助该村0.8万元。

## 红十字会

**【概况】** 2016年，蓝山县红十字会内设“二股一室”（即赈济联络股、救护培训股和办公室），是参照公务员管理的全额拨款单位，有工作人员7名，常务副会长1名，其他工作人员6名。2016年3月，获永州市人民政府“2015年度全市无偿献血工作先进县区”表彰。

**【无偿献血】** 2016年春节血荒期间，蓝山县卫计委系统的65名医务工作者克服天气寒冷、业务繁忙、工作压力大、上晚夜班等实际困难，参加紧急献血活动，确保全县医疗临床用血需求，维护社会稳定，保证广大市民安度春节。4月下旬和10月下旬，全县组织两次大规模集中采血活动。全年共有1389人（其中集中采血1145人、街头采血244人）参与无偿献血，采血量达50.6万毫升，圆满完成全年任务。

**【造血干细胞捐献】** 2016年，蓝山县红十字会工作人员深入到农村集市、社区、机关单位、工厂企业发放宣传挂图、宣传单、倡议书等资料，并对踊跃报名的志愿者进行调查了解，符合条件的按规定流程进行采样，全年共完成造血干细胞入库52人。

**【人体器官捐献】** 2016年，蓝山县新增2例成功捐献器官者。7月21日，田心办事处上源村4组村民卢达秋，将突遭车祸导致脑死亡的儿子卢彪的双肾、肝脏无私捐献；10月21日，总市小泉村一名黄姓脑瘤儿童的父亲，在悲痛中捐献出小孩的双肾和眼角膜。这两位父亲都通过这种特殊方式把生的希望留给需要的生命，让儿子以另外一种形式继续活在这个世界，把绝望变成希望，用生命延续生命。蓝山县红十字会对捐献者家属进行人文关怀和人道救助。2016年年初，蓝山县红十字会领导看望慰问2015年器官捐献者的家属，送去政府及红十字会的温暖，并按照湖南省人体器官捐献管理中心的要求，开展器官捐献家庭回访工作，对全县曾经成功捐献器官的9个家庭（包括蓝山户籍在外地的捐献者）进行回访，了解捐献者家庭的实际困难，给予有效的人道关怀和救助。

**【救护和健康教育知识培训】** 2016年6月21日，蓝山县红十字会在蓝山县老年大学举办一期现场救护培训班，分3课时进行，共计617名老年大学学员到场接受培训。2016年9月10日是第17个世界急救日，急救日的主题为“儿童学急救，急救为儿童”，蓝山县红十字会积极响应，于9月5日派工作人员到蓝山县职业中专对265名医卫专业学生开展救护知识培训。10月19日下午，蓝山县红十字会借召开2016年无偿献血工作再动员动员会的机会，对全县参会286名工作人员进行一次健康教育知识培训。通过培训让学员掌握如何拨打120电话、如何评判救护环境、如何进行施救，详细讲解心肺复苏的操作等急救知识和技能，在意外伤害发生时，能进行自救、互救，尽可能的减少病痛和伤亡。

**【三救（救援、救助、救护）工作】** 2016年1—2月，蓝山县红十字会在全县开展“红十字博爱送万家”活动，向上级红十字会、社会爱心企业积极争取慰问金、棉被、家庭包等价值3万余元的慰问物资，走访慰问特困户、受灾群众、贫困病人等。此次活动涉及紫良瑶族乡、蓝屏办事处等13个乡镇，受助群众达1000余人次。5月19—20日、6月12—13日，蓝山县两次出现24小时不间断普降大雨，强降雨导致全县大部分地区受洪涝灾害，11个乡镇（街道）不同程度受灾，其中荆竹瑶族乡、大桥瑶族乡受灾严重。据统计，全县受灾人口16461人，紧急转移群众321人，直接经济损失1165.25万元。蓝山县红十字会获知情况后，确保第一时间将重大疫情、灾情信息向上级红十字会上报，争取急需的物资装备，解燃眉之急。根据湖南省《关于印发〈湖南省红十字人道救助金管理和使用办法〉的通知》，蓝山县红十字会于8月中旬至9月上旬进行摸底排查，共上报9名器官捐献家属及58名在社会上反响比较强烈，具有一定公信力并迫切需要救助的人员名单，为他们争取湖南省红十字会的人道求助金，帮他们渡过一时的难关。最终有30名患者共获得25.3万元资助。

# 军　事

## 人民武装

**【概况】** 蓝山县人武部隶属永州军分区和蓝山县委、县政府双重领导，主要负责征兵工作及年度民兵预备役工作。2016年，全县设乡镇（街道）武装部16个，配备专武干部42人。县人武部设部长1名、政委1名，下设3个科室，副部长兼军事科长1名，政工科长1名，后勤科长1名。2016年，县人武部完成营区搬迁任务，完成抗洪抢险、扑救山火、维稳处突等急难险重任务20余次。

**【大抓思想政治建设】** 2016年，蓝山县人武部坚定不移地把思想政治建设摆在各项建设的首位，在举旗铸魂中固本培元，在看齐追随中拥戴核心，在吃透改革中凝神聚气。学习讲话固魂。紧紧跟随习主席治国理政新理念、新思想、新战略，深化对“军事篇”“改革篇”“国防动员篇”的学习理解。习主席在庆祝中国共产党建党95周年、纪念红军长征胜利80周年等重要讲话发表后，及时组织官兵学习理解、撰写体会、讨论交流，切实在坚定跟随、紧紧追随中强化“四个意识”。深化教育塑魂。坚持把固本培元贯穿始终，搞好改革教育，组织“改革我该怎么做?”大讨论，引导官兵自觉支持改革、拥护改革、投身改革。坚持把承诺践诺贯穿始终，组织9名党员对照“五讲五有”，人人亮诺、积极践诺、公开述诺。组织召开机关党支部“两学一做”专题组织生活会，开展批评与自我批评，在红脸出汗中有触动有提高。承扬文化传魂。坚持把弘扬长征精神、传承红色血脉作为铸魂的系统工程常抓不懈。结合纪念长征胜利80周年，开展重走长征路活动，县委常委带头参加，4000余名党员群众参与其中，让党员群众在重走长征路中学习长征精神，在重温历史中传承红色基因，走好新的长征路。重走长征路活动被省国防教育频道播出。

**【推进军事斗争准备】** 2016年，蓝山县人武部坚持遵循新形势下强军目标和军事战略方针为指导，坚持战斗力唯一根本标准和实战化鲜明导向，按照“能打仗、打胜仗”的要求，深化拓展军事斗争准备。真打实备抓战备。2月，组织力量认真修订完善战备方案，结合民兵整组，对照方案及时调整兵力配置，深入重点目标现场勘察，逐一核对地形变化，完善数据采集，确定防卫力量，形成《大规模防卫作战蓝山县队伍力量编成及部署方案》。定期组织民兵应急分队战备演练，不断提高指挥员组织指挥和任务分队的应急能力。对接任务抓整组。按照上级民兵整组工作会议精神，确立“围绕双应、统筹规划、科学编组、突出重点、注重质量”编组原则，组织业务培训，统一编组方法、步骤、标准，把一线整组骨干训成明白人。科学调整规模力量，按照专业力量需求满足专业对口，按照重要目标地位属性配置防卫力量。全县所属三大力量建设有编有兵，齐装满员。聚焦能力抓训练。围绕对驻地遂行作战和非战争军事行动，组织全体干部与省军区同步进行在职训练和个人备课试教作业，部长黄萍结合辖区防卫作战任务、兵力需求和力量编组，接受军分区个人作业考核并取得优异成绩。针对专武干部调整面大的实际，5月，集中组织全县42名专武干部进行业务集训，内容以阵地建设、民兵训练、民兵整组、征兵工作等为主，对训练组织、个人军事动作进行强化。按照省军区明确的“一防五反”作战行动、12种支援保障行动、5种社会救援行动，结合蓝山在上级编成内可能担负的任务，重点组织基干民兵以抗洪抢险、森林防火、应急防暴等课目应用训练，提升了专业力量遂行任务能力。

**【筑牢安全稳定底线】** 2016年，蓝山县人武部把安全稳定作为部队建设的一项硬任务，认真落实省军区、军分区关于安全管理一系列指示要求，切实在零起点上抓安全，在高标准上保底线。借力“条令月”活动，固化条令意识。以军分区开展的“条令月”活动为契机，严密组织队列训练和条令条例背记，强化官兵条令意识。利用交班、站队集合等时机，抽点背记情况，督促官兵养成学条令、用条令、按条令办事的良好习惯，增强条令法规执行力。组织学习《中国人民解放军安全条例》《中国人民解放军预防犯罪工作条例》等法规制度，观看防间保密、违法犯罪等警示录像片，增强官兵法纪意识和自律意识。突出防范重点，守住安全底线。对照省军区安全检查工作组通报的问题，举一反三，认真查找本单位在依法指导、规范秩序、按纲抓建、执行纪律等方面存在的问题。牢牢把住“人车枪弹密、水火电钱航、酒油黄毒赌、涉外涉地方”安全防范重点，着力加强干部“两外三圈”（外出和外勤，生活圈、交往圈、娱乐圈）的教育监管，严格落实对外交往“十二个不得”、网上交友“六条禁令”等纪律规定；坚持安全风险评估制度，做到定期分析、定期检查、定期讲评。严格车辆报批制度，强化司机队伍作风建设，加强车辆技术保障，用落实制度把住安全管理关口。主动应对信访，维护涉军权益。定期走访慰问，了解掌握情况，高度重视部队来函和群众来信，依托涉军维权领导机构，依法处理各类涉军案件，及时化解矛盾纠纷。接待来访群众16人次，协调处理涉军来函5件，依法妥善解决4起，有力维护军人军属合法权益，促进了社会和谐稳定。

**【浓厚党管武装氛围】** 2016年，蓝山县人武部在党管武装中，始终坚持依法抓建，不断探索规律途径，提高管武、强武、用武的实际成效。注重建章立制管武。协调县委赋予党管武装新的时代内涵，逐步建立健全“五项机制”，落实第一书记述职、军事日、宣布第一书记命令、每月向县委书记、县长请示报告一次工作、书记、县长定期到人武部现场办公等制度。由感情支持向依法抓建履职转变，由大项工作突击解决向县委统筹抓建纳入每月预安排转变，由专项汇报与现场办公集中推进相结合，促进党管武装工作法制化规范化常态化运行。县委专门出台《关于进一步加强党管武装工作的意见》，规范两级党政领导和有关部门的职责要求、责任目标和考核办法，使党管武装工作议事有位置，部署有安排，落实有要求，形成了各司其职、各尽其责、齐抓共管的良好格局。注重实现途径强武。结合新形势下党管武装特点，研究摸索出“四个纳入”，即：把武装工作纳入县委议事日程，统一部署强调；纳入地方年度经费开支预算，统一划拨；纳入地方党委对领导干部政绩考核，统一组织实施；纳入地方党委、政府目标管理责任制，统一组织考核。通过“四个纳入”，强化党管武装的地位作用。注重参建参治用武。发挥武装抓建对社会治理的重要作用，坚持以参建参治为平台，积极发挥军事机关和民兵预备役人员作用，以有为赢有位。积极组织民兵预备役人员参与援建民生水利建设、植树造林和精准扶贫工作；组织民兵应急分队参与大项赛事、重要活动安保任务；积极参与地方政府拆除违法建筑、制止群众非法聚集等工作。积极参加抢险救灾，抢救人民群众生命财产安全。

**【完成营区整体搬迁】** 2016年，蓝山县人武部采取超常措施抓好整体搬迁，依法依规解决遗留问题，依情依理破解矛盾纠纷，科学组织工程施工，在严把工程质量的基础上全力推进工程进度，5月8日零时完成指挥所转移。主动作为破解遗留问题。整体搬迁工作在房屋拆迁、果木补偿、土地丈量、面积确定等方面积累大量遗留问题，一直成为影响工程进度的重要因素。为打通制约工程进度的关键环节，对遗留问题进行认真梳理、理性分析、分类建档、逐一破解，以政策法规为依据，以解决问题为着力点，发扬连续作战精神破解遗留问题，直到问题彻底落地落实。科学优化工程施工方案。为实现工程项目展开井然有序、形成合力、并联推进、安全顺利，在科学制定工程组织实施方案的基础上，采取定期工程进度分析和现场工程调度相结合的方式，把作业力量与作业场地合理区分，把并联推进与重点突击并重使用，使施工方案与工程进度做到最优化，克服恶劣天气等不利因素对工程进度的影响，以最大限度保证人机结合、任务对表、进度到位。严格把控工程技术标准。在施工管理中，官兵主动学施工组织管理、学图纸参数认读、学材质好劣区分、学隐蔽工程计量，并在实践管理中不断比对，通过学习掌握标准，通过比对统一标准，用质量过关提升工程形象品质。突出军营特色。对营区亮化美化进行补充完善，新增政治文化长廊和人武部荣誉室工程量，调整营区亮化灯管灯具种类，拓展绿化亮化一体结合，搭设树木花草与人文景观相互映衬的环境，用亮化美化修饰原有设计缺陷，提高营区整体建设层次。8月1日高标准完成营区整体搬迁，各项要素功能正式投入运行。

**【投身脱贫攻坚战役】** 2016年，蓝山县人武部积极响应中央号召，高度重视脱贫攻坚工作，按照县委部署，助力挂钩联点浆洞瑶族乡小洞村的脱贫攻坚。抓细致筹划，确保决策科学。多次组织浆洞瑶族乡、小洞村党员群众召开恳谈会，了解贫困情况，摸清实情。广泛动员广大党员群众出主意、想办法，为早日脱贫出谋划策。部长黄萍在小洞村驻村1个多月，深入田间地头、群众家中，考察了解地理特点、资源状况、农民需求等，为科学选定发展方向奠定坚实基础。抓资源开发，促进集体增收。小洞村周围宽阔，植被相对较少，光资源比较丰富。脱贫攻坚工作领导小组瞄准这一优势，选取光伏发电作为资源开发项目。协调相关部门将光伏发电进行立项，计划投资47万元，装机容量达到60万千瓦，将产生可观的经济效益，预计每年为小洞村集体经济增收6万余元。积极开展招商引资工作，成功引进2家龙头企业，参与到对口扶贫工作中，为小洞村经济发展助力。同时，积极协调企业用工45人，有效解决小洞村劳动力剩余问题。抓通村通组，加强基础设施。小洞村基础设施落后，没有一条像样的道路，有的村组不通路，群众出行很不方便。人武部与县交通局反复沟通协调，对小洞村道路、桥梁修建进行立项，计划修建通村通组公路6千米，投入44余万元，修建桥梁1座20米，投入60万元。抓政策落实，实现异地搬迁。鉴于少数村民房屋属于危房，不具备继续居住条件，反复做这部分村民的思想工作，讲清国家异地搬迁政策和优惠条件，积极动员组织6户村民完成异地搬迁，补助款已按国家标准全额发放到位。同时，人武部从党委经费中拿出5万元作为扶贫资金，并组织干部和民兵捐款2万余元，竭尽全力给予小洞村脱贫致富资金上的支持。抓福利落地，完善助学医保。依托“雨露计划”“阳光工程”等教育计划，对7名贫困家庭子女和劳动力进行免费技能培训。与县教育局沟通，把贫困家庭适龄儿童纳入助学保障范围，已安排6名入校学习。针对因疾致贫的情况，积极协调医疗卫生机构将5户因重大疾病致贫的村民纳入医保范围，解决看不起病的问题。

## 人民防空

**【概况】**　蓝山县人民防空办公室成立于1996年，2015年，在新一轮政府机构改革中，蓝山县人民政府办公室发文，明确蓝山县人民防空办公室为县政府工作部门、县国防动员委员会的常设办事机构、县政府人民防空工作主管部门，明确单位主要职责、内设机构和人员编制规定。2016年5月30日，蓝山县人民政府发文，明确将县人民防空通讯站更名为县人防指挥信息保障中心，为县人民防空办公室所属股级公益一类事业单位，核定全额事业编制4名，其中主任1名。2016年，蓝山县人民防空办公室获得2016年度永州市人防绩效考核二等奖，被评为永州市人防宣传工作优秀单位。

**【指挥通信】**　2016年，蓝山县人民防空办公室动态编制城区警报规划布局图，建立警报建设动态台账，建立警报器定期维修制度，加强移动通信指挥车辆维护和保养，通信设备完好率始终保持100%，圆满完成省、市人民防空办公室下达的联训（演）练任务。

**【宣传教育】**　2016年，蓝山县人民防空办公室突出抓好人防宣传教育进机关、进学校、进企业、进社区、进媒体，人防宣传教育掀起高潮。抢抓社区办公场所改造升级、合格学校建设的契机，结合创建省级文明县城，突出防灾救灾宣传，高标准打造三蓝学校、南门社区、毛俊镇毛俊村3个“人防宣传教育示范基地”。积极做好“5·12”防灾减灾日宣传活动，在县城主街道组织开展大规模的人民防空、防灾减灾知识宣传活动，在三蓝学校组织1200名学生进行人防应急疏散演练；认真落实省人防办、省教育厅的部署，积极做好《人防小博士》的配发工作，省人防办网站以《蓝山县人防办积极做好〈人防小博士〉配发工作》为题进行专题报道，推介蓝山做法。首批采购《人防小博士》1500套，与蓝山县教育局联合在三蓝学校举行赠书仪式；扎实推进人防宣传进党校活动。2016年，蓝山县人民防空办公室党组书记、主任曾成辉先后4次为蓝山县委党校科干班、妇干班学员进行“人民防空知识”讲座专题授课，收到良好效果。结合“5·12”防灾减灾日“11·1”全省防空警报试鸣日和防空袭演练活动宣传活动，全县共发放各类人防宣传资料近1万册，发送《蓝山手机报》信息6.5万条，播放电视公告30余版次，播放LED电子显示屏标语460条，悬挂宣传横幅35条，制作宣传展板215块，举办首届人防杯书画大赛，央广网以《湖南蓝山：人防安全教育从娃娃抓起》为题，对蓝山人防教育进学校进行报道，国内各大媒体纷纷转载。2016年，央广网、光明网、新浪网、搜狐网、湖南人防网、红网湖南频道、《湖南国防教育》杂志、《国防教育周刊》、湖南教育网、《潇湘晨报》、永州人防网、《永州日报》、永州新闻网、永州教育网、蓝山新闻网、蓝山政府网、蓝山电视台等各级媒体均对蓝山人防工作进行宣传报道。蓝山县人民防空办公室先后在国家人防网上稿1篇、省人防办网站上稿7篇，在省国防教育报刊上稿2篇，特别是在市人防网站上稿达26篇，继2014年、2015年之后，2016年又被评为全市人防宣传工作优秀单位。

**【编制部门清单】**　2016年，蓝山县人民防空办公室认真落实县政府常务会议精神，按要求编制人防部门行政权力清单和部门责任清单，并及时在蓝山政府网上公布。

# 法　治

## 政法委及综治办

【概况】　2016年，蓝山县委政法委在编在岗人员22人，一个内设机构，为蓝山县委政法委办公室；蓝山县社会管理综合治理委员会办公室（简称县综治办）与县委政法委一个机构两块牌子，与县委政法委合署办公。全县实现社会大局持续稳定，综治民调持续提升，荣获永州市全市社会管理综合治理工作先进县（区）、全市维护社会稳定工作先进县（区）、全市防范和处理邪教工作先进县（区），湖南省全省国安工作先进县（区）、全省“六五”普法依法治理先进县（市、区）。

【化解矛盾纠纷】　2016年，蓝山县政法综治部门共调解各类矛盾纠纷1390余件，成功调处1357件，调解成功率达97.6%；防止民间纠纷引起自杀22件，防止民转刑案件14件，防止群体性上访15起，防止群体性隐患5件，实现人民调解零信访、零投诉，确保“小事不出村、大事不出乡镇、矛盾不上交”，有力地维护社会的稳定。

【维护社会稳定】　2016年，蓝山县政法综治部门突出做好换届选举和建制村合并工作期间维稳工作，按照“三严、四必、四个一律”的要求，坚决有效维护换届选举和建制村合并工作的正常秩序。2016年度没有发生一起因并村工作引起的群体性事件、未发生一起到市赴省进京的群体性事件。对两江口水库、归雁创业园、承阳毛织二期等23个重点项目进行风险评估。成立1000人的应急处突队伍，处理群体性隐患21起。

【办理省委巡视组交办的涉法涉诉信访案件】　2016年，蓝山县政法综治部门把执法监督和涉法涉诉信访工作作为重要考核内容。集中办理省委巡视组交办的涉法涉诉信访案件79件，省委巡视组全部同意办理处理意见，并促进息访息诉31件，信访人对回复情况满意42件，满意率53%，基本满意24件，基本满意率30%。全年共排查出各类涉法涉诉信访问题133件。对排查涉法涉诉信访，建立信访台账，实行动态管理，确保底数清、情况明，共化解涉法涉诉信访问题共119件，有效地保障信访人的合法权益，促进社会公平正义。

【落实国家安全保障】　2016年，蓝山县政法综治部门共发放防邪教宣传教育资料8000余份，党政机关出版防邪教育黑板报110余期，有效提高群众防范意识。共搜集各类重要情报信息128条，预警情报61条，为领导决策提供可靠依据。

【巡逻防控社会治安】　2016年，蓝山县政法综治部门实行政法干警带队、着装持械列队、县级领导定期督查和县委政法委不定期检查方式，开展机关干部职工夜巡工作，每月参与夜间治安巡逻的干部职工达1200余人次。全县投入使用高清摄像头480余个、治安卡口19个，在所城长铺设立省际边界检查站，多方筹措资金，在农村安装2000余个层次多元的摄像头。

【突出基层平安创建】　2016年，蓝山县13个综治专项组（工作组）工作开展有序，基本做到年初有计划、中间有活动、年终有资料。县直政法单位到6个社区召开专题警民恳谈会12次，县教育局、县卫生局、县交通局、县民政局、县妇联、县房产局等牵头单位组织学校周边环境联合整治、肇事肇祸重症精神障碍患者监护、平安医院、平安车站、平安边界、平安家庭、平安物业等活动，全县高速公路护路联防、寄递物流等行业平安创建，广泛动员社会各界参与综治工作。

【突出严打违法犯罪】　2016年，蓝山县政法综治部门深入推进严打整治行动，严措施、出重拳向犯罪分子全面宣战。连续8年实现命案全破；公安机关在全市“亮剑”严打整治行动中排全市第三。截至年底，公安局共立各类刑事案件1023起，破402起，现行破案数354起，刑事拘留538人，移送起诉593人，摧毁各类犯罪团伙20个，共治安拘留682人。法院共受理各类案件2186件，审执结2105件，结案率96.2%。其中共受理各类刑事案件328件，审结各类刑事案件311件357人，受理民商事案件1247件，审结1219件，审结率97.75%。检察机关共受理公安机关提请审查逮捕案件346件440人；公诉科经审查提起公诉398件498人；对构成犯罪但无逮捕必要不捕101件120人，社会治安持续平稳。

【完善“智慧蓝山”综合信息平台】　2016年，蓝山县电子政务办牵头的社会治理、城市管理、公共服务一体化应用软件开发全面完成，16个乡镇（街道）、6个城市社区100%开通电子政务外网，城市网格员配备移动终端，并顺利纳入“智慧蓝山”平台管理，社会治理平台初步实现实体化运作。公开选调4名网格管理中心工作人员。在原有抽调、下派、兼任等网格管理员的基础上新招聘专职网格员20名，充实网格管理工作力量。蓝山县两办出台《关于规范社区公共服务事项的通知》。2016年，“智慧蓝山”综合信息平台各级网上上报受理各类事件600余件。共录入人口和房屋信息35万余条，整合国土局等20余个部门数据4.4万余条，其中城市公用设施1.9万条，园林绿化1.2万条，道路交通、市容环境、土地等1.3万条，奠定社会治理大数据基础。由蓝山县政务中心牵头，投入466万元完善首批147个行政村网格化建设所需办公设施，16个乡镇（街道）均成立“三中心”，各行政村成立网格管理便民服务站、综治信访维稳站，建立农村网格441个，高标准建成农村网格化建设示范村28个。

【落实综治领导责任制】　2016年，蓝山县综治办每月定期通报各乡镇影响社会稳定的重大案件，包括治安刑事案件、安全生产事件、致人死亡交通事故和非访集体上访事件，并将其纳入重要考核指标。严格按照中办、国办印发的《健全落实社会治安综合治理领导责任制规定》，加大贯彻实施力度。对干部任免和各类表彰进行综治审核1600余人（件）次，在蓝山县政法部门提出的违法犯罪记录查询和综治实绩的基础上，提出否决性审核意见3件（次）。根据相关部门提议，客观公正、实事求是、严肃准确地运用规定，对个别信访问题突出和较短时间内连续发生群体性事件的地方实行综治工作“一票否决”，各级领导干部维护一方稳定、确保一方平安的政治责任意识不断增强。积极推动建立综治实绩档案，推动乡镇综治委和各综治委成员单位按规定向县综治委述职。

【民调工作】　2016年，蓝山县政法综治部门充分发挥全市督办倒逼机制，在落实责任上强化调度、通报，在宣传扩面上延伸到社会面，在宣传手段上将传统的版面宣传扩展到小区、广场，通过抽取号码机制革新确保客观公正，全年共抽查模拟民调电话 7653 次；到乡镇开展法制宣传 29 场次；更新广场、小区等法制宣传橱窗 196 块次；举办 5 场民调文艺演出和现场演练；印发治安防范和民调知识宣传册 9 万份；发送民调宣传短信 20 万条次；开通“平安三蓝”官方微信，每周定期推送以案说法及综治民调知识，民调宣传互动参与人次达 2 万人次，关注人数突破 1 万人次，平均每周阅读量达 8000 人次，成为应对突发舆情、宣传法治思想、组织有序参与平安创建的有影响的县内自媒体。

**【队伍建设】**　2016 年，蓝山县政法综治部门认真组织学习习近平总书记在中央政法工作会议上的重要讲话，学习中央、省、市、县等关于廉政建设和工作作风建设的主要文件精神及主要领导的重要讲话，组织党员干部深入开展“两学一做”学习教育活动。机关党建工作开展有序。顺利改选党支部后，制定实施《蓝山县政法委党支部合格党员考核制度》，学习活动日益规范，学习资料准备、撰写学习心得、班子成员带头发言、全体同志交流体会落实较好；党费收缴按在岗人员的工资 1% 和离退休人员工资 0.5% 的标准实现了全额收缴，全年共缴纳党费 11196 元。政治纪律督查得到强化。认真及时组织学习纪律作风有关要求和《通报》；与政法各部门签订廉政建设责任书。人员选调、网格化物资采购、网格员招录等关键环节，主动请求蓝山县纪委全程介入，由县人社局、政务中心等专业部门牵头；在综治考核时期落实“禁止同城接待”等“反四风”要求。会同蓝山县纪委对各政法单位的值班备勤、廉政建设情况进行突击检查，下发专项通报 2 期。建立每周不定期巡逻机制，对督查发现的问题，及时交办、整改，年终算总账，下发巡逻督查专项通报 6 期，通报干警共 33 人次，督促各政法单位落实整改到位率 100%。

## 政府法治工作

**【推行权力清单、责任清单调整制度】**　2016 年，县政府法制办公室（简称县法制办）以 2015 年的权力清单和责任清单为基础，根据机构改革和职能职责的调整，对权力清单和责任清单实时调整。突出权责一致，规范权力行使。明晰“权”与“责”的对应。按照“有权必有责”“权责相一致”的理念，对每项行政权力都明确相应的职责且细化为“事前、事中、事后”3 个阶段，并明确违规用权应承担的法律责任和行政责任，避免责任的模糊化。规范权责要素信息，每个事项都编制详细的信息表，对法律依据、办事流程、办事条件、申请材料、办理时限、廉政风险等级等进行明确。

**【规范政府合同管理】**　2016 年 6 月 1 日，县人民政府制定并下发《蓝山县政府合同管理规定》。全年，县法制办为县政府及各部门出具的招商引资、工程、服务等各类民商事及行政合同的合法性审查报告 123 余份，涉及合同标的数 10 亿元，提出修改建议 1052 余条，有力的维护政府作为合同当事方的合法权益。政府合同合法性审查和管理，已经成县法制办一项主要工作之一。

**【遵守重大行政决策程序】**　2016 年，县人民政府重大行政决策严格遵守公众参与、专家论证、风险评估、合法性审查和集体讨论等必经程序。全年，对依法应当举行听证的重大行政决策事项，做到应听尽听。对东方丽都行政处罚案、城区禁放烟花爆竹、烟花爆竹企业整体退出，水价调整，移民政策制定等举行听证会，严格执行公开产生听证代表，反馈听证意见及意见采纳情况等听证会规则。

【建立政府法律顾问】　2016年，县人民政府建立政府法制机构人员为主体、吸收专家和律师参加的法律顾问队伍，法律顾问在重大行政决策、推进依法行政中发挥积极作用。根据2015年10月29日公布的《蓝山县人民政府办公室关于印发〈蓝山县建立政府法律顾问制度实施方案〉的通知》的规定，聘请法学专家和本地的专门人才任政府的法律顾问，为政府决策、依法行政提供专业服务。

【坚持严格规范公正文明执法】　2016年，县法制办加强对重点领域执法工作的领导，依法按程序督促指导食品药品、安全生产、环境保护、劳动保障、医疗卫生等重点领域执法。执行重大行政执法决定法制审核制度和集体讨论决定制度，建立重大行政执法决定法制审核和集体讨论制度，并明确重大行政执法决定的标准和范围。实行行政执法裁量权基准制度，县政府按照《湖南省裁量权基准办法》及上级要求，积极开展行政处罚裁量权基准工作，并积极探索开展制定行政许可裁量权基准试点工作。开展政府部门行政执法案卷评查并通报结果。在案卷评查中，发现执法部门在执法主体、执法程序、法律适用（含适用裁量权基准）和执法文书等方面存在的问题，及时督促相关部门整改。落实行政执法与刑事司法衔接机制，行政执法部门在行政执法中，发现涉嫌犯罪的行政执法案件及时移送司法机关。积极建立行政执法与刑事司法衔接信息共享平台。

【加强规范性文件管理】　2016年，县法制办认真落实规范性文件“三统一”（即统一登记、统一编号、统一公布）、报备、申请审查及有效期制度。对56件县政府的规范性文件草案进行合法性审查，其中予以“三统一”的文件有48件；县政府不折不扣向市政府报送备案，全年报送市政府备案的规范性文件23件；多次提出规范性文件异议的申请，均及时进行处理和答复。制定下发《蓝山县人民政府办公室关于做好规范性文件清理工作的通知》，按照通知要求，县人民政府对以县人民政府及县人民政府办公室的名义于2014年6月30日以前制定的规范性文件，列入2014年清理结果中“继续有效”和“重新公布”的目录以及2014年7月1日至2016年6月30日以前制定的规范性文件，进行全面清理。经清理，县政府决定，对与现行法律法规不一致、已被新规定涵盖或替代、调整对象已消失、工作任务已完成、适用期已过或有效期已满不需继续沿用的规范性文件48件宣布废止，35件宣布失效。对有效期已满，需继续沿用的83件规范性文件予以重新公布（有效期自本决定公布之日起重新计算）；有效期未满的123件规范性文件继续有效。2016年11月16日公布《蓝山县人民政府关于公布规范性文件清理结果的决定》。

【落实行政复议】　2016年，县法制办认真受理办理行政复议案件，做到依法应受尽收，畅通行政复议渠道，全年县本级共收到行政复议申请13件，受理10件，不予受理3件，审结10件，其中：维持7件，驳回3件，结案率100%。积极履行行政复议被申请人或第三人、行政诉讼被告职责，及时在法定时效内提交行政复议答复材料、行政应诉材料，积极配合行政复议机关、人民法院化解行政争议，依法履行行政复议决定和人民法院的行政判决。行政机关负责人按照《中华人民共和国行政诉讼法》及市政府的相关规定出庭应诉，根据2015年10月29日公布的《蓝山县人民政府办公室关于印发〈蓝山县行政机关行政应诉办法〉的通知》，强化行政机关行政应诉工作，2016年度积极办理行政应诉案件18余件。

## 公　安

【概况】　2016年，蓝山县公

安局在职在岗民警职工295人(其中含交警37人、职工63人)，局机关内设政工室、指挥中心、纪检监察室（警务督察大队合署办公）、警务保障室、法制与信访室、交警大队、刑事侦查大队、治安管理大队、禁毒大队、经济犯罪侦查大队、巡特警大队、国内安全保卫大队（反恐大队合署办公）、看守所、拘留所等17个直属机构，下设各乡镇派出所12个，其中刑事侦查大队、治安管理大队、城南派出所、城北派出所4个单位队所长教导员高配正科级。全县公安机关突出围绕中心、服务发展，牢固树立问题导向、民意导向，坚持打击开路、防范为本，艰苦奋战，主动亮剑，确保治安大局稳定，提升管理服务水平，锤炼公安队伍精神，促进经济社会发展。2016年，蓝山县公安局“亮剑行动”被市公安局评为“标兵单位”，“飓风行动”、“收缴整治枪爆物品专项行动”被市公安局评为“成绩突出单位”。2016年度绩效考核被县委、县政府评为“目标管理综合考核优秀单位”，社会管理综合治理、安全生产、计划生育综合治理、精神文明建设和意识形态（宣传）工作、信访、食品药品安全、烤烟、电子政务、创建省级文明县城工作被评为全县先进单位。

**【维稳安保】** 2016年，县公安局圆满完成“两节”、“两会”，G20峰会等特别防护期安保以及省委巡视组在蓝山巡视期间的安保、毛俊水库开工典礼等重大安保任务。主动收集内幕性、预警性等各类情报信息1589条，预防化解上访请愿181起，消除不稳定隐患360余处。积极稳妥地处置蓝山县土市镇洞头村与马麋村因修路通水引发的群体性冲突纠纷。

**【服务发展】** 2016年，县公安局主动参与县委、县政府的中心工作，公安、交警、消防、武警在“创文”“禁燃”“全面小康建设”等工作中充分发挥职能作用，得到县委、县政府充分肯定。全力优化经济发展环境，从严查处“三强三堵”（强揽工程、强买强卖、强行阻工，堵门、堵路、堵桥）违法犯罪案件72起，行政拘留74人，刑事拘留20人，提请逮捕11人。在征地拆迁、项目开工等全县重点工作上，做到接警不讲价钱，落实不打折扣，处理不留隐患，处置突发性问题79处，化解矛盾纠纷62起，确保全县重点工程项目顺利进行。

**【反恐防暴】** 2016年，县公安局深入贯彻《中华人民共和国反恐怖主义法》，严格执行《永州市公安机关反恐怖工作十大举措》《永州市公安机关反恐怖工作十条铁规》，全力做好反恐防爆基础工作，全面落实反恐维稳工作措施。深入推进涉恐隐患排查专项行动，认真开展全市公安机关“清流-16”反恐大排查专项行动，全面加强基础信息采集、反恐宣传、反恐演练、情报搜集等工作。率先在全市开展外来少数民族服务管理试点工作，对外来少数民族开展“一站式”服务管理。2016年年底，在城南派出所挂牌成立蓝山县外来少数民族服务工作站，为服务外来少数民族、防爆反恐工作奠定坚实基础。城南派出所被评为2016年全省反恐怖工作先进基层单位，蓝山县反恐怖工作领导小组被评为2016年度全市反恐怖工作先进单位，县公安局指挥中心、县财政局被评为2016年度全市反恐怖工作先进基层单位，蓝山在全市的反恐怖工作会议上作典型发言。

**【侦破打击】** 2016年，县公安机关共破刑事案件633起（其中现行案件455起，年前积案和协外破案178起），查处治安案件952起，抓获违法犯罪嫌疑人2845人次，其中，刑事拘留586人，行政拘留1170人，提请逮捕161人，打掉各类团伙20个，抓获各类逃犯146人，强制戒毒186人，缴获各类毒品5459.77克，破获部督毒品目标案件1起。破命案4起，其中年内现行命案3起，28年前的命案积案1起，连续8年实现现行命案全破目标。

【安全管理】　2016年，县公安局全面加强对水、电、油、气等重点领域及车站、学校等人员密集场所的安全检查，落实各项安全措施，寄递安检“三个100%”（寄运物品100%“先验视，后封箱”、寄物流活动100%实名制、邮件快件100%通过X光安检）制度落地落实。深入开展道路交通大排查、大预防、大整治行动。全年共查处酒驾、醉驾765起，行政拘留43人，刑事拘留176人，全县交通事故发生数、死亡数、受伤数及经济损失与2015年相比均有所下降；建立健全火灾隐患排查整治常态化机制，加强消防安全管理，强化消防安全教育，有效处置火灾事故61起。强化监所安全管理，大力推进“五化建设”（勤务模式科学化、执法行业规范化、管理方式精细化、监管手段信息化、设施保障标准化），深入开展“两个专项整治”（“雁过拔毛”式腐败问题和“纠四风、治陋习”），监所管理水平得到进一步提升。

【基层基础】　2016年，县公安局全面启动公安业务技术用房建设，土方工程和招拍挂已完成，进入实质建设阶段。该项目总用地面积51931.1平方米，其中一期用地为29017.07平方米，二期用地为22914.03平方米；一期总建筑面积为16098.35平方米，一期总占地面积为2271平方米，容积率为0.47，绿地率为31.2%，项目核定总投资2573万元。局党委抽调专门力量设立基建办，千方百计加强工程建设的协调推进，预计工程主体于2018年年底完工。积极争取县委、县政府支持，投入240余万元新建100个高清视频探头，城区两所警务综合指挥室建设任务完成，省际公安检查站和治安卡口改造建成，城区两所和巡特警新驻地修葺一新。

【队伍建设】　2016年，县公安局树立正确用人导向，坚持“吃苦的吃香、实干的实惠、有为的有位”，全局涌现一大批先进优秀人物：民警黄钦渝被省公安厅评为全省公安机关“210”工程建设先进个人，李德湖被省公安厅评为全省三实工作先进个人，李炜被省公安厅评为全省公安机关技术骨干；李波被市委组织部评为“优秀共产党员”，黄晓兰被市妇联、市公安局评为永州市公安机关“十大巾帼卫士”，彭菲被评为永州市公安机关“优秀女警”，唐昭敏被市公安局评为2016年度全市公安机关“十大破案标兵”；民警程文学、柏志文、黄健、黄智春、龙向元、罗毅、刘志华等7人被市公安局记个人三等功，成乔生、邱世兵被县委、县政府记个人三等功。全面落实市公安局“四条火线”政策，对表现突出民警重奖重用。全年火线入党6人、火线表彰72人次，火线提拔8人。坚持从严治长、铁腕治警，全年共查证违法违纪线索36条，立案查处执纪问责23人。深入开展“两个专项整治”，全面开展谈心谈话和帮扶教育，对12名思想滑坡民警职工开展帮扶教育，10名民警职工实现从后进到先进的华丽转身，4名得到重用。坚持从优待警，落实警务套改和警衔工资新标准，实行年休假、开通救助绿色通道、购买意外伤害保险等惠警举措，从省、市、县大力争取困难民警帮扶慰问资金，全年共慰问民警职工400余人次，发放慰问金、慰问品等50余万元。

【创新服务】　2016年，县公安局全面开展三实信息集中采集，全局共采集录入信息72.2万余条。深化公安行政管理改革，全面推行“网上预约”便民利民措施，全面简化申请材料，优化办事流程，减少约束限制。投入使用出入境自助填表机1台，增加窗口延时服务及节假日不停业服务项目，方便群众身份证、车管等业务的办理，窗口服务质量群众满意率达99.98%。

## 消防大队

【概况】　2016年，蓝山县公安消防大队共接出警141次，出动警力1356人次，出动车辆458台次，抢救人员31人，疏散被困群众120余人，抢救财产价值500余万元。特别是在今年“1·21”S216线液化气槽罐车侧翻泄漏事故、“2·2”军威加油站油罐火灾事故、“3·2”S216线柴油罐车侧翻泄露事故、“6·13”犁头乡山体滑坡抢险救援中，消防官兵首当其冲，勇挑重担，及时有效处置，成功保护了人民生命财产安全，受到县委、县政府及社会各界一致好评，大队长李楠被省总队及蓝山县委记三等功各一次。

【制订消防工作发展规划】2016年，蓝山县委、县政府先后4次召开专题会议解决消防工作问题，制订出台《蓝山县“十三五”消防工作发展规划》《蓝山县关于加强和改进消防工作的意见》等一系列规范。坚持以考核促工作落实，将消防责任目标纳入政府责任目标考核内容，逐级签订《消防工作目标管理责任状》，层层分解任务，落实工作责任，做到消防工作与经济社会发展同安排、同部署、同检查、同考核。

【基础设施建设】　2016年，蓝山县消防业务经费达到457万元，专项经费40万元，创历史新高。同时，县委、县政府关心厚爱部队发展，解决官兵工作生活的实际困难，立项批复蓝山大队办公公寓楼建设，县委书记秦志军批示“建设一流消防队伍”，同时解决大队办公公寓楼土建及室内装修的所有配套资金，公寓楼项目已开工建设。以正规化建设为抓手，努力推动营区建设改造，年内大队投入80万元对食堂、3D电影院、晒衣场、浴室、卫生间完成翻新改造，正式投入使用。办公公寓合用大楼完成招标，计划2017年年初完成主体建设。大队立足营区库室实际，对各库室的外观标识、内外装修、标识牌制作和悬挂图示进行重新调整，部队正规化正有序迈进。

【强化执勤训练】　2016年，蓝山县公安消防大队全面加强预案制作、实战演练、战术推演、体能技能训练“六熟悉”工作。开展人员密集场所、易燃易爆场所、企事业单位等消防演练90次，其中夜间演练31次，水上演练2次，有效提升部队实战能力。

【整治火灾隐患】　2016年，蓝山县公安消防大队狠抓专项治理，重拳整治火灾隐患，确保火灾形势稳定。专项检查举措得力。扎实开展冬春火灾防控、“3·15”消防产品专项整治、夏季消防安全检查、易燃易爆危化场所专项整治等一系列行动，全年共检查单位1120家，发现并整改火灾隐患1548处，责令“三停”（停产停业、停止使用、停止施工）单位12家，及时发现消除火灾隐患，确保全县火灾形势平稳。塔峰镇第一市场作为挂牌市级重大火灾隐患，县委、县政府高度重视，多次召开专题会议部署，累计投入资金280余万元整改火灾隐患，一举解决困扰政府多年的安全隐患问题。市政府挂牌督办的重大火灾隐患欢畅KTV全部整改完毕。

【消防宣传】　2016年，全县以消防宣传“七进”（进机关、进学校、进社区、进家庭、进企业、进农村、进网站）工作为载体，大力宣传消防安全知识，县政府将“消防宣传教育培训”列入政府购买服务指导名录，全面印发《中小学消防教育读本》。大队共开展消防宣传活动30余次，悬挂横幅230条，制作展板37块，散发宣传资料5.3万余份，利用手机短信发送消防知识15万多条，全面提升全民消防安全意识。

## 交通安全管理

【概况】　2016年，县公安局交警大队面对辖区道路交通事故呈复杂、多变、上升的严峻形势，重拳出击，开展声势浩大的交通秩序整治工作，有力地维护道路交通安全畅通和社会治安良好秩序。全年，共查处各类交通违法行为2.9万余起，其中抓拍超速及闯红灯违法行为15200余起，违法停车9650余起，查扣无牌无证、假牌假证和报废的摩托车2300余辆，查处酒驾600余起，醉驾165起，治安行政拘留43人，刑事拘留176人，暂扣驾驶证794本。处理道路交通事故2390起，死亡49人，受伤795人，直接经济损失560多万元，侦破交通肇事逃逸案件5起；新增机动车入户3428辆，新增“五小”（低速货车、三轮汽车、三轮摩托车、两轮摩托车、拖拉机）车辆驾驶员295人，增驾156人。

【道路交通监控】　2016年，县公安局交警大队始终把大部分警力摆上路面，严查严处各类严重交通违法行为。结合春运交通秩序整治行动、道路交通事故预防“春雷行动”、“压事故、保安全专项整治”等专项整治行动的需要，采取设置临时、固定与流动相结合的办法，分别在S216线、S322线、S324线及城区主要街道，对各类违法行为实行“点上查、线上纠、面上控”。定点查处与流动查处相结合，对过往车辆进行安全检查，重点查处无牌无证驾驶车辆，面包车、客车和摩托车严重超载等严重违法行为，外勤组还重点巡逻监控交通事故易发、多发的险、杂路段，坚决纠正各类严重交通违法行为，有效地维护道路交通安全和畅通，特别是春运期间，全警动员，全员出动，确保辖区道路未发生长时间、大面积拥堵事件发生。

【专项整治活动】　2016年，县公安局交警大队根据支队的统一部署，从1—5月，开展一场面广、时长的道路交通事故预防“压事故、保安全”专项整治行动，主要针对摩托车违法行为开展专项整治。整治中采取超常规措施，统一调配大队现有警力，不定时、不定点到各重点路段采取围、追、堵、查等办法，严查严纠驾驶摩托车的各类严重违法行为，并坚决按规定从严从重处罚。经过整治，摩托车行驶秩序有了明显改观。为吸取“5·28”事故教训，大队主要领导经请示县委、县政府同意，从6月1日起至10月30日开展以酒驾醉驾、农用车、三轮车载客违法行为为重点的“全县道路交通安全专项整治行动”。从6月1日开始，交警大队协调会同交通、农机、安监等相关职能部门，采取“大兵团”作战模式，机动灵活地深入到新圩片、楠市片、所城片等乡镇（街道）开展道路交通安全大会战，重点查处三轮车、农用车载客等非法行为，查扣非法载客三轮车、农用车50多台次，有效地震慑了交通违法行为。7—10月，开展道路交通安全大排查大管控大整治专项行动，8—12月开展道路交通秩序集中整治“飓风”行动，在这两次大的专项行动中，全警动员，全力以赴取得较好的成绩。特别是在开展“飓风”行动中，全体民警发扬连续作战的精神，严厉打击酒驾醉驾违法行为，8月26日至10月20日，坚持每周开展集中整治2次以上，查处酒后驾驶200余起，醉驾驾驶36起，刑拘34人，在全市交警系统排名第一。

【交通安全法规宣传】　2016年，县公安局交警大队加强交通安全法规的宣传教育工作，确定宣传教育重点对象，在广大驾驶员、村民、中小学生和外来民工中，广泛开展形式多样的交通安全法规宣传教育活动。全年，分别在春运、清明、五一、端午等节假日前深入湘运蓝山分公司、旺达蓝山汽车运输分公司、华发城市客运公司、耀峰驾校、蓝天驾校等企业以及乡镇中小学等单位召开交通安全宣传教育会8次，讲授交通安全法规课10余课时，印发宣传资料2万多份，悬挂大小横幅标语30多条。通过开展深入细致的宣传教育活动，营造严管的社会氛围，增强广大交通参与者的交通安全意识。开通公众微信平台及官方微博，及时发布交管信息，对交通违法行为予以曝光。加大交通事故安全隐患点段的排查治理工作，结合辖区事故特点，各个中队对辖区隐患点段进行梳理排查，共计排查安全隐患点段80余处，并形成书面报告上报县委、县政府以及相关职能部门，报请县委政府督促相关单位开展隐患治理，对不能及时治理的要多方筹集资金进一步完善道路交通标志标线的建设。对东方大道及S216KM161米路段两处安全隐患点段的治理提交到县委政府的议事日程。161KM电子卡口已基本建设完成。大队在经费十分紧张的情况下，垫资4万多元在东方大道安装测速提示牌及安全警示牌，以降低该路段道路交通事故的发生。

**【车辆和驾驶员管理】** 2016年1—12月，县公安局交警大队的车辆管理业务按照车辆管理规范要求，认真落实业务岗位规范，严格执行机动车注册登记办法，对进行注册登记的机动车进行盗抢查询，对不符合“公告”的机动车一律不予入户，未发生为盗抢车、拼（组）装车办理登记的情况。共办理摩托车注册登记手续369辆、受理轿车入户业务1558辆；在机动车检验中，严把质量关，消除事故隐患，对检验合格的机动车发放检验合格证。在机动车驾驶员管理工作中，建立驾驶员台账，完善管理和便民服务制度，提高服务质量，办理二、三轮摩托车驾驶证50本，认真组织B型以上驾驶证及A1、A2型驾驶证驾驶员的年度体检工作，同时还办理一批补、换、过户、变更证件的业务，极大地方便群众，车管微机运转正常，各种数据录入及时准确，无丢失现象，车管业务报表和报送及时，车管工作已走向规范化。

**【交通事故审结侦破】** 2016年，县公安局交警大队把加强道路交通事故预防和处理工作，确保道路安全、畅通放在首位。在道路交通事故处理工作中，按照执法质量考评标准的要求，严格办案程序，提高办案质量；组织安监、交通、运管部门对全县的客运企业、车站进行10次安全大检查，对检查出来的问题提出整改措施要求限期整改，通过检查和相关管理措施，加大事故预防工作，有效遏制了事故上升的势头。

**【队伍建设】** 2016年，县公安局交警大队始终坚持“党建引领、从严治警”的方针，一如继往地贯彻“抓班子、带队伍、促工作、保平安”的总体思路，认真开展“两学一做”学习教育活动，认真开展“两个专项”治理。在省委巡视组巡视期间，认真开展队伍自查自纠，自查并整改存在的问题2起。通过抓好党建和广大民警综合素质的提高，从而转变广大民警的工作作风，增强民警的敬业、服务、法纪意识，提高队伍凝聚力和战斗力，确保全年各项工作任务的顺利完成。

**【维护社会治安秩序】** 2016年，县公安局交警大队在维护道路交通安全和畅通的同时，充分发挥路面情况熟、路面经常有民警巡逻的便利，尽职尽责地做到既管交通又管治安，狠狠打击发生在道路上的各种违法犯罪活动，维护所管辖道路的治安秩序。在县公安局的直接领导下，密切配合兄弟警种参加“严打”“安保”“禁毒”等专项斗争以及执行道路交通保卫任务。全年，配合、参与有关统一行动30多项，出动警力390人次，协助或单独查处涉毒及盗窃案件20余起，有效地维护社会治安秩序。

## 森林公安

【概况】　2016年，县森林公安局全面加强队伍建设，着力加强基层基础建设，充分发挥森林公安职能作用，严厉打击各类破坏森林资源和野生动植物的违法犯罪活动，强化森林防火工作，提高保护森林资源和生态安全的能力，真正发挥生态建设的重要参与者、生态安全的首要保护者和生态文明的积极创造者作用，为构建林业生态安全筑牢基础，各项工作取得了一定的成绩。全年共出动警力2634人次，出动车辆643辆次，共受理查处各类涉林案件42起，其中：刑事案件23起，林业行政案件17起，治安案件2起，抓获犯罪嫌疑人9人，刑事拘留9人，行政拘留1人，提请逮捕4人，取保候审8人，移送审查起诉7人次。

【加强队伍建设】　2016年，县森林公安局认真组织学习习近平总书记系列重要讲话精神，深入开展“两学一做”学习教育活动。组织党员及党员领导干部学习《中国共产党廉洁自律准则》《中国共产党纪律处分条例》，牢固树立“作风建设永远在路上”的思想。以创“人民满意森警”为标准，坚决贯彻执行“从严治警”的方针，制定多项工作、纪律、学习制度，严格内部管理，狠抓学习教育，把“五条禁令”“八条铁规”作为队伍建设的长期任务常抓不懈，为各项森林公安工作的制度化、规范化建设提供保证。在全局开展基层干部不作为、慢作为、乱作为，违规收送礼品礼金，涉赌涉毒等专项整治活动。加大党风廉政建设和反腐败工作，开展“纠四风、治陋习”和“雁过拔毛”式腐败专项整治工作，教育党员、民警廉洁从警，签订《2016年党风廉政建设责任书》，建立健全民警个人廉政档案。进一步弘扬新风正气，提升机关效能，营造机关干部干事创业的良好氛围，坚持全面从严治党、依规治党，强化党内监督，落实“两个责任”，锲而不舍落实中央八项规定精神。相继开展“一村一警”大走访、民警进社区、精准扶贫等活动，活动中全体民警继续牢记宗旨，采取多种形式，密切联系群众，想群众之所想，急群众之所急，帮群众之所需，同时发动群众参与到森林公安工作中，进一步密切了警民关系。

【紧抓宣传工作】　2016年，县森林公安局将警车作为流动宣传平台，经常性地下乡进行法制宣传，通过深入林区、进入乡镇、走上街道等方式积极开展森林法律、法规、森林防火和森林公安法制宣传，共发放各类宣传单共15万余张（其中：到乡镇开展宣传活动17场，发放宣传单共5万余张），到村进户签订森林防火承诺书10万余份，采用发放张贴“通告”“禁火令”，发送手机短信，召开村民大会等形式将宣传的触角延伸至辖区中小学、村组和田间地头，扩大宣传覆盖面，使受众的人数大大增加，增强宣传的实际效果。法制宣传使林业法律法规进一步深入人心，林区群众法治意识和守法自觉性得以进一步提高。

【开展专项整治】　2016年，县森林公安局相继组织开展打击破坏野生动物违法犯罪、“严厉打击非法占用林地等涉林违法犯罪”“收缴整治枪爆物品”等专项行动，召开严厉打击非法占用林地等涉林违法犯罪专项行动动员大会，重点查处非法猎捕候鸟等野生动物行为；盗伐、乱砍滥伐林木行为；开矿采石挖沙、毁林开垦等非法占用林地（湿地）行为；各种经营性工程建设、项目施工中非法占用林地以及“未批先占、边批边占、少批多占”行为；利用互联网、宠物店、“黑市”等非法收购、出售珍贵濒危野生动物及其制品行为；其他影响较大的破坏森林及野生动植物资源的违法犯罪行为。有针对性地加大对非法占用林地等违法犯罪活动的打击查处力度，加强对性质恶劣、影响重大的涉林案件的查办，集中清理整治项目施工区、集贸市场、驯养繁育场等重点地区和场所。专项行动期间，全局民警一律取消节假日休息，做到警力集中与警力下沉，将案件侦破工作采取定领导、定人员、定时间的“三定”方法，将案件责任压在领导，任务分解到个人，形成人人肩上有担子，个个身上有压力的局面。全力以赴投入严厉打击非法占用林地等涉林违法犯罪专项行动中去，达到“查处一起，震慑一片”的社会效果。

【加强法制建设】　2016年，县森林公安局深入开展“社会主义法治理念”教育和警风警纪教育活动，坚决杜绝有法不依，执法不严，滥用职权等问题。规范执法，严格坚持办案部门、法制部门、局领导三级审核把关制度，将办理的各类案件和环节纳入法制审核工作范畴，严把事实和程序关，确保案件质量逐步提高。开展执法检查“回头看”活动和坚决反对司法不公司法腐败专项整治活动，以“执法无懈怠、办案无过错”为目标，以严格规范、公正廉洁、文明便捷为标准，集中力量、集中时间解决森林公安执法突出问题。7月、12月，局法制股对各股所室已办的所有案件进行执法检查，并实事求是、客观公正地对案件质量作出评价，对存在的问题进行通报，进一步提高全局民警依法办案意识和执法水平。

【森林防火】　2016年，县森林公安局在春、秋季森林防火期间，以森林防火为中心工作，加大警力的投入，狠抓防火的宣传，协助各乡镇（街道）到各村组张贴防火宣传画，出动宣传车，建立宣传员，张贴宣传标语，发放宣传册等，多种形式森林防火宣传使林区群众防火意识不断提高。加强对各乡镇（街道）和3个林场的检查督促，加大对林区重要地带、重点路口巡逻检查，坚持每日一查制度，并将巡查的情况认真登记，及时汇报，发现问题及时解决，限期整改。集中警力在清明和春耕时节，加大森林火灾案件查处力度，从严从快地打击一批防火期内擅自野外用火的违法行为，有效防范和遏制森林火灾的发生。各股所室对辖区内痴、傻、呆等有精神障碍的特殊人群进行全面摸排登记，分类进行管理，逐一落实监管人，签定监管协议，定期上户进行走访，及时了解工作对象状况、行踪，防止出现工作对象脱离管控处于游离状态，危害森林防火安全。精心做好防火预案，在森林高火险期和火灾高发期加强值班和备勤工作，确保在森林火情发生时，森林公安民警始终保持快速反应及时出击，在最短的时间内赶到火场，组织指挥并参与火情的扑救，确保每一次火情的及时扑灭，充分发挥森林公安民警在火灾扑救工作中的中坚作用。加大投入，为各乡镇（街道）、林场及相关职能部门配备防火指挥专用对讲机，构建启动“12119”森林火灾接警平台，实现防火期间接警平台24小时接警，出现火情及时处警。防火信息网络建设的完善，为灭火争取黄金时间，有效防范火情蔓延，大大降低森林火灾发生率。

## 检　察

【概况】　2016年，蓝山县人民检察院有内设机构11个，分别为办公室（法警大队）、政工科、侦查监督科、公诉科、反贪污贿赂局、反渎职侵权局、监所检察科、民事行政检察科、控告申诉检察科、检察技术科、职务犯罪预防科；不占内设机构编制部门有林业检察科、案件管理公办室、纪检监察室。全院中央政法专项编制为52名；地方事业编10名；实有在岗干警48名，其中研究生3人、本科31人，专科9人，中专2人；检察官17人，检察官助理12人，书记员2人，法警3人，司法行政5人，职工7人，信息中心事业编3人。反渎局被湖南省人民检察院评为“2016年度全省反渎工作先进集体”，在全市检察工作评比中获得“2016年度全市检察机关反渎职侵权工作第三名”。林检科办理的李某和何某非法占用农用地一案被湖南省人民检察院评为“2016年度全省林业优秀案件”，纪检监察工作被湖南省人民检察院评为“2016年度全省纪检监察工作先进集体”，在全市检察院评比中获得“2016年度全市检察机关纪检监察工作第一名”。监所科沈红柳办理的李某羁押必要性审查案被最高人民检察院刑事执行检察厅评为“2016年度全国羁押必要性审查优秀案件”。政工科在全市检察工作中被评为“2016年度全市检察机关宣传工作先进集体”，办公室单项工作在全市检察工作评比中被评为“2016年度全市检察机关办公室机要工作第一名、档案工作第二名”。纪检监察室黄军兴被湖南省人民检察院评为“2016年度全省检察机关纪检监察工作先进个人”，被市委评为“2016年度全市优秀党务工作者”。办公室韩忠明被湖南省人民检察院评为“2016年度全省检察机关检务保障工作先进个人”。反渎局颜新佳被省检察院评为“2016年度全省检察机关反渎优秀侦查员”。

【刑事检察】　2016年，蓝山县人民检察院受理审查报捕案件315件408人，其中依法批准逮捕128件163人，不捕182件239人；受理审查起诉案件434件543人，其中依法起诉386件444人，不诉22件24人；侦监和公诉部门在全面履行指控犯罪、诉讼监督等公诉职能，配合公安机关的“亮剑行动”和“飓风行动”，在案多人少的情况下，采取集中时间、集中力量，突出办理大批案件，有效提高办案准确率。

【诉讼监督】　2016年，蓝山县人民检察院把“敢于监督、善于监督、依法监督、规范监督”贯穿检察工作始终，依法监督侦查机关立案5件5人，监督撤案1件1人，纠正漏罪4件4人。对重大刑事案件提前介入，提出引导侦查和完善证据意见40余条。

【职务犯罪侦查】　2016年，蓝山县人民检察院始终以保障和改善民生为重点，严肃查办社会保障、支农惠农政策落实、扶贫开发、安全生产等领域的职务犯罪，全年共摸排线索10余条，立案查处贪污贿赂、渎职侵权案件8件10人，为国家、集体挽回了巨大的经济损失，收到了良好的社会效果和法律效果。

【职务犯罪预防】　2016年，蓝山县人民检察院坚持侦防一体，结合办案开展预防调查，案例分析10次，以预防职务犯罪开展有针对性的警示教育5次，受教育200多人次，开展行贿犯罪档案查询工作72人。深入机关、学校、企事业单位开展预防宣传、警示教育，先后在县委党校、县中心医院等单位开展预防职务犯罪讲座，在党校对参加秋季科干班、中青班学习的年轻领导干部开展以“预防职务犯罪，推进反腐倡廉”为主题的警示教育活动，得到良好反响。

【队伍建设】　2016年，蓝山县人民检察院坚持以人为本，大力实施“人才强检”战略，积极探索人才培养管理机制，对新进年青干警加大教育、培训和培养力度，促使年轻干部的综合素质得到提升，为检察事业的发展积蓄后劲。有研究生学历3人，本科学历33人，且有办案资格和通过国家司法考试的人员22名。

【司法体制改革】　2016年5月，湖南省检察院下发《关于全省检察机关首次员额检察官遴选报名工作的通知》，经蓝山县检察院根据遴选相关文件要求进行人员初步考核，最终17名人员顺利通过全省首次员额检察官遴选。

【检察廉政文化建设】　2016

年，蓝山县人民检察院积极营造爱廉、崇廉、尚廉、守廉的浓厚氛围，筑牢干警思想防线。创建260米长的廉政文化长廊，开设检务、党务和廉政公开栏，开辟网上廉政文化专栏，收集廉政图书杂志300多本，编印12期《蓝检纪监动态》和26期《反腐倡廉教育专辑》供干警学习。先后组织全院干警观看警示教育片，让健康高雅、积极向上的业余文体生活充实干警的业余时间，让大家从中接受教训，感悟人生，进一步增强廉政文化的渗透力和辐射力。

## 法　　院

**【概况】**　2016年，蓝山县人民法院忠实履行宪法和法律赋予的职责，紧紧围绕“努力让人民群众在每一个司法案件中都感受到公平正义”的目标，坚持不懈狠抓执法办案第一要务，各项工作稳步前进，司法绩效考核在全市法院提升四位。共受理各类案件2634件（含旧存），审、执结各类案件2325件（含旧存），同比分别上升47.58%、33.87%，审限内结案率为88.26%，一审案件服判息诉率90.92%，收案数量与案件质量均有明显提升。

**【刑事审判】**　2016年，蓝山县人民法院共受理各类刑事案件416件，审结各类刑事案件329件375人，其中判处10年以上有期徒刑的被告人有2人；5至10年有期徒刑11件12人；3至5年有期徒刑的被告人有19件24人；3年以下有期徒刑的被告人有243件267人。审结强制医疗案件1件1人，检察机关撤回起诉2件2人，刑事附带民事案件调解率高达90%，为被害人挽回经济损失近200万元。

**【民商审判】**　2016年，蓝山县人民法院对民商纠纷立足稳妥化解，确保社会和谐有序。全年共审理民商案件1418件（含旧存），审结案件1316件，结案率92.8%。依法审理买卖合同、土地承包、房地产、金融等债权、物权类纠纷。有效保护市场主体合法权益，制裁违约失信行为，维护市场良好秩序。坚持“调解优先、调判结合”原则，规范调解行为，提高调解质量，调撤结案件648件，调撤率为65.39%，高度重视涉民生案件的审理，审结婚姻家庭案件291件、损害赔偿案件131件、劳动争议案件1件、医疗纠纷案件4件。积极防范和化解金融风险，为创建安全区提供有力的司法保障。组织专人专班清收不良贷款，司法查询4000余人次，发出支付令40余份，诉前财产保全300余人次，公布失信被执行人名单40案43人。为金融机构收回不良贷款600余万元。同时，支持县清收办以其他方式收回不良贷款1000余万元。

**【行政审判】**　2016年，蓝山县人民法院推行行政案件集中管辖改革，5月1日起，由宁远县人民法院管辖蓝山辖区内的行政案件。蓝山法院行政庭仍保留，主要负责非诉行政案件的执行，受理案件3件，审结3件。审结率100%。积极为县计划生育工作提供良好的法律服务。执结计生非诉执行案件211件，强制执行社会抚养费200余万元，运用非诉行政执行措施，解决劳资争议，维护农民工合法权益。2016年春节前，依法妥善执结涉59名农民工20余万元的工资案，及时消除不稳定因素。

**【执行】**　2016年，蓝山县人民法院确立积极主动、有效作为、规范实施、智慧执行思路，深化网上“点对点”查控被执行人银行存款、车辆、户籍、出入境、婚姻登记、房地产的执行新机制。以全省法院执行指挥系统建设为契机，建成执行指挥中心，充分运用执行信息公开平台，积极推行公告执行、悬赏执行、被执行人执行信息曝光等制度，提高执行兑现率。全年共受理各类执行案件733件（含旧存），共执结各类执行案件613件（含旧存），新收案件执结率83.63%，执行标的金额9628万元。依法用足用活执行强制措施，采取查封、扣押、冻结措施2000余次，查封房产30余套、汽车43辆。将385名失信被执行人员纳入最高法院“失信黑名单”，在县电视台、红网、市政广场电子屏等媒介公布“老赖”名单信息，让“老赖”无地自容，社会反响较好。湖南新闻联播、红网对蓝山法院定期在主流媒体曝光失信被执行人名单的做法进行报道。依法从重打击拒不执行法院裁判的“老赖”。9月开始，开展打击拒执犯罪专项行动，对拒不执行法院裁判的12人移送公安机关刑事拘留，并判处刑罚，让“老赖”无处藏身。

【诉讼服务中心建设】　2016年，蓝山县人民法院完善诉讼服务中心建设。建立“一站式”司法便民服务平台和诉讼服务窗口，方便人民群众诉讼；启动火市法庭全面升级改造项目，要求法庭干警全面驻庭，为百姓提供更多的司法便利。深入开展法官进村入户活动；为乡村社区、企业、校园送法上门，送服务上门，助力化解基层矛盾纠纷，全年共开展巡回审判28次。

【落实信访责任】　2016年，蓝山县人民法院坚持院长接待日、领导包案、带案下访等信访工作制度，集中排查、化解涉诉信访案件64件，维护信访当事人合法权益。全年，共接待来信来访141件148人次，其中不属于法院处理的43件，化解64件，开展案件评查10件，省巡视组交办案件23件，书面答复信访案件68件，中院交办案件7件，网上答复信访案件8件，“千案攻坚”信访积案完成两件。

【信息化建设】　2016年，蓝山县人民法院先后建成执行指挥中心系统、诉讼服务中心系统。院机关全面更新监控系统，提升安保水平。全面升级6个数字法庭，对庭审过程全程录音、录像，规范法官庭审言行。投入使用执法记录仪、执行单兵和车载系统，规范执行行为。加大司法公开三大平台建设力度，改造升级官方网站，开通官方微博，搭建民意沟通新桥梁。开通“12368”语音服务热线，方便人民群众进行法律咨询、诉讼等，不断满足人民群众对司法服务的需求。

【制度建设】　2016年，蓝山县人民法院坚持问题导向，建立《蓝山县人民法院司法绩效考核办法》《蓝山县人民法院外出办案暂行规定》等相关制度，将审判情况通报常态化，将案件质量评查常态化，将严格审判管理常态化，努力扭转司法质效指标长期在全市低位徘徊的局面，司法绩效从2015年全市排名垫底升至第7位。探索司法责任制度改革。明确合议庭和承办法官的办案主体责任，让审判者裁判，让裁判者负责。继续保持审委会工作零失误记录。

【司法改革】　2016年，蓝山县人民法院认真贯彻落实中央、省、市司法体制改革精神，努力建立符合审判工作职业特点和司法规律的法官管理体制，按照省、市法院《首批法官入额遴选工作实施方案》，认真组织落实蓝山法院首批23名法官入额遴选工作。探索落实将工作人员划分为法官、审判辅助人员和司法行政人员三大类，实现不同人员分类管理。自5月1日起，全市法院正式启动行政案件集中管辖改革试点工作，宁远县人民法院管辖蓝山、新田、道县辖区范围内的一审行政诉讼案件。

【队伍建设】　2016年，蓝山县人民法院深入开展“两学一做”专题学习教育活动，落实党风廉政建设主体责任和监督责任，制定责任追究办法，实行干警打卡上班制度，每月进行通报，切实规范干警纪律作风。随案发放廉政监督卡，加强对重点岗位、重点环节的监督。全面开通举报网站和举报电话，受理群众举报和控告投诉2件，办结2件。开展政治纪律、组织纪律、工作纪律执行情况的专项检查4次，组织明察暗访11次，通报违反纪律的干警3人次，诫勉谈话2人次。坚持重大事项向县委和上级法院党组报告制度，认真落实县委决策部署，确保法院工作正确政治方向。着力加强领导班子建设和党支部建设，进一步增强党员干部政治意识、大局意识、核心意识、看齐意识。开展“爱岗敬业模范”和“审判业务专家”等评选活动，培养法官职业道德和司法良知。加强学习型法院建设。以会代训8场次，组织参加全国、省、市各类业务培训107人次，组织专题业务培训5期，努力提升干警法律专业水平。在《法制周报》《永州日报》等报刊、网络刊发文章124篇，为审判执行工作进行多维度报道。以“一村一警”活动为契机，开展集中送法下乡、送法进校园、企业38场次，采取张贴展板、发放宣传资料、现场法律咨询等方式，以案讲法，以案释法，现场调解邻里纠纷和家庭矛盾，教育群众知法、懂法、守法。举办3场公众开放日活动全方位宣传法院审判执行工作，传播司法正能量。

**【接受监督】** 2016年，蓝山县人民法院自觉接受人大及其常委会监督，向人大常委会专题报告工作，根据会议审议意见及时研究整改措施，狠抓工作落实，改进审执工作。认真听取人大代表对法院工作的意见建议。全年，收集人大代表意见建议12条并认真办理，邀请人大代表旁听庭审、监督执行和现场调解等7人次。认真接受政协监督，虚心听取政协委员的意见和建议。加强与工商联、无党派人士的联系沟通，认真听取党外人士对法院工作的意见。支持、配合检察机关依法履行法律监督职责，共同维护司法公正。实行监督关口前移。案件立案时将廉政监督卡与诉讼权利义务告知书一并发放给当事人，结案后由当事人如实填写廉政监督卡附卷备查，纪检组监察室定期回访通报。设立举报信箱，公开举报电话，公布举报邮箱，加强对法院干警8小时外的监督和管理。最大限度发挥人民陪审员的作用，扩大参审范围，人民陪审员参审率达91%。

## 司法行政

**【法治蓝山建设】** 2016年，县司法局在全县范围内扎实组织开展“全民禁毒宣传月”“新消费我做主”、青少年法制宣传周、“5·29”会员活动日暨卫计服务进社区，“家庭律师进企业”等主题法制宣传活动，全年共实施“法律赶场”活动46场次、开设法制讲座15场次、散发宣传资料10万余份、解答法律咨询千余人次，约10万名群众受到法治教育。进一步健全公务员学法用法制度，积极开展网上学法、无纸化考试，2016年全县无纸化学法用法考试参考率100%，达到以考促学、学用结合的目的。对县城法治文化广场、法治一条街的宣传内容及时进行更新，拓宽广大市民学法的渠道。大力完善法制副校长和法制辅导员制度，全县各学校聘请法制副校长和法制辅导员，为在校学生上法制课计15余场次，受教育人数达3万多人次，切实增强青少年法治意识，预防和减少违法犯罪。

**【人民调解工作】** 2016年，县司法局积极建立和完善人民调解组织，基本形成“横向到边、纵向到底、依托基层、多方参与”的社会矛盾纠纷调处网络。成立医患纠纷、劳动争议、环境保护等多个人民调解委员会。截至2016年年底，全县有乡镇人民调委会16个，村（社区）人民调解委员会213个，专职调委会11个，村（社区）人民调解员1065人，全县在册人民调解员1721人，组级纠纷信息员1500余人。做到了哪里有人员，哪里就有人民调解组织。全年全县共调解各类矛盾纠纷1390余件，成功调处1357件，调解成功率达97.6%；防止民间纠纷引起自杀22件，防止民转刑案件14件，防止群体性上访15起，防止群体性事件5件。

【社区矫正工作】　2016年，县司法局积极开展社区矫正审前社会调查评估工作，为审判机关、检察机关和监狱决定是否执行社区矫正刑提供可靠的依据。全年开展适用社区矫正调查评估121件，接收刑释人员119人，在册的社区矫正人员249人，其中，缓刑225人，假释20人，暂予监外执行（保外就医）的2人，剥夺政治权利2人。加强对刑释人员衔接管控，杜绝脱管、漏管现象的发生，开展社区矫正人员“防脱管”专项活动，对清查处理的问题进行整改落实。落实社区矫正人员公益劳动教育，增强社区矫正对象的认罪悔罪意识和社会责任感。落实刑释人员帮教责任制度，加强对刑释人员的监管，预防和减少重新犯罪。优先安置无亲可投、无家可归、无业可就的“三无”刑释解教人员。2016年，满源玩具厂帮教基地共安置过渡性刑释人员27名，为减少社会乱源、维护社会稳定做出一定的贡献。

【法律服务管理】　2016年，县司法局全面规范基层法律服务管理。严格规范基层法律服务执业行为和收费行为，进一步加强对基层法律服务的指导管理，积极引导基层法律服务工作者参加疑难案件调解。全县共有基层法律服务执业人员13人，直接参加县交办的疑难案件调解13余起，在构建“和谐蓝山”中起到“第一道防线”作用。不断加强律师执业管理。通过培训、以会代训等形式加强律师的职业道德意识、责任意识、大局意识，进一步规范法律服务执业行为。2016年，全县律师共办理各类案件496件，其中民事案件356件，刑事案件136件，行政案件4件，担任企、事业法律顾问13家，担任社区、乡村义务法律顾问24家，非诉讼案件59件，代写法律文书622件，解答法律咨询千余人次，为当事人挽回直接经济损失千余万元。切实提升公证服务能力。充分发挥公证职能作用，紧紧围绕政府中心工作，在重点工程建设中继续担当重要角色，2016年共办结各类公证事项295件，其中涉外公证34件，涉港、澳、台公证25件，接待群众咨询520人次，拒办不真实、不合法公证10件，为国家、集体和个人避免经济损失610余万元。

【法律援助工作】　2016年，县司法局对经济困难群众的申请做到应援尽援，共完成法律援助案件213件，其中刑事案件13件，民事案件200件；接待法律咨询496人次，为受援群众挽回经济损失600余万元。打造“互联网+”法律服务新模式，县法律援助中心、各律师事务所全面启用“如法网”，网上受理群众法律咨询、法律援助申请、律师案件代理等业务，真正实现坐“网”问诊，随时随地接受群众的法律咨询与业务委托。

# 经济综合管理

## 经济调控与体制改革

【概况】 2016年，县发展和改革委员会以贯彻实施《中华人民共和国国民经济和社会发展第十三个五年规划纲要》、推进重点项目建设、转变经济发展方式为重点，深入基层、企业、市场搞好调研，做好计划目标的预测、跟踪和信息反馈，及时提供国民经济和社会发展执行情况有关数据和专题报告等资料。密切关注国家发展产业政策、市场动态、经济发展动向，草拟社会和经济发展中长期计划。协同配合有关部门做好各中、长期规划及年度计划的编制和下达。积极向上联系，争取省市有关部门的扶持和帮助。全县经济社会持续健康发展，发展和改革工作取得明显成效。

【综合经济工作】 2016年，县发展和改革委员会积极做好综合经济工作，当好县委、县政府参谋助手。起草全县国民经济和社会发展计划。根据县委、县政府提出的目标要求和“十三五”规划目标，合理确定GDP、全社会固定资产投资增长等各项指标，编制完成《蓝山县2016年国民经济和社会发展计划执行情况与2017年国民经济和社会发展计划草案的报告》，并经县十七届人大一次会议审议通过。强化经济运行分析预测，一方面，加强政策措施和计划执行情况的跟踪监督，及时向县委、县政府报告经济运行情况，定期向县人大汇报计划执行情况。另一方面，每季度对全县经济指标完成情况、经济运行主要特点、矛盾和存在的问题进行深入剖析，提出加强经济工作的建议和对策。精心编制专项规划，完成《蓝山县国民经济和社会发展第十三个五年规划纲要》《湘粤合作开放试验区实施方案》《产城融合示范区实施方案》，配合完成开发区总体规划。

【跑项争资】 2016年，蓝山县积极向上争资金跑项目，紧紧围绕国家产业政策和投资方向，及时组织项目上报，争取国家和省的资金扶持，争取到公检法基础设施建设、农村安全饮用水工程、医疗卫生基础建设等项目建设资金11亿元。成功争取到湘粤合作开放示范区、产城融合试验区等重大政策支持。抓好项目储备开发，积极谋划重大项目，充实项目库。深入研究国家、省级投资重点和方向，从发展差距中谋划项目，从民生需求中派生项目，从宏观政策中挖掘项目。谋划、策划、包装、申报涉及农业、工业、城建等8大类“十三五”规划重大项目627个。其中投资10亿元以上的项目45个，投资1亿元以上的项目271个。搞好项目立项审批，尽力为项目单位提供便捷服务，做好项目的立项审批工作。办理各类项目审批、登记备案、核准项目130项，项目招投标核准88项，项目节能评估报告10项。强化重点项目建设，按要求完成县重大、重点项目的规划、资料收集整理及上报审批工作。抓好县重点建设项目的跟踪服务，推进重点项目建设。全年安排项目160个（重点项目96个、前期项目22个、监管项目42个），共完成投资219.52亿元、税收4452.02万元。县发展和改革委员会实施牵头的风电开发、高标准农田建设和巩固退耕还林成果项目。风电开发累计签约93万千瓦，大桥、塔峰、四海坪风电场抢抓进场道路和基站建设，高标准农田完成4.5万亩，巩固退耕还林项目成果完成投资500万元。

【维护物价稳定】 2016年，县发展和改革委员会加强价格举报平台建设，“12358”价格举报电话与价格举报呼叫平台24小时开通，加强重大公共事件期间市场价格监管，接到价格投诉举报23件，受理办结18件，清退多收价款7588.98元，出动价格应急处置分队12批次，调处价格矛盾3起。继续推行阶梯电价，举办阶梯水价听证。牵头会同县财政局、县审计局等部门对全县乱收费乱罚款进行专项整治，发现和查处乱收费、乱罚款违规违纪行为195起，涉及单位76个。查处违规违纪金额1326.53万元，上缴财政1265.88万元，退还服务对象60.65万元，整改率100%。有效规范收费单位的收费项目、收费标准，从根本上制止乱收费。强化教育收费监管，加大医疗服务收费专项治理力度，加强客运票价管理，加强液化气价格管理，切实维护广大群众的价格权益，努力为县域经济发展营造良好的价格环境。

【推进中心工作】 2016年，蓝山县将生态文明建设、三城同创、质量强县、安全生产等关系民生的工程纳入国民经济和社会规划。积极创建国家卫生城市、省级文明县城、省级园林县城。有序开展第三次农业普查。

## 审 计

【概况】 2016年，蓝山县审计局实有干部职工31人，内设办公室、审计技术股、法规审理股、经济责任审计室、行政事业审计股、财政金融外资审计股6个股（室），下设县投资审计中心1个事业单位。全年共完成审计项目和审计调查项目25个，其中：财政预算执行情况审计及延伸单位审计共6个，任期经济责任审计12个（含乡镇决算审计1个），民生资金、专项资金审计2个，企业资产审计1个，审计调查项目2个，上级或领导临时交办的审计项目2个。全年审计查出主要问题金额104838万元（其中违规金额3753万元，管理不规范金额101085万元）；下达审计决定书收缴财政金额330万元，清缴税收2.3万元；向被审计单位提出审计意见和建议46条。2016年，被永州市爱国卫生运动委员会评为“文明卫生单位”。

【重大政策措施落实跟踪审计】 2016年，县审计局配合上级审计机关对县本级稳增长、促改革、调结构、惠民生、防风险政策措施落实情况进行全方位跟踪审计，密切关注重大项目落地、重点资金保障、重大政策落实，以及行政审批、简政放权、“四单”（提示单、警告单、现场检查单和处罚单）管理、政府职能转变和机构改革推进等情况，并反映好的做法、经验和新情况、新问题，力促政策落地生根。

【财政预算执行审计】 2016年，县审计局对2015年度县本级财政预算执行情况进行审计，并延伸审计县教育局、县环境保护局、县司法局、县发展和改革委员会、县公安局交通警察大队5个部门（单位）及部分专项资金，收缴财政金额321.8万元，清缴税收2.3万元，提出审计建议13条。

【经济责任审计】 2016年，县审计局受县委组织部的委托，认真组织开展领导干部经济责任审计。紧紧围绕被审计领导干部任职期间履行事业发展、主要职责履行、经济事项决策、政策执行、内部管理、干部作风、廉洁自律等情况进行审计监督，完成对县住房和城乡规划建设局、县房产局、县国土资源管理局、县市场服务中心等12个单位原主要领导干部的经济责任审计（含乡镇决算审计1个）。

【民生资金审计】　2016年，县审计局按照上级审计机关统一安排布署，全力做好两项民本民生审计。开展城镇保障性安居工程跟踪审计，关注棚户区改造安置补偿、保障性住房分配、资金管理使用等方面存在的问题，促进住房保障政策落实、分配公平、管理规范、机制健全、制度完善，维护群众住房保障权益。开展医疗保险基金专项审计，了解医疗保障制度落实和改革推进情况，揭示和反映看病难、看病贵以及影响医保基金安全性和效益性的突出问题，查处医疗保险基金管理使用中存在的违法违规行为，并分析问题产生的原因，提出完善医疗保险体制和机制的建议。

【政府投资审计】　2016年，县审计局选择投资规模大、党委政府关注和人民群众关心的政府投资项目优先审计、审核，以大项目、热点项目、民生项目审计带动其他政府投资项目审计。对386个投资项目进行审核，审计总金额达81014万元。

## 市场和质量监督

【机构改革】　2016年，蓝山工商行政管理局、质量技术监督局、药品食品监督管理局三局合并为蓝山县市场和质量监督管理局，完成内设机构与派出机构设立、调整，班子成员分工、中层干部调整、一般人员调岗及时到位。同时，严格按照有关规定对乡镇所的办公场所进行修整，合理调整乡镇办公用房。局机关办公场所搬迁、内网办公省市对接等基础工作顺利实施，内部管理、执法行为、责任落实等多项制度制定出台，有效确保全局工作领导有力、组织有方、运行有序。贯彻落实“大市场”“大监管”工作理念，对食品安全监管职能进行整合，打通食品生产、流通、餐饮环节的监管链条，有效破解食品安全分段监管的弊端；案件基础数据库、行政处罚程序流程和法律文书样本有效统一；涵盖“12315”“12365”“12331”的投诉举报中心运行成效显著；对行政审批事项进行整合，实现“统一窗口受理、内部流转、统一发放”“事权划分”，权力边界清理稳步进行，分工明确、权责清晰的职责体系初步建立。及时完成乡镇市场监督管理所及食品药品监督管理所的设置，质量技术监督稽查大队、质量检验及计量检测中心两个事业机构的整合重组，为进一步补充执法力量提供有利条件。

【商事制度改革】　2016年，县市场和质量监督管理局以服务“大众创业、万众创新”为宗旨，落实推进“先照后证”“三证合一”（工商营业执照、组织机构代码证、税务登记证三证合为一证）“一照一码”（由工商、质检、税务并联审批，三个部门核发加载法人和其他组织统一社会信用代码的营业执照）各项改革举措，新版电子营业执照发放和全程电子化登记改革也稳步实施。截至12月，全县共有登记内资企业564家，私营企业1140家，个体工商户14501户，农民专业合作社280户，外商投资企业21家；全县发放“三证合一”版营业执照311份、“一照一码”版营业执照308份，“五证合一”（工商营业执照、组织机构代码证、税务登记证、社会保险登记证、统计登记证合为一证）版营业执照52份。

【实施“四大战略”】　2016年，蓝山县在商标、名牌、质量和标准化“四大战略”实施上都取得非常优异的成绩。截至12月，全县共获得3件省著名商标、3件市知名商标，新申报了3件省著名商标、7件市知名商标。获得1家湖南省名牌产品，2家永州市名牌产品。1家企业申报湖南省长质量奖，1家企业申报永州市长质量奖。蓝山县获得2016年质量强县先进县区。办理股权出质登记25笔，助企融资3020万元；办理动产抵押登记30笔，助企融资300万元。加强企业信用合同建设，指导3家企业获评2015年度省级重守企业。

**【加强食品安全监管】** 2016年，县市场和质量监督管理局认真履行食品安全综合协调职能，夯实食品安全监管的组织、制度保障基础，推动食品安全“三方责任”有效落实。加强源头把控，严格把控新发食品流通、餐饮服务以及食品经营许可证，新发放食品经营许可证171户；加强事中事后监管，组织开展食品安全放心行动等生产、流通、餐饮各环节专项整治40余次，积极做好禽流感防控、寨卡病毒防控、重要节假日的食品安全监管及保障工作。圆满完成市县人大食品安全“一法一条例”执法检查工作。在全市食品药品安全工作考核中获得第四名。创省级出口食品农产品质量安全示范区获批，全县食品安全形势总体良好。

**【特种设备安全监管】** 2016年，县市场和质量监督管理局坚持日常监察、重点检查和专项整治相结合，强化特种设备安全监管力度。出动检查人员1200人次，检查特种设备使用单位400余家次，日常监察工作行之有效。在节假日和重要活动期间，对全县所有的电梯、游乐设施、观光车、气瓶充装单位等进行安全检查，重点检查做到有的放矢。组织开展《中华人民共和国特种设备安全法》及电梯安全知识宣传，发放宣传材料2万多份。

**【保障“三品一械”安全】** 2016年，县市场和质量监督管理局组织开展药械经营企业许可初审等工作，完成药品经营许可证申办、变更、换发等现场验收、核查67家；医疗器械经营企业许可证换发、变更现场核查14家。扎实加强药械源头监管，实施药品生产企业新版GMP（Good Manufacturing Practice的缩写）认证1家、“药品生产许可证”现场验收1家。规范药械生产经营行为，开展医疗器械“五整治”（整治虚假注册申报、违规生产、非法经营、夸大宣传、使用无证产品等五种行为）回头看等专项检查20次，检查各类经营单位385家次。加强药品不良反应报告和监测，上报药品不良反应累计242例、医疗器械不良事件59例，完成“三品一械”（药品、保健食品、化妆品、医疗器械）抽检122批次。

**【反不正当竞争】** 2016年，县市场和质量监督管理局组织开展“助创业，保创新”专项整治、空气和饮用水净化类生活用品专项整治、打击侵犯知识产权和制售假冒伪劣商品专项整治、家具市场行业专项整治、红盾护农专项整治、虚假违法广告专项整治、质检利剑专项行动、直销市场专项检查、打击传销专项整治等10多个专项整治活动，对无照经营、制假售假、虚假宣传、违法传销等违法经营行为进行严厉打击。强化企业年报服务，认真做好宣传普及、咨询解答、操作指导等工作，2016年度企业年报率达到94.5%，在全市排名第三。按法律法规将351户市场主体列入经营异常名录，其中94户市场主体已申请移出经营异常名录。加强产品、商品质量监测，抽检家具、童装、汽车配件等各类产品、商品313批次，并对部分重点行业、单位进行集中行政约谈。开展电信、银行、供水、旅游行业合同格式条款专项整治工作，完成房地产行业合同格式条款备案10份。强化工业产品生产许可和认证认可监管，加强计量管理，开展加油机计费装置、出租车计时计费装置、定量包装商品量等计量专项监督检查15次。

**【做好消费维权工作】** 2016年，县市场和质量监督管理局整合原“12315”“12365”“12331”各个平台系统，建立县级投诉举报中心平台，24小时有人接听电话，办理各类投诉举报、意见建议1345件，办结投诉810件、举报329件、咨询及其他事项206件。开展诚信计量实事工程和健康计量惠民工程，完成流通领域强检计量器具免费检定2252台件。开展“两免费”检定工作，完成医疗机构661台件计量器具和农贸市场1258台件计量器具免费检定，检定合格率均为100%。

## 安全生产监管

**【概况】** 2016年，蓝山县以创省级安全生产示范县为统领，以“大创建、大保障、大整治、大执法、大宣传”为手段，狠抓责任落实、打非治违、风险管控、基层基础、宣传教育等工作，从而使安全生产责任得到更好的落实，安全生产隐患得到更快的整治，安全生产基础得到更强的夯实，安全生产监管能力得到更好的提升。截至2016年年底，全县共发生各类生产经营性安全事故7起，死亡9人，没有发生较大以上生产经营事故，全县安全生产形势继续保持稳中向好的态势。

**【创建省级安全生产示范县】** 2016年，蓝山县政府印发《蓝山县创建湖南省安全生产示范县工作方案》，开展创建省级安全生产示范县活动，力争2017年创建成功。县安委会印发《蓝山县2016年创建省级安全生产示范县工作实施意见》，全面推进示范乡镇、安全社区、安全园区、安全标杆企业、平安农机、平安交通、平安校园等创建活动。成立创建领导小组，负责组织实施创建实施方案，协调解决创建中的重大问题。各乡镇（场）、县直各单位都确定示范创建为“一把手”工程，确定1名副职负责，1名创建员专抓，一套创建方案，一抓落实到底的工作机制。按照“有班子、有专人、有经费、有任务”的要求，整合创建资源，县财政每年安排不少于200万元的创建经费，真正做到示范创建“有人抓、有人管、有钱用、有成效”。县直单位分别对口帮扶乡镇、企业创建。对帮扶创建的乡镇、企业每年不得少于2万元的帮扶经费，并列入年度考核内容，全力支持示范创建。对措施得力，工作突出，创建合格的单位给予重奖，对措施不力、落实不严、力度不够、进度不快的单位的党政“一把手”给予行政问责。3月30日，县委、县政府再次召开创建推动会，进一步明确县级领导分工负责，明确创建工作时间表，明确示范标准责任落实，明确创建达标的奖惩标准。明确规定对于创建合格的单位，县财政给予2万元奖励，对未完成创建任务单位的主要负责人行政问责。截至2016年年底，全县已创建省级示范乡镇4个（包括2016年创建的毛俊镇和祠堂圩镇）、市级示范乡镇13个（包括2016年创建的舜源街道和湘江源瑶族乡）。蓝山县政府被评为全省“平安校园”先进县。11月8日，全市交通安全现场会在蓝山召开，县交通局的典型作法深受全市交通系统的赞赏。

**【安全生产责任体系建设】** 2016年，蓝山县切实从组织保障、责任保障、经费保障、人员保障、考核保障五个方面入手，全面构筑安全生产责任体系。及时调整安委会成员，县安委会由县委书记总揽，县长任主任，县委副书记、人大常委会副主任、政府副县长、政协副主席等县级领导任副主任，县直各单位“一把手”为安委会成员，县安监局局长任安委办主任。各乡镇场、县直各单位也都相应的成立安全生产机构，每个行政村都按要求配备1名村干担任安全生产信息协管员，明确报酬与安全生产业绩挂钩，做到全县上下“有班子、有机构、有专人、有经费”，齐心协力抓好安全生产工作。全县上下对安全生产做到“高看一等、厚爱一等”，全年，县委常委会专题研究安全生产工作4次，县政府常务会议专题研究安全生产工作6次，并形成会议纪要，切实、及时、有效地解决安全生产工作中的问题和困难。按照“党政同责、一岗双责、失职追责”和“三个必须”的要求，突出“一把手”的责任落实，县委书记、县长对市委、市政府负责，乡镇党委书记、乡镇长对县委、县政府负责，企业法人对人民生命财产负责，推动安全生产责任的全面落实。全县140多个副科级以上单位都与县政府、各行政村与各乡镇、企业与行业主管部门均签订安全生产责任状，全县“横向到边、纵向到底”的责任体系已经形成。县政府在全市率先按照全县总人口数人均3元的标准安排120万元财政预算，用于安全生产监管能力建设，安排500万元的专项资金用于隐患治理，安排200万元的安全生产示范县创建经费。全县安监人员的岗位津贴全部由县财政统发，将安全生产的责、权、利有机的结合起来。县财政按照每个乡镇5万元的专项经费，用于基层监管执法设施设备建设。各乡镇（街道）均按照标准为安监站安排办公用房。县委、县政府高度注重安监队伍，认真落实《省委省政府办公厅关于加强县乡安全监管能力建设的意见》，优先考虑解决必需的执法监管力量。县安监局选调和公开招录9名工作人员已经全部到位。县委常委会、县政府常务会研究决定从大专院校毕业生中公开招录的26名乡镇安监员，2017年年初可招录到位。把安全生产考核评比摆在突显的重要位置，全县绩效考核评比中安全生产分值占10%，对安全生产进行单独考核。评选出先进单位22个、示范企业6家、先进个人45人。

**【烟花爆竹企业整体退出】** 2016年，蓝山县按照省市部署，多次召开县委常委会、政府常务会、群众动员会、听证会、现场会、推进会等专题会议，对全县32家烟花爆竹企业整体退出进行安排布置。出台《蓝山县引导烟花爆竹企业自愿退出工作实施方案》和《蓝山县引导烟花爆竹企业奖励和补助实施办法》，成立由县委书记总揽，县长任组长，四大家班子成员任副组长的引导退出工作领导小组。采取“严格执法、细致工作、奖补鼓励、法律手段”相结合的倒逼措施，制定“一对一”的工作机制（一名县级领导、一个责任单位、一名乡镇干部、一名安监人员），实行退出包干责任制，分别组织32个工作队，深入企业耐心工作，引导退出。同时，公安、林业、国土、税务、市管、交通、安监、环保等职能部门紧密配合，组成联合执法组，按“三个一律”“五个严格”“八个必须”的原则，全天侯蹲点企业，依法依规倒逼企业退出。全县32家企业均全部作出书面自愿退出申请，21家企业已与所在乡镇签订退出协议。出台《蓝山县烟花爆竹经营布点方案》，对经营市场进行地毯式的“清剿”，组织公安、交通、市管、安监等部门全面清剿“下店上宅”“前店后宅”“杂货混卖”安全距离不够等隐患和监管执法，查封违法经营点35家，治安拘留5人，扣押烟花725个、爆竹3500件，其他违禁爆竹400多个，烟花爆竹市场得到进一步规范。

**【重大隐患整治】** 2016年，蓝山县按照“全覆盖、零容忍、严执法、重实效”的要求，突出对矿山、危化、交通、油气管道等13个重点领域的隐患和问题排查整改。按照“一处安全隐患，一名县级领导，一个工作方案，一套工作班子，一抓到底”的要求，对排查的重大安全隐患，实行整治挂号，限期整改到位。全年，投入安全风险隐患治理资金800余万元，省市县交办的重大安全隐患都已全部整改到位。另外，采取乡镇为主，领导带队，部门牵头，专家检查的办法，排查出各类安全隐患1800处，现场整改1712处，限期整改88处。

【职业病防治】 2016年，县委、县政府制订《2015—2020年职业病防治规划》。着重抓好职业病防治机构建设，县疾控中心经过多年努力获得职业健康服务的丙级资质，是全市仅有的取得该资质的两家县级医疗服务机构之一。狠抓基础工作，对全县16个乡镇（街道）149家企业的近7000个工作岗位进行摸底调查，充实完善数据库，为全县职业病防控打下数据基础。开展“职业病防治宣传周”活动，投入经费5万余元，发放宣传手册3万余份。督促企业落实职业病防治的主体责任，2016年完成签订开展职业卫生现状评价的企业8家。依法督促企业对有毒有害岗位进行职业病防治体检1500余人，对违反《中华人民共和国职业病防治法》的3家企业实行立案查处，职业卫生违法行为得到有力的惩治。

【深入推进依法治安】 2016年，蓝山县以“监管执法年”为主线，狠抓安全生产监管责任和执法的落实，努力实现“三个转变”，推动安全生产法制化、规范化、常态化。着力引导32家烟花爆竹生产企业、1家非煤矿山（双飞采石场）、3家危险化学品经营单位有序关迁转退。吊（注）销43家烟花爆竹零售户的相关证照。出台《蓝山县安全生产风险管控工作实施方案》，做好危险源“一企业一台账”，建立“红、橙、黄、蓝”风险管控档案和责任清单，推动全县传统安全管理后现代风险源管理转变。提高企事业单位事故救援和应急处置能力，修订、编制各类应急预案100余份，先后在非煤矿山、加油站、学校等单位开展200余场次安全生产应急演练，健全完善企事业单位事故救援和应急处置能力。按照开展监管执法年的要求，编印《蓝山县安全生产监督检查指南》，全面使用省安全生产监管执法软件系统开展计划执法检查。全县共开展执法行动771次，检查各类生产经营单位2012家，立案处罚101起，经济处罚300余万元，责令停产停业17家，行政拘留13人，刑事拘留1人。严格按照“五个一律”要求，对非法违法生产经营和建设行为实行重拳打击。县政府成立以县长任组长，常务副县长任常务副组长，相关部门“一把手”为成员的“打非治违”工作领导小组。抽调专人成立烟花爆竹、道路交通、建筑施工等9个行业领域打非治违工作队，安排专项经费，对全县各行业进行拉网式全覆盖监管执法。充分利用社会力量、媒体曝光、舆论监督的作用，实现安全工作信息快速畅通、非法违法行为无处可藏。截至10月底，全县共组织开展集中监管执法行动803次，出动执法人员6100人，打击取缔非法违法行为175处，抓捕涉嫌人员13人，关闭企业2家，暂扣安全生产证2家，责令停产整顿16家，收缴非法所得30余万元。7—12月，县委常委会、县政府常务会（政府党组会议）安排布置“三大行动”，共组织166个督查组，监督检查企事业单位1339家，发现安全隐患724处，责令当场整改201处，责令限期整改523起，责令停产、停业、停止建设24家，暂扣吊销有关许可证54个，强制关闭企业3家。

【安全生产宣传教育】 2016年，蓝山县大力宣传安全生产，努力提升全社会安全意识。先后投入30万元，在工业大道、东方大道、古城路建设5公理安全文化长廊，制作不锈钢宣传版面22块，宣传喷绘300余处，投入20余万元设立大型安全生产宣传牌2块。设立安全广告宣传牌80余个，张贴警示标语1万余条，各乡镇场、县直各有关部门都有自己的宣传橱窗。村和企业也办宣传墙报，发放安全生产宣传资料，县城大型电子视频每天播放宣传短片，定期给手机用户发送提示警语，县级主流媒体开放安全生产事故警示，安全知识讲台等固定栏目。在蓝山县举办永州市安监杯第二届气排球比赛活动，200名安监健儿汇聚蓝山，活跃安监文体生活、展现安监风采，提高安监声誉，扩大安全宣传，营造大宣传的氛围。通过开展安全生产知识竞赛，演讲演出，安全征文竞赛等形式提高全民安全生产意识，参赛人员涉及党政领导，企业法人，企业员工，安监人员以及社会各界人士达5000余人，对获奖人员发放资金奖品3万余元。安全生产咨询日，由县级领导带领组织安监、公安、交通等24个部门搭台设点，出动宣传车24辆，摆设宣传版面318块，发放宣传资料3万余份（册），悬挂宣传栏270余幅，现场接受群众咨询2万余人（次）。通过张贴标语，发放知识书籍，文艺汇演，知识竞赛等活动扎实推进安全生产宣传教育进企业、进学校、进机关、进社区、进农村、进家庭、进公共场所等“七进”工作。在各类媒体发表安全生产信息报道、新闻、文章等300余篇，其中蓝山红网媒体发表220篇，永州日报、永州新闻网、永州安全生产信息网75篇，《湖南法制周刊》《安全与防灾》等12篇。广泛地宣传和推广蓝山县的安全生产工作经验。安全生产“三个一课”（安全生产纳入年度县委中心组学习、科干培训、全县普法考试及学生入学开课内容）制度进入常态，对3100名新工人进行安全教育第一课的培训。提高安全生产意识和业务技能，对210名企业负责人进行业务培训，对350名安全管理人员进行知识更新学习，对全县90名安监员进行轮训。组织督促300名特殊工种人员参加技能培训考核，确保企业主、安全管理人员、特种作业人员100%持证上岗。

## 市场管理

【县城新市场建设】 2016年，蓝山县启动县城第三农贸市场建设工作，完成总面积15211平方米用地征地工作。启动竹木生产加工市场建设工作，完成总面积8万平方米用地征地工作。建设县城水果市场，该市场位于县城市政广场附近，占地约2000平方米，设置30个水果批发铺面，正进行基础设施、设备建设。

【县城一、二市场建设改造】 2016年，蓝山县对县城二市场进行建设改造工作，其市场基础设施配置、建设规模、服务设备等硬性指标均达到省级农贸市场标配标准。对县城一市场进行第三期建设改造工程，增添宰杀、隔离、操作、三防等设施设备，建设消防水池、水冲式公厕，设置农残检测室。同时，对市场的停车场、疏导通道、车辆环流、封闭式垃圾中转站等基础设施做新的规划和设计。一市场基础设施建设，达到县级样板农贸市场标准。

【乡镇农贸市场建设与改造】 2014年，县委、县政府启动城乡农贸市场三年标准化建设改造工作，截至2016年11月，完成塔峰一市场、二市场、蓝屏、洪观、祠堂圩、浆洞、大麻农贸市场等建设改造工作；正在建设改造新圩、土市、楠木桥、正市、所城农贸市场；完成大桥、火市、竹管寺农贸市场建设改造工作项目设计、审计工作。

【市场管理】 2016年，县市场服务中心以塔峰一市场为试点，积极探索、创新国有设施租赁管理模式，大胆采用公开招标、优先选择的办法对市场内所有承租的基础设施进行公平、公开、公正招租，改变过去市场商铺、场地、摊位年复一年单一的低标准、低起点、低收费的招租方式。全面开展制度化管理市场，逐步出台、制定、完善《创文明市场、卫生市场工作制度》《市场精细化管理细则及考核办法》《员工联系经营户制度》等一系列市场管理制度，市场服务管理工作各项逐步走向制度化、规划化、精细化。紧紧围绕创建文明市场、卫生市场、绿色市场这一工作指向，加大农贸市场建设改造力度，逐步完善县

城城区农贸市场软件和硬件设施建设，

## 公共资源交易

**【概况】** 2016年8月1日，蓝山县成立公共资源交易中心（以下简称交易中心），编制16人，为蓝山县人民政府办公室下属正科级公益二类事业单位。设办公室（含财务、监控等）、工程交易股、政府采购交易股、国土资源、国有产权及无形资产交易股。中心建有评标室1个、开标室1个、标准监控室1个、档案室1个。

**【平台运行情况】** 2016年8月1日成立至2016年年底，蓝山县公共资源交易中心累计进场交易529宗，成交金额20749.58万元（不含招商招标）。其中，工程建设交易27项，成交金额9213.5万元；政府采购502项，成交金额11536.08万元，比预算金额12445.13万元，节约资金909.05万元，资金节约率7.3%。自成立至2016年年底，交易范围逐步拓宽，除国土资源交易以外，其余项目基本进入交易平台进行交易。在实践运行的基础上，建立完善"蓝山县政府投资工程招标代理机构备案库"。蓝山县人民政府下发《蓝山县加强国有资金投资项目管理若干规定》，使招标代理机构选择和招标采购行为更加规范。

# 工　业

## 工　业

【概况】　2016年，蓝山县规模以上工业总产值108.3亿元，同比增长26.9%。实现规模工业增加值284229万元，同比增长7.7%，规模工业增加值占生产总值比例29.3%，实现销售总产值107.8亿元，产销率99.5%。工业企业实现税金10565万元，同比增长9.6%。工业用电量33669万千瓦时，同比下降6.37%。新增规模工业企业18家，退出12家，规模企业总数85家。完成工业固定资产投资480907万元，同比增长32.6%，完成技术改造投资84790万元，同比增长36.6%。清洁能源、生态石材、加工贸易、循环冶炼等26个工业能源类项目开工建设。

【信息化基础设施建设】2016年年初，蓝山县成立信息化基础设施建设指挥部，统筹推进全县移动通信网络基础设施规划和建设工作。全县信息化基础设施项目建设累计投资达到15707.4万元，完成年度重点项目计划任务的157.07%。全县共完成通讯基站建设882个：其中移动公司完成通信基站261个，2G基站201个，4G基站255个；铁塔公司接收全县3家运营商存量基站157个（新建基站64个，共享基站93个）；联通公司新建3G、4G基站8个。全县完成光缆线路铺设工程160余千米。

【节能降耗】　2016年，蓝山县引进低能耗产业，淘汰高能耗产业和对企业的技术改造，对被湖南省、永州市列入淘汰落后产能的企业，坚决淘汰，降低能耗，提高资源利用率。全县规模以上工业综合能耗为48125吨标准煤，万元规模工业增加值能耗0.169吨标准煤，实现万元规模工业增加值能耗下降率21.8%。

【轻纺制鞋】　2016年，蓝山县轻纺产业实现总产值42.16亿元，产品销售率达到99.6%，占全县规模以上工业总产值的38.9%。园区集聚规模以上轻纺企业24家，占全部规模工业总户数的28.2%，其中年产值5亿元以上企业2家，亿元以上企业10家，直接从业人员近万人，实现利税3.56亿元。承阳、湘威、加伟、德晟、卓华等企业相继落户，从最初来料加工发展为原料加工、产品设计、成型、产品出口等较完整的生产销售产业链，并向产业链前端延伸和集聚，真正实现“一件衣”“一双鞋”　“一条裤”生产成型。

【企业服务】　2016年，蓝山县认真贯彻落实国家、省、市扶持中小微企业发展相关文件精神，紧抓转型发展、安全发展、服务企业这条主线，立足于完善服务功能，全面加强服务体系建设，推进转型发展，强化自身建设提升服务水平，促进全县中小企业平稳较快发展。通过全面实施“营改增”、落实增值税（消费税）优惠政策、降低社会保险费、落实电价调整政策、降低企业融资成本、降低运输成本、加强涉企中介治理等多项减负措施，累计减轻企业负担1273.35万元。落实中共湖南省委湖南省人民政府《关于加速推进新型工业化进程的若干意见》文件精神，对中小微企业自主研发，开发新产品，新获得国家专利、湖南省著名商标、永州名牌、新入统规模工业企业、纳税超过100万元、毛针织产业升级的企业进行奖励补贴，共发放奖补资金96.4万元。组织企业申报省级项目，向上争取资金，10余家工业企业共获得湖南省专项扶持资金1348万元，创历史新高。切实做好县中小企业公共服务平台的运营工作，在湖南省经信委《关于中小企业公共服务窗口平台2016年运营绩效考核排名的通报》中，蓝山县综合窗口平台在2016年度县（市）区窗口平台运营情况未建实体平台运营指标排第16位。加大对企业经营管理人才培训力度，组织8位企业高管参加省经信委组织的国家银河培训工程，组织12位企业高管参加市经信委“携手行动”，举办中小微企业经营管理人才、企业知识产权培训会、电子商务SIYB创业培训班，共培训236人，提高中小企业协同创新、精益生产、管理等能力。

**【墙改推散工作】** 2016年，蓝山县新型墙体材料生产和散装水泥推广应用均有明显提高，节能建筑有较好发展，全县“禁实推新，禁现推散”工作呈现较好发展趋势，为蓝山县两型社会建设、节能减排和低碳经济发展发挥作用。2016年，蓝山县新墙材企业10家。8月，因城区规划建设需要，宏发页岩环保砖厂停厂。墙材标砖总产量1.19亿块，占新型墙体材料产量的81%。折合节约土地194.6亩，节约能源7377.8吨标煤，综合利用工业废渣3.7万吨，减少二氧化碳排放1.84万吨。县内实心黏土砖企业待关停的9家，2016年关停3家，关停总产能1200万块标砖。10月，经蓝山县人民政府常务会议通过墙改专项基金提至省定标准征收报告，12月1日起按省定标准10元/平方米执行。2016年，墙改专项基金征收总额96.67万元，并按要求足额上缴省级国库。蓝山县在建的建筑工程基本使用新型墙材和散装水泥，使用新型墙材（含页岩砖）率达81%。

**【加工贸易产业】** 2016年，蓝山县工业园区以湘威制鞋、承阳针织、卓华服装等为代表的传统加工贸易龙头企业累计进出口额约占全市加工贸易总额的1/3。以高信电子、昇悦玩具等为代表的新兴产业全年新引进入园规模工业企业有9家（豪通电子、舜蓝米业、蓝腾电子商务科技、浩鞋竹制品、鑫湘混凝土有限公司、金色盆地、蓝绿色生态茶油综合加工厂、佳诚机械、佛山驰援五金）。电子商务工作开展有声有色。蓝山县招商小分队赴上海、广州、东莞、深圳、珠海开展对接珠三角系列招商活动，在“沪洽周”成功签约“郁葱林业产业园”“金属盆地竹木生态产业园项目”两大项目，总投资超10亿元人民币；投资额达20亿元的生态石材产集群又增添“佳诚机械设备项目”“佛山驰援五金工具”项目共两家配套服务企业入驻石材产业园；以高信电子为龙头企业的电子产业园引来上下游产业链企业30余家；华侨产业园10余家企业准备入驻，包括”中国电建”“银阳新能源”等光伏发电企业；印尼BSB公司投资的五星级酒店正在筹备当中；香港铜锣湾集团投资20亿元的城市综合体项目基本达成共识；集葡萄种植、加工、红酒酿造、旅游、餐饮于一体的农业龙头项目“花果农庄”，已经完成建设并投入经营。组织企业走出去参加“加博会”（参展企业为昇月玩具）、第四届湘南投洽会（邀请10余名企业家参会，三峰茶业、鑫旺竹木、蓝腾电子参展）、湖南湘博会（香花合作社参展）、东盟湖南名优特产交易会（三峰茶业、鑫旺竹木参展）、深圳高新科技交易会（金三川参展）等各类展会，对提升企业的知名度，扩展企业的国内外销售市场效果明显。完成“破零倍增”，进出口“倍增”企业蓝山县鑫旺竹业有限公司和蓝山金山川粉末冶金有限公司进出口业绩实现倍增；“破零”企业有5家：蓝山县盛金贸易有限公司、蓝山县恒耀贸易有限公司，三峰茶业、高信电子、迈斯特公司，全年进出口企业“破零倍增”任务顺利完成。同时，积极为企业争取项目资金，增强外贸企业凝聚力。2016年，蓝山县科商粮经信委向湖南省科学技术厅争取发展开放型经济各类扶持资金286万元。

**【新型工业化】** 2016年，中共蓝山县委、蓝山县人民政府高度重视推进新型工业化工作，把推进新型工业化作为发展县域经济的第一抓手，强力推进。书记、县长亲自调度新型工业化工作，定期听取工作汇报，随时帮助解决推进新型工业化工作中的困难和问题。继续实行县级领导联系重点工业项目制度。制订《蓝山县2016年重点项目安排方案》，继续实行每个重点项目由一名县级领导挂帅，一个部门负责，协调解决项目建设和企业发展中的重大问题，促进蓝山县重点项目和工业企业健康发展。强化政策支撑，出台《蓝山县2016年推进新型工业化考核办法》《蓝山县重点项目台账式管理制度》《蓝山县创新创业专项资金管理办法（试行）》和关于印发《蓝山县2016年扶助小微企业专项行动实施方案》的通知等一系列文件，通过政策鼓励大众创业、万众创新，鼓励企业技术创新和加快技术改造，扶持企业做大做强，利用石材资源打造石材强县，掀起发展工业企业的新高潮。完善工作机制，建立蓝山县推进新型工业化工作例会制度，定期召开推新工作和经济运行调度会，专题研究工业园、重点项目、产业发展等推新工作，研究加速推进新型工业化的发展战略、发展规划，明确和落实目标任务，协调解决推新过程中的重大问题，促进工业经济健康快速发展。对全县各乡镇（街道）、县直相关单位进行推进新型工业化工作考核，强力助推工业发展。强化经费保障，将推进新型工业化引导资金在2013年500万元的基础上提高到660万元，增长10%，并列入财政预算，用于全县推进新型工业化工作经费、相关奖励和扶持政策。出台《蓝山县2016年推进新型工业化考核办法》，积极引导规模工业企业入统和加大技改投入，规模以上工业继续保持平稳快速增长。2016年全县规模以上工业完成总产值108.3亿元，增长26.9%；规模工业完成增加值28.4亿元，增长7.7%。新增入统规模工业企业18家，工业用电量增长在全市排前三名，培育小微企业339家；新增过亿元企业户数16家；生态石材、轻纺制鞋、电子信息等主导产业完成产值93.7亿元，增长21.5%，规模工业总产值、工业用电量、工业实缴税金等主要统计指标匹配质量不断提高。规模以上工业经济总体保持平稳增长。重点骨干企业支撑明显。湘威全年完成产值4.8亿元，同比增长2.5%；承阳完成产值9.05亿元，同比增长52.1%；必达电线完成产值6.98亿元，同比增长26.1%；卓华完成产值3.7亿元，同比增长26.6%；德晟完成产值4.56亿元，同比增长23.3%；三峰茶业完成产值3.4亿元，同比增长36.2%；金山川粉末冶金完成产值2.35亿元，同比增长33.5%；华兴工具完成产值5.19亿元，同比增长15%；电力公司完成产值2.16亿元，同比增长11.6%。这9家重点骨干企业共计完成产值42.38亿元，占全部规模工业企业总产值的39.6%。规模以上工业主导产业来势较好，其中规模以上轻纺制鞋产业全年实现总产值38.9亿元，同比增长34.7%；电子信息产业实现总产值9.69亿元，同比增长37.8%；建材产业实现总产值9.8亿元，同比增长57.9%；农产品精深加工产业实现总产值13.69亿元，同比增长35.5%。

【主导产业】 2016年，蓝山县主导产业增势强劲。规模以上工业主导产业作用显现。全年规模以上轻纺制鞋产业实现总产值38.9亿元，同比增长34.7%；电子信息产业实现总产值9.69亿元，同比增长37.8%；建材产业实现总产值9.8亿元，同比增长57.9%。三大产业全年完成产值58.39亿元，同比增长36.1%。骨干企业发展强劲。承阳完成产值9.05亿元，同比增长52.1%；湘威完成产值4.8亿元，同比2.5%；必达电线完成产值6.98亿元，同比增长26.1%；卓华完成产值3.7亿元，同比增长26.6%；三峰茶业完成产值3.4亿元，同比增长36.2%。这5家重点骨干企业共计完成产值27.93亿元，占全部规模以上工业总产值的27.3%，重点骨干企业对规模工业的带动和拉动作用突出。

【项目建设】 2016年，蓝山县高信电子工业园投入生产；承阳二期扩建工程厂房建成投入使用；归雁创业园入园企业19家，其中16家开工建设，10家企业投入生产；风能发电项目四海坪风电场已经动工建设，其他风电场正在向湖南省发改委争取路条，2017年上半年可开工建设；湖南省华侨产业园、湘江源皮具皮革产业园落户开工。

【扶持与服务】 2016年，蓝山县强化政策扶持，政府激励机制形成新动力。将有关法律法规和国家、省市制定的减负、惠企政策落到实处；制订并下发《2016年全县减轻企业负担工作方案》和《关于进一步降低企业成本优化发展环境的若干意见》进一步降低企业成本，减轻企业负担。出台《蓝山县2016年推进新型工业化考核办法》，为扶持中小微企业的发展提供政策依据。660万元推进新型工业化引导资金主要用于兑现《蓝山县2016年推进新型工业化考核办法》《关于加快蓝山县承接产业转移发展开放型经济的若干政策规定》《关于加速推进新型工业化的若干规定》的相关奖励和扶持政策。支持中小微企业技术进步和技术改造，实现全面转型跨越发展。对自主研发新产品、新入统规模工业企业和纳税超过100万元的企业进行奖励；蓝山县财政继续扶持毛针织产业升级，鼓励企业大力发展电脑针织横机，2016年发放技术改造补助30万元；积极向上争资跑项，指导帮助纺织产业园、太平湘发、金山川、必达电线等企业组织申报材料，争取省里专项资金，全年共向省里争取专项扶持资金445万元，创历史新高。同时，整合社会资源，做好蓝山县中小企业公共服务平台运营工作，为全县中小微企业提供网上服务及线下服务。

【成功创建“国家级出口食品农产品质量安全示范县”】 2016年，蓝山县经过国家质检总局的考核，《质检总局关于公布2016年国家级出口食品农产品质量安全示范区名单的公告》批准蓝山县为国家级出口食品农产品质量安全示范区。

【被授予“湖南省科技成果转移转化示范县”称号】 2016年，经初步审查、专家评审、现场考察、湖南省科学技术厅厅务会议集体研究、立项公示等程序，湖南省科学技术厅《关于下达2016年度省科技成果转移转化示范县项目的通知》，授予蓝山县为全省15个之中、永州市唯一的“湖南省科技成果转移转化示范县”。认定的高新技术企业已达2家（金山川、新顺农牧）。2016年，蓝山县新入统高新技术企业33家，完成高新技术产品增加值10.33亿元，增长31.8%，增幅排全市第一，高新技术企业及产值快速增长；专利行政执法立案假冒专利案件20件，专利纠纷案件2件，全部按期结案，结案率保持100%。

## 电 力

【概况】 2016年，蓝山县电

力部门围绕县委、县政府中心工作任务，科学谋划，精心部署，上下凝心聚力，振奋精神，以深入开展“两学一做”学习教育为契机，以指标为引领，以问题为导向，精确定位，精心组织，精益管理，精准发力，通过坚持不懈的艰苦努力，圆满完成年度工作目标任务。1—11月完成销售电量2.7亿千瓦时，同比减少6.96%，其中：大宗工业用电量6065万千瓦时，同比减少15.84%；实现销售收入18363万元，较2015年的18010万元，同比增加353多万元，增长1.96%；完成内部利润-1384.55万元，比上年同期减亏775万元，同比减少亏损36%；边际贡献同比增加2065万元。

【电网规划设计】 2016年，国网蓝山县供电公司配合市电力设计院完成蓝山县十三五规划，目标网架不断完善，并分别于7月7日和8月26日通过县政府和市政府的评审。完成2017—2018年项目储备工作，优先对未改村、贫困村和中心村的电网改造进行储备，对优选排序靠前的项目完成初步设计工作。2017年储备项目已通过评审，计划投入建设资金1.2亿元，改造39个行政村5条10千伏线路，并计划对全县的所有户表进行集抄改造。

【农网改造工程】 2016年，蓝山县完成2015年度增补农网改造升级工程2400.8万元，包含27个行政村7802户的农村电网改造；启动2016年度已批复计划1962.96万元，包含8个行政村7个县城配电台区和全部公专变集抄改造。工程已全面开工，完成工程量50%，完成投资981万元，计划2017年1月完成全部施工任务。

【变电站建设】 2016年，投资1550万元的35千伏土市变电站工程，因项目所在地马guo村民阻工，导致建设进展很不顺利，仅完成工程量80%，工程进度严重滞后于里程碑计划。

【保电任务】 2016年，国家网电蓝山县供电公司严格按照县委、县政府要求，优化方案和措施，认真组织开展春节、“两会”、梨花节等重大节日、政治会议、旅游活动、重大工程项目、烤烟生产以及高考、中考等保电工作，通过公司上下全体员工的共同努力，全年所有节日、活动期间，没有发生停电事故，完成保电工作任务。

【县城扩容提质改造】 2016年，县城扩容提质改造工程共涉及新城区主次干道3条，需搬迁和改造输配电线路3条3千米，总投资558万元。指挥部要求线路搬迁改造必须与城市扩容提质改造工程提前实施或同步推进，时间紧，任务重，公司为按时优质完成线路改造施工任务，成立以总经理为组长，抽调精干力量组成专项工作领导小组，多次召开专题会议，深入研究，优化方案，严密组织，精心施工，按时间节点要求完成各项搬迁改造施工任务。

【电力调度大楼建设】 2016年，县委、县政府高度重视电力调度大楼建设项目，成立项目指挥部，各职能部门积极给予支持配合，项目用地办证工作进展顺利，完成建设项目征地工作，取得建设项目选择意见书、建设用地规划许可证、国有建设用地划拨决定书，具备开工建设条件。电力调度大楼建设用地位于县城新规划的行政办公区域内，西侧创业大道，与110千伏牛承变电站隔路呼应，南面承丰大道，与规划五星级大酒店隔路相望。项目用地面积13340平方米，计划总投资2980万元，建设调度大楼一幢，六层框架结构，占地面积1067平方米，总建筑面积5745平方米，主楼六层，副楼二层，建筑高度23.1米，工程计划2017年7月开工，2018年12月竣工交付使用。省、市电力公司已将项目列入2017年小型基建投资计划，委托设计单位开展总体规划、可研设计，完成项目可行性研究报告编制和地质勘探等工作，并通过省电力公司初审，正在报送国网公司评审批复。

## 工业企业改制服务

【企业改制】 2016年，县工业企业改制服务办公室先后对鞋厂、纸厂、五金工具厂3个企业班子进行换届选举，基本做到企业的事有人管有人做，不失控。4月，与所管辖的集体企业签订社会管理综合治理、安全生产、信访维稳、党建工作、计划生育、“三创”、平安创建、廉政建设等目标管理责任状，对各项工作加强调度和督促检查。为推进县鞋厂、纸厂、五金工具厂3家企业改制工作，在取得初步数据的基础上，县工业企业改制服务办公室制订改制方案交由职工大会讨论，征求职工意见，统一思想认识，然后向县政府写出集体企业改制方案报告，报县政府审批。截至2016年年底，所属企业均做好改制的一些基础工作。

【维护稳定】 2016年，县工业企业改制服务办公室按照县委要求，深入开展“两学一做”学习教育，结合工作实际，合理安排学习时间学习“四讲四有”等规定的内容，党员还做到边学习边下企业走访调研，边做职工的思想稳定工作，开展谈心交流思想，注重抓好企业职工的思想教育和职工队伍管理，对信访老户做好说服解释和教育工作，达到稳控目标。对可能发生的群体事件，作出相应的防范和化解措施。认真做好各类信访人员的接访工作，时刻保持高度的政治敏锐性和接访措施的灵活性，没有出现群体性职工游行集会事件和群体性越级上访事件。

【安全生产】 2016年，县工业企业改制服务办公室对各企业的危旧厂房、职工宿舍等逐一进行检查，并下发整改通知，对可能引起人身安全事故的隐患进行排查和整改。先后对县制鞋厂靠明德小学的一排仓库（系危房，经常掉瓦片，且已坍塌一部分）拆除，消除时刻威胁明德小学师生人身安全的重大隐患。并先后对县制鞋厂、五金工具厂沿路沿街的危房进行拆除或加固或在危险区域加安全防护栏和加挂警示牌等措施来防范安全事故的发生。对县纸品厂、县瓷厂的危房加以推平，以彻底排除安全隐患。全年共拆除危房2000平方米，搭建防护围栏180米，修理危房面积600平方米，清除废旧消防池1处，加挂警示牌10块。还购买灭火器2个、加设监视摄像头3个，拆除存在安全隐患围墙50余米。为落实安全整改措施，全年开支约20万元。

【职工就业】 2016年4月28日，县工业企业改制服务办公室邀请县就业局领导到办公室给各企业宣传就业方面的优惠政策，还对有就业意向的职工和职工子弟进行摸底调查，掌握职工和职工子弟就业意向和相关信息，促成部分职工和家属子女的就业。募集各类资金共16万余元用于春节走访慰问，为所辖企业近600名困难职工（退休）“送温暖”，解决特困职工春节过节的问题。

【“三创”工作】 2016年，县工业企业改制服务办公室认真开展创文、创卫、创园县城活动，投入6万元对办公室原旱厕垃圾进行清理，并砌围墙、对旧花坛垃圾清理改造，新建120平方米的小区花园。按照“三创”工作要求，投入约3万元用于“三创”宣传墙（栏）的建设及版面更新。安要求完成创卫宣传、文明劝导、清扫分配路段，配合南门社区创卫、联系东侧村创卫、湘粤路与塔峰路交汇处的交通文明劝导执勤，新民路至新建路口文明劝导等工作。

## 国网蓝山县供电公司

【概况】 国网湖南省电力公

司蓝山县供电分公司简称国网蓝山县供电公司，前身为蓝山县水电总公司，成立于2009年12月。2010年2月1日，由国网湖南省电力公司代管，2016年1月1日上划省电力直管，隶属于国网永州供电公司。2016年，公司有在职员工303人，退休职工14人。内设综合管理部、发展建设部、调度控制分中心、营销部、运维检修部、安全监察质量部、财务资产部、恒蓝电力服务中心、生产技术部等9个部门，下辖五里、竹市、楠市、毛俊、坪山5个乡镇供电所。县内电网共有220千伏变电站1座，主变容量180兆伏安；110千伏变电站4座，主变6台，容量186.5兆伏安，110千伏线路6条，总长度70.86千米；拥有35千伏变电站5座，主变10台，容量57.5兆伏安，35千伏线路15条，总长度112.38千米；10千伏公变826台，专变1131台，容量242兆伏安，10千伏配电线路52条，总长度1346.24千米，全县共有客户9万余户，年均售电量约4亿千瓦时。

【发展改革】　2016年，国网蓝山县供电公司完成由代管到直管的转型，奠定蓝山电力跨越式发展划时代的里程碑。公司主动适应省市公司严抓严管要求，加快管理接轨步伐，通过坚持不断改革创新，强化内部管理，协调外部发展环境，破解发展难题，化解改革矛盾，稳定员工队伍，经营管理不断规范，经营业绩和管理水平逐年提升，管理体制改革取得重大突破，“三集五大”（人力资源、财务、物资集约化管理，大规划、大建设、大运行、大检修、大营销体系）改革顺利完成，“五位一体”“三系一创”工作全面落地，出色地完成公司管理的全面并轨工作。

【安全生产】　2016年，国网蓝山县供电公司始终坚持“安全第一”，坚持严抓严管，深入推进安全生产精益化和标准化管理，扎实开展安全大检查和隐患缺陷排查治理，安全管控不断加强，员工安全意识普遍提高，没有发生省、市公司和县委、县政府考核的各类事故及省、市公司查处的严重违章，安全生产局面持续稳定，截至2016年12月底，电网安全稳定运行2500天，公司连续3年获得“蓝山县安全生产先进单位”荣誉称号。

【经营管理】　2016年，国网蓝山县供电公司供电量增加到3.42亿千瓦时，同比增长18.12%；电费收入增加到2.01亿元，同比增长12.3%；公司年工资总额增加到2160万元，员工工资收入及福利待遇呈阶梯状增长。国网蓝山县供电公司始终高度重视员工队伍建设，认真贯彻落实党的路线、方针、政策，深入开展“转守强”“三严三实”等系列实践活动和“两学一做”学习教育，认真落实国家电网公司，省、市电力公司有关工作要求，大力开展作风建设和员工队伍建设，不断提高员工政治思想水平。积极组织开展或参加市县组织的各类文体活动，丰富员工业余生活，搭建企业与员工沟通平台，关注离退休老同志健康，关心困难职工生活，积极开展帮扶走访慰问，主动为员工排忧解难，确保员工队伍的长期和谐稳定。2016年，国网蓝山县供电公司没有发生群体性越级上访事件，为公司的健康发展打下良好的基础。

【电网建设】　2016年，国网蓝山县供电公司强力推进电网建设，积极争取湖南省电力公司的支持，加大电网建设投入力度，着力推动智能电网建设，确保输、配电网的均衡发展，不断提升蓝山县电网的技术水平，使蓝山县电网的供电能力和电力质量得到大幅提高。通过公司的精心组织施工，强化项目管理，全面完成年度建设任务。投资1550万元的35千伏土市输变电工程取得阶段性进展，计划2017年竣工投运；全年完成2015年度增补农网改造升级工程

2400.8万元，包含27个行政村7802户的农村电网改造；2016年度农网改造升级项目全面启动，计划投资1962.96万元，2017年6月完成全部施工任务。电网规划和项目储备实时展开，顺利完成年度电网规划滚动修编和“十三五”电网规划编制工作。蓝山电网主网电压成功升级，电源瓶颈得到根治，蓝山电网正朝着坚强智能电网方向发展。

**【生产管控】**　2016年，国网蓝山县供电公司高度重视配网治理专项工作，成立“治配网”工作领导小组，多次召开配网治理专题会议，研究剖析配网频繁跳闸停电原因，及时制订整治方案，强化责任落实，多举措治理10千伏配电线路频繁跳闸停电问题，不断提高配电线路精益化管理水平。强化砍青扫障，减少线路故障，降低跳闸率。全年配网线路共砍青扫障792千米，砍青5218处、28988棵，线路通道基本整治到位。加快设备改造，消除配电缺陷。全年发现设备隐患212条（处），消除配电缺陷204条（处），消缺率达96%，共改造10千伏线路12处/10.54千米，低压线路22处/3.64千米。制定“一线一方案”，重点治理频繁跳闸线路9条。公司主要领导带头深入供电所现场巡线近232千米，督办砍青消缺102处，增设线路分段开关12台、安装防雷绝缘子121组、故障指标器46组。配网治理专项行动取得显著成效，10千伏配电线路跳闸率大幅下降，由4月的47次下降为12月的11次，比2015年同期下降51.6%。螺土线等9条频繁跳闸线路运行状况得到极大改善，供电可靠性和供电质量大幅提升。

**【营销管理】**　2016年，国网蓝山县供电公司按照永州市供电公司“治配网、降线损、控投诉”专项工作的统一部署，强力推进降损工作。公司成立降损工作领导小组，进一步明确各部门工作职责，并从农维费用中挤出专项资金进行降损奖励，提高降损工作积极性。加大10千伏线路和台区线损整治力度，严格实行绩效考核制度，全面清理大数据平台挂接关系，维护大数据系统，清理大量错挂、乱挂台区，添加漏挂台区39个，人工创建系统缺失台区和关口21个，清理高供高计的公变及高供低计专变，核查理论线损与实际的差距。按照要求完成变电站关口表计的集抄改造，并在同期系统进行建模，实现用电采集和同期系统的上线。摸排出缺失或有故障的变压器各侧考核关口表计33处，并制定改造计划，为下一步准确计算“分压”线损创造条件，为有针对性地降损打下基础。通过采取一系列治理措施，公司的降损增效工作取得显著成效，2016年累计线损为11.38%，同比下降2.42个百分点。

**【供电服务】**　2016年，国网蓝山县供电公司积极履行社会责任，全力服务县域经济社会发展，竭尽全力扎实做好供电文章。公司始终把做好供电服务，保持连续不间断的供给高质量电能，确保蓝山县政治、文化、商贸中心县城的供电当作首要任务，想法设法改善和提高供电质量，采取一系列有效的供电服务措施，努力提升供电服务质量。进一步强化电力110建设，不断调整充实电力抢修服务队伍，加强服务人员的业务技能培训，提升服务人员的综合能力。强化95598供电优质服务建设，24小时接听客户电话，快速处置客户投诉，积极解决供用电矛盾。大力推行客户经理制，深入企业、厂矿、社区、学校提供面对面、心贴心上门服务，及时为客户解决日常用电问题。推行共产党员供电服务队建设，为广大客户提供温馨的优质服务。加强服务窗口管理，推行“六个零”（服务内容“零保留”；服务过程“零差距”；政策宣传“零延迟”；投诉受理“零障碍”；服务对象“零差别”；服务方式“零距离”）服务，规范业扩流程，快速办理客户用电业务。全力推进零点检修工作，优化工作计划，充分利用市民凌晨以后的休息时间，开展业扩和检修工作，减少停电时间和次数，尽可能地避免检修影响客户的生产和生活正常用电。2016年，国网蓝山县供电公司供电可靠性、供电质量出现根本好转，优质服务水平和质量大幅提升，得到广大用户的认可，树立良好的国家电网形象，公司外部发展环境不断好转。

## 县水电有限责任公司

【概况】 2016年，县水电有限责任公司面对改革后出现的各种新问题、新情况、新矛盾，公司上下识大体，顾大局，克服重重困难，始终将正确处理改革、发展与稳定的关系，保证人员队伍的总体平稳和顺利过渡作为一切工作的重中之重，不断推进企业内部管理改革创新，按照年初制订的工作目标和工作任务，立足于发电企业一切工作围绕安全生产这一中心，紧紧围绕“抓安全，促生产，满发少损多上网”的工作重心，坚持“管理出效益”和“更细、更实、更好”的工作目标，真抓实干、奋力拼搏，各项任务圆满完成。

【生产任务超额完成】 2016年，公司始终坚持以安全生产为中心，紧紧围绕安全第一，生产为主，效益至上这一主线，着眼大局，抓住关键，科学谋划，准确把握工作重心，按照轻、重、缓、急合理部署，狠抓管理，克服电站增效扩容改重点项目实施过程中电站停产短收的压力，全年完成上网电量11764万千瓦时，与2015年同比增产2409万千瓦时，超出公司年计划上网电量2664万千瓦时。

【安全生产常态化】 2016年，公司狠抓制度建设，强化组织和制度保障；抓考核督查，强化工作责任心；抓隐患排查，强化“安全第一、预防为主”方针的贯彻落实；抓教育培训，强化安全意识。全年共分2批次、80余人赴省、市参加专业技术培训班，培训考试合格率达96%，持证上岗率达到100%。通过“四抓四强化”逐步形成以电站安全生产达标定级为目标，电站责任管理和千分制考核为抓手，工作机构不断建立健全，工作制度不断完善，工作目标更加明确的工作局面，全年公司没有发生一起安全生产事故，实现安全生产零事故的工作目标。

【设备运行健康】 2016年，公司在资金紧张的情况下，统筹兼顾，积极筹措，累计投入资金160余万元，按照轻、重、缓、急拿出检修、维护计划，重点对电站的继电保护、开关、主设备等进行较大规模的检修改造和消缺处理，对发现的设备缺陷及时进行处理，对存在的安全隐患进行及时的整改，计划检修和“安全第一、预防为主”的工作方针得到较好的贯彻落实，设备健康运行水平得到全面提升。

【减债增效初见成效】 2016年，公司始终坚持以增收节支，减债增效的原则，精打细算，勤俭办事的理念，做到少花钱多办事，充分利用政府扶持政策，把4000多万元抽水蓄能集资款全部置换出来，2016年减少利息支出59万元。

【农村水电增效扩容改造工程建设】 截至2016年年底，蓝山县农村水电增效扩容改造工程累计到位中央补助及省财政配套资金2305万元。2016年，完成改造的高塘坪一级、二级电站初见成效，成为完成全年计划发电量的主干力量。通过“百日会战”，滴水龙电站1～6#机组完成改造，正在进行调试运行；军田电站三台机组全部改造完成，还对存在重大安全隐患的压力管道进行更换，定于2017年1月10日投入试运行；立新电站机组设备均已到场。主要受设备采购耗时长、厂商供货进度慢等原因的影响，造成工程总体进度缓慢，特别是立新电站由于周边群众民事纠纷影响，造成工程阻工、延工已近大半年，工期严重滞后。

【精准帮扶】　2016年，公司组建精准帮扶工作队进驻湘江源瑶族乡高源村，共投入帮扶资金1.5万元，争取项目资金39.4万元，扶持村“猕猴桃种植合作社”有序发展，改善饮水安全，得到村、乡、县各级的好评。

## 蓝山经济开发区

【概况】　2016年，蓝山经济开发区围绕“加快湘粤开放合作试验区和湖南省产城融合示范区建设”目标，致力转型发展，取得较好成效。全区实现总收入106.49亿元，同比增长14.70%；规模工业总产值90.51亿元、规模工业增加值21.36亿元，同比分别增长39.40%、14.78%；规模工业实缴税金完成9017.48万元，同比增长32.61%。园区规模工业总产值占所在县区规模工业总产值比重91.6%，园区主导产业产值占园区工业总产值比重91.8%，高新技术企业户数占园区规模工业户数比重33.93%。新增土地储备面积77.1公顷。

【规划引领】　2016年，按照“工业园区化、园区产业化、产城一体化”的发展思路，立足当前，着眼长远，强化顶层设计，突出规划引领。调区扩区加紧实施。完成经济开发区调区扩区可行性研究报告、园区建设规划编制和开发区控制性详规的政府采购程序和招投标工作，拟定调区扩区的范围和面积，老区400公顷拟保留51.6公顷，调区扩区后规划面积拟为449.09公顷（2016—2020年）；完成调区扩区可研报告、开发区总体规划、规划环评送审文本编制工作，等待评审通过。审核公告目录修订工作效果突出。开发区审核公告目录修订工作关系到蓝山经济开发区能否继续在全国开发区审核公告目录中榜上有名。由于开发区在国土、规划、环保、统计等方面基础工作比较薄弱，上级部门审核把关严，面对时间紧、任务重，克服各种困难，通过积极沟通协调和汇报，按时按质完成各种资料上报，蓝山经济开发区审核公告目录修订获国土资源部一次性审核通过，成为永州市11个县、区的开发区（工业集中区）中唯一一家被国土资源部一次性审核通过的省级开发区。

【产城融合】　2016年，坚持把园区当“城区”来建，在规划引领的基础上，加快产城融合步伐。全年基础设施投入3.25亿元，组织实施基础设施建设工程。德政路、科技路竣工验收，完成投资约700万元；创业大道（一期）建设工程总长1.7千米，其中1.2千米里程完成柏油路铺设、路灯亮化，道路绿化。续建工程约500米，加上创业大道与东方大道交叉处的缺口，涉及18户房屋拆迁户全部签订房屋征收协议并全部拆除，于8月1日重启道路工程施工，计划2017年1月全部完成一期建设。德政南路2016年6月招投标后，施工队进场施工。兴蓝大道、承丰大道、德政北路、科技北路完成初步设计。金石路（原承丰北路）、龙泉路完成工程预算编制、财评评审、审计二审、工程招标代理工作。加快安置小区建设，五里安置区完成供水、供电工作，道路完工并完成路灯安装，竣工验收。牛承村安置区完成土地平整和路基土方工程和排水工程施工。围绕企业生产和员工生活需求，配套完善生产、生活服务设施。园区新建公租房4栋1320套计8.1万平方米。园区示范性中学、农商金融大厦、公租房等配套建设加紧推进。园区垃圾集中处理设施投入使用，燃气管道铺设完毕并投入使用，产城融合初具规模。

【项目建设】　开发区“211”工程有序实施，2平方千米创新创业园区规划全面完成，2016年共完成标准厂房建设20.8万平方米，引进企业25

家，其中规模以上企业15家，新增工业项目开工数15个，新增工业项目竣工投产数16个。“园中园”加快建设，生态石材城、高信电子产业园、华侨产业园、归雁创业园、皮具产业园加快建设。生态石材城签约落户园区企业5家，建成投产2家，1家正在建设；高信电子厂房、宿舍和办公楼竣工，建筑面积达2万多平方米，正式投产；华侨产业园完成征地600余亩，完成门楼广场建设并揭牌，引进企业5家；归雁创业园建成标准厂房15栋3.6万平方米，入驻企业16家，其中15家开工建设，9家企业投入生产；投资10亿元的皮具产业园已供地，正在开展建设。大力度扶持项目建设。金豪照明、万和科技两个项目克服重重困难，开工建设；新能源产业服务园、工业周转用地完成土地报批、规划放线，发布拟征地公告，开展土地房屋征收和坟墓迁移工作；德晟纺织服装工业园完成土地平整及园区整体规划设计和勘测，园区围墙的基础砌方工作，进行厂房建设；承阳毛织二期工程共完成投资3260万元，建成两栋三层标准厂房1万平方米，并投入使用；宏泰工业园二期（创新创业孵化园）共建成12栋标准厂房3万平方米。

【体制机制】　2016年，考察学习周边开发区的成功发展经验和体制实践，结合省政府办公厅《关于加快全省经济技术开发区转型升级创新发展的实施意见》文件精神和蓝山县实际，经充分酝酿研究起草《关于进一步加快经开区建设发展的若干意见》《关于授予湖南蓝山经济开发区管委会行使县级相关行政管理职能的实施方案》上报县委、县政府，提出实行联席会议制度、部门和街道办交叉任职与设立分支机构相结合、行政审批与行政监管相结合、赋予一级财政权、设立一级金库的设想。3月8日，政府常务会原则通过。同时，与编办衔接拟订开发区新的“三定方案”并上报。

【融资工作】　2016年，成立蓝山县经建投资开发有限公司，由经济开发区党工委书记蒋勇贤任董事长，管委会主任曾喜庆任总经理，公司主要职责为融资和开发建设园区基础设施。2016年与中国建设银行蓝山支行合作的“蓝山县城北基础设施建设项目”融资贷款一亿元工作全部完成资料申报，待省行审批后放款。

【非公党建】　2016年，经开区党工委严格按照省委巡视第八组提出的基层党建整改要求，结合“两学一做”学习教育，破解非公有制企业党组织建立难，党员活动开展难问题，突出“围绕经济抓党建，抓好党建促经济”这一主题，抓整改，抓培训，促规范，完成宏泰党支部、顺景玩具厂党支部两个软弱涣散组织的换届选举和整顿工作，进一步加强非公党建工作。

【精准扶贫】　2016年，县经开区对口联系南平街道办湖叠村开展精准扶贫工作，从工作经费中挤出2万元扶持湖叠村。另外结对帮扶贫困户13户，入户看望600元/户，物质一桶油、一袋米每户，折合资金18500元。总投入15.8万元，接通百叠岭自然村至湖海自然村全长2千米，宽5米的公路路基。总投入18.36万元，在百叠岭自然村安装路灯18盏，湖海自然村安装路灯52盏。总投入5万元，为百叠岭自然村接通自来水。通过一年的工作，实现湖叠村年集体经济收入稳定目标和预脱贫人口目标。

# 农·林·水·气象

## 农　业

【概况】　2016年，蓝山粮食播种面积22960公顷，比2015年增加300公顷，全县粮食总产量13260万公斤，比2015年增加250万公斤，增长1.92%，粮食产量质量双提升；油料播种面积7640公顷，产量3320万公斤，增长6.49%。不断培育壮大农民合作社、家庭农场、专业大户等新型经营主体，全县新增2公顷以上种粮大户59户，2公顷以上种粮大户达到589户，新增专业合作社12家，达到26家，新增家庭农场17家，达到47家。新增机械播种流水线4台套，创办水稻机插育秧示范点71处，新建育秧大棚8座，水稻机插面积达5170公顷，增加1210公顷，水稻机插率达到26.9%，提高8.3个百分点。

【粮油种植】　2016年，蓝山县落实粮食播种面积22960公顷，总产13260万公斤，其中，水稻早稻播种面积7900公顷，总产5030万公斤；中稻及一季晚稻2810公顷，总产1930万公斤；晚稻7900公顷，总产5030万公斤。玉米总产519万公斤；豆类总产322.23万公斤，薯类总产327.36万公斤，其他旱粮食总产102万公斤。全县水稻主导品种有“株两优819、陵两优268、金优463”杂交早稻和“五丰优T025、宜S晚2号、T优272、T优207、T优597”杂交晚稻品种，以及订单生产的盛泰优018、玉针香、天龙香1号、农香21等6个高档优质稻品种。2016年完成油料播种面积7640公顷，其中油菜6330公顷，总产1240万公斤；花生1310公顷，总产420万公斤。全县发展高档优质稻2370公顷，示范推广超级稻17010公顷。全县落实集中育秧示范点71个，新建1个集中育秧中心，新建育秧大棚8栋，完成集中育秧大田面积3470公顷。落实绿色高产高效创建示范面积4920公顷，15个乡镇分别创办水稻千亩示范片22个，高产创建示范区粮食平均亩产552.97公斤，建设水稻绿色防控示范区3个。全年发放耕地支持地力保护补贴资金2345.02万元，适度规模经营种粮大户补贴资金241.43万元，占应发放种粮补贴资金的100%。

【蔬菜种植】　2016年，蓝山县蔬菜种植面积11.03万亩，总产量24.8万吨，总产值4.46亿元，商品菜播种面积10.28万亩，商品菜总产量20.9万吨，总产值3.6亿元，比2015年增长10%。主要种植蔬菜：香芋1.95万亩，紫茄0.9万亩，生姜0.45万亩，辣椒0.54万亩，菜心0.5万亩，莴笋0.5万亩，包菜0.82万亩，苦瓜0.38万亩，其他蔬菜4.99万亩，全年种植蔬菜品种40余种。2016年完成提质改造城镇专业蔬菜基地建设500亩。其中排下城镇专业蔬菜基地完成提质改造200亩，蔬菜播种面积480亩，产商品蔬菜720吨，产值230万元，主要生产葱、蒜、大白菜、香芋、菜豆等时鲜叶菜；溪林城镇专业蔬菜基地完成提质改造300亩，蔬菜播种面积640亩，产商品蔬菜965吨，产值310万元，主要生产葱、蒜、苦瓜、香菜、荚豆等时鲜叶菜。2013年引进的港商独资企业——永州神浓有机农牧科研有限公司，在舜源街道办火甲岭一带（岩口村、珠凤塘村、荷叶塘村、龙泉村交界地带）租地1200亩，发展荒地生态农业综合开发利用项目，实施有机蔬菜、水果种植、有机畜牧养殖等。2016年利用土地整理延伸项目新扩基地300亩，总面积达到800亩。其中有机蔬菜大棚种植60亩，露地种植300亩，有机水果（黄花梨）80亩，油菜种植200亩。主要种植品种：时鲜蔬菜、西红柿、辣椒、芦笋、甜玉米、黄瓜、秋葵、萝卜、豆角产品主要销往本地市场和香港、澳门市场。

**【水果生产】** 2016年，蓝山县水果主要有葡萄、梨、柑桔、桃、李、杨梅、枣、板栗等，面积6.6万亩，总产量6.9万吨，总产值2.9亿元。其中柑桔1.3万亩、产量0.9万吨、产值3000万元，梨3.5万亩、产量3.9万吨、产值7800万元，葡萄1.0万亩、产量1.5万吨、产值15000万元，桃、李、杨梅枣等时鲜小水果面积共0.8万亩、产量0.6万吨、产值3200万元。

**【农产品质量安全】** 2016年，蓝山县出动监管执法人员467余人次，检查农资市场25个、农资经营门店70余家，查处问题13起，涉及金额6.94万元，责令整改10起，组织农资经销商集中培训4次。对全县30个监测点共检测蔬菜水果样品3374个，整体合格率99.53%。发布《农产品质量安全简报》39期。重点强化《中华人民共和国农产品质量安全法》的执法，严格落实高毒农药定点销售和实名购买制度，印发农资打假宣传资料2.3万份，摆摊设点宣传农业识假辨假知识5次，开展农资打假专项检查6次。

**【产业化建设】** 2016年，蓝山县新增省级农业产业化龙头企业1家，市级农业产业化龙头企业1家，五星级休闲农庄1家。全县农业产业化龙头企业省级4家、市级9家，五星级休闲农庄2家。龙头企业从业人员984人，完成销售收入6.1亿元，实现利润3058万元，上缴税金353万元。新申报五星级休闲农庄1家（蓝山县三峰茶业有限公司）。蓝山县龙湾三蓝生态园开发有限责任公司休闲农业发展取得长足的发展，形成一定规模，以体会农家生活、品农家酒菜、赏农家风景、垂钓登山、购农产品等各种形式的休闲、旅游的农业休闲企业，有员工216人，其中大专以上学历的员工10人，公司经营上采取“公司+基地+农户”的经营模式，2016年实现主营收入2189万元，新增就业岗位369人，带动周边种植面积1839亩，带动周边农户5386户。高起点规划、高标准建设总面积95亩的农产品加工园，一期工程基础设施逐步完善，二期工程快速推进，园区框架已经形成，投资2700万元的冷藏物流项目已完成。进驻农产品加工企业5家，建设标准厂房2.9余万平方米，累计完成投资2.4亿元。

**【美丽乡村建设】** 2016年，蓝山县认真贯彻省市委工作会议精神，以全面建成小康社会为目标，以“三强三改三治理”（强班子、强队伍、强产业，改水、改厕、改立面，治理农村垃圾、治理农村面源污染、治理养殖业污染）为载体，按照“规划先行、农民主体、产业支撑、梯次推进”的原则，统筹城乡公共资源和生产要素，积极推进美丽乡村建设，持续改善农村生态环境、人居环境和发展环境，不断促进农民物质富裕和精神富有，实现美村和富民两翼齐飞。舜源街道办源桐村被评为市级美丽乡村示范村。高位推动加强领导。由县委书记任组长，县长任第一副组长，县委副书记为常务副组长，其他相关副县级领导任副组长，相关单位主要负责人为成员的蓝山县美丽乡村建设领导小组，统领全县美丽乡村建设工作。突出办点示范，每个县级领导联系一个示范点。出台相关政策措施。制订出台《蓝山县加快推进美丽乡村建设的实施意见》《蓝山县2016年美丽乡村建设实施方案》《蓝山县2016美丽乡村旅游建设实施方案》《蓝山县2016年农村改厕工作实施方案》《蓝山县美丽乡村建设1+X文件》等10多个文件，并推进文件的落实。加强督查考核。将新农村建设工作纳入全县重点项目建设考核和目标管理考核，签订目标管理责任书，拿出500万元对示范村进行考核奖励。建立项目督查、反馈、整改机制，县委、县政府督查室和新农村建设办公室定期不定期对乡镇、示范村进行督促检查，所有督查项目都有台账跟踪。资金投入逐步加大。出台涉农资金整合文件，全年整合涉农资金1亿元以上，集中用于美丽乡村项目建设。组建农建投公司，注册资金1亿元，进一步拓宽美丽乡村建设资金渠道。规划编制进展顺利。完成县域美丽乡村建设规划编制及毛俊镇、祠堂圩镇、楠市镇、所城镇、新圩镇、竹管寺镇、太平镇、土市镇8个城镇总体规划，完成龙家坊、上清涵等57个村庄规划编制，计划2017年完成全部村庄规划编制工作。二广高速沿线源桐、大兴、界头、两江、东侧等13个村立面改造基本完工，第二批厦蓉高速沿线大基、三星围、希政、子荣、新洋头、道福、洞头等12个村庄立面改造全面完工，完成立面改造500余户，完成立面改造13.5万平方米，通过财政惠民一卡通发放以奖代补资金1400多万元。新建农村卫生公厕131座，完成农村旱厕改造760户，改善乡村旅游示范村投入800多万元基础设施建设。

【农村环境整治】　2016年，蓝山县拆除“空心房”面积217986平方米，占应拆除面积的85%；“空心房”全部拆除的村有20个，占25个村的80%。全县农村生活垃圾无害化处理率达到100%，无害垃圾收集设施户数比例达到100%，有害垃圾收集设施村组比例达到100%。全县16个乡镇（街道）均成立专职环卫队伍，209个行政村建立清扫保洁制度，每村配备1~5名保洁员，全县共聘请保洁员923人；186个村租赁或购买垃圾清运车，垃圾清扫保洁运转正常。通过改沼改厕、农村清洁工程、农村新建住房水冲式改厕等多种途径，全面提升农村污水治理力度，全县农村生活污水处理率达67.85%。农村秸秆综合利用率达100%，农膜回收率达100%，农村地区工业危险废物无害化处置率达到100%。

## 农业综合开发

【概况】　2016年由正科级事业单位调整为副科级公益一类事业单位，归口县财政局管理。

【土地治理项目建设】　2016年，蓝山县农业综合开发工作共建设高标准农田1.79万亩，共涉及太平镇的大洞村、新圩镇的上清涵村、新圩村、龙家坊村、尧仁村、同乐村、田心铺村、南湾村、大塘村9个行政村，总人口1.81万人，耕地总面积1.82万亩，其中稻田0.75万亩，旱土1.07万亩，计划建设高标农田1.79万亩。项目投资2321万元，其中申请中央财政资金1658万元，地方财政配套663万元。共改建拦河坝7座，衬砌灌排渠道13.97千米；农业措施：修建机耕道路12.87千米，新建凉亭2处，环境治理及新农村建设修路6处。项目建成后，预计新增灌溉面积0.16万亩，改善灌溉面积0.60万亩，新增除涝面积0.35万亩，年节约水量220.0万立方米。年增加粮食生产能力67.3万公斤，年增加烤烟生产能力44.1万公斤，年增加蔬菜生产能力23.6万公斤，黄豆、花生等其他农产品年增加21.5万公斤。新增种植业总产值达689.9万元，项目区农民年纯收入增加总额达435.9万元。

【产业化项目建设】 2016年产业化项目建设有两个。永州市蓝山县年产3000头良种仔猪养殖基地新建项目，项目建设地点在塔峰镇三湾村，项目总投资229.89万元，其中中央财政资金50万元；省财政配套资金16万元；县财政配套资金4万元；合作社自筹资金159.89万元。永州市1000亩香芋种植基地新建项目项目，项目建设地点在毛俊镇沙溪村，项目总投资166.86万元，全部为建设投资，其中中央财政资金50万元；省财政配套资金16万元；县财政配套资金4万元；合作社自筹资金96.86万元。两个项目正在实施当中。

## 烤烟管理

【概况】 蓝山县烤烟办成立于1989年，是县政府直属正科级事业单位，2016年定事业编制14人，其中主任、党组书记1名，党组成员、副主任3名，另有主任科员5名，副主任科员2名，科员1名，工人2名。蓝山县被省政府评为2016年度烟叶工作优秀单位；被市政府评为2016年度现代烟草农业先进单位；被市政府评为2016年度优化烟叶工作秩序先进单位；蓝山县烤烟办被县政府评为2016年度蓝山县目标管理综合考核优秀单位。

【烤烟种植规模】 2016年，蓝山县落实烤烟种植面积3.62万亩，全县种烟乡镇（街道）7个，种烟村147个，种烟户数1570户。其中50亩及以上种烟户61户，面积4017.4亩。

【抗灾救灾】 2016年，蓝山县烤烟先后遭受一次冰雹，两次水灾的袭击。灾害发生后，县烤烟办、烟草局第一时间赶到有关烟区受灾现场，和当地乡镇指导烟农抗灾救灾，县烤烟办筹措10多万元资金对烟区的沟渠进行维修，督促县人保公司及时做好勘察定损和灾害赔付，在一定程度上减轻烟农的损失。

【烤烟市场管理】 2016年，在临近县区受灾减产严重、市场管理压力较大的情况下，县市场管理组、乡镇政府（街道办）严密布控，实行政策宣传和严防死守严厉打击相结合，协调处理矛盾纠纷10余起，确保收购秩序平稳，无烟叶外流。

【烟叶收购】 2016年，蓝山县收购烟叶7.8842万担，完成市政府考核目标任务106.54%，排全市第三，收购均价1374.2元/100公斤，排全市第一，上等烟比例67.26%，排全市第一，荣获湖南省烤烟生产优秀单位荣誉。实现烟农收入1.19亿元，烟叶税收2500万元。

【烟基建设】 2016年，蓝山县在新圩镇付家片实施基本烟田土地整理项目1081.07亩，总投资325.14万元。新建烤房215座，维修烤房202座，投入资金506万元。

## 畜牧水产业

【概况】 蓝山县畜牧水产局是县农业委所属的正科级事业单位，下辖动物卫生监督所、动物疫病防控中心、15个乡镇畜牧水产服务中心、鱼苗鱼种场、畜禽良种繁殖场。局机关内设股室有人秘股、计财股、畜牧股、水产股、兽医药政股。2016年，全县出栏生猪100.87万头、牛3.87万头、羊6.94万只、家禽283.5万羽、水产品0.22万吨，没有发生重大动物疫情，没有发生畜禽水产品质量安全事故。是全国生猪外调大县和全国生猪良种补贴县。

【重大动物疫病防控】 2016年，县畜牧水产局因地制宜，大胆创新，狠抓动物防疫体系建设，规范防疫队伍管理，变突击防疫为常年防疫，变单一防疫为综合防疫，强力推进动物防疫工作科学发展，全县没有发生重大动物疫情。投资200余万元建设兽医实验室260平方米，配置设施设备38台（套），能开展免疫抗体检测和常规检测工作；冷链体系健全，配置了冷库25立方米，冰柜4台，共有16个乡镇（街道）配置冰柜25台，乡镇站所每位防疫员配有冷藏包1个。积极以开展动物卫生监督规范管理和实施免征动物及动物产品检疫费为契机，切实加强重大动物疫病防控工作制度建设。加强培训管理，提高素质，加强动物防疫体系建设，构建行政管理、监督执法和技术支撑综合体系。将重大动物疫病防控工作纳入全县工作目标管理绩效考核，县政府与乡镇、局与乡镇站层层签订《动物防疫工作目标管理责任制》。春、秋两防期间，县防控指挥部还专门下发文件，对全县的重大动物疫病防控工作作出部署，专门召开动物防疫工作会议。集中免疫期间，全县形成由县局机关联系人员督战指导、乡镇驻村干部带队，防疫员实施包村免疫的工作机制，建立政府统一领导、部门各尽其责、密切协作的防疫责任体系。县畜牧水产局还实行领导班子联系片，干部职工联系乡镇制度。局里对动物防疫工作实行明察暗访，发现问题，及时整改。依法防疫是做好动物防疫工作的重要手段。切实加强动物卫生监督执法，全年动物产地检疫率、屠宰检疫率、“瘦肉精”同步检测率达100%；及时追溯追究、查处违法案件8起，立案率、结案率均达100%；无害化处理病死生猪16474头；全年疫情监测采样960多份，疫病化验220多份。同时，把加强规模养殖场监管作为动物防疫工作的重中之重来抓，全县统一制发规模养殖场养殖档案，并督促养殖户做好养殖记录。切实将动物防疫工作与养殖项目资金管理有机结合起来，将生猪调出大县奖励资金实施与养殖防疫和生态环保综合管理挂钩，严格按照县里的实施方案实施，切实将规模养殖场免疫措施、制度上墙、免疫密度、养殖档案建立、无害化处理等工作进行综合考核。通过政策手段的综合调控，有力促进规模养殖场落实动物防疫措施的自觉性。将动物防疫工作同整个农村工作一道，由防重指挥部对各乡镇（街道）的工作进行考核，建立单项责任制奖罚措施，提高动物防疫工作地位。县畜牧水产局也制定出台防疫员管理办法，实行量化计分考核，并实行责任追究和末位淘汰制度，为防控工作提供强有力的组织保障。全局已列入全额拨款单位，基本经费能够得到保障。各乡镇（街道）签订的责任状中要求安排5000元至10000元的资金用于动物防疫工作，随时备足防疫物资，配齐冷链设备，为防疫工作开展提供坚实的物资保障。

**【畜禽水产品质量安全】** 2016年，蓝山县把畜禽水产品质量安全工作摆在突出位置，采取多项措施紧密开展畜禽水产品质量安全监管工作，筑牢畜禽水产品质量安全“防火墙”。严格按照“政府负责，部门指导协调，各方联合行动”的畜禽水产品质量安全工作机制，成立以县长任组长的县级农产品质量安全监管工作领导小组，建立县财政局、畜牧水产局、药品食品监督管理局、质监局、公安局等有关单位各负其责的工作机制，研究制定《2016年蓝山县畜禽水产品质量安全监管工作要点》，进一步完善乡镇畜禽水产品质量安全监管站工作职责，在县、乡镇两级建立责任制，保证工作正常有序开展。通过开展科技下乡进村活动，在各乡镇开展畜禽水产品质量安全宣传培训，广泛宣传畜禽水产品质量安全知识，引导群众树立正确的消费观，提高群众自我保护能力，形成全社会重视畜禽水产品质量安全的良好氛围。同时，大力创建农业标准化示范基地，狠抓农业生产环节监管，重点检查投入品使用问题，查处养殖业生产中违规使用兽药行为，强化对无公害畜禽水产品的监管，重点检查产地认定条件、生产过程、产品质量安全状况以及标志规范使用等情况。每月不定期对全县畜禽水产品养殖基地、场、所，农贸市场，畜禽水产品加工场所进行抽检。2016年全县共检测畜禽水产样品84个，合格率达98%，开展畜禽水产品质量安全抽查262次，抽查兽药品种46个、饲料品种20个，切实保障全县畜禽水产品质量安全，促进经济社会健康发展。

**【病死动物无害化处理长效机制建设】** 2016年，蓝山县病死动物无害化处理工作在省、市的精心指导下，采取综合措施，确保病死动物无害化处理工作取得显著成效。组织规模养殖场主专门到浏阳考察病死动物无害化处理工作，重点考察病死动物无害化处理中心规划设计工艺、运作模式、操作流程及设备配置等情况。通过考察，积累相关工作经验，为全县的病死无害化处理工作打下坚实基础。创新机制，规范处置病死动物，在县动物卫生监督所和乡镇动物防疫站的监督下，按要求自行无害化处理本场病死猪，无害化处理补助由县财政直接打卡发放到场（户）。加强监管，确保处置环节到位。为确保病死动物收处理等各个环节进行全面监控，并对各环节工作实行电子化管理，既做到无害化处理数据准确，又杜绝乱抛病死动物的现象。

**【温氏一体化项目落户蓝山】**
2016年，蓝山县落实2015年8月与广东温氏集团食品有限公司签订投资4亿元的40万头生猪养殖一体项目协议，项目实施顺利，第一个种猪场已经开工建设，总部选址已经确定，合作养户发展较快。

**【渔业资源养护】** 2016年，县畜牧水产局按照“以为人本、养护资源，和谐发展”的思路，推进渔业资源养护。推进渔政综合执法。组织开展渔政专项执法行动2次，出动执法人65人次，开展人工放鱼3次，放鱼116万尾。

**【城乡养殖污染治理】** 2016年，蓝山成立养殖污染整治工作领导小组，由县长任组长，负总责，分管领导任副组长，畜牧、环保、财政等相关单位和乡镇负责人为成员，负责养殖污染整治工作统一指挥协调，领导小组下设办公室，从各相关单位抽调专人，具体负责养殖污染整治日常工作。建立目标责任机制和建立督察督办机制。将养殖污染整治工作纳入综合绩效考评，实行养殖业环境保护工作与各相关单位及乡镇绩效考核挂钩，城中村畜禽养殖场退出或搬迁3个，拆除栏舍面积2600平方米。提出用1~3年时间全力推进养殖污染治理，打造工作亮点，促进养殖产业转型升级。根据养殖业发展实际和县域经济发展总体要求，制订《蓝山县畜禽养殖布局规划》，科学划分禁养区、限养区和适养区。严格按规划分类指导养殖产业布局，确立禁养区逐步退出养殖，限养区不再发展畜禽养殖和禁止新建或改扩建猪场，适养区养殖做到科学规划、合理布局。全面实施依法治理，2016年蓝山县畜牧水产局配合县环保部门治理养殖场户73个，关停6个，依法拆除违规养殖场3个。加快引进龙头企业示范，县着力引进生产方式、管理方式现代化的龙头养殖企业，推行“公司+农户”养殖模式，借助外力加快推进养殖业由传统生产方式向现代化生产方式转变。

## 林　　业

**【稳步推进林业生态建设】**
2016年，蓝山县全面完成面上造林3.52万亩，完成任务的100.6%。其中，完成裸露山地造林1.9万亩，完成任务的120%；完成通道绿化提质建设280千米；完成油茶新造5000亩，完成任务的250%，完成珠防林建设面积0.53万亩；封山育林0.57万亩；森林抚育任务2.6万亩。义务植树工程造林78.9万株，完成任务的101%，公民尽责率85.3%；完成了全县978株古树名木建档普查工作；巩固358个“秀美村庄”绿化建设工作。

【扎实推进森林防火】 2016年，县林业局严格森林防火区域行政首长负责制，使防火责任落实有保障，采取局班子成员分片负责的方式，要求分片负责人经常不定期深入重点林区乡镇检查落实情况，扎实开展森林防火宣传月活动；完善森林防火队伍建设，组建50人以上的专业森林扑火队，并定期举办森林火灾扑火理论和实践技能培训，积极开展林火扑救大练兵活动，各乡镇（街道）、村组也成立1120余人的半专业的森林防火队伍，同时配备技术含量较高的风力灭火机等扑火机具，有效增强森林火灾预防扑救工作整体能力。截至2016年年底，全县共有25起火情，发生较大森林火灾13起，过火面积62.48公顷，受害森林面积8.96公顷，没有发生重特大森林火灾和人员伤亡事故。

【野保工作效果显著】 2016年，蓝山县候鸟保护工作进展顺利，亮点突出、成效明显，成功组建全省首支村级护鸟队——毛俊上洞村护鸟队，得到省、市高度赞誉和各级媒体的广泛关注，全年共出动执法人员1000余人次，车辆200余台次。查处无证运输野生鸟类案件3起，非法猎捕2起，行政处罚5人，移交森林公安1起，查获放生鸟类273只，收缴鸟网12副，电瓶5台，劝阻、教育非法捕鸟人员20余人次。

【夯实林业发展基础】 2016年，县林业局积极向上争取林业发展项目和资金，确保林业发展后劲，全年共争取项目资金5381.88万元。大力发展林下经济，全县林下经济总产值达33662万元，较2015年增长20%，参与林下经济发展农户共4.43万户，新培养农民林业专业合作社19个，创建省级林下经济示范基地2个。加大宣传力度，制作永久性宣传牌30余块，发放宣传资料万余份，林地管理进一步规范，全年共批办使用林地项目12宗（其中临时的1宗），共使用林地面积91.3981公顷，征缴森林植被恢复费1590.1026万元。

【狠抓森林资源管理】 2016年，县林业局进一步完善森林资源管理责任机制，将森林资源管理指标分解到乡镇（街道）、村（组），通过层层签订责任状，全面维护森林生态安全。深入开展林业的严打整治专项工作，继续推进林业行政执法责任制，森林公安、林政、野保等执法部门紧密配合，加大林业行政执法的力度，严厉打击各种破坏森林资源的违法犯罪行为，全年共破获滥伐、盗伐林木林业行政案件18起；林业征占用审核审批率达到100%。

【完成古树名木普查工作】 2016年，县林业局完成全县古树名木资源普查工作，并将资料按有关规程整理上报，根据普查结果，全县有古树名木978株，共计30科57属76种。根据现状对全县古树名木统一编号、登记造册、建立古树名木数据库。加大宣传力度保护古树名木，对162株古树名木实行挂牌保护，对部分濒危树种或生长环境差的进行清渣、砌树池、设排水沟等保护措施，圆满完成了古树名木普查工作。

【完成市林博园蓝山园建设】 2016年3月9日，县林业局根据上级主管部门的分配方案，开工建设永州市林博园蓝山园。项目分两个阶段进行，第一阶段是景区植物种植，投资82万余元，建设具有蓝山县特色的丹桂园、金桂园、广玉兰园、红豆杉园及百叠岭茶园等植物景观区，项目于4月20日完成。第二阶段是景区道路及配套建设工程项目，投资159万余元，由微缩传芳塔、“湘江源头，神美蓝山”主题文化广场及游道组成，于9月28日按时完成，得到省林业厅、市林业局的充分肯定。

【巩固林权制度改革成果】 2016年，县林业局积极搞好林地权属确定和林权证发放工作，以政府名义下发《关于进一步加强林权证发放工作的实施意见》和《关于收回林改重复及尚有矛盾纠纷林权证的通知》；制订工作方案，成立林权发证督查组。结合全县实际情况，制订《蓝山县林权发证督查方案》，成立五个督查组分片区对各乡镇林权发证进行督查，并实行“半月一督查、一月一通报”；加大林权纠纷调处力度。要求各乡镇对未发放的林权证尽快进行公示，将公示后无纠纷反映的林权证先行发放；对存在纠纷的林权证进行登记，然后积极采取措施分类调处；对一时难以调处的权属纠纷，要求做好解释善后工作，严防群体性事件发生。截至2016年年底，全县完成集体林地勘界面积179.0万亩，占总任务面积的100%，完成林地确权面积171.5万亩，打印面积171.46万亩，打印林权证25873本，其中发放到农户或林权权利人林权证本数25176本，发证到户率为97.3%；全县共产生林权纠纷3064件，已调处2183件，待调处或正在调处纠纷881件，涉及林地面积7.5万亩。

## 水　　利

【概况】 2016年，蓝山县水利工作贯彻落实“节水优先、空间均衡、系统治理、两手发力”的治水方针，按照深化水利改革，大力发展民生水利、生态水利的总体要求，加快水利项目建设步伐，为全县经济社会又好又快发展提供强有力的水利支撑。国家重大水利项目毛俊水库提前2年开工，防汛抗旱实现“五个确保”，全县水利建设完成投资4700余万元，毛江水库扩建获国家烟草总局批复，水资源管理、河道治理和队伍建设逐步规范，水利改革顺利推进，

【防汛抗灾】 2016年，蓝山县汛情发生早，降雨次数多，强度大，整个主汛期共发生11次强降雨过程，降雨量偏多47%。面对严峻的防汛抗灾形势，县委、县政府按照“以防为主、蓄泄结合、全力抢险、保证安全”的16字方针，县防指先后召开防汛会商会10次，做好科学调度。妥善处理大桥瑶族乡、荆竹瑶族乡、所城镇、舜源街道的灾情，成功解除土市镇小水岭水库、舜源街道办神山塘水库、太平镇犁园寨山塘等险情。全县上下团结抗灾，有效应对严峻的水情险情灾情，全县没有垮一库一坝，没有发生群死群伤，将灾害损失降低到最低程度，取得防汛抗灾的全面胜利。6月14日国家防办、省防办领导到蓝督导抗灾工作，对蓝山县防汛抗灾采取的积极应对措施给予肯定。县防办副主任雷玉宏被省防指评为“全省抗洪抢险先进个人”，县防办、大桥乡政府获市防指先进集体表彰、3人获先进个人表彰。

【毛俊水库提前开工】 2016年5月30日，水利部通过关于毛俊水库可行性研究报告的审查意见，环保、住建、文化、移民、发改等部门已下达相关审查意见，可行性研究报告获得国家发改委批复。完成初项目法人组建，已在蓝山县工商、市场和质量监督管理局注册“湖南毛俊水库工程建设有限责任公司”。同时，开展初步设计工作，12月中旬已完成初设评审。项目于11月23日开工，比水利部最初预期开工时间提前2年。项目总投资27.89亿元，其中资本金24.49亿元，中央财政补助资本金14.18亿元，占资本金58%，比莽山水库高13个百分点，比涔天河水库高18个百分点，此外，还争取国家发展银行发放的水利建设基金4亿元。2016年完成税收9500万元。

【水利建设】 2016年，全县水利完成2015年两江口水厂一期、楠市水厂扩建等农村饮

水安全工程扫尾。完成2016年“重点民生实事”24个村（包括17个贫困村）自来水项目建设，投资669.5万元，至年底，全县农村自来水普及率达到66.05%，解决饮水不安全人口1.95万人。3月，小农水重点县（整合到高标准农田建设项目）毛俊镇火市片区项目开工，6月全部完工，投资1704.49万元。3月，完成规划内剩余病险水库除险加固任务13座，工程投资约1200万元。至此，全县36座小型水库全部完成除险，达到“除险保安增灌增效”的目标。做好抗旱应急水源项目两江口水库设计完善、征地、招投标等前期工作，计划投资3300万元，12月开工；完成26个水电站增效扩容上报，14个电站已获批，争取中央资金1600万元，已完成部分招投标并组织施工。投资1780万元，实施“五小水利”建设，12月全部完工。完成和平车站安置点河堤护砌、新民村排洪渠实施，做好水保监测站建设。

【项目申报】　2016年，蓝山县完成毛江水库水资源论证、水土保持、环境评价、建设选址、节能评估、抗震、移民、风险评估、征占用林地预审、地质灾害、地勘等18个专题报告，均得到相关部门批复。完成初步设计报告、林地手续。6月，中国烟草总公司批复初步设计，计划投资1.04亿元，已完成项目法人及建管中心组建等前期工作。做好2017年度小农水项目县项目申报工作，完成项目村级遴选及标准文本省级审查，为2017年项目审批做好前期准备工作。积极做好蓝山县城市防洪闭合圈项目规划设计，配合抓好舜水河至俊水河河堤改造、湘江源舜水河综合整治项目。

【行业管理】　2016年，蓝山县逐步实行最严格的水资源管理，加强水源保护，认真执行蓝山县《关于加强饮用水源地保护的决议》，开展水源保护宣传，加强水功能保护区水源水质监测，编制《蓝山县水功能区划》（初稿），编制蓝山县《城镇饮用水水源地安全保障达标建设方案》，积极做好水事纠纷调处，维护社会稳定。1至12月水功能区水质监测结果为Ⅱ类以上（达标目标值为Ⅲ类），达标率100%；重要饮用水水源地“春陵水蓝山饮用水源区”水质1至12月监测结果为Ⅱ类以上，合格率100%；境内主要支流县区交界断面最小流量达标100%。加强河道管理，落实河道巡查制度，严厉打击非法采砂行为。积极开展河道保洁、湘江保护与治理工作，聘请6名保洁员开展日常河道保洁工作。开展水土保持监督检查，加强水土保持宣传工作，加大水土保持“三同时”制度的落实率，加大水保执法力度，依法查处水土保持违法案件。做好蓝山县水土保持监测站建设和《蓝山县水土保持规划》编制工作。制订蓝山县精准扶贫水利支持计划实施方案，做好扶贫对接工作。全年，投资470万元，完成17个贫困村农村自来水建设项目，完成26个自然村“五小水利”（小水窖、小水池、小泵站、小塘坝、小水渠）建设。

## 气象工作

【概况】　蓝山县气象局始建于1957年11月，属于国家一般气象站，正科级事业单位，财务为中央和地方双重管理体制。2016年，积极申报并获得“湖南省文明卫生单位”称号；蓝山县被评为永州市“2016年度气象防灾减灾工作先进县区”，县气象局在全市气象部门综合目标管理考核被评为“优秀单位”；参加全市县级综合气象业务竞赛，荣获团体第二名；被蓝山县委、县政府评为2016年度社会管理综合治理民调工作“先进单位”、2016年度建设工程项目并联审批工作“一等奖”。高级工程师、局长彭嘉栋被评为永州市防汛抗灾“先进个人”；工程师、副局长翟明雷参加湖南省气象局、湖南省总工会组织的气象部门综合业务竞赛获得一项单项一等奖和个人全能三等奖，并为永州市气象局赢得“团体一等奖”，被省总工会授予“第十一届湖南省气象行业县级综合气象业务能手”称号；工程师、副局长朱吉体获永州市气象装备保障先进个人。2016年年底，有在编职工9人，其中高级工程师1人，工程师4人，助工4人，临聘3人。

**【气象观测】** 2016年，县气象局全体业务人员严格遵守各项业务规章制度，严格按照观测程序进行观测。全年综合观测质量优秀，年错情率为0.0%。2016年国家级气象站观测项目有气压、温度、相对湿度、能见度、天气现象、降水、蒸发、日照、地面温度、浅层地温、深层地温、草面温度、风向风速、积雪等承担大风、冰雹、龙卷、雷暴、雾、霾、积雪、雨凇等重要天气报的观测和发送。除天气现象、日照、蒸发等，其他观测项目基本完成自动化，2016年实现双套自动气象站在线运行，确保气象数据的准确性、完整性和可用性。国家站全年上传小时数据8784份，全年上传分钟数据和日数据共732份，编发重要天气报97份，数据上传及时率100%、数据可用率100%、设备稳定运行率100%。全县共34个区域自动气象站，小时数据上传到报及时，数据可用率高，在全省数据统计中蓝山县区域站没有低于国家局标准的站点。

**【气象装备保障维护】** 2016年，县气象局特别重视气象装备保障维护工作，共安排75批次技术人员，巡视维护维修163站次，共计更换各类设备、零配件86件次，全县区域气象站和气象局网络信息设备总体运行良好，资料上传和利用率高，设备稳定运行率90%以上。尤其是春播、汛期期间，县气象局组织大量人手对区域站进行巡查维护，确保气象数据的及时、准确，保证汛期气象服务工作。县气象局被永州市气象局评为2016年度“装备保障先进集体”。

**【气象预报预警服务】** 2016年，蓝山县气象局主要开展决策气象服务、公众气象服务、直通式气象服务、专业气象服务、应急气象保障服务和每日气象预报、预警信息的发布。全年启动应急响应10次，发布暴雨、雷电、冰雹、大雾等气象预警50余次，通过MAS（移动代理服务器）短信平台发布气象消息12万人次，39万多条。在做好春播期预报预警服务工作的同时，密切跟踪天气变化，积极开展春季消雹防雹工作。其中4月18日当天共作业三次，发射人工消雹火箭弹11枚，在周边嘉禾、临武、道县、宁远等县发生较重雹灾的情况下，蓝山县烤烟生产未受损。积极做好汛期气象服务，及时发布预警短信，第一时间把灾重天气预警发布到直接责任人、各专业服务对象和气象信息员手中，为指导防灾减灾提供有效保障。加强组织预报知识的学习和总结，特别是强化县内局地地形对强降雨影响的总结归纳，摸清一般规律，地形对东风带系统和西风带系统降雨的影响等，提高精细化预报特别是防汛服务水平。强化多方位的防汛抗旱服务，在重点防汛期或转折性天气前夕，细化汇报内容，将前期雨情、短临预报、短期预报和中长期气候趋势进行全面汇报，或当场讲解天气形势，以便县领导全面掌握情况。

**【气象防灾减灾科普宣传】** 2016年，县气象局在“3·23”世界气象日、科技活动周、安全生产宣传月等活动期间，摆放气象防灾减灾展板，积极宣传气象知识，防雷避险常识、交通大雾和泥石流洪水的避险措施以及一些气象科普知识等，发放1万余份气象宣传图册，增加公众对气象灾害的认识和应急避险能力。

**【气象人才队伍建设】** 2016年，县气象局大力实施“人才强局”战略，委派1名新进人员到甘肃参加为期一个月的国家气象观测人员上岗技术培训，委派1人到江西9394厂参加高炮和火箭炮作业培训，委派2人参加市气象局组织的为期20天的全市气象综合业务技能竞赛集训。所有在职人员积极参加中国气象局组织的各类远程教育培训，且通过各类考试考核，完成省市局的培训任务。高级工程师、局长彭嘉栋发表的“气象因子对湖南油茶产量的影响及其产量模型构建”论文被二级核心期刊《气象与环境学报》收录，其提交的省级科研课题立项获得省局验收通过；工程师、纪检员朱吉体发表的“自动站与人工站气象要素差异对比分析”论文被《现代农业科技》收录，其提交的省级科研课题立项获得省气象局审批。

**【防雷安全执法】** 2016年，县气象局为深入贯彻落实《永州市安全生产“监管执法年”活动方案》《湖南省气象部门防雷安全生产“监管执法年”活动实施方案》，结合蓝山实际，对本行政区域内油库、气库、弹药库、化学品仓库、烟花爆竹、石化等易燃易爆建设工程和场所；雷电易发区的矿区、旅游景点；已投入使用的建构筑物、设施等需要单独安装雷电防护装置的场所，以及雷电风险高且没有防雷标准规范、需要进行特殊论证的大型项目等进行防雷安全生产专项检查，建立检查台账、形成检查报告以及检查中发现隐患问题需要整改且下达整改通知书，做好防雷安全监管工作，保障所涉部门、企业及各类公众场所人员的生命财产安全。在自查过程中气象局坚持预防为主，整治结合，及时准确地掌握全县防雷安全方面出现的情况，大力加强安全防范工作，提高预防、发现、控制和处置能力，努力消除各种不安全隐患。

**【台站搬迁】** 2016年，县气象局积极落实台站搬迁选址。5月县规委会将原气象局整体搬迁两江口选址的制高点划入新三所（看守所、戒毒所、拘留所），搬迁用地存在高差不够、建设难度大等问题，经积极争取汇报，12月20日，县委书记秦志军、县长魏和胜、县委常委、县委办主任黄和平、副县长杨康、黄正军等县领导带队考察县气象局提交的在高速公路出口山头的选址方案，明确气象局整体搬迁，搬迁建设用地30亩，原赤蓝桥旧址置换方案，已获批准。

## 农业机械化管理

**【概况】** 蓝山县农业机械化管理局属县农业委所辖副科级事业单位，承担全县农业机械化管理和农机安全监督管理职责。内设办公室、法制（人事）股、科教质量股、管理股。所属事业单位有农机安全监理站、农机化技术推广站、农业机械化学校。2016年，全县农机总动力达到34.38万千瓦，3.70万台。其中拖拉机2470台，水稻联合收割机431台，插秧机62台，烘干机65台套，农用植保飞机2架，农业机械原值8362万元。全年完成机耕面积19200公顷，机插面积162公顷，机电排灌面积2850公顷，机械植保面积3960公顷，机收面积6200公顷，农产品初加工14.5万吨，农机运输作业量3150万吨/千米，农机经营服务总收入1.85亿元，水稻生产耕、种、收等综合机械化水平达51%。

**【农机推广】** 2016年，全县推广各类先进适用农业机械1200台，其中拖拉机119台、收割机53台、插秧机25台、烘干机4台，实施农机购置补贴资金300余万元。全县农机作业合作组织和农机产业大户踊跃购机，购机总额达到1000余万元，农机补贴总额占比达到65%以上。农机推广力度的加大，提高了全县农机装备总量，优化了装备结构。

**【购置补贴】** 2016年，县农业机械化管理局切实贯彻“自主购机、定额补贴、县级结算、直补到卡”原则，通过改革创新和完善制度，实现“操作更规范，办理更便捷，资金更安全，政策更高效”的目标。举办县乡两级农机购置补贴政策实施培训班，蓝山县农机局、财政局联合印发《蓝山县2015年—2017年农业机械购置补贴实施方案》，通过进村入户发送宣传资料、开展送科技下乡活动、农机具展示、农机作业现场演示等多种形式，广泛宣传农机购置补贴政策。在具体实施过程中，按照补贴范围、补贴标准、补贴对象、补贴种类等新特点严格规范操作程序，简化补贴手续。同时加强对农机补贴经销商的监管和对补贴机具的核查，加大信息公开工作力度。湖南省农机局给蓝山县各乡镇配发核机摩托车25台。2016年，全县完成农机购置补贴资金300万元，拉动农民投入购机资金1000余万元，补贴各类农机具1200台套，受惠农户800余户。

【专业合作社】 2016年，蓝山县根据湖南省农业委、湖南省财政厅《关于印发〈湖南省2016年现代农机合作社建设项目实施方案〉的通知》精神，上报现代农机合作社建设项目。经省农机局、省财政厅审核验收，大发、惠农、诚信、博发、柳溪桥5家农机专业合作社获得通过，每家获得省财政15万元农机装备资金扶持。2016年全县登记注册的农机合作社发展到18家，入社成员125户，资产总额达到2100万元。拥有各类农业机械1340台套，服务农户4300余户，入社土地面积1.54万亩，开展农机作业服务总面积11.5万亩，其中跨区作业1.5万亩，年度总收入达到2500万元。农机合作组织成为全县土地流转和农业产业化升级的催化剂和助推器。

【安全生产】 2016年，经蓝山县人民政府同意，县政府办公室印发《蓝山县创建全国“平安农机”示范县实施方案》，明确力争到2020年成功创建全国“平安农机示范县”，成立由县政府分管领导任组长，政府办、农业委、安监局、财政局、公安局、教育局、交警大队、农机局为成员单位的创建工作领导小组。全县“平安农机”创建工作进入新阶段。农机安全生产坚持“安全第一，预防为主，综合治理”方针，严格落实“党政同责，一岗双责，失职追责”的工作要求，以预防和减少农机事故为目标，以创建“平安农机”示范县、乡镇、村、合作社和户为载体，以提高农机安全监管能力和人民群众安全生产意识为着力点，落实农机安全责任制，完善农机安全监管网络，强化农机安全生产措施，夯实农机安全生产基础，构建农机安全生产长效机制。组织农机安全监理人员协同交警、交通等部门，定期开展农机安全生产隐患排查和专项整治行动，查处和纠正违规违章行为，大力宣传农机安全生产知识，提高广大机手安全意识。有效地打击无牌无证、违章载客等违法行为。12月11日，省农机局副局长黄育忠在市农机局局长蒋华权陪同下到蓝山县检查农机安全生产工作，对蓝山县“平安农机”创建及安全生产监管工作取得的成效给予充分肯定。2016年全县共注册登记农业机械120台，申领农业机械驾驶证70人，年检农机1100台；开展农机安全生产专项整治行动10次，排查各类安全隐患40起，纠正和查处农机违规违章190起，收缴农机安全互助保险费27.96余万元，业绩排名全市第二。无农机安全生产重特大事故发生。

【市场供应】 2016年，全县登记注册的农机销售企业有6家，个体工商户4户，主要经营农机机耕、机插、机灌、机收、农机田间灌溉和转运、烘干以及农副产品加工、渔业林业等农机主机及零配件。“3·15”消费者权益保护日期间，为维护广大农机手权益，开展农机产品宣传和打假活动，切实加强对农机供应市场的有效监管，督促和检查农机售后“三包”服务，促进市场活跃和规范。2016年，全县主要销售品牌有龙舟、东方红、沃得、洋马、柳林等，以田间作业机械占比较大，稻谷烘干机械成为新亮点。农机销售总额3060万元，比2015年增长5%。

【技术培训】　2016年，全县举办两期（每期7天）全免费（免学习培训及住宿费）的新型职业农民（农机化技术）培训班，邀请湖南省生物机电职业技术学院两位讲师到场讲授农机化技术理论知识。培训班共培训农机合作社理事长、农机专业大户及其他农机手100人次。采取理论教学与实际操作培训相结合的教学方法，重点围绕水稻、油菜生产全程机械化及农机具的维护和保养、常见故障排除、农机安全生产常识等方面的知识技能进行系统的学习培训。得到学员的普遍好评，收到良好的效果。

## 农村经营管理

【概况】　2016年，蓝山县农村经营服务站围绕全县中心工作，按照科学发展观的要求，结合本部门“三大管理、一项指导”（农村集体资产与财务管理；农村土地承包管理；农民负担监督管理；指导农民专业合作社建设和农业产业化经营）的工作职责和任务，认真落实年初制定的工作要点和目标管理责任制，农经各项工作全面、有序推进，并取得一定成效，被评为2016年度全省村级集体经济发展工作先进单位、全省农经统计工作先进单位。

【惠农政策】　2016年年末，省市农民权益维护和农民负担监管工作检查组抽查蓝山县惠农减负政策的落实情况，指出一些工作中不足和存在的问题。县委、县政府领导高度重视，由纪检、两办牵头，农经、财政、农业、国土、林业、教育、畜牧等涉农部门成立专项整改工作组，全县共清退资金33.53万元，上缴国库3.26万元，对相关责任人通报批评8人，诫勉谈话8人，免职4人、行政记过1人。

【减负机制】　2016年，蓝山县建立健全减负工作10项制度，强农惠农政策补贴资金“备案制”、涉及农民负担收费文件“审核制”、惠农政策补贴资金发放“一卡通”制、涉农价格和收费“公示制”、农村公费订阅报刊“限额制”、农民负担与补贴“监督卡制”、“年度检查”制、“重点监控”制、“一票否决”制、涉及农民负担案（事）件“责任追究制”等工作制度的公示和执行情况较好，对防范农民负担问题起到积极作用。

【专项整治】　2016年5月16日，蓝山县成立“雁过拔毛”式腐败问题和“纠四风治陋习”专项整治工作组，制订《蓝山县开展“雁过拔毛”式腐败问题和“纠四风治陋习”专项整治工作方案》，纪检、组织、财政、农经等部门各司其职，大力协作，成效明显。全县共梳理“雁过拨毛”式腐败问题1421个，涉及问题金额2097.73万元，立案查处27件，给予党政纪处分27人，组织处理27人，移送司法机关10人。

【村级财务】　2016年5月，县农村经营服务站参与对各行政村开展的全面的财务和“三资”（资金、资产、资源）清理，移交给县专项整治办查处案件8件，9人。县农村经营服务站对重点村进行专项审计，发现并移交问题村5个，5人，移交司法处理3人。积极部署申报村级集体经济发展进步村奖励项目工作，通过摸清底子，打造亮点，由各乡镇推荐申报，县农经、财政部门组织考察审核后，向省农业委推荐6个经济基础薄弱、发展潜力大、势头比较好的村为全省发展壮大村级集体经济奖励对象，共争取上级财政扶持资金60万元。

【制度改革】　2016年，蓝山县在2014年年底专业技术公司完成外业测绘，2015年年底完成内业处理的基础上，主要抓好地块信息纠错和收集完善户籍资料，做好颁证前期工作。全县已完成原26个乡镇场、330个行政村、7.22万户、32.16万个地块的土地权属调查，摸底二轮承包合同面积18.49万亩，实测登记面积23.10万亩。各专业技术公司已建立农村土地确权登记数据库，已委托省财政厅、省确权办统一采购土地确权应用软件平台和经营权证书。按照省、市确权工作“回头看”部署，分别召开乡镇长和分管领导专题培训会和推进会，县确权办制定“回头看”工作方案，重新修订下发《土地确权登记工作资料汇编》。并乡合村后，已建立17个县、乡两级土地流转服务中心，209个村级土地流转服务站。根据形势发展需要，将土地流转服务中心职能强化，县编办批复成立县级农村产权交易管理办公室，与同级农经机构合署办公，统筹好土地确权、土地流转和产权交易职能。充分利用“蓝山政府网”等网络媒体，建立土地流转信息发布平台，及时发布土地流转工作规程、流转示范合同书、流转指导基准价格、权证颁布进展、纠纷调解管理等业务内容。全县已累计流转耕地12.4万亩、林地26.72万亩，流转率分别达到51.6%、16.2%，均高于全省平均水平。完成县、乡两级农地利用规划编制。“农建投”工作破题，成立公司，组建班子，开展农村综合服务平台项目建设，已着手开展现代农业产业园项目建设，如办公基地在祠堂圩镇东毛山村的蓝山县绿色时代农业发展有限公司千亩时鲜蔬菜园等。县级成立农村土地承包仲裁委员会，乡镇成立农村土地承包纠纷调解委员会，村设立纠纷调解员。土地承包经营纠纷调解仲裁情况已纳入社会管理综合治理的考核内容之一，化解涉及土地承包问题的信访6起，全县没有发生土地承包合同纠纷的群体性上访事件。

**【新型经营】** 2016年，蓝山县通过创建省级示范社、指导合作社申报财政补助项目、组织培训、金融部门征信、宣传推介等多项措施，促进全县新型经营主体快速发展，全年新增注册合作社45家，已累计注册272家。制定下发《蓝山县关于做好家庭农场认定和名录建设工作的通知》，对全县家庭农场进行摸底、公示、认定发证，建立家庭农场数据库和示范型家庭农场名录，认定家庭农场112家，已采集信息并上报到农业部信息管理系统。

## 农村能源

**【概况】** 2016年，县能源办紧扣“绿色发展、循环发展、低碳发展”的战略目标，大力改善全县农村人居环球境，增加农民收入，为将蓝山县打造为“生态文明、美丽乡村”作出应有贡献，获得省能源局农村能源建设先进单位、县目标管理考核优秀单位、县精准扶贫工作驻村帮扶先进后盾单位“二等奖”。

**【项目建设】** 2016年，县能源办组织资金建设小区联户沼气40个。实时跟踪监督佳兴农牧大型沼气项目建设，督促建设单位严格按照设计批复的内容实施建设，8月30日，项目通过市县验收。县能源办按照因地制宜、农民自愿的原则，合理安排地点，将2015年度退耕还林后续补助太阳能热水器526台全部安装完成。

**【示范建设】** 2016年，县能源办按照“两型社会”建设总体部署，整体推进的构想，从加强农村清洁能源建设、促进城乡环境卫生同治、推进农业产业化三个方面入手，重点抓好示范点的“三沼”（沼气、沼液、沼渣）利用率，充分发掘蓝山县生态能源综合效益。创办2016年第一批省农村能源示范点2个，分别是省级早禾办事处尧仁村和风养殖小区沼气集中供气示范项目和新圩镇田心村生态能源示范村。申报争创2016年第二批省农村能源示范点，即楠市镇石凉亭农场沼气省级示范性项目。

【安全管理】 2016年，县能源办加强安全生产管理工作，4月13日至21日，开展沼气安全建设使用宣传周活动，深入毛俊镇、新圩镇、楠市镇、土市镇、祠堂圩镇、所城镇等乡镇的沼气建设现场及沼气使用村进行沼气安全宣传，发放《农村沼气安全使用科普常识》《沼气安全管理与使用》等宣传资料800余份。印制使用十不准、沼气安全使用挂图和沼气安全使用管理手册共2000余份，分发到乡镇农村沼气使用户手中。8月，开展沼气安全大检查活动。10月开展沼气安全大排查活动。

## 湘江源国家森林公园

【概况】 湖南湘江源国家森林公园位于湖南省永州市蓝山县西南部，东、南分别与本县湘江源瑶族乡、荆竹瑶族乡相连，西与江华瑶族自治县毗邻，北与宁远县交界。2008年12月成立“湖南蓝山国家森林公园”，2014年8月更名为“湖南湘江源国家森林公园”，隶属于湖南省林业厅。是蓝山县人民政府管理的全额拨款副处级事业单位。根据永州市机构编制委员会《关于湖南湘江源国家森林公园管理局增设领导职数和内设机构的批复》，下设办公室（保卫科）、财务科、政工人事科、规划建设科、旅游管理科、林场经营科。2015年，湖南湘江源国家森林公园管理局完成荆竹国有林场改革任务，荆竹国有林场与湖南湘江源国家森林公园管理局实行“两块牌子、一套班子”的管理方式，机构级别为副处级公益一类事业单位，核定全额拨款事业编制197名，其中管理人员45人、专业技术人员18人、林业骨干技能人员120人、工勤人员14人。

【自然资源】 湖南湘江源国家森林公园总规划面积7046.7公顷，由香炉石景区、娥皇湖景区、女英湖景区、杨梅冲景区、金鸡岭生态保育区、木匠冲生态保育区、湘江源管理服务区等七大功能区组成。公园属南岭山脉，位于萌诸岭山系主体九嶷山南坡，境内群峰竞秀，沟谷纵横，山坡陡峭，溪沟长度在1千米以上的有28条，总长度79.2千米，森林覆盖率达90%以上。动植物物种丰富，有种子植物1435种，占湖南全省种子植物种数的30.3%，其中国家一级重点保护植物有南方红豆杉、伯乐树2种，二级重点保护植物14种；鱼类22种、陆生脊椎动物201种，其中国家一级重点保护野生动物有林麝、云豹、豹3种，国家二级重点保护野生动物27种。保存有全世界面积最大的斑竹林和中南地区最大福建柏群落，拥有湖南省内最大面积的甜槠常绿阔叶林，是中国南方生物物种保存最完好、最齐全的高海拔国家森林公园之一，被誉为湖南的“香格里拉”。公园属中亚热带季风性湿润气候区。海拔1825.7米的蓝山峰是蓝山县最高点。公园内有娥皇湖、女英湖，水面面积分别为885亩、1590亩。公园内的湘江源、荆竹一带山区是传说中舜帝主要活动区域。生态文化、休闲文化、虞舜文化、瑶族文化、湘楚文化在此汇集和融合，形成独特的文化体系。

【生态建设和保护】 2016年，湖南湘江源国家森林公园管理局完成国家级生态公益林105700.5亩保护任务，完成植树造林36亩、林相改造3150亩。没有森林火灾发生，无重大偷砍盗伐案件发生，无非法乱占林地现象，无森林病虫害发生，完成生态培育和管护任务。把护林防火责任、病虫害防治任务层层落实到公园范围内的每个工区和护林员，签订责任书和安全合同。森林火灾发生率为零，病虫害发生率为零。加强护林防火宣传教育，出动护林防火宣传车186台次，印制发放宣传材料8200份、在醒目位置新建永久性宣传牌4块，在主要道口、护林点、禁区作业点新增护林防火标语54条。对进山人员及车辆进行严格检查登记，不间断对辖区进行安全巡逻。打击林区内违规用火人员，对58名半消防人员进行扑火实战演练，提高作战能力。组织湘江源头生态环境专项整治行动3次，对湘江源头重点生态区位内的毁林造林、临时搭建抢建违规建筑肆意毁坏林地、围堵自然水系、私挖盗采矿产资源、乱捕滥猎野生保护动物、乱采滥挖斑竹和珍贵兰科植物等破坏生态资源违法行为进行集中整治。使生态资源得到了较好的监管和保护，有力地推动了整个湘江源头规划区域生态系统修复，湘江源国家森林公园的整体景观和整体开发价值得到了较大提升。

**【《湖南湘江源国家森林公园总体规划》获批复】** 2014年10月，湖南蓝山国家森林公园管理局委托湖南省农林工业勘察设计研究总院编制《湖南湘江源国家森林公园总体规划（2016—2025年）》，2015年7月13日湖南省林业厅在长沙召开会议评审通过，2016年5月国家林业局下文批复同意。根据总体规划，湖南湘江源国家森林公园以优越的森林资源和原生态山水为载体，以湘江寻源和生态保育为主题，立足中南、华南和西南交接点的优势，以长株潭城市群和粤港澳旅游客源市场为目标，建成集湘江寻源、生态保育、舜妃文化体验、避暑休闲度假于一体的综合性山岳型国家森林公园。

**【基础设施】** 2016年，投入630余万元，完成湘江源管理服务区97亩项目用地预征工作，建成游道280余米，完成湘江寻源木栈道建设1000余米，完成生态公厕主体工程建设；投入200余万元完成娥皇湖景区和湘江源管理服务区2个移动通信塔建设，基本实现公园内移动信号全覆盖；投入120余万元将高塘坪护林点改造成集餐饮住宿会议于一体的小型宾馆，按照配套工程园林化、景点化的要求，将宾馆余坪打造成集标识、防御、美化、停车为一体2处园林景观。园区实行免收门票政策，全年接待游客41088人次，实现旅游社会效益70.6万元。

# 国土环保·城建城管

## 国土资源管理

【概况】　蓝山县国土资源局是县人民政府主管全县土地资源、矿产资源的规划、管理、保护、合理利用和测绘事业组成部门，其前身为1987年10月成立的蓝山县国土管理局，2002年6月机构改革，由县国土管理局与县地矿局合并，更名为蓝山县国土资源局。2016年内设办公室（综合调研室）、监察室、政工室、财务室、政策法规信访室、地籍股（不动产登记股）、耕保股、规划用地股、地产办、测绘股、信息中心等11个股室，下设执法监察局、边贸分局、地矿办、征地拆迁办、不动产登记中心、土地收购储备中心、土地开发整理中心7个事业单位，派出9个国土资源所和1个政务中心。现有在职干部职工175人。

【保障发展】　2016年，全县报批建设用地37.53公顷，保障重点项目建设合理用地需求。推进土地和房屋征收，征收土地100.67公顷。做活土地市场，供应土地34宗（划拨16宗），面积50.05公顷。存量储备土地133.64公顷。2012年到2016年报批建设用地的供地率达76.5%，完成永州市委、市政府下达工作任务。

【保护耕地】　2016年，蓝山县委、县政府出台《蓝山县2016年土地和矿产资源考核和管理办法》，落实耕地保护责任。截止到12月底，全县实有耕地保有量21405.8公顷、实有基本农田保护面积16870.3公顷，均超过永州市人民政府下达目标。加大土地综合整治力度，耕地总量实现动态平衡。2015年度高标准农田建设项目基本完工，建设总规模1500公顷。2016年度高标准农田建设项目完成工程招投标网挂，建设总规模1500公顷。

【执法监察】　2016年，开展执法行动101次，拆除和捣毁违法建筑70宗，建筑面积约1.1万平方米。成立蓝山县矿产秩序整顿办公室，设立重点矿区常驻点2个，实行24小时值班制。组织开展以打击无证非法勘查开采为重点的打非治违专项行动和以打击超深越界开采为重点的整治超深越界开采专项行动，立案查处矿产资源违法案件2宗，收缴罚没款7.8万元。取缔非法采砂点7处，捣毁采砂设施5套，取缔非法采石英砂矿点2处，扣押非法采矿机械设备4台，拆除工棚4间。处置3宗闲置土地，均与用地企业签订《延期动工开发时间补充协议》。

【地灾防治】　2016年，做好汛期值班、应急演练、群测群防、监测预警、应急处置等工作，较好完成地质灾害综合防治体系建设，及时开展地质灾害防治项目建设和地质灾害治理申报工作。排查工矿企业36个，地质灾害隐患点75处，发送预警信息2万余条。推进地质灾害治理。向上争取到地质灾害治理资金680.79万元，完成3个中小型地质灾害项目的勘查和设计；完成土市镇栗形岭和毛俊镇龙江村滑坡重大地质灾害治理工程的申报工作；完成蓝屏山口村滑坡治理工程；完成全县中小学校地质灾害补充调查前期工作；完成2017年度地质灾害搬迁避让项目信息公示。全县未出现因地质灾害引起的伤亡事故。

【服务民生】 2016年，推进不动产统一登记改革，蓝山县不动产登记中心完成职责整合、人员划转、机构组建、窗口建设、系统调试和人员培训等工作，实现登记机构、登记簿册、登记依据、信息平台“四统一”。6月30日，蓝山县举行不动产登记中心揭牌和首证颁发仪式。截止到12月底，全县办理不动产登记权证363本、证明213份。做好信访维稳，完成巡视组交办信访案件123件。收到信访案件215件，接待群众来访2300余人次，对举报属实的信访件均已查处到位。

【夯实党建】 2016，不断巩固群众路线教育实践活动和“三严三实”专题教育成果，开展“两学一做”学习教育，落实“两个责任”，开展市级文明单位创建活动，进一步实施“党建+”，加强党支部建设。抓好省委巡视组反馈意见的整改落实，边整边改、立行立改，诫勉谈话2人次，批评教育24人次。2016年7月，蓝山县国土资源局机关党支部被中共永州市委评为“先进基层党组织”。

## 环境保护

【概况】 蓝山县环境保护局成立于1989年，归口县建设委员会管理，1999年1月起归口县人民政府管理，为财政全额预算正科级行政执法机构，局机关设局办公室、环境管理股（加挂自然保护股牌子）和法制股三个内设机构，下辖蓝山县环境保护监测站和蓝山县环境监察大队（加挂环境应急指挥中心牌子）两个独立法人事业单位，2016年底有在职干部职工50人。

【污染物减排】 2016年，蓝山县实施完成水减排项目6个，净削减化学需氧量156.05吨，净削减氨氮13.93吨，完成削减化学需氧量90吨（削减率1%），削减氨氮9吨（削减率0.85%）的年度主要污染物减排目标任务。

【生态红线划定】 2016年4月22日，蓝山县依据国家《生态保护红线划定技术指南》、《湖南省生态保护红线划定工作方案》及《湖南省生态保护红线划定技术方案》要求，湖南省环境保护厅初步确定蓝山县生态保护红线面积为1041.69平方千米，占国土面积的58.05%，其中一级管控区面积296.26平方千米，二级管控区面积745.43平方千米。蓝山县环境保护局结合县政府常务会的指导意见及相关部门的反馈意见，通过两次向上对接调整，2016年8月21日，湖南省环境保护厅再次确定蓝山县生态保护红线面积1029.01平方千米，占国土面积比例为57.32%，其中：一级管控区面积为155.97平方千米，占国土面积比例为8.69%；二级管控区总面积为847.39平方千米，占国土面积比例为48.63%。

【环境执法】 2016年，县环境保护局按照省人民政府《关于清理整治环保违规建设项目的通知》要求，对全县范围内的排污企业、涉及民生的行业和省级审批项目进行全面排查摸底，共梳理环保违规建设项目179家，淘汰关闭10家、整顿规范29家、完善备案140家。对17家环境违法企业下达停电函并实施断电，依法对5家环境违法企业进行立案查处，责令完善污染防治设施并予以处罚，依法查封4家环境违法企业；组织开展6次环保专项整治行动，出动人员280余人次，车辆40台次，依法强制取缔小造纸、小炼油、电子垃圾焚烧场等非法企业16家，强制拆除厂棚1000余平方米、电力线路500米、生产设备8台，移送公安机关行政拘留3起，拘留3人。全年处理、回复环境信访投诉共118件，其中上级交办18件、政府网站县长信箱及网络投诉32件、“12369”电话投诉及来信来访68件，办理党代表建议、人大代表建议和政协委员提案5件，办结率、回复率均达到100%。全年未发生环境污染事故和生态破坏事件，未出现一起因环境问题集体上访和越级上访事件。

【环境监测】　2016年5月，蓝山县第一完全小学空气自动监测站与湖南省空气自动站联网管理系统成功对接，实现对城区环境空气中的PM2.5、PM10、臭氧、二氧化硫、氮氧化物、一氧化碳六参数指标进行24小时实时监控。6月，蓝山县环境保护监测站新购置原子吸收分光光度计、离心机、气相色谱仪等监测仪器设备15台（套），新设置生化室、前处理室和气相色谱室等3个实验室。8月9日，蓝山县环境保护监测站通过湖南省实验室资质认定评审组复查和扩项评审，实验室检测资质达到四大类84项，其中水和废水44项、环境空气和废气20项、土壤和固体废物14项、噪声与振动6项，监测能力和范围得到大幅提升。自2016年8月起，蓝山县环境保护监测站每月会同嘉禾县环境保护监测站在钟水河车头桥点位开展一次水质联合监测，为跨市界污染物来源判定提供重要的参考依据。

【危险废物管理】　2016年，县环境保护局组织1家运动用品生产企业、1家污水污泥处理企业和33家医疗卫生院开展危险废物申报登记，对全县危险废物产生、转移和处置过程实施严密监控和规范管理。

【环保宣传】　2016年5月10日，县环境保护局配合省文明办和省环保厅在蓝山开展“绿色湘江·我们共同见证”“绿色卫士”湘江漂流骑行大型环保宣传活动启动仪式。6月2日，联合舜源街道办、县环保志愿者协会和湘骑自行车俱乐部开展以“改善环境质量、推动绿色发展”为主题的自行车绿色骑行环保宣传活动。“6·5”世界环境日当天，深入重点企业和集镇开展发放宣传资料、接受群众咨询投诉、宣讲环保知识等方式进行环保宣传。全年共发放环保宣传手册和资料共5000余份。

【农村环境整治】　2015年11月，蓝山县环境保护局根据省政府《湖南省开展农村环境综合整治全省域覆盖工作方案》和省环保厅《湖南省农村环境综合整治工作验收办法》，编制上报农村环境综合整治实施方案，在通过省环保厅评审后，蓝山县获得整县推进农村环境综合整治项目国家奖补资金1500万元。主要实施内容为农村生活污水处理、农村饮用水水源地保护、农村生活垃圾处置、畜禽粪便综合利用和历史遗留工矿污染治理。经蓝山县发改委核准备案，该项目实施委托代理招标，2016年7月8日在永州市公共资源交易中心进行公开招标，由湖南大学设计研究院有限公司、湖南大麓科技有限公司联合中标，中标单位对全县所有乡镇、村进行全覆盖基础调查并编制农村环境综合整治规划设计方案。确定首批实施的27个重点示范村名单和投资估算提交县政府常务会讨论通过并经县政府主要领导审定后于2016年11月开始正式实施。

【生态文明创建】　2016年，蓝山县持续开展生态文明创建工作，塔峰镇、所城镇、荆竹瑶族乡3个乡镇成功创建“省级生态乡镇”。

【县域生态环境质量考核】　2016年，蓝山县环境保护局在按时保质完成重点生态功能区县域生态环境质量考核各项监测数据和资料报送工作的同时，督促严格按照上级要求进一步明确责任，进一步规划好生态项目，充分发挥项目资金的作用，全面推进主体生态功能区建设。2016年12月28

日，蓝山县通过国家重点生态功能区县域生态环境质量现场核查，编制上报2016年度全县生态环境质量状况报告。

## 住房与城乡规划建设

【概况】 2016年，蓝山县住房和城乡规划建设局（简称住建局）突出策划引领和规划带动作用，突出县城扩容提质，突出品质活力示范乡镇建设，突出美丽乡村建设，突出规范建筑市场秩序，全力推进城乡规划编制工作，严格实施规划，加强监督，加强安全生产等，各项工作都有新的进步。全年办理《建设项目选址意见书》35本，用地面积128.8万平方米；办理建设用地规划许可证104本，用地面积156.01万平方米；建设工程规划许可证133本，建筑面积93.64万平方米；核发乡村建设许可证11本，建筑面积13.03万平方米；规划验收后核发建设工程规划证10本，建设项目规划办证会审128件。出台涉农资金整合文件，全年整合涉农资金1亿元以上，集中用于美丽乡村项目建设，其中安排美丽乡村建设专项资金350万元，美丽乡村旅游奖补资金3000万元，农村改厕资金2000万元，农村污水治理资金1500万元，以开展农村垃圾为重点的农村环境综合整治1000万元，村庄规划编制1050万元，农村危改用于美丽乡村建设资金500万元，异地扶贫同步搬迁及整村整乡推进350万元。在2015年，县城主次街道提质改造全面完成的基础上，2016年，建成区面积一年扩大约1.5平方千米，城镇化率由2015年的44.26%到2016年的50.36%，建成区绿地率35.27%，绿化覆盖率达到40.20%，人均公园用地面积11平方米/人。

【总规修改和重点区域控规编制】 2016年，蓝山县住建局配合《蓝山县城总体规划（2002—2020）》中期修改编制设计单位进行多轮方案论证、修改和完善，经县政府、县人大、市住建局、省住建厅专家组层层审批通过。“总规”中期修改成果方案已报省人民政府，等待批复。并对重点区域控规用地性质、规模等详细研讨，已初步形成用地规划方案。县城控规覆盖率100%。

【精心编制详细规划】 2016年，蓝山县住建局调整完善五里村、果木村、新民村、三里村等县城重点项目建设涉及拆迁安置的村庄安置规划成果；完成土市镇和太平圩镇政府办公用地规划设计方案、大洞梨园乡村旅游布局规划方案、毛俊水库移民搬迁安置规划对比方案等；协助完成余香路（蓝宁路至蓝山大道段）两厢地块详规方案设计；优化大冲村整体搬迁详细规划设计和在建设过程提供技术服务。全年共完成详细规划24件，完成塔峰镇古城村、花果村、所城高良头、湘江源乡桐村、竹林村、平源村等90个村庄规划，累计完成125个村，占全县村庄59%。

【服务县城基础设施建设】 2016年，蓝山县住建局全面服务蓝山大道、余香路、金石路、德政南路、创业大道、龙泉路等市政道路工程设计工作，及时进行设计方案的初步审查和提出优化建议；完成五里村、东村、花果村等安置小区道路工程设计，档案馆临时通道工程设计，东侧村村道改道工程设计等；配合、协助、服务全县重点项目建设。

【加强项目建设选址】 2016年，蓝山县住建局完成乡约农业生态园用地、重庆啤酒夜市城用地、天然气门站位置调整、新能源项目集中配套用地、开发区工业周转用地、混凝土搅拌站用地、公安新三所用地、电力调度大楼用地调整、鑫旺竹业用地置换、县公交停车站用地调整等选址，并上报县城市规划委员会研究和论证通过；完成县星级酒店、自来水厂、公安局南风坳检查站、古墓保护区等用地选址方案；协助完成环卫设施体系、街头绿地体系、景观照明移动基站体系。全年共完成建设项目选址26件。

**【抓好项目地块出让规划条件拟定】** 2016年，蓝山县住建局完成东北村8~12组预留用地实施性规划条件；完成城建投、经建投等四宗申贷评估用地块规划条件。全年共完成建设项目地块出让规划条件拟定17件。

**【加强项目方案报建审查】** 2016年，蓝山县住建局完成皮具产业园、气调保鲜冷链物流、塔峰西路民俗风情街、三峰茶业公租房、金豪照明、凯利汽车城、东方大道公租房、龙泉路、金石路、德政南路、润丰大道等道路设计方案审查并上报县城市规划委员会研究和论证通过，并组织项目批前公示公告；完成示范性幼儿园、湘源壹号规划调整、逸品蓝山规划调整、7个乡镇公租房、718项目配套用地等规划方案审查。建设项目规划方案会审25件，协助召开县城市规划委员会会议8次。

**【加强项目建设规划测量放线】** 2016年，蓝山县住建局完成牛承变电站高压线改线、塔峰西路民俗风情街、凯利汽车城、三蓝商贸城、五里安置小区道路等项目用地红线和建筑控制线放线；完成辅仁学校、公交车站场、和平汽车站等项目选址红线放线；完成个人建房项目六户建筑控制线放线；组织完成承丰大道等七条市政道路带状地形测量、物流中心（含周边）地块地形测量等；完成物流中心地块、和平汽车站地块、商贸城安置地块、余香路及两厢地块、大冲村整体搬迁优化规划方案后地块等项目土石方测算。积极组织对建设项目的规划核实和验收工作，特别是对必达工业园、新炽佳服饰有限公司等项目，严格按照法定程序以及局《岗位责任制》的验收要求，进行规范验收，确保建设项目按照审批要求建设竣工，配套设施完善，全年共验收18户。对少批多建和违反规划要求的行为依法进行处罚。规划项目放线率和验收率达100%。

**【严格查处违法建设】** 2016年，蓝山县住建局加强县城规划区范围内建设项目的跟踪管理，特别是对开发的房地产项目湘源一号二期、逸品蓝山二期、御景华宸、舜水商城、舜峰广场等项目的规划管理。采用网格化管理模式，对重点项目的管理责任到人。对已审批的项目积极参与放线，加强验线工作的规划管理，确保建设项目按照审批要求进行建设，加大对规划区范围内建设项目的清查，实行分片管理，网格化清查。确保违法建设能够及时发现及时处理，全年共清查到未批先建等违法建筑105户，及时告知、送达函件至蓝山县城市管理行政执法局105户，要求该局及时立案处理。加大对违反审批要求的建设项目的执法力度。下达《责令停止建设通知书》12户，《违法建筑处理告知书》12户，《违法建筑处理决定书》5户，《违法建筑拆除通知书》12份，积极参与拆违控违工作，参与配合相关部门联合执法拆除违法建筑10次，面积达7.9万平方米。

**【推进新型城镇化】** 2016年，蓝山县紧紧围绕以建设“湘粤生态工贸创新城市”战略定位，以加快新型城镇化为主线，以保障和改善民生为根本，加强城乡规划编制，全面推进城乡重点工程建设；以全力创建国家级卫生县城、省级文明城市和园林城市为抓手，全面实施县城扩容提质行动。坚持以“先策划后规划再计划”的工作思路，2016年投资规划设计费3000多万元，对县城建设进行顶层设计、科学规划。聘请全国一流的思想智库——王志纲工作室进行策划，形成《蓝山县县域经济突破总体战略策划》，确立建设“湘粤生态工贸创新城市”的总体思路和发展定位，确定城市的发展方向和时序。针对“规划跟不上发展步伐”的现状，发挥规划对县城发展的龙头作用，及时招标确定湖南大学设计研究院对县城总体规划进行中期修改，到 2020 年，县城规划用地面积由原来的 12 平方千米扩展到 18 平方千米，城镇常住人口由 12 万人达到 16 万人，拓宽城市整体发展空间，适应城市整体发展步伐。精心编制生态石材产业园、电子信息产业园、皮革产业园等专业园区规划，为产业发展提供优质的规划服务。完成蓝山大道、高速公路连接线等重点项目的修建性详规。推行经济社会发展规划、城乡规划、土地利用规划“三规合一”，推进各项规划互相协调，共同管理。聘请上海、广州、长沙等 15 个高资质专业设计团队，按照“地上”以绿化、美化、亮化为标准，“地下”管网改造以 30 万人口规模，对全县路网提质改造工程进行顶层设计，科学布局城市基础配套设施。同时，根据各乡镇特色特点，全面完成乡镇规划设计，完成 50%以上的行政村的村庄规划编制，并创新开展“美丽乡村”旅游规划编制。聘请浙江省山地环艺规划设计有限公司就毛俊镇毛俊村进行“旅游小镇”总体规划和俊水河景区修建性详规。完成对滨溪、虎溪等省级历史文化名村保护规划的编制，完成对楠市元家冲村第五批历史文化名村申报，在传承和保护的基础上，充分挖掘其中的历史、文化内涵，促进旅游业的发展。

全力推进农村交通事业发展，全年完成公路提质改造 80.086 千米，完成投资 2451.2 万元。建成楠市镇甘露亭招呼站等 10 个农村招呼站建设。推进“两供两治”建设，结合道路提质改造，新建和改造东方大道等 20 条道路和供水管网 94.5 千米，启动第三水厂项目，完成两江口水厂建设。铺设燃气管道 20.7 千米，新增天燃气用户 1439 户。启动污水处理厂二期和第二污水厂建设，已完成可研、立项批复、环评、明确选址等前期工作。推进“两房两棚”改造，2016 年完成棚户区改造 3500 户，其中：城中村棚改货币补偿 2000 户、毛俊水库移民安置 1500 户。全年发放廉租住房补贴 696 户，共计补贴资金 115.164 万元。推进电力基础设施改造，新一轮农村电网升级工程投入 2400.8 万元，包含 4 个批次 27 个行政村的农网改造工程。35 千伏土市变电站建设全部完成。委托永州电力勘测设计院对蓝山县十三五电网专项规划进行编制，已通过市政府评审。启动蓝山县电动汽车充电桩规划项目，已完成相关基础数据调研和摸底工作。依托独特区位优势，抢抓发展机遇，力争建成全省产城融合示范区。通过打造塔下寺文化公园等 8 大城市公园群落，发展生态经济，努力打造“国家公园县”；扩大产业对接优势，大力发展清洁能源、生态石材、循环冶化、加工贸易、商贸物流、现代农业等，打造“蓝宁道新工贸升级引领区”；以民间投资有效促进产城融合发展，破解政府债务瓶颈和融资难问题，开创“县域经济发展新模式”，努力以产业的发展促进城市的整体升华。15 万平方米的标准厂房已动工建设；生态石材产业园、皮革皮具产业园、归雁创业园、电子制鞋产业园等特色专业园区。

**【完成 28 个美丽乡村示范村创建任务】** 2016 年，蓝山县完成美丽乡镇毛俊镇，源桐村、沙溪村、洞庭村等 28 个美丽乡村示范创建任务，其中 6 个省市美丽乡村创建村、6 个乡村旅游示范创建村，完成投资 6500 万元，示范村镇实现亮化、绿化、硬化、净化，基础设施得到较大提升，生产生活得到较大改善，全面完成美丽乡村建设年度任务。二广高速沿线的源桐、大兴、界头、两江、东侧等 13 个村立面改造基本完工，第二批厦蓉高速沿线大基、三星围、希政、子荣、新洋头、道福、洞头等 12 个村庄立面改造已全面启动，已完成立面改造 450 户，完成立面改造 13.5 万平方米。积极开展公路沿线风貌整治，蓝大（蓝山—大洞）公路沿线火市村拆除沿街乱搭乱建厂棚、广告牌5200平方米。乡村旅游蓬勃发展，毛俊村已完成乡村旅游详规，正在做施工规划，姓氏园景区主体已完工，立面改造已完成136栋。大洞村已请广州天适集团旅游规划公司根据1：500地图进行第二轮精细设计，启动投资200万元的一事一议项目"美丽乡村建设"和投资1100多万元的农业综合开发项目，并引进山东省平邑县众森苗木专业合作社，拟投资1000多万元把大洞村及梨园建成四季有花、四季有果的旅游型村庄，生态停车场和游客接待中心已动工兴建。竹林村4、6组完成征地86亩，新修栈道1500米，游客接待中心主体已完工。强化县域美丽乡村建设规划编制，完成毛俊镇、祠堂圩镇、楠市镇、所城镇、新圩镇、竹管寺镇、太平镇、土市镇8个城镇及6个瑶族乡总体规划编制。通过招标，聘请广州博厦建筑设计研究院、湖南大学设计研究院、湖南城市学院建筑设计研究院等单位，对全县行政村进行规划编制，已完成龙家坊、上清涵等125个行政村的规划编制。计划于2017年8月完成蓝山县所有行政村村庄规划编制工作。

**【加快农村危房改造】** 2016年，蓝山县制订《蓝山县2016—2020年农村危房改造工作方案》《蓝山县危房改造工作存在问题的整改方案》，明确2016—2020年蓝山县农村危房改造工作总体目标和年度计划。4月，蓝山县农村危房改造工作领导小组下发文件《关于申报2016年农村危房改造补助对象的通知》，通知对2016年农村危房改造补助对象申报范围、补助标准和要求进行调整完善，着重突出以省级贫困村贫困危房户危房改造为重点，结合乡村规划、新农村建设、美丽乡村建设、传统村落保护实施危房改造整村整体推进项目，并相应出台整体推进村基础设施配套扶持政策；以建档立卡贫困危房户为重点，补助标准实行分级分类补助，确保60%以上的农村危房改造资金用于精准扶贫对象户的危房改造。2016年上级下达蓝山县危房改造任务数2000户，补助资金2500万元。永州市住建局分配蓝山县任务数1285户，按照县委、县政府的统一安排，500户指标用于全县美丽乡村建设。蓝山县实际已完成2033户，超过748户，占市任务158%。截至12月底，已入住1398户，其余的也达到入住条件或正在装修。其中贫困村整体推进17个，整体推进乡2个。

**【严格市场监管】** 2016年，蓝山县住建局切实抓好日常巡逻监管，共组织开展对建筑起重机械、工程监理、建筑施工扬尘污染、支模架、脚手架等专项整治检查工作和打非治违活动5次，共排查质量安全隐患400处，下发《建筑起重机械停止使用通知书》15份，下发《隐患整改通知书》90份，《工程停整通知书》41份，《建筑起重机械停止使用通知书》20份，下发严重不良行为告知书19份，上报4个单位及个人严重不良行为，下发警示约谈通知书1份，立案查处违建7起，有效地规范质量安全行为，消除隐患。深入开展"打非治违"专项整治，制订"打非治违"专项行动工作方案，根据方案，从4月开始，历经动员部署调查摸底阶段和自查自纠阶段。"打非治违"期间，先后组织开展2次质量安全综合检查，4次专项检查。出动执法人员360人次，核查在建工程项目65个，发现非法违法项目5个，下发各类通知100余份，着力打击未通过开工前安全生产条件审查、未办理质量安全监督手续、施工现场存在质量安全隐患拒不整改或整改不到位的工程项目，有效地保证工程质量和安全生产，规范建筑市场行为。为贯彻落实全国工程治理两年行动部署，根据省、市文件要求，结合蓝山县实际，制订《蓝山县工程质量治理两年行动实施方案》，并下发至各施工单位、监理单位和相关单位，组织开展两次质量安全隐患大排查活动，共检查30余个在建工程，主要检查五方责任主体质量承诺书签订情况和工程质量安全生产情况，下发《隐患整改通知书》30份。11月28日至12月2日，组织参加“2016年全省安全标准化建设观摩学习活动”，通过学习为蓝山县进一步推建筑施工安全标准化工作，加强质量安全监管，提高监管效能，促进企业提高质量安全综合管理水平积累了经验。组织有关人员参加2016中国（长沙）住宅产业化与绿色建筑产业博览会，提高对“建设两型社会，构筑绿色之家”，推动住宅产业化与绿色建筑行业健康发展的认识。蓝山县代表队在“2016年永州市建筑行业砌筑工竞赛”中展现了一线操作工人熟练的技能，荣获三等奖。

## 房产管理

**【概况】** 1987年7月，蓝山县人民政府成立蓝山县房地产管理处，为股级事业单位，隶属于蓝山县建委。1996年，撤销蓝山县房地产管理处，成立蓝山县房地产管理局，为正科级事业单位。2002年，蓝山县房地产管理局更名为蓝山县房产局，为蓝山县人民政府直属事业单位。2016年，内设综合办公室、政务中心窗口、档案信息中心、房地产交易所、房地产评估所、白蚁防治所、房地产测绘事务所、住房保障股、国有土地上房屋征收补偿管理办公室、物业管理实有人口和房屋租赁管理股、房地产市场监管股、竹市房产所、毛俊房产所、楠市房产所、所城房产所、新圩房产所16个股室。有干部职工106人，其中在职89人，退休17人。

**【产权产籍管理】** 2016年，蓝山县房产局经历重大改革，6月，房产局主要工作职能之一的房屋登记职能划转到不动产登记中心。全年，办理房地产交易1552宗（其中新建商品房办证1448宗，二手房买卖144宗），建筑面积21.8万平方米；房地产抵押登记715宗，抵押面积28.7万平方米，抵押金额3.38亿元，其中住房公积金抵押金额4849万元；白蚁预防150宗，预防面积15.6万平方米，白蚁灭治12宗，面积3000平方米；测绘房屋182宗，建筑面积36万平方米。

**【保障性住房建设分配】** 2016年，蓝山县保障性住房建设任务3500套（棚户区改造），其中旧城棚户区2000套，毛俊水库移民棚户区改造1500套。棚户区改造是为改造城镇危旧住房、改善困难家庭住房条件的民心工程，对于城市提质有着积极重要的作用。截至2016年年底，共分配保障性住房5044套，发放廉租住房补贴560万元，同时建立健全住房保障退出机制，定期进行年审，及时清理不再符合住房保障条件和违反住房保障管理规定的对象。全年，清理不符合条件的保障对象11户。

**【房地产市场监管】** 2016年，全县完成房地产开发投资6.96亿元，同比增长1倍多。蓝山县房产局坚持一手抓规范，加强对湘源壹號、逸品蓝山、蓝庭枫景苑等开发项目的监管，对商品房的预售许可按相关规定严格把关，严格规范开发商的开发经营行为。坚持一手抓扶持，通过引导房企转型、创新升级、积极主动对接市场，不断调优户型、景观，做足环境和配套，提升档次和品质，积极开拓和壮大蓝山县房地产市场。

**【小区整治】** 2016年，蓝山县房产局组建专门班子，推进物业服务行业正规化建设，使小区的环境卫生得到较好改善，秩序管理逐步规范，为广大群众提供一个良好的宜居环境。加强物业管理政策法规宣传，为物业管理营造良好的发展氛围，基本建立由业主委员会与社区、公安、消防、房产等部门协调联动体系，推进文明和谐小区建设。大力推进网格化管理，指导4个住宅小区成立业主委员会。通过业主大会、业主委员会的行为，促进业主自律和民主决策，依法维护自身合法权益。每年提取使用房屋维修资金，用于维修和更新设备设施及改善居住环境。结合全县创建省级卫生城市活动，制订《物业小区创卫工作实施方案》和《廉租房小区创卫工作实施方案》，加强对各住宅小区和五里坪廉租房小区创卫工作的督促指导及环境卫生巡查，各小区的环境卫生有很大改观。通过物业正规化建设，2016年，正规物业公司发展到12家，有从业人员200多人，实施物业管理的项目16个，管理房屋面积68万平方米，新建小区物业覆盖率达到100%，平均物业覆盖率达到80%以上。

**【房地产建设代表性项目】** 2016年，蓝山县具有代表性的房产项目有蓝山县天和房地产开发有限责任公司投资4亿元建设的逸品蓝山小区，位于塔峰镇南平东路，总建筑面积15.6万平方米，占地面积3.86万平方米；永州必达置业有限公司投资3亿元建设的蓝庭枫景园小区，位于塔峰镇工业大道，总建筑面积10.65万平方米，占地面积2.13万平方米；永州市军嘉房地产开发有限公司建设的湘源壹号小区，位于塔峰镇古城路，总建筑面积17.22万平方米，占地面积4.12万平方米；永州市永星房地产开发有限公司投资8000万元建设的舜水商城小区，位于塔峰镇城东南路，总建筑面积2.86万平方米，占地面积0.53万平方米；蓝山县德晟房地产开发有限公司投资2600万元建设的新华佳苑小区，位于塔峰镇广华街，总建筑面积0.97万平方米，占地面积0.42万平方米。

**【房地产公司】** 2016年，蓝山县主要房地产公司有蓝山县德晟房地产开发有限公司，由谢先喜任法人代表，公司地址位于蓝山县塔峰镇湘粤北路147号，注册资金400万元；永州必达置业有限公司，由罗其辉任法人代表，公司地址位于蓝山县开发区工业大道，注册资金1000万元；永州永星房地产开发有限公司，由唐志明任法人代表，公司地址位于永州市冷水滩区河东沿江路富临锦江宝华苑，注册资金400万元；永州市军嘉房地产开发有限公司，由宋朝光任法人代表，公司地址位于永州市冷水滩区珊瑚路，注册资金1200万元；蓝山县天和房地产开发有限责任公司，由石荷高任法人代表，公司地址位于蓝山县塔峰镇五里坪路31号，注册资金800万元。

## 城市建设投资开发

**【投（融）资工作】** 2016年，县城投公司（城市建设投资开发有限责任公司）及其子公司（城市建设投资资产资金管理中心）融资107000万元，基金11600万元，共计118600万元。融资项目包括农发行棚户区改造项目贷款80000万元，农行蓝山县支行舜水河综合整治项目贷款27000万元，已使用贷款资金8000万元，主要用于保障县重点项目蓝山大道、和平汽车站、创业大道、工业园区等征地拆迁补偿款。标准厂房和整体公租房等在建项目，已支付工程款5000万元。

**【蓝山县创新创业园标准厂房一期建设项目】** 2016年，蓝山县创新创业园标准厂房一期建设项目7栋厂房中，2栋厂房竣工验收，5栋基本完工，共累计完成投资约6000万元，完成税收200万元。该项目是省委、省政府“135”工程（通过三年时间努力在全省建设100个创新创业产业园区、建成3000万平方米标准厂房、引进5000家创新创业企业），也是县委、县政府“211”工程的重要组成部分，项目建设总用地200亩，建筑面积20万平方米，总投资约4亿元。其中2015年第一期建设用地

63.4亩，七栋厂房建筑面积49463平方米，总投资约8000万元，由蓝山县元嘉城建设发展有限公司建设。

【保障性住房综合建设项目】2016年，保障性住房综合建设项目第一期共4栋，累计投资约10000万元，完成税收350余万元。4栋主体全部封顶，砖砌体工程基本完工，提前完成县委、县政府对保障房考核建设任务。一期4栋总建筑面积约8万平方米，总投资1.3亿元，框剪结构，层数为16+2。于2015年11月19日完成招标，一标段施工单位为湖南省沙坪建筑有限公司，二标段为湖南省第六工程公司。2月24日完成第二期招标，施工单位为湖南省德成建设有限公司。截至年底，四栋桩基完工，13、16栋楼筏板基础完工，累计完成投资2000万元，完成税收60万元。第二期共4栋，总建筑面积约为4.6万平方米，工程投资约9000万元，框剪结构，层数为18+2。

【和平汽车站建设项目】2016年6月15日，和平汽车站建设项目完成招标。2016年投资约10000万元，完成税收300万元。该项目主站房建筑面积约1.39万平方米，层数为11+1，工程投资约15000万元。

【蓝山大道拓宽项目（含余香路）一期工程】2016年6月30日，蓝山大道拓宽项目（含余香路）一期工程完成招标。2016年投资约1000万元，完成税收50万元。该项目全长3280米，计划投资为2亿元。

【蓝山县公租房二标及附属工程建设项目】2016年8月29日，蓝山县公租房二标及附属工程建设项目完成招标。2016年，完成投资约300万元，完成税收10万元。该项目建筑面积3万平方米，计划投资为6000万元。

## 环境卫生管理

【概况】2016年，蓝山县环境卫生管理局有正式干部职工96人（退休人员39人，在职人员57人），公益性岗位人员323人。配备各类专用车辆32辆，其中，垃圾压缩车6台、垃圾中转车3台、6个立方的勾臂式垃圾清运车2台、3个立方的勾臂式垃圾清运车10台、摆臂车1台、扫路车2台、大水车6台、小水车1台、吸污车1台，基础设施和专用设备基本能满足环卫工作的正常运转和人们生活的需要。承担蓝山县城区125万平方米主次干道的清扫、保洁，8座垃圾转运站、1个生活垃圾管理站、122个垃圾集装箱、285个小型垃圾箱、613个果皮箱的管护和每日约150吨生活垃圾的清运、转运、处理等工作。2016年，蓝山县环境卫生管理局被永州市城市管理行政执法局评为“2016年度农村生活垃圾处理工作先进单位”，被永州市总工会评为“永州市模范职工之家”。

【环卫设施】2016年，蓝山县人民政府加大对环卫基础设施建设的投入，更新垃圾转运车、垃圾收集车等环卫设施，使机械化作业程度大为提高，全年投入448万元，先后购置垃圾压缩车、垃圾中转车、6个立方的勾臂式垃圾清运车、3个立方的勾臂式垃圾清运车、洒水车、环保垃圾桶。

【统筹城乡垃圾处理】2016年，蓝山县财政投入500万元资金以奖代补，全面推进农村生活垃圾治理工作。蓝山县人民政府加大对农村环卫基础设施建设的投入，先后购置113台垃圾收集车、5000个垃圾桶用于乡镇生活垃圾收集和转运，共投入245.24万元。与乡镇签订无害化垃圾处理协议，农村的生活垃圾由各乡镇安排转运车辆运到蓝山县生活垃圾管理站进行无害化处理，全年共转运乡镇生活垃圾10286吨。

## 城市管理

【概况】 1990年12月，成立蓝山县城镇监察综合执法大队原名城镇建设管理监察大队（隶属原建委现规划建设局）。2002年4月，城镇建设管理监察大队更名为蓝山县城市管理综合执法大队。2009年12月成立蓝山县成立管理行政执法局，蓝山县城市管理综合执法大队为其下属机构。2016年12月蓝山县城市管理行政执法局为县人民政府组成部门。2016年，蓝山县城市管理行政执法局贯彻“以人为本，以创优人居环境为目标，管理就是服务，管理就是规范，管理就是效益”的城市管理理念，以创建升级卫生县城为工作目标、创建国家卫生县城为工作目标、创建省园林城市为工作目标，推进城市管理领域的改革和创新，市容监察推行路段分类、中队包片管理；城市渣土管理、户外广告整治、禁燃工作等取得显著成效。

【综合执法】 2016年蓝山县城市管理综合执法大队突出抓“五乱”工作治理，即占道经营、户外广告、渣土治理、夜宵摊点、烟花爆竹等方面工作。占道经营方面，确保县城城区所有马路市场无反弹，集中力量整治环城路、城东路、塔峰路、湘粤路、瞬峰路、新民路、新建路、工业路、五里大道、东方大道等十余条街道，开展集中整治120余次，出动5000余人次，清理占道经营3万余人次，规范超门面经营1.5万余处，拆除违规搭棚500余处、5100平方米，规范搬迁废品回收店10家。户外广告方面，从3月开始，对县城城区户外广告进行彻底拆除，门店招牌按照“一街一景”的要求进行提质改造，拆除大型户外广告1万余平方米、不规范或不达标门店招牌5000余平方米，门店招牌规范基本达到要求。渣土治理方面，加大宣传力度，在各施工工地张贴渣土管理办法宣传牌100余块，发放宣传资料2000余份，督促整改不明施工行为200余次，查处违规运输车辆800余次，处罚300余台次，处罚金额10万余元，教育批评车主400余人次，建立冲洗平台10处，对未按要求建立冲洗平台和配备冲洗设备的建设工地下达停工整改通知书30份，组织召开混凝土公司、渣土运输公司及沙场、石场等有关企业专项会议7次，监督落实混凝土公司搅拌车辆安装接料设施30余台。对大型施工现场点安排专人负责监督管理，对未按管理办法施工的单位下达行政处罚决定书3份。对渣土运输车辆及建材运输车辆沿途撒落、未按要求密闭覆盖等违规运输行为遏制，覆盖率达95%以上。夜宵夜市摊点方面，专门成立综合执法组，抽调16名精干力量晚上进行巡查、执法，将全面整治夜宵、夜市超门面经营行为，发放宣传资料5000余份，清理占道经营1000余户，改变夜宵、夜市的乱象。烟花爆竹禁燃工作方面，成立禁燃工作执法中队，对县城禁燃规定区域实施全面的巡逻监管，对县城红、白喜事的运作进行提前介入，发现问题，及时处理，并予以劝导和纠正。禁燃整治小组出动执法车辆1100余台次，执法人员3000余人次，制止燃放500余次，纠正、教育300人，处罚150余人，治安传唤40余人。

## 城市供水

【概况】 2016年，县自来水公司资产总额约6000万元，职工121人（其中专业技术人员25人）。城区供水面积14平方千米，供水人口达10万人，日平均供水量近3万立方米，城市供水管网90多千米，供水普及率达95%以上，年均工业总产值2000余万元。2016年荣获全县目标管理综合考核优秀单位称号。

【供水】 2016年，县自来水公司完成销售水599万立方米，比2015年增长55%。完成工业总产值1457万元，其中：水费收入990万元，安装、维修及其他收入467万元，税金41万元。发展新用户2990户，铺设dn100（管道直径100毫米）以上供水主管约15千米，抢修、维修dn100以上供水主管网136处，dn100以下568处供水主管，查处违章用水6户，追回损失2万余元，追回历年拖欠水费90余万元，水表检定站完成必检表3494台，水表更换及维修618台。确保了优质、高效、安全、正常供水，全年无安全生产责任事故发生。

【管理服务】 2016年，蓝山县自来水公司制定《蓝山县自来水公司2016年岗位责任制》，公司对每个班组队室的工作进行目标考核，对职工工作情况及绩效实行按月考核，将公司各项工作任务和经济指标落到实处。公司对供水服务和用户情况开展争优创优适时回访。安装业务实行市场化管理，实行多劳多得的分配原则，调动工作积极性和主动性，工作效率得到提升。把加强公共供水管网建设作为改善民生的重要抓手，先后完成荆竹林场苗圃、廉住房一期、廉住房三期、示范性中学、五里安置小区、浆洞林场棚户区改造、城区消防栓等重点项目供水管安装，新建管网9485米，投入资金348万元，新增用户1388户。加强对二次供水的管理，8月，公司起草二次供水管理办法（草案），县政府办公室已行文，为强化城市二次供水管理提供政策保障。

【安全生产】 2016年，蓝山县自来水公司加强对水源质量安全巡查，加强对水厂职工安全生产知识培训，规范水厂制水工艺流程和水厂安全生产制度，积极申报湖南省集中式供水信誉度A级单位，2016年永发供水有限责任公司被授予县级安全生产示范单位。

【精神文明建设】 2016年，蓝山县自来水公司将精神文明建设列入公司的重要议事日程，以三城同创为契机组织健康有益的各项文体活动，进一步增强员工的凝聚力和战斗力。3月5日组织开展丰富多彩的学雷锋活动。为弘扬和培育新时代雷锋精神，组织青年志愿者和工会积极分子进行义务劳动。10月组织人员参加永州市城管系统第六届“熊猫供排水杯”乒乓球友谊赛，取得了女子单打第四名、女子双打第四名、男子双打第四名，公司代表队荣获团体体育道德风尚奖。

## 住房公积金

【公积金归集】 2016年，永州住房公积金管理中心蓝山县管理部工作人员深入蓝山县各社区，走访个体工商户，为群众发放宣传资料，传达住房公积金“为民、便民”的工作理念，为依法进行催建、促缴工作奠定基础。不断加强缴交力度，把住房公积金制度向更多的职工干部延伸，积极完善缴存单位信息，实现缴存人数、覆盖率、归集额指标逐年递增的目标。全县归集住房公积金13842万元，完成年计划的125.8%，住房公积金归集余额达44324万元。归集单位270个，新开户427人，完成计划的106.7%，参缴职工人数11431人。

【公积金提取】 2016年，蓝山县管理部围绕住房公积金归集、提取和使用三个环节，对每一项业务流程、操作程序严格排查，强化防控措施，确保资金运行安全，发挥住房公积金的惠民利民效益。全县已提取住房公积金8538万元，占同期归集额的64.3%，其中：购买住房支取587笔2996.7万元，建造住房支取47笔268.2万元，偿还贷款本息支取1537笔3489.6万元，租房支取8笔5.53万元，离退休支取330笔1344.2万元，调离本市支取15笔37.2万元，终止劳动关系支取48笔90.8万元，死亡支取16笔94.4万元，大病支取5笔43万元，其他支取31笔164.8万元。

【公积金贷款】　2016年，蓝山县管理部实行贷前严审、贷中规范、贷后跟进贷款风险管理机制，严格把关，防范风险，始终注重个贷的基础性工作和个贷质量，不断增强信贷员的责任意识和风险意识，做到放贷收贷两不误。全年，全县已发放个人住房公积金贷款396笔；全县新发放贷款12990万元，完成年初计划的129.9%，帮助中低收入职工解决购房面积达56820.5平方米；当期发放贷款占当期归集额的97.9%；期末贷款总额达45635万元，净增8249万元，同比增长18%。全年回收往年贷款本金4741万元，利息1408万元。

【公积金增值收益】　2016年，全县实现住房公积金业务收入1407万元，住房公积金业务已支出181万元，收支相抵，累计住房公积金增值收益为1226万元，为上年全年的130.4%。

【加强队伍建设】　2016年，蓝山县管理部扎实开展“两学一做”学习教育，把“两学一做”学习教育工作进行安排部署，明确工作时间节点、学习任务，让大家学有目标，学有重点。同时，积极参与市住房公积金管理中心组织的“两学一做”相关活动，不断提高全体干部职工思想素质，注重职业道德修养，熟练掌握业务技能，以适应新形势、新任务的需要。全面落实党风廉政建设主体责任和监督责任，积极开展党风廉政建设教育活动，不定期进行党纪党规党法教育和通报党风廉政建设典型案例，不断提升全体干部的廉政意识。主动接受社会各界的监督，以便及时发现、改进工作中存在的问题和风险隐患，改进工作方法。

## “三城同创”工作

【概况】　2016年，蓝山县开展创建国家卫生县城、省文明县城、省园林县城工作（简称“三城同创”工作），各专业组、职能部门、非职能单位、责任路段、社区（村）、小区和企业、学校（幼儿园）等单位按照要求，通过加强组织领导、广泛宣传动员、加大资金投入、开展创建活动等方式方法，强力推进全县“三城同创”工作。环卫保洁力度持续增强，城区主次干道两侧卫生保持良好。大多数背街小巷和单位、社区（村）、小区和企业、学校（幼儿园）的死角死面落实清扫措施，“四害”孳生地得到有效治理。集中开展市容环境、交通秩序、食品安全、公共场所卫生、环境保护、农贸市场等专项整治行动。加强县城基础设施建设，加大“三城同创”宣传和文明劝导工作力度，开展一系列爱国卫生创建活动，城市管理得到加强，较好地完成年初确定的“三创”工作目标。12月9日，省委宣传部考评组一行对蓝山县创建省级文明县城工作进行考评验收，各项创建指标合格，达到了创建省级文明县城标准。

【部署“三城同创”工作】　2016年，蓝山县委、县政府作出创建国家卫生县城、省文明县城、省园林县城“三城同创”的战略决策。分别制定创建文明卫生园林县城实施方案、考评奖惩办法、考核细则等一系列文件，明确工作目标，分解工作任务，细化工作措施，强化工作保障。成立“三城同创工作领导小组”，由县委书记任组长，县长任第一副组长，县委副书记任常务副组长，并把创建队伍建设作为重点，抽调专职工作人员20人组建办公室（以下简称“三创办”），确保创建工作有序开展。5月6日县委、县政府召开创建“国家卫生县城”“省级文明县城”“省级园林县城”推进暨创省卫总结表彰会议。全县各级各部门按照会议要求，成立工作班子，细化责任分工，迅速掀起“三城同创”工作热潮。

【形成“三城同创”工作长效机制】　2016年，蓝山县各单位积极落实环境卫生管理职责，形成常态化管理机制，做到办公环境美化、净化，单位卫生保洁效果好。按照《蓝山县2015年宣传和文明创建工作目标管理量化考核细则》，各单位在每周四的环境卫生清扫日都安排公职人员参加环境卫生大扫除活动，确保责任路段、机关大院及家属区、社区、城中（郊）村卫生干净整治。根据《关于在全县各责任路段开展文明劝导工作的通知》文件精神，明确实行领导干部包片区包路段、责任单位包路段包清洁，每天组织200余名志愿者在塔峰路、湘粤路、南平路等28条主要路段和红绿灯开展文明劝导，引导市民不乱丢垃圾、不乱穿马路、不乱停乱摆、不超店面经营、做好“门前五包”等，全县文明劝导实现常态化。

【加强宣传教育】　2016年，蓝山县播出电视、网络、手机报新闻2000余条，编发宣传专刊资料20万册（份），刊播电视飞播500多条、电子屏公益广告4000多条，张贴社会主义核心价值观贴画1万余份，发放《市民文明手册》2万册、《创建省文明县城》折页3万份，制作公交车和出租车车身公益广告130台，设置大型户外广告5000余块，建设文化墙8000余米、建筑围挡2万米，发布宣传标语挂图5万条（张），出板报、墙报600多期，举办文艺演出60多场（次）。通过出动创文宣传车、开辟“三城同创”专题专栏、发布创文彩铃、制定市民文明公约等方式，推动“三城同创”宣传进商铺、进机关、进学校、进社区、进农村、进企业。建立社会、家长、学校三位一体的教育工作机制，培养学生良好的卫生习惯、文明行为、法制观念和心理承受力。各中小学校的安全教育和健康教育开课率达到100%，每年都开展法制宣传、禁毒宣传进校园活动；关注留守儿童心理健康，开设发育期生理卫生讲座和青春期教育，为广大留守儿童、中考和高考学生及存在心理困惑的学生提供免费心理咨询服务。住院病人及陪护家属、社区居民、企事业单位职工的健康知识知晓率、健康行为形成率均达标。

【强化爱卫组织管理】　2016年，中共蓝山县委制定下发《中共蓝山县委蓝山县人民政府关于开展创建国家卫生县城的决定》，县政府制定下发《蓝山县人民政府关于加强新时期爱国卫生工作的意见》。32个爱卫成员单位与县爱卫会主任（县长）签订目标管理责任状，爱卫会办公室定期组织检查，及时通报各成员单位目标完成情况。制定爱国卫生2016-2020年“十三五”工作规划和2016年工作计划。各单位、社区、村都成立爱国卫生（创建）、健康教育、病媒生物工作领导小组，并都设有专（兼）职工作人员。全年共创建成10个市级文明卫生单位，11个市级卫生村，14个省级文明卫生单位、11个省级卫生村、2个市级卫生镇。

【加快推进绿化工作】　2016年，蓝山县大力实施城区绿化，编制《县城绿地系统规划》，完成蓝宁路、舜乡路、新民路、边贸中路、创业大道、三蓝广场的绿化种植和补植，种植乔木2300株，补植乔木114株，修剪灌木7000平方米，修剪乔木1200株，绿化带除草1400平方米，绿化带施肥5600平方米，冬季涂白乔木1300株。城市功能照明完善，城市道路装灯率达到100%。完成主次街道路灯安装300盏；主要街道亮灯率达99.2%。

【加强环境卫生管理】　2016年，蓝山县增加环卫设施，新购买6方大勾臂车1台，吸污车1台，铲车1台，清洗车1台，6方集装箱式密闭垃圾箱20个，垂直压缩设备1套，地埋式压缩设备2套，塑料垃圾桶500个，通过添置机械设备，极大地提高环卫工作效率。实行“一天两扫全天候巡回保洁”制度，实现交接班无缝衔接；确保清扫保洁到位和垃圾日产日清。城区生活垃圾无害化处理率达100%。对广场公厕及卫生进行全日保洁；修复三蓝广场的地板砖及其他市政设施；全面完成小吴家、三蓝广场、老卫生局3座垃圾中转站（垃圾收集站）建设，县城垃圾中转站增至9座。

**【加大交通秩序整治】** 2016年，蓝山县共查处各类交通违法行为2.9万余起，其中抓拍超速及闯红灯违法行为15200余起，违法停车9650余起，查扣无牌无证、假牌假证和报废的摩托车2300余辆，查处酒驾600余起，醉驾165起，治安行政拘留43人，刑事拘留176人，暂扣驾驶证794本。

**【开展城区环境污染整治】** 2016年，蓝山县开展环保大检查活动和污染隐患排查行动，大力整治违法排污企业，制订《蓝山县环境突发事件应急预案》并组织应急演练，及时妥善处置4起突发性环境事件，全年来未发生较大以上环境污染和生态破坏事件。地表水按功能区达标率均为100%，县城空气环境质量优良率90.4%，县城区域环境噪声平均值为51.6分贝，达到功能区要求，县城集中式饮用水水源水质达到《地表水环境质量标准》（GB3838-2002）Ⅱ类水质标准。生活污水排放总量为420.34万吨，生活污水处理量为380.51万吨，生活污水处理率达90.52%。县城重点医疗机构医疗废物通过市环保局的申报和审批，全部运送至市州市医疗废集中处置中心进行安全处置。医疗废水经过消毒、杀菌预处理后排入市政污水管网，经污水处理厂二级处理后达标排放。有序开展城区病媒生物防制工作。全年共投放稻谷鼠毒饵2.69吨、粘鼠板1850块、灭蟑清2700袋、灭蝇药2250袋、2.5%菊脂灭蚊烟雾剂220升，发放培训资料300余份。免费实行国家免疫规划项目的预防接种，并加强流动人口免疫管理，预防接种规范，安全接种率100%，开展入托、入学儿童预防接种证查验工作，查验率达100%。未发生因防控措施不力导致的甲、乙类传染病暴发流行。县城从11月1日起县城主城区禁止燃放烟花爆竹，成立县禁放工作领导小组和30人的巡查执法队伍，成功制止和查处非法燃放烟花爆竹58起（其中移交公安处理5起），规范丧事办理21起。

# 交通·通信

## 交通运输管理

【交通重点项目建设】 2016年，蓝山县交通运输建设项目共4大项、6小项，全县交通运输基础设施建设年内实际完成投资960万元。S231蓝山湘江源至宁远九嶷山公路项目，其中蓝山段42.15千米，分为蓝山湘江源（长铺）至高塘坪段（30千米）和蓝山高塘坪至宁远九嶷山（两岔河）段（12.15千米）两段实施。蓝山湘江源（长铺）至高塘坪段完成工程可行性论证文本编制和评审，省交通运输厅出具工程可行性论证审查意见函；完成矿产压覆、地灾、水土保持、防洪评价、环评、规划选址、节能备案，并同步开展一阶段施工图设计等前期工作；完成施工图预评审，正在开展土地预审工作。蓝山高塘坪至宁远九嶷山（两岔河）段受宁远九嶷山国家森林公园调规尚未取得国家林业局的批复、九嶷山国家级自然保护区的专项专题评估多等因素影响，未能完成预定目标。G537蓝山祠堂圩至岭脚公路项目，共25千米，完成工程可行性论证文本的编制和评审，省交通运输厅已出具工程可行性论证审查意见函；完成矿产压覆、地灾评估，同步开展水土保持、环评、节能、规划选址等前期工作。S232、S107蓝山县城至毛俊水库公路项目，共22千米，分为完全独立的S232蓝山县火市至县城一级公路（14千米）和蓝山县火市至毛俊水库二级公路（8千米）两个项目。完成工程可行性论证文本的编制和评审，省交通运输厅已出具工程可行性论证审查意见函；完成矿产压覆、地灾、水土保持、防洪评价、规划选址、节能备案，同步开展环评、施工图勘察设计等前期工作，设计单位已进场开展测量设计工作。蓝山和平汽车站建设项目，完成全部征地工作，“三通一平”、车站路完成70%，房屋征收已完成；主体工程建设完成招投标。

【农村公路建设与养护】 2016年，完成农村公路提质改造项目80.09千米，完成投资2451.202万元；危桥改造任务27座、596.6延米，总投资2513万元。争取立项危桥改造项目4座，即塔下寺桥、水口1桥、玉河塘桥、西海桥。完成国省干线公路安保2条（S107、S231），处治隐患里程17.61千米，总投资472万元；农村公路安保12条（X030、X138、X139、Y164、Y165、Y166、Y366、Y367、Y619、Y161、Y163、Y375），处治隐患里程43.875千米，总投资1240.96万元。农村公路养护完成546万元。蓝山县交通运输局被市政府授予“永州市交通运输发展目标管理考核先进单位（二等奖）”“永州市交通三年大建设年度考核先进单位（合格奖）”和“永州市农村公路建设考核先进单位”荣誉称号；同时被市交通运输局授予“永州市农村公路工作先进单位”荣誉称号。雷俊、雷沅绍被市交通运输局评为“永州市农村公路工作先进个人”；李军文被市防汛抗旱指挥部评为“永州市防汛抗灾工作先进个人”。

【道路运输】　2016年，实行区域分片管理，将全县划分成五个责任区域，明确责任所领导、责任站办和责任人员。通过区域分片，责任具体落实到岗、到人，层层签订责任书，运输市场监管工作取得很好的效果，市场经营行为得到进一步规范，市场秩序明显好转。2016年，蓝山县行政村通班车率在2015年已达100%的基础上，继续发展农村客运，鼓励发展乡镇通村客运班线，新增农村客运班线4条，新增客车5台，更新客车24台，为客运一体化建设奠定坚实的基础。继续加快农村客运站亭等站场基础设施建设，按照“路站运一体化”服务理念，年初对全县农村客运招呼站等进行实地考察选址，全年共新建农村客运招呼站10个，累计建成农村客运招呼站79个。积极推动驾驶员培训从“应试教育”向“素质教育”转变，促进驾培教学质量的提高，新增驾校1家，让学车群众在驾培机构的教学质量、服务态度等方面有更多的选择。

【城市客运建设】　2016年，新增公交线路1条、投放公交车2台。现有公交线路9条、公交车辆44台，出租车100台，公交车营运里程35.7千米。结合县城道路提质改造工程，增设开发区工业大道至县城塔下寺的公交车停靠点附属设施，完成县城40多处港湾式公交车停靠站点建设。公交车站的建设用地、国土规划按照程序正在进行上报审批。提供优质服务，为蓝山县65岁以上老年人免费办理公交车免费乘车证4000本，总共办理17860本，让老年人权益保障政策落到实处。开展专项整治，查处各类违法违规经行为410起，其中非法营运车辆260台，公交、出租违章车辆150台，有效维护蓝山县运输市场经营秩序。

【春运】　2016春运，全县共投入客运车辆230辆，发运客运班次8536班，安全运送旅客32.85万人，与2015年同比增长0.45%，其中往返广东方向的旅客9.70万人次，同比增长0.3%。春运期间，县交通运输局抽调42名政治思想好、业务能力强和执法水平高的运政执法人员，分别在S216南风坳春运交通安全检查服务点和二广高速南风坳春运交通安全检查服务点实行24小时值班制，随时为过往客运车辆开展交通安全宣传教育，进行安全检查和提供服务。春运期间，共检查过往车辆21492台次，查纠违规车辆112台次，其中查处非法营运车辆48辆，转运卸载旅客443人次，为广大旅客和司机提供运输安全保障。在做好安全监管工作的同时，县交通运输局以为过往的客运车辆提供服务为重点，设立司乘人员休息室及疲劳驾驶员休息室，配置桌椅、取暖器、床等物品，免费提供茶水、食品和车辆维修服务电话以及急救医生电话、急救药品等便民服务，营造和谐、温暖春运氛围。春运期间，蓝山县S216春运安检站接待返乡过节摩托车辆2500多辆次，服务2900多人次，受到广大“摩托大军”的一致好评。

【依法行政】　2016年，成立依法行政工作领导小组，形成上下统一、整体联动的行政执法体系，有力地保障交通执法规范公开、依法透明。建立重大决策机制，完善工作制度。进一步加强交通法律法规宣传和执法人员教育培训，组织开展基层执法队伍职业化，基层执法站所标准化和基础管理制度规范化“三基三化”建设。强化交通行业优质服务，加快行政审批制度改革，先后完成行政审批事项五轮清理，所有行政审批事项全部进驻县政务中心及分中心，全年共查处各类违法违规行为400余起，受理行政许可200余件，办结200余件，实现受理率和集中办理率100%。规范行政执法行为，梳理规范基层站所管理制度，明确处罚工作职责、理顺审批流程，严格站所受理调查、法制部门审查等环节，实行行政审批承诺期限制度，审批提速30%以上。狠抓交通行政执法监督工作，将行政执法的内容实行政务公开，设置公示牌、举报电话、意见箱；主动征求服务对象的意见和建议，不断改进工作方法；执法窗口积极推行诚信服务，建立业务大厅和电子触摸屏查询，公开办事程序，实行办证、缴费、签章一条龙服务，简化手续，方便群众。2016年3月，蓝山县交通运输局被省政府法制办授予“湖南省依法行政工作先进集体”荣誉称号。

【党建工作】 2016年6月份，交通运输局成立直属机关党委，并做好第一届直属机关党委班子选举工作，充实完善交通运输局直属机关党委领导班子。预备党员转正2名，发展预备党员3名。按规定开展党组织活动，全年组织开展集中学习30余次，局领导集中讲党课2次，开展基层党务骨干培训1期，组织党员干部职工观看党员电教片3次，开展主题研讨4次，各党支部组织集中学习12次以上，每个党员撰写发言提纲4份；“七一”期间对全系统17名优秀党员进行表彰奖励。

【廉政建设】 2016年，对局属单位县公路管理站渡改桥、公路养护、公路防护等工程建设项目，分别按照有关法律法规和程序，统一纳入市县公共资源交易中心进行公开招标投标，持续保持招投标零投诉的良好效果。加强纪律约束，深入开展监督检查。明确反腐倡廉责任分工，积极落实党风廉政建设“两个责任”，建立健全教育、制度、监督并举的反腐倡廉长效机制，继续推行党务政务公开和执法公示，强化制度约束、民主监督和社会舆论监督，收到良好的效果。强化纪检监察职能，深入开展“纠四风、治陋习”和“雁过拔毛”式腐败专项整治工作，重点抓好工程建设领域的廉政建设工作和交通运输行业突出问题专项治理，以党风廉政建设新成效推进交通大发展。全年共组织检查12次，未出现个人违纪投诉和行政执法错案现象，辖区公路无“三乱”成果继续巩固；自觉接受社会监督，切实推进政风行风建设，公开监督电话3部，设立举报箱2个，选聘义务监督员2名进行日常监督，进一步净化行业风气。加大督查督办力度，认真办理人大代表建议、政协委员提案26件，调查、处理省委巡视组交办件和县委宣传部、县长信箱、红网百姓呼声等转来的群众反映问题22件，妥善处理人民群众反映强烈的问题，及时防范、化解各种矛盾纠纷和不稳定因素；严控“三公”经费，规范公务接待，2016年公务接待费用较上年下降8%。着力推进党内监督、群众监督和媒体监督，对整治对象从党员领导干部延伸到全局的公职人员，做到人员全覆盖，实现公职人员“工作圈”与“生活圈”、8小时之内和8小时之外全覆盖。立案查处案件2件并进行纪律处分到位，给予党政纪处分1人、行政处分1人，党风政风得到根本好转。把“纠‘四风’、治陋习”与风气监督、“两个责任”落实和监督评议等工作紧密结合起来，将“纠‘四风’、治陋习”作风大提质主题活动任务要求明确列入2016年落实党风廉政建设责任清单。

【安全生产】 坚持“安全第一，预防为主，综合治理”工作方针，加强组织领导，强化监督责任，严格实行“党政同责、一岗双责”，建立健全层次分明、逐级负责安全管理责任体系，通过层层签订安全生产责任状，明确各自职责，将安全责任落实到各部门、各企业及个人，形成横向到边、纵向到底安全责任体系。督促运输企业认真落实安全生产主体责任，开展安全生产自查自纠工作。落实领导干部带队检查安全安全制度，在元旦、春运、“两会”、清明、五一、端午、汛期、中秋、国庆等特殊时段，实行领导分片包干，分道路运输、城市客运、公路工程三个领域，积极开展安全生产检查，确保节假日特殊时段交通运输安全。深入推进安全文化建设，加大安全宣传教育培训力度，悬挂安全横幅20余幅，发放宣传单8000余份，张贴安全标语100余幅、建立安全宣传栏3个，营造浓厚的安全宣传氛围。及时召开安全会议，部署安全生产重点工作，解决存在的具体问题。扎实开展“打非治违”、“平安交通”、“安全监管执法年”、危险货物运输和安全生产大排查、大管控、大整治等专项活动。加大安全隐患排查整改力度，突出对道路客运、危险化学品运输和桥隧施工、站场等的专项检查，对发现的安全隐患和问题，及时向责任单位下达整改通知，限期整改到位。全年共检查各类生产经营单位100余家，查处非法营运车辆100余台、违章300余台次、纠章500余台次，排查治理各类交通运输安全隐患80余处，全系统没有发生一起较大以上安全责任事故，确保县交通运输安全生产持续平稳，分别被市交通运输局和县人民政府授予“安全生产工作先进单位”称号。

【路政管理】　2016年，积极开展路产路权维护，年内立案查处建筑控制区内违章建筑5起，清除路障30处，有效的保障行车安全。通过县委政府统一组织领导，抽调路政，运管，交警联合执法，集中统一治理超限超载工作，取得良好效果，立案查处超限超载车俩近200台，形成强大的威慑力，有效保障管理安全，治超工作在全市各县区排第一。完善路政设施，设置道路标示排150块，排除非公路标志230块，出动路政宣传车10余台。

【交通战备】　2016年，精心组织交通战备应急保障大队人员参加应急演练和军事演练。进行重点动员和潜力统计调查，采集、收集和汇总基础设施、运输工具等方面动员潜力数据，录入到信息管理系统，做到数据更新准确、全面、详实，为民用运力国防动员做好动员准备。精心组织交通战备现代化建设工作，建立健全各项规章制度，组织交通战备人员加强政治理论、业务知识、相关法律法规学习，推进交通战备现代化设施建设。

【精神文明建设】　2016年，组织全局干部职工开展以羽毛球、气排球和趣味赛等为内容的庆“五一”文体竞赛，积极参加全县第二届“创新创业·职工杯”气排球比赛，增强交通队伍的凝聚力、战斗力。开展文明优质服务竞赛，提供文明优质服务。高考期间，城市客管办组织20台出租车为学生提供“爱心送考”服务。在城市公共客运和道路客运行业开展文明公交车、文明出租车、文明班车和“交通杯”劳动竞赛活动。开展“十佳文明窗口”“文明标兵单位”创建和群众满意客运站建设，抓好“道德讲堂”、文明劝导、“心连心”宣传、“学雷锋”、“扶贫送温暖”、“关爱他人、无偿献血”和“三城同创”等活动，投入136万元对局机关大院进行提质改造和绿化升级，加强文明卫生单位的创建工作，荣获省“文明卫生单位”、县“宣传和文明创建工作先进单位”和“爱国卫生工作目标管理三等奖”荣誉称号。

## 公路建设管理

【公路建设】　2016年，县公路局完成X050蓝（山）大（洞）线火市集镇路段破损路面修复、将军岭路段的路基下沉修复、山体滑坡处治等工程建设任务；完成X082猫大线猫仔冲至大桥（K2+000—K4+005、K22+208-K24+319）4千米破损路面修复改造任务；完成S216线、X081线水毁修复任务；完成X050岭脚桥危桥改造建设任务。

【公路养护】　2016年，县公路局先后开展公路水沟大清理、涵洞大疏通、路容路貌大提升、安全隐患大消除四大专项活动，低温雨雪除冰保畅、春运安全保畅、雨季水毁抢修和日常养护保洁工作，实行路政养护“管养联手”，及时处治影响行车的安全隐患，加强标志标牌、防撞护栏、行道树、里程碑、百米桩的维护保养。2016年，年末干线公路好路率达95%，支线公路好路率达55%，圆满完成各项好路率指标。全年投入安全隐患修复整治资金120万元，公路冰冻、公路水毁抢修资金60万元，增设安全警示标志标牌445块，波型钢护栏15836米，完成安全隐患整治110处。

【路政管理】 2016年，县公路局路政大力开展路域环境专项治理行动，在S216线、S322线、X081、X082线等公路沿线利用公路护坡书写宣传标语、悬挂宣传横幅，深入乡村集镇、厂矿企业发放宣传单2000余份，重点宣传《中华人民共和国公路法》《公路安全保护条例》，使公路法律法规宣传真正深入人心。其次，制作宣传展板先后在县城、集镇繁华路段设置路政咨询服务台，通过多措并举、形式多样的宣传手段，提高社会公众保护桥梁的安全意识，取得良好的社会效果。全年先后6次开展省道干线公路路域环境专项治理行动，路政执法人员、安全法制、公路养护人员联合对S216、S322线沿线的占道经营、非法广告进行清理，对S216线的两处在公路建筑控制区范围内的沙场进行整治。全县管养的干线公路沿线共清除路障2021处，拆除非公路标牌197块，龙门架1处，拆除擅自埋设在公路路肩、桥涵的管线5千米。

【公路治超】 2016年，猫仔冲治超站在县治超办统一组织安排下，重拳出击，采取固定与流动检测的方法，齐头并举，不定时、不定位，24小时对违法超限车辆进行查处和打击，让违法超限车辆无空隙可钻。县交通、公路、公安、交警等多部门联合执法，重拳出击，打响蓝山治超专项整治“攻坚战。全县共检测车辆97034余辆次，查处超限超载货运车辆112辆，卸载超限货物1036.7余吨，强制切割拆除“马槽车”196台，强制切割恢复原状车辆196台，扣分198人，联动治超7次。在全省车辆超限超载率调查中超限率为0%，在全市治超工作各个专项行动考核中名列前茅，取得优秀的治超工作成绩，得到省市一致认可。

【安全生产】 2016年，蓝山县在全县开展安全隐患大排查、大整治、大管控专项行动，组织全面的安全隐患排查，按照轻重缓急制定安全隐患整改三年行动计划。先后对重大安全隐患点段S216线永连公路K160+000至K164+600处增设4千米的振荡标线和减速标线，更换限速牌，对K161+200路段请省设计院设计增设辅道方案并实施完成，设置交警电子测速装置。对X081、X082重大安全隐患，所有垮方路面悬空点段全部护砌，增设安全警示标志标牌445块，波型钢护栏15836米。全年完成安全隐患整治110处。

## 蓝山县湘运公司

【概况】 2016年，县湘运公司按照“安全、及时、有序、优质”总体要求，认真落实各项工作措施，精心组织、周密布署，扎实工作，圆满完成各项运输工作任务，实现效益和安全双丰收。连续三次通过省交通运输厅“群众满意客运”暗访考核。安全工作进一步得到加强，各项管理进一步规范有序，做到服务优良，旅客流动有序，无服务质量事件。无行车责任事故、无站场责任事故、无“火灾”“三品”（易燃、易爆、有毒物品）事故。无重大违章行为。

【队伍建设】 2016年，县湘运公司注重抓队伍建设。公司深入基层作好调查研究，找每个干部和职工谈心，充分听取意见和建议，充分调动全体员工的积极性。明确目标，强化责任，将各项工作量化、细化分到每个分管领导、每个管理人员及每个员工头上，做到人人头上有指标、有责任、有担子；春运伊始，制订《公司春运特别纪律》下发到各班组、科室，并实行组织检查、严格考核，对责任心不强、作风懒散员工进行批评教育，屡教不改的，取消绩效奖，对情节严重的进行下岗处理。强化敢于管理敢于碰硬思想，主要领导廉洁自律，遇事不逃避、不推卸，在歪风邪气面前敢于坚持原则。开展党的群众路线教育实践活动，改进工作人员工作作风，提高员工履职尽职能力和工作主动性。

**【企业改制】** 2016年，是永汽总公司企业改制之年，蓝山公司认真做好职工政治思想工作，大力宣传改制的必要性和紧迫性，讲清企业不改制企业没有发展、无法生存的道理；做好企业改制前期准备，组织人力认真做好清资产、摸清家底；做好企业稳定工作，有针对性解决问题，稳定职工思想情绪。公司安全生产稳步发展，企业改制有序推进，员工思想情绪稳定，做到稳定、改制、生产三不误。

**【春运工作】** 2016年，公司立足于早准备、早发动，春运前半个月提前启动春运工作。召开春运工作动员大会，对春运工作进行全面宣传发动，统一全体员工思想，全体员工团结一心，全力以赴充分发挥各自积极性，集中全部力量、集中全部精力，投入到春节运输工作中来。成立以经理为组长，其他公司领导为副组长，各科室负责人为成员的工作领导小组。制订春运工作方案，并将春运工作目标量化、细化，落实岗到人。认真调查分析、预测、研究客源。针对运输生产中存在的全国经济下行严重，“滴滴打”等网约交通冲击客运市场，运管部门为保畅通对非法营运难以制止等不利因素，进行认真分析研究，作出稳定广东班线，拓展省内及其他班线客源的决策，特别是长沙方向在旅客大量增加，高速公路全面开通的情况下，安全、快速、便捷的汽车客运成为首选，公司紧紧抓住这一机遇。

**【客运服务】** 2016年，公司合理调整班线、班次，科学安排运力，强化调度指挥，提高车辆运行效率。严肃调度纪律，确保正班正点。禁止停班停运原则，不得随便压班。对擅自压班、脱班造成旅客购票不能乘车而损害企业形象或造成企业损失，严肃处理。改善服务态度，提高服务质量。发扬“辛苦我一个，方便千万家”精神，按照“三优”“三化”标准搞好服务工作，所有工作人员做到文明优质服务，杜绝“冷、横、硬”的服务质量事故发生，节日期间未发生服务质量事件和遭媒体曝光或上级批评。做好节前返乡旅客服务工作，公司安排工作人员全天候值班，为旅客的安全保驾护航，同时做好宣传工作，提升企业良好形象。春运期间为旅客提供开水、急用药品、等人性化服务，为旅客提供优良的乘车环境。争取政府支持，改善生存环境，多向县委、政府及交通主管部门汇报，加强沟通；针对今年客运物价政策控制比较严的问题，领导多次与物价部门沟通和协调，以取得他们对跨省班车春运票价上浮的理解和支持；积极参与春运客运市场整治，主动出击打击非法客运。

**【强化内部管理】** 2016年，公司强化站场管理，堵塞营收漏洞，强化管理力度，提高经济效益。公司在提高客运收入含金量下功夫，提高路线牌管理，提高客运代理费，采取有力措施提高郴州、永州等班车车辆路线租赁金，此项全年净增收入15万元。改善运力和服务设施，提高服务质量，增强市场竞争力。开通网上售票，完善网络购票服务，扩大企业知名度，提高企业社会效益和经济效能。强化车站服务规范化、标准化，按照新“客规”对每个岗位制定服务规范，服务标准，实行严格考核。提供人性化服务，车站候车室、食堂全天候开放，并提供免费茶水、晕车药和日常急救药品，设立老弱病残、母婴重点人员候车室；加强治安值班，确保旅客财物安全；认真开展优质文明服务竞赛活动，并确定竞赛方案，将各种服务内容细化、指标化，并严格考核。

【加强安全管理】 2016年，公司始终坚持“安全第一、预防为主”的方针，认真开展“大排查、大管控、大整治”行动和“百日安全竞赛”活动，以创建“群众满意客运站”为契机，抓好源头管理，以强化安全例检、“三品”检查、出站复核为重点，严格安全制度，落实安全措施，强化安全责任。把好车辆安检和“三品”检查关，严格实行凭安检单派班制度，针对过去安检人员人员紧张情况，增加一名安检人员，并坚持做到每班必检，检必合格，对回站车辆做到随到随检，车辆安检率达到100%，保障车辆的完好率。严格“三品”检查，增加一名检查员负责“三品”检查，坚持“谁检查，谁签字，谁负责”的原则，保持设备运转正常，真正把“三品”查堵在站外车下。开展有针对性的安全专题教育，对驾驶员开展“四反”（反超速、反超载、反疲劳驾驶、反车辆带“病”行驶）、“五道”（村道、街道、岔道、坡道、弯道）、“五天”（雨天、雾天、炎热天、冰雪天、夜天）和预防与摩托车、行人发生碰撞事故及遇突发情况时如何避险教育，进一步增强驾驶员安全意识、预防意识、责任意识，增强驾驶操作技能。加强GPS卫星定位和视频监控，对所有长途班车（蓝山至冷水滩班线）3G视频进行全程监控，做到车辆不休班，监控不离岗，全面掌握营运车辆的行驶动态，及时采取相应措施，预防、减少违规经营现象和交通事故发生。全年安全工作取得较好成绩，未发生任何责任事故，未出现重大违章行为。

## 电信

【概况】 中国电信股份有限公司蓝山分公司（简称中国电信蓝山分公司）隶属于中国电信股份有限公司永州分公司，是蓝山县重要基础网络运营商和综合信息服务提供商。依托于中国电信全程全网，中国电信蓝山分公司可向客户提供丰富多彩、优质高效固定和移动电话业务、互联网接入及应用、数据传输、IPTV视讯服务、国际及港澳台通信等多种类综合信息服务。2016年，公司下辖3个股室、7个中心班组和3个农村支局，共有干部职工45人（含离岗、退养人员），服务网点遍及蓝山城乡。

【业务发展】 2016年，中国电信蓝山分公司业务收入完成年度预算的102.77%，环比增幅11.60%；全年净增移动用户3180户，期末数达到2.9万户；全年净增ITV用户3916户，期末数达到1.1万户；全年净增宽带用户2003户，期末出账用户数达到1.66万户。

【网络保障】 2016年，中国电信蓝山分公司共完成建设投资1200万元。新增移动基站97个，移动基站总数达到152个，C网信号覆盖率达到98.50%以上；新建4G站点53个，累计达到53个；新增光缆789皮长千米，累计达到2000皮长千米；新建FTTH端口1.2万个，FTTH端口总容量达到6万个；新增电路1100条。

## 联通蓝山县分公司

【概况】 中国联合网络通信有限公司蓝山县分公司成立于2001年10月，是中国联合网络通信有限公司在蓝山县分支机构，承接在蓝山的基础通信建设、运营和业务发展及服务工作。经营业务有：移动通信业务（包括130/131/132/145/155/156/185/186）、固话业务、互联网接入及应用、数据通信、国际及港澳台通信等多种综合信息服务。2016年，中国联通蓝山县分公司设总经理一名，负责主持中国联通蓝山县分公司全盘工作。分公司设本部中心、自营厅、城区营销部、楠市营销部、集团部、宽固部，2016 年有员工 29 人，其中合同制员工 9 人。全县城区、乡镇设有中国联通代办业务网点，均能办理移动通信业务、固话业务、话费缴纳、宽带安装等业务；城区 4G 网络覆盖均值达 90%以上，宽带业务已覆盖全县城区及部分乡镇。2016 年，用户规模超过 3 万多户，收入规模达到 1590 万元，荣获永州市 2016 年基层单元建维工作先进单位。

**【重点经营】** 2016 年，中国联通蓝山县分公司提出一张蓝图干到底四字方针，公众市场要“稳”、行业信息化市场要“特”、互联网市场要“活”、存量市场要“准”经营理念，积极贯彻公司经营理念，要求公司全体干部员工聚集四类市场，深入地推进改革转型。

**【聚焦市场】** 2016 年，中国联通蓝山县分公司为加快老用户换机工作的推进，聚焦 2G 用户换 4G 终端活动的推广，多场次地开展名单制换机促销活动。依托于大数据精准定位和筛选，基于蓝山所有营业厅，对周边持 2G、3G 终端名单制目标用户进行个性化邀约和厅内换机推荐。带上礼品，以下乡进村放电影形式给村民带来业余活动并更好地和村民宣传 4G 终端优惠政策。2016 年，共完成 2G 用户换 4G 终端 1924 户，为后期换机工作，开展奠定坚实基础。2016 年，宽固工作聚焦农村市场，城区以补点为主。新进乡镇合作商 4 个，分别覆盖区域为土市、古城、所城、火市，覆盖行政村 21 个，新建端口 1125 个，在业务发展中农村多为老人、小孩在家的特点，中国联通蓝山县分公司推出优惠的智慧沃家套餐（一人交费、全家共享、套餐内成员互拨免费）为切入点，为农村提供信息化服务，2016 年，新增农村宽带用户 310 户。城区覆盖区域以新建住宅小区及零星工程为主，覆盖小区共 7 个（逸品蓝山、湘源壹号、杏林苑、浆洞林场、御景华宸、新华佳苑、锦绣豪庭）。2016 年，城区共发展用户 400 余户，新建端口 2256 个。

**【聚焦集团拓展】** 2016 年，中国联通蓝山县分公司聚焦集团教育信息化落地执行与推广。主要以前期学校友好关系为基础，利用行业应用教育信息化（沃教通）为切入点，深入学校针对沃教通教学软件进行现场演练，从发展单个用户到发展集团用户转型。重做三类市场，增量市场以教育信息化为重心、存量市场以十户联防做牵引、行业应用市场以互联网接入为切入点，将三类市场做深、做透。对集团人员每月进行优胜劣汰，定期开展培训和组织考试，有效提升服务人员综合能力。2016 年，中国联通蓝山县分公司与英才学校成功签订教育信息化（沃教通）合作协议，新增客户 1036 户。

**【网络保障】** 2016 年，中国联通蓝山县分公司重在以 4G 网络建设及宽带资源覆盖为主。进一步加快推动 4G 布局，加快发展网络信息化服务，以推动经济结构调整。根据公司制定的三年滚动规划，2016 年，中国联通蓝山县分公司完成 3G 基站建设 27 个、4G 基站建设 36 个，建设光缆长度 75 千米，完成光纤到户端口建设 4096 个，全年基础网络设施建设投资约 450 万元。

# 商贸·旅游

## 商　　贸

**【概况】**　2016年，蓝山外资到位7600万美元，同比增长16%，完成全年目标任务；全年内联引资到位资金20亿元，同比增长24.13%，完成全年任务；全年完成外贸进出口15009万美元，同比增长16.03%，超全年目标任务额400万美元，全市总量排名第三；对外投资中方合同投资总额1500万美元，同比增长24%，超额完成全年目标任务；对外承包工程和劳务合作营业额1643.4万美元，与泰国、越南等多个国家实现营业额实绩，同比增长率为84.03%，超全年目标任务额397万美元；社会消费品零售总额为37.62亿元，同比增长11.7%，顺利完成全年目标任务；2016年，全县在省、市级重大招商活动平台上签约项目的履约情况良好，履约率100%。其中“港洽周”签约金色盆地竹文化生态产业园项目（外资5000万美元）、舜蓝绿色生态茶油种植和综合加工厂项目项目（2亿元人民币）和“永州市对台招商推介会”上签约蓝山县蓝腾电子商务科技有限公司环保家具制造项目（1亿元人民币）都在动工建设中。2016年，蓝山县成功创建为“国家级出口食品农产品质量安全示范县”。

**【招商引资】**　2016年，蓝山县招商小分队赴上海、广州、东莞、深圳、珠海开展对接珠三角系列招商活动，在“沪洽周”成功签约郁葱林业产业园、金属盆地竹木生态产业园两大项目，总投资超5.5亿元；经济开发区10万平方米标准厂房项目已建成；投资额达20亿元的生态石材产集群又增添佳诚机械设备项目、佛山驰援五金工具项目共两家配套服务企业入驻石材产业园；以高信电子为龙头企业的电子产业园引来上下游产业链企业30余家。华侨产业园10余家企业准备入驻，包括中国电建、银阳新能源等光伏发电企业；印尼BSB公司投资的五星级酒店正在筹备当中；香港铜锣湾集团投资20亿元的城市综合体项目已基本达成共识；集葡萄种植、加工、红酒酿造、旅游、餐饮于一体的农业龙头项目花果农庄，已经完成建设并投入经营。

**【市场监管】**　2016年，蓝山县科商粮经信委加强商务执法队伍建设，保障“12312”商务举报投诉中心的持续高效运行，配备更新执法装备，开展生猪定点屠宰、成品油市场管理、再生资源回收管理等执法行动26次，查处各类案件10余件，商务执法面拓展，执法水平提高。

**【创建国家级示范区】**　2016年，蓝山县推进出口食品农产品质量安全示范区建设，提升食品农产品质量安全水平。3月被湖南省人民政府审定批准为首批省级出口食品农产品质量安全示范县，7月中旬通过国家验收小组验收，成功创建“国家级出口食品农产品质量安全示范县”。

**【社零消费水平】**　2016年，蓝山县社会消费品零售总额为

37.62亿元，同比增长11.7%。蓝山县入驻永州源味街招商目标任务圆满完成，成功引入2家餐饮店（塔峰人家、醉鹅飘香）和1家农产品特色店（三峰茶业）。

【电子商务工作】　2016年，蓝山县掀起电商发展热，同时与阿里巴巴、杭州甲骨文科技签订战略合作协议，赋码企业有湖南三峰茶业有限公司、蓝山新顺农牧业发展有限公司、蓝山县志昱农业开发有限责任公司、蓝山县鑫旺竹业有限公司4家企业，共赋码350万枚。农村电子商务发展到103家个村，规模庞大、发展迅速。

## 供销合作

【概况】　蓝山县供销社于1952年6月成立，全称为蓝山县供销合作社联合社，隶属于县政府管辖。2016年，人员定编11人，在岗17人，内设综合办公室、安全保卫股、财务监审股、业务统计股、劳动人事股；辖县供销社资产经营有限责任公司、县供销社贸易公司、县农业生产资料公司、县土产果品公司、县农产品公司和楠市供销社、竹市供销社、新圩供销、太平供销社、毛俊供销社、土市供销社、正市供销社、祠市供销社、兰屏供销社、大洞供销社、火市供销社、浆洞供销社、大麻供销社。2016年，县供销联社以加快改革与发展为主线，以大局稳定为基础，与时俱进，开拓创新，全面完成县委、县政府交办的各项工作任务和自身发展任务，荣获全市供销系统综合业绩考核一等奖。

【供销社综合改革】　2016年，蓝山县成立以县委常委、县委办主任黄和平任组长、县政府副县长黄正军任副组长、县21个有关部门负责人为成员的县深化供销合作社综合改革领导小组。县供销联社为加强统筹指导，分解落实任务，相应成立由主任李琼孝任组长、班子成员为副组长、股室负责人为成员的县供销社综合改革领导小组，同时成立体制改革、业务改革、宣传协调三个专门工作组。正式启动供销社综合改革。改革目标是到2020年，全县系统基本完善联合社机关主导的行业指导体系和社有企业支撑的经营服务体系。基层社实现乡镇全覆盖，乡镇普遍建立起农村综合服务平台，村级综合服务社要覆盖80%以上的行政村，真正将供销合作社打造成为与农民联结更紧密，为农服务功能更完备，市场化运行更高效的合作经济组织体系，成为服务农民生产生活的生力军和综合平台，成为党和政府密切联系群众的桥梁和纽带。

【基层组织建设】　2016年，县供销联社重视和支持基层社建设，想方设法帮助基层社发展壮大。在全系统组织开展“结对帮扶、加快推进基层社改革升级”活动。县供销社贸易公司、县农业生产资料公司共投入20万元对所城供销社、火市供销社临街铺面进行改造升级。坚持提质与扩面相结合，大力实施“百县千社”振兴计划。对经济实力强、体制机制活、服务水平高的新圩供销社重点整合提升，作为经验复制推广，带动全系统基层组织建设。同时推荐新圩供销社参与市基层社标杆社创建活动，经市验收合格。投入近50万元，兴建占地面积近600平方米的竹市钢构超市，不仅有效防止社有资产流失，还促使竹市供销社年增收近10万元。

【农民合作社示范社建设】　2016年，县供销联社因地制宜、以点带面，引导农民合作社立足当地资源优势，发展特色农业，培育品牌产品，按照产品行业规范和标准要求着力推进精细化，标准化生产。在生产合作的基础上，逐步向加工、流通领域延伸，实现产、加、销一体化发展。在领办、主办的16家农民合作社中，管理民主、制度健全、产权清晰、带动力强的蓝山县花葛源葛根种植专业合作社被推荐参与市农民合作社示范社创建活动。

【“网上供销社”建设】　2016年，县供销联社充分利用“网上供销社”蓝山服务中心交易平台，在做大做强网上交易、解决农民“买难”“卖难”问题的同时，新增“网上供销社”合作农民合作社5家，分别是蓝山县花葛源葛根种植专业合作社，蓝山县建华农业种植专业合作社、蓝山县溪源土鸡专业合作社，蓝山县楠市镇跃进黄花专业合作社和蓝山县山口均财杨梅种植专业合作社。

## 粮油贸易

【概况】　2016年，蓝山县粮油收储、加工企业6个，其中市级龙头企业1个，粮食经纪人1200人，投入资金1000万元，新建粮食浅圆仓1个，新增仓容0.28万吨。全年收购社会商品粮食，早稻1925吨、晚稻15176吨，年加工稻谷134682吨，年销售大米108648吨，年末社会粮食库存43428吨，其中国有粮食收储企业和加工企业库存4780吨，非国有粮食收储企业库存1410吨，农户存粮29628吨，城镇居民存粮7610吨，县级储备粮1606吨，县级成品粮660吨。

【粮食收购】　2016年，蓝山县严格执行收购政策，积极启动保护收购价收购粮食，加强协调与督查力度，督促粮油公司严格执行“五要五不准”政策，强化服务意识，加强收购纪律，做到随到随收，没有出现“打白条、卖粮难”等事件，达到收购秩序良好，收购质量有保障，群众满意的双赢目标。积极引导民营企业蓝山县恒华米业有限公司和舜蓝农业科技开发有限公司入市有序收购粮食，并出台鼓励农民合作社等民营企业入市收购的相关政策文件。争取政府领导重视、支持，加强与财政衔接，及时筹措资金20余万元，添置清杂机1台，安装一卡通、监控设施等，方便农民售粮。2016年总共收购保护价粮1309吨，收购新增储备粮600吨（2015年县下达指标1000吨）和400吨轮换粮，提早完成全年新增储备粮和轮换粮的收购。

【粮食储备管理】　2016年，蓝山县全面完成1600吨县级储备粮原粮储备计划，1600吨县级原粮储备分布在竹市粮站544吨、所城粮站400吨，火市粮站656吨。储备粮费用、利息和轮换补贴已按县政府出台的《蓝山县县级储备粮管理办法》的通知文件执行，2016年共计应到位补贴费用78.6万元，其中1～4季度的保管费、利息补贴30.9万元，新增储备粮集并费7.2万元，轮换400吨的价差、费用38.5万元，军粮补贴2万元，全部到位，确保上级应急储备粮管理规范、数量真实、质量完好、粮食安全。加强储备粮管理，开展储备粮库存检查，制定检查方案，定期开展粮食库存检查，2016年未发生储粮安全事故。创新地方粮食储备机制，完善轮换机制，完成400吨粮食轮换计划，已到位轮换补贴、价差、费用等33.7万元。

【粮食安全】　2016年，中央、省市对于粮食安全工程实行省长责任制，将粮食安全工作提到战略高度来抓，蓝山县不等不看，事事走在前面，狠抓粮食安全工作。以战略高度抓政治责任落实，建立长效机制，进一步制订完善储备粮管理办法，制定出台新的《蓝山县县级储备粮管理办法》。夯实基础，把抓安全生产、督查督办提高到管理工作的实处，重点抓内部管理，主动与公安、政法机关专业人员联系，狠抓安全防范工作。所城、火市、竹市3个储备粮库安装粮食安全监控系统，在大门上安上“公安机关重点保护单位”的牌子，在库区安装“监控区域，闲人免入”“严禁烟火”等警示标志。社会管理综合治理创新工作的开展对蓝山县储备粮工作起到有利的推动作用。2016年6月，蓝山县科商粮经信委切实抓好粮食安全月活动。安排专车组织巡回宣传，印发宣传标语100多条，宣传手册1000多份；明确工作任务，落实工作责任，提高安全生产意识，对所属辖区死角进行4次安全大排查；突出重点抓落实，消除生产经营环节中存在的不安全隐患。添置灭火器材15台，并对电线路进行了全面检修。

**【粮食应急体系】** 2016年，蓝山县为确保特殊时期粮食供应，提高应急能力，完善粮食应急供应保障体系，制订完善《蓝山县粮食应急预案》，制订《蓝山县重点商品储备管理暂行办法》，进一步健全完善粮食应急保障体系，按保证县城10天以上消费量要求，建立应急成品粮储备，下达660吨成品粮储备计划，落实财政补贴5.28万元，并与蓝山县恒华米业有限公司签订660吨成品粮代储合同，在全县各乡镇建立14个粮油供应网点，6个应急加工网点。逐步建成布局合理、设施完备、运转高效、保障有力的集应急、军供、放心粮油、主食产业化、成品粮储备“五位一体”粮食供应保障体系，每个乡镇、街道都有1个应急供应网点，确保严重自然灾害或紧急状态时的粮食供应，保证10天以上市场供应量的要求。建立成品粮储备，增强应对市场波动能力，切实落实《蓝山县粮食应急预案》责任工作。

**【粮仓建设管理】** 2016年，蓝山县严格落实国有粮食仓储物流设施保护制度，认真按照湖南省粮食局、湖南省财政厅关于做好全省粮食“危仓老库”（军粮专项）维修改造工作的通知和与市局签订的“危仓老库”（军粮专项）维修改造责任书，成立工作小组，抓好相关工作的落实，积极与财政等部门衔接，完成一般维修仓容200吨、大修仓容1600吨、功能提升仓容2400吨、营业室维修144平方米，完成投入51.7万元，进一步改善仓储条件，提高蓝山县粮食工作服务群众的能力。通过推广粮情测控、机械通风、环流熏蒸和谷物冷却等“四项新技术”以及充氮气调、生物防治等绿色低碳环保的科技手段和储藏方法，减少药物熏蒸残留等带来的环境、品质等污染。提升“危仓老库”维修改造水平，按照监管网络化、业务自动化、商务信息化、服务精细化的要求推进“智慧粮食”工程，建设数字粮库和粮食监管信息平台，提高管粮信息化、智能化水平。

**【粮食市场监管】** 2016年，蓝山县建立健全粮食市场监管协调机制，完善粮食、县市监局、公安等部门的联动执法和信息共享体系，建立跨区域联合执法联动机制和信息通报制度，坚决打击囤积居奇、哄抬粮价、以次充好、掺杂使假、计量作弊等扰乱粮食市场秩序的行为。

## 烟草专卖管理

**【概况】** 蓝山县烟草专卖局成立于1985年，2006年机构改革成为非法人国有企业，隶属永州市烟草专卖局，负责全县两烟生产经营和专卖管理。机关内设办公室、财务室、纪检组/监察室/整顿办、内部专卖管理监督派驻工作组、专卖监督管理股、市场服务分部、卷烟配送区域中转站、烟叶生产经营分部、烟叶生产基础设施办公室、土市、杨家坊标准化烟草工作站及4个烟草站。2016年，有在岗职工173人。

**【烟叶生产】** 2016年，蓝山县有种烟农户1570户。县烟草专卖局与种烟农户签订烤烟合同面积2.73万亩，约定收购烟叶7.4万担，实际收购烟叶7.88万担，占约定收购量的106.5%。均价1374.2元/担（不含补贴），是永州市唯一一个高于全省收购均价的县，比全市均价1323.57元/担高出50.64元/每担，列全市第一。上等烟比例达到67.26%，高出全市平均近10个百分点，列全市第一；下低档烟收购比例全市最少，比全市平均少4个百分点。烟农总收入1.2亿元，亩均收入和户均收入达到4381元和7.62万元，同比增加330元和9000元。截至12月3日，蓝山县所有的烟叶全部调拨完毕，在永州市属于最快完成调拨计划的产烟县，调拨质量得到各中烟公司好评。烟叶基础建设及生产投入补贴1637万元，国家援建资金5600万元的毛尖水库水源工程项目，前期准备工作基本到位。在全省烟叶工作会议上，蓝山县人民政府连续3年获得“烟叶工作优秀单位”称号。

**【卷烟销售】** 2016年，蓝山县烟草专卖局销售计划为12241箱，最终完成11864.51箱，占全年计划的96.92%，与2015年13221箱相比下降10.27%。实现销售收入23452.06万元，同比2015年的29661.3万元下降6209.24万元，降幅20.93%；卷烟销售均价23115.36元/箱（含税），比2015年同期26196.46元/箱减少3081.1元/箱，卷烟销售结构相对下降。卷烟实现毛利6491.47万元，同比8271.1万元减少1779.63万元，卷烟毛利率为27.88%，低于2015年0.2个百分点。2016年，蓝山县烟专卖草局面对严峻的销售形势，做了大量的基础工作来降库存、增销量、提结构，即：广泛开展密集调研摸清家底；加强政策引导；深化客户服务；强化专项市场管理；深挖市场潜力；全员参与营销；推进价格自律；积极宣传促销。

**【专卖管理】** 2016年，蓝山县烟草专卖局全年共开展烟草市场专项整治行动8次，出动人员1485人次。查获案件110起，其中一般案件50起，简易案件60起，同比2015年多完成40起。真品卷烟案85起，假冒卷烟案13起，走私烟案6起，烟叶烟丝案6起，5万元以上的大要案19起。查获各类卷烟823.74万支，其中非法渠道进货卷烟6.99万支、假冒卷烟1.44万支、走私卷烟1.60万支，查获烟叶烟丝38.92吨。已办结的案件中，刑拘3人，其中2人被批捕。烟叶收购期间，同政府多个部门联合成立“烤烟收购市场管理小组”，构建县、乡、村三级烤烟收购市场管理网络，严厉打击烟贩，确保烟叶收购市场秩序良好。

**【企业管理】** 2016年，蓝山县烟草专卖局上缴税收费5374万元，同比增幅0.6%；招待费、会议费、车辆运行费分别为5.99万元、4.03万元、33.94万元，费用执行率为100%、100%、90%，同比下降54.03%、-52.07%、17.26%；全年重点费用开支为43.96万元，同比上年56.71万元减少12.75万元，降幅22.48%，费用预算总体执行情况良好。三项工作方面，全局预算采购项目20项，预算资金1100万元，均已严格按要求100%进行公开招标采购。蓝山县烟草专卖局（分公司）土市烟草站倾力打造的“五型团队”建设，被《湖南烟草》《东方烟草报》《永州日报》等媒体多次报道，该站于2016年被全国总工会授予“全国工人先锋号”称号，是全国唯一获得该称号的基层烟草站。

## 石油供销

**【概况】** 中国石化销售有限公司湖南永州蓝山石油分公司隶属中国石化销售有限公司湖南永州石油分公司，属国有控股企业。下辖加油站14座，其中在营加油站12座，永久关闭2座加油站。2016年，有在岗职工76人，其中合同制员工69人。

**【加强石油销售】** 2016年，蓝山石油分公司面对复杂的市场形势和激烈的市场竞争，认真贯彻落实总部和省、市公司的决策部署，紧紧围绕“1634”发展战略，坚持以市场为导向，以提高经营质量和效益为目标，超前应对，灵活经营，巩固和扩大竞争优势，多措并举提高市场份额，公司全年累计零售成品油3.1万吨，非油品营业额650万元。全体员工转变观念，人人担当起推销员，主动走出加油站，制定走访计划，实地走访摸查辖区内所有沙石场、车站、物流企业客户，向他们宣传中石化油品品牌和质量优势，并将最新的营销优惠政策传递到客户手中。在走访过程中，注意收集客户信息、用油需求、周期动态等信息，形成客户档案，并建立起客户微信群，与客户保持经常性联系和沟通。对重点大客户，着重了解客户需求，整合资源，“一户一策”制定营销策略，实行差异化营销，确保销量持续稳定。公司下属加油站积极开展“加油中石化，易捷送惠礼”油非互动营销活动，持卡进站加油的客户即可获得便利店优惠抵扣券，有效促进便利店销售；微信用户、绑定官微公众号的客户除可以获得便利店抵扣券外，还可以参与微信抽奖，赢取丰富礼包及抵扣券，通过加大官微关注度，不仅为下一步电商营销打好基础，而且让客户真正感受到实惠，对扩销增量创造良机。公司紧抓现场服务，借助“百日整治活动”等契机，还开展加油站环境卫生专项整治活动，落实员工“不拿油枪就拿扫把”，全面提升加油站环境卫生管理水平，为客户营造舒适卫生的消费环境。同时，结合现场督查和视频监控，对各加油站的员工服务、环境卫生等细节方面进行监督检查，营造“比学赶帮超”的竞争氛围，促进各加油站现场服务水平提升。

**【履行社会责任】**　2016年，蓝山石油分公司按照中共蓝山县委、蓝山县人民政府安排部署，组织党员干部进村入户，对当地贫困户的实际情况进行摸底调查，深入了解群众致贫原因，宣讲国家扶贫政策，逢节还送上加油站易捷店购买的油、米、礼盒等慰问品，真正把中国石化的关怀送到困难群众的心坎上。为配合全县三创工作，公司组织员工积极参与每周四责任路段卫生清扫、文明劝导等工作，以实际行动履行国有企业的社会责任。

## 盐　务

**【概况】**　湖南盐业股份有限公司蓝山分公司（湖南轻工盐业集团有限公司蓝山支公司、蓝山县盐务管理局）成立于1984年，实行三块牌子一套人马的管理模式。主要职责是贯彻执行国家、省、市有关盐业管理的法律、法规、规章和政策；编制和管理全县盐业的销售和发展规划，制定相关的管理制度；组织落实上级盐业行政主管部门下达的销售计划指标，负责全县的加碘食用盐、多品种高端食用盐、工业用盐、农畜牧产品用盐的存储和批发供应工作，力保县境内盐业市场的安全和秩序稳定。

**【终端网络建设】**　2016年，公司本着“勤于管理，方便群众，布局合理，全面监管”的原则，在全县推行食盐流通终端网络建设，截至年底，有终端网点200余个，全面实行食盐配送制度。

**【销售】**　2016年，公司购进各类盐1230吨，销售各类盐1351吨。同时完成战备盐100吨的库存任务。食盐计划完成率、加碘食用盐合格率、合格碘盐覆盖率分别为100%、100%、100%。

**【执法】**　2016年，公司出动执法人员315人次，出车112台次，会同公安、食药监、卫生等职能部门联合执法16次，检查食盐零售网点600余户，检查工地、学校、单位等食堂42家。食品加工及腌制厂12家。办结涉盐违法走私案件3起；批评教育责令改正6起。

## 商业与物资企业改制服务办公室

**【概况】**　2016年，县商改办系统下属9家国有企事业单位，在职职工190余人，退休人员219人，主要靠资产经营收入勉强维持工作运转。2016年，商改办严格监督各公司建立健全各项规章制度，按章办事；加强对企业留守人员的管理，精简人员，切实转变工作作风；加强对各公司财务监管，严禁滥发补助，推行厉行节约，勤俭办事的原则；加强国有资产的管理，充分发挥国有资产的最大效益。全年总收入500余万元，各公司留守人员、下岗工人的工资及生活费、各种保险的缴纳及时发放。

【信访维稳】 2016年，县商改办分工负责，主动联系职工，建立感情互动的关系。每名公司管理人员和改制办干部职工都负责联系5~10名下岗职工。定期或不定期主动走访、关心下岗职工的生活、工作状况，同时提供必需的关心帮助。提高服务质量，高效为职工办理退休，交纳各类保险的各项工作。热情接待来信来访人员，并及时办理答复。成立班子，严格落实信访包案工作责任制，突出信访排查。各公司建立职工、企业之家，经常开展一些活动，让职工有归属感。商改办系统职工基本稳定。

【抓好国企改革宣传】 2016年，县商改办集中人力、物力、财力在改革改制的前期调研工作中，加强宣传力度，深入企业，讲解政策，调查摸底，收集大量的信息资料，为县委、政府决策提供有力依据，也为2017年的改革改制的推进奠定坚实的基础。

【队伍建设】 2016年，县商改办通过党建工作引领，在党员干部中开展“两学一做”的学习教育，带动全体干部职工作风的转变，同时查找缺点和不足，并加以整改落实。完善规章制度，严格要求干部职工，办事效率有很大提高。加强队伍管理，重激励，硬约束，罚懒勤，严考核，有效地调动广大干部职工的积极性。对广大干部职工进行党纪、党规、廉洁教育，提高广大干部政治素质。

## 旅游

【领导调研旅游工作】 2016年，蓝山县委书记、县长分别于3月和10月对毛俊村和大洞村的旅游工作进行专题调研；县委常委会、政府常务会分别于2月、4月、7月专题研究旅游工作3次；每个季度都召开旅游工作领导小组成员会议；10月召开旅游发展工作会议，县委副书记李劲涛主持会议，县长魏和胜作美丽乡村建设、旅游发展工作报告，县委书记秦志军作重要讲话；设立2200万旅游发展专项资金，用于旅游项目开发、旅游规划编制、乡村旅游、旅游宣传促销等；制定出台《蓝山县人民政府关于扶持旅游产业发展的意见》。

【制订旅游规划】 2016年，县旅游外事侨务局多次邀请编制单位下基层，实地调研，并从多方搜集相关材料提供给编制人员，并根据蓝山县实际情况提出可行建议，切实做好《蓝山县十三五旅游发展规划》《大洞村乡村旅游规划》《毛俊村乡村旅游规划》的编制。8月，《蓝山县十三五旅游发展规划》《大洞村乡村旅游规划》经专家评审通过。根据县旅游外事侨务局提出的新建议，正在修改《毛俊村乡村旅游规划》。

【加强旅游培训】 2016年，县旅游外事侨务局在太坪镇举办乡村旅游培训会，提高参会人员对乡村旅游的认识，增强建设乡村旅游的自信心和积极性。邀请广东天适集团公司专家讲课，太坪镇村支两委成员、全县其他部分乡镇部分村干部和部分回乡创业人员，共97人参加培训。积极组织旅游人才参加“2016年湖南省职业院校技能竞赛”，有2名选手获奖。

【发展乡村旅游】 2016年，蓝山县充分利用百叠岭村、坪源村、竹林村等列入全国乡村旅游扶贫重点村的政策利好，因地制宜推进全县乡村旅游与精准扶贫融合发展村。明确工作机构及责任人，建立推进机制，安排专项资金用于乡村旅游扶贫工作，制定出台乡村旅游精准扶贫工作方案及年度工作计划，将旅游扶贫工作列入议事日程，党政主要领导挂点，聘请有资质的规划公司编制乡村旅游发展规划，其中，大洞村、毛俊村的乡村旅游规划已经通过专家评审，百叠岭村、坪源村和竹林村的乡村旅游规划形成初稿待审。规划引领项目建设，2016年，百叠岭村与精准扶贫融合发展，投入资金近2000万元，新建成休闲农庄、露营基地、烧烤基地、小天池等旅游项目，完成1000亩茶叶及观赏林种植。坪源村引进湖南省湘江源旅游开发有限公司投资开发温泉度假小镇，投资4000万元，完成规划设计，土地流转，山体景观林改造，种植上千亩杜娟、红枫等观赏林木。村里又以合股的方式，投入资金400余万元，修建村级旅游接待中心、旅游厕所、景区道路硬化、美化和停车杨等项目，发展黑山羊和山鸡养殖场等。竹林村成立合作社，以合股的方式投入资金400余万元新建停车场地基、湘江源水厂等项目；大力发展猕猴桃基地、黑山羊养殖基地等种养殖业。

**【打造旅游特色商品、产品】** 2016年，县旅游外事侨务局将“梨花文化旅游节”上的“梨花宝贝”制作成立体的钥匙扣，该特色商品得到大力推广。花果庄园位于蓝山县花果村，是第一家以葡萄、葡萄酒为主题的大型休闲旅游观光一体的新型农业综合体，是集“登山观光、葡萄采摘、自助酿酒、垂钓烧烤、观光有机农业、休闲住宿、西餐餐点、草地婚礼的立体化葡萄主题庄园。以其独特，新颖的经营模式吸引了成千上万的游客观光游览，2016年年底成功申评为“湖南省旅游局申报五星级乡村旅游（区）点”，为蓝山县乡村旅游再添一块新品牌。

**【进行旅游营销】** 2016年，县旅游外事侨务局着力宣传，打造品牌新形象。举行“旅游节庆活动”宣传推介，先后我县策划举办“蓝山水湘江源茶山春晚”、第四届“梨花文化旅游节”“5·19”中国旅游日宣传活动、“湘江源瑶歌大赛”等旅游赛事活动。借媒介宣传推介，一方面开辟宣传平台，借助蓝山县政府网站的旅游专栏，微信平台中国微蓝山的旅游专栏，及时更新旅游资讯、信息、建设内容；印制旅游宣传画册等；另一方面积极向省市旅游网站、旅游微信平台、蓝山红网手机报等宣传平台报送旅游宣传信息，让更多的人了解蓝山旅游，关注蓝山旅游动态。积极参加旅游节会宣传推介，5月参加永州—昆明旅游航线推介活动、9月组团参加2016张家界旅游展示周、12月组团参加长沙旅游博览会等。开展旅游文化展厅，在三峰茶业公司大楼布展蓝山县旅游文化展厅，展板共分27个板块，用图文并茂的形式对蓝山的历史、文化、旅游等方面进行概括与展示。其中，舜帝南巡、夔龙传说、蓝山八景、千年古村蓝屏虎溪、过山瑶瑶歌、瑶族《伞舞》度戒等神秘而又不为外界全知的历史人文知识都将在文化展厅中得到详细的展示。

**【推进红色旅游开发】** 2016年，蓝山县成立蓝山县红色旅游工作领导小组，县政府主要领导担任组长，相关部门负责人为成员，制订《蓝山县红色景区景点建设方案》，申报土市新村为红色旅游小镇，编制《红色旅游“四进”活动实施方案》，并按照方案开展“重走长征路，共筑中国梦”等活动，制订《红色旅游景区景点宣传推介计划》，通过拍摄纪录片，祭扫、宣读红色故事、编印红色故事等大力宣传推介红色旅游景区。打造红色旅游精品线路，确定红军渡—红六军团司令部—萧克、任弼时、王震住地—拳头岗红军墓、土市镇新村自行车环村旅游路线即新村路口—文昌桥—道台—仙妙寺遗址—新村电厂—沿河风光带—红军渡大桥—新村小学（文昌阁）—文昌桥2条精品线路。开展“三百”共建活动，成功创建土市新村党支部为优秀党支部，湘江源志愿者服务队为红色旅游优秀旅游志愿者服务组织，土市新村为创客基地。确定土市新村旅行基地、蓝山县城革命烈士陵园为红色研学旅游基地。

# 财政·税务

## 财　政

【概况】　2016年，全县财税部门面对复杂多变的财政经济形势和艰巨的改革任务，认真贯彻县委、县政府的决策部署，积极发挥职能作用，稳增长、调结构、惠民生、推改革、强管理，攻坚克难，创新发展，财政实力不断壮大，各项工作取得新的成绩。局机关有干部职工138人，4个副科级单位和21个职能股室。

【财政收入】　2016年，县财政总收入完成72962万元，同比增长17.9%，增幅在全市排第二位，收入质量有较大幅度提高。其中：税收收入完成55772万元，占财政总收入的比重达到76.44%，比2015年提高7个百分点。在全省市县财政管理绩效综合评价中评级为AA级，在全省县市中排名第9。从重点纳税企业来看，农村信用社改制组建商业银行带来效益上升，全年缴纳各项税收3760万元，成为新的千万元以上的纳税大户；加大与省市汇报力度，确保电力公司实现上划后税收不减少，全年缴纳税收2000万元；承阳、湘威等企业“免抵调库”实现税收4000万元，创下历年新高；国土资源局、城投公司等单位加大协税护税力度，重点建设项目入库税收1.5亿元，其中毛俊水库入库耕地占用税8500万元。财源税源方面，外贸进出口继续居全市前列，石材、铁锰矿开发进入新一轮规划，毛俊水库、风力发电等重点项目正抓紧进行，税源财源基础进一步夯实，为下阶段财政收入继续实现平稳增长提供支撑基础。

【财税体制改革】　2016年，县财政局在狠抓促收入、稳增长、压支出的同时，坚持改革创新，积极推进财政各项改革。5月1日起，全县全面实施“营改增”改革，顺利完成492户营改增纳税人的信息交接工作，营改增范围实现货物和服务行业全覆盖。2016年，蓝山县政府预算包括一般公共预算、政府性基金预算和社会保险基金预算，政府所有收支全部纳入预算管理，建立全口径预算体系。进一步扩大预算公开范围，及时在蓝山政府网公开2015年县本级政府决算和“三公”经费决算，2016年县本级政府预算和“三公”经费预算，以及财政专项资金信息和政府性债务情况。聘请第三方独立机构实施2015年重点民本民生项目预算绩效评价，组织2017年绩效目标申报，纳入部门预算管理信息系统，实现目标申报信息化。

【成立蓝山县现代农业综合开发建设有限公司】　2016年，蓝山县创新工作思维，筹备成立蓝山县现代农业综合开发建设有限公司，并与省国开行进行“蓝山县农村综合公共服务中心”建设项目1.4亿元的贷款工作的衔接。多渠道筹集资金，为全县经济建设提供资金支持。全年共争取上级补助资金16.0亿元，比上年增长4.0%。

【民生保障】　2016年，县财政局严格控制一般性支出，认真贯彻落实中央八项规定，厉行节约，优化财政支出结构，激活存量，用好增量，严格执行部门预算，统筹全县财力，着力保民生、保运作、保重点项目。全年财政总支出22.2亿元，比2015年增长9.89%。其中民生事业支出达16.7亿元，占财政支出的75%。发放三项补贴、农机具购置补贴资金、公益林补偿资金、退耕还林等各类强农惠农补贴资金6058万元。完善农业保险制度，新增7个特色农业保险品种。以50个贫困村（2016年6月合村后变为43个贫困村）为扶贫点，投入扶贫资金625万元，扶贫项目121个。建成"一事一议"财政奖补项目130个，财政奖补资金1018.5万元。城乡义务教育经费保障机制提前实现保障政策、补助标准和分担比例"三统一"。拨付教育经费29599万元，发放行政事业单位离退休人员养老金1.5亿元，企业单位离退休人员养老金9276万元，城乡居民养老金4761万元；全年发放城乡低保、"五保"供养资金、自然灾害生活救助、优抚对象补助等7636万元；支持改造农村危房改造2000户；筹措资金2345万元，支持创业带动就业。医疗卫生和计划生育支出23647万元，城乡居民医保人均补助标准由380元提高到420元，基本公共卫生服务人均补助标准由40元提高到45元。共投入文化体育与传媒经费5301万元支持文体事业发展。推进公共文化服务均等化，2个贫困村启动基层综合文化服务中心建设，6个行政村建成农民体育健身广场，全县实现农村广播"村村响"，广播电视"户户通"。

【提升财政管理水平】　2016年，县财政局加快资金拨付进度，定期清理存量资金，对超过规定时限的结转结余资金，严格按规定收回财政统筹安排，提高财政资金的使用效益。完成政府采购预算金额15786.9万元，完成采购金额14023.3万元，节约资金1763.6万元，节约率11.2%。前移投资评审关口，建立部门项目支出评审制度，扩大投资评审规模，全年共完成评审额13.5亿元，审减2.43亿元，审减率达18%。

## 国家税务

【概况】　2016年，蓝山县国税局以"质效提升年"为主线，始终坚持依法组织收入，全面推进依法治税，推进征管改革创新，不断优化纳税服务，切实转变干部作风，服务经济社会发展大局，实现蓝山国税的科学发展。先后获得"全国巾帼文明岗""全国模范职工之家""省级文明单位"、"湖南省文明卫生单位""省档案目标管理工作省特级单位""全省依法办事示范窗口单位""湖南省国税系统先进单位""湖南省国税系统依法行政示范基地""永州市国税系统思想政治工作先进集体""永州国税系统绩效管理先进单位"等多项荣誉，圆满完成全年目标任务。

【税收收入】　2016年，县国税局牢固树立"不落实税收优惠政策就是收过头税"的理念，用好、用足各项税收优惠政策，支持蓝山新型工业化建设，支持中小企业发展，落实包括小微企业减免、防伪税控设备及维护费抵免、农业生产资料、农产品、文化事业单位改制、资源综合利用即征即退增值税等各项减免税政策，共计减免3154户次，全年减免退税7207万元，办理出口退税2039万元，3053户小微企业全部享受免征增值税政策，受惠面达100%。坚持"应收尽收"的组织收入原则，努力提高收入质量，加强经济税收分析，强化重点税收监控，加大评估和稽查力度，积极开展风险排查和应对，竭尽全力堵漏增收。全年不含车辆购置税共入库各项税收收入22649万元，同比增收6880万元，增长43.63%；从分税种累计入库情况看，增值税入库16512万元，同比增收4437万元，增长36.74%；消费税入库82万元，同比增收26万元，增长46.39%；企业所得税入库5596万元，同比增收2105万元，增长60.31%。全面完成上级下达的各项税收任务。

【依法治税】 2016年，县国税局坚持依法治税、从严治队、公正执法、文明服务，切实提高干部业务素质和岗位技能，进一步增强干部责任意识和执行力，全面提升执法队伍素质；实现涉税执法事项全覆盖和网上行政监察全覆盖，进一步优化服务环境，积极开展评选“服务明星”活动，拓展个性服务，完善“首问负责制”，为纳税人提供便捷服务，切实提高办税效率；认真落实税收优惠政策，细化减免规定，公平服务企业，充分发挥税收政策在促发展、调结构、惠民生方面的职能作用。2016年，被中共湖南省委法治湖南建设领导小组办公室授予“2016—2018年全省依法办事示范窗口单位”荣誉称号。纳税人准期申报率、准期入库率保持在99.5%以上，征管质量指标全面提升，实现行政复议、行政诉讼“零发生”。

【全面推开营改增】 2016年，县国税局严格按照要求完成“营改增”（营业税改增值税）纳税人信息接收、核实、录入工作及“营改增”的纳税人培训、发票发放、一般纳税人登记、税收优惠备案等工作。共接收地税机关移送的纳税人535户，所有纳税人的信息采集、登记、申报、发票管理等多项工作全部按要求在规定的时间内完成，各项工作有序推进，全年累计入库“营改增”收入3437万元，各项“营改增”的任务顺利完成。

【税收征管】 2016年，蓝山县制订下发《蓝山县国家税局蓝山县地方税局深度融合工作实施方案》，建立联席会议机制，明确主责部门、岗位职能、负责人，细化“营改增”各时间节点工作任务、业务流程、附报资料等相关内容。将国地税合作和“营改增”试点列为主管领导督办工作，作为各项工作的重中之重。以“税厅共建，窗口通办”为整合目标，制订《联合办税服务厅工作规范》，对“两局”征管的主税种与附加税实行同步申报征收，对共管小规模纳税人统一实行按季度或按月申报。联合建设国地办税厅，按照“一人一窗一机”模式，共建“全职能”（为纳税人提供“受理、办结、转办、回复”等全程服务）窗口9个，其中国税派进驻地税办税大厅1人，地税派进驻国税办税大厅2人，在地税大厅国税设代开窗口6个、国税窗口1个，在国税大厅有2个地税窗口，实现登记、申报和发票管理等各项涉税申请一窗办理。

【纳税服务】 2016年，县国税局全面落实纳税服务规范2.0版，全面落实首问责任制和一次性告知制度，在办税服务大厅开通“便民办税绿色通道”，缩短增值税减免备案、一般纳税人认定、最高开票限额审批等税收优惠管理类办税时限12项；认定管理类办税时限20项，纳税人报送资料、办税环节、办税时间均大为减少。持续提高服务效率，减轻纳税负担。进一步规范邮政代开普通发票具体事项，并主动加强与工商等部门的配合，有效提高办税效率，受到纳税人一致好评。开展双微推广宣传，通过印发微信宣传画报、制作微信二维码、门户网站等方式，积极开展税收宣传月活动和需求大走访活动。通过设置意见箱、公开举报电话等形式接受社会监督，增强办税工作的透明度，进一步实现税收执法的公平与公正，和谐税企关系。

【干部队伍建设】 2016年，县国税局以“两学一做”学习教育常态化制度化和干部作风整顿工作为契机，深化道德引领，强化文化感召，严格教育管理，全力打造“执法规范、管理到位、服务优良、作风过硬”的国税干部队伍，不断增强践行职能和服务发展的保障及动力。制订本单位《推进“两学一做”学习教育常态化制度化实施方案》及阶段性学习计划和推进表，确保“两学一做”学习教育顺利推进。有序推进绩效管理，狠抓绩效部署，严抓绩效考核。先后制订下发《蓝山县国家税务局绩效管理实施细则》等8个办法、制度，各部门按绩效指标及个人绩效指标内容细化到岗，责任到人。2016年蓝山县国税局被永州市国税局评为“绩效管理先进单位”“思想政治工作先进集体”。认真开展深化巡视整改工作和“纠‘四风’、治陋习”“雁过拔毛式腐败问题”专项整治工作，严格落实党风廉政建设责任制，严厉查处违纪违法行为，严明党的纪律，强化“两个责任”（主体责任、监督责任），切实解决党风政风行风方面存在的突出问题，扎实推进党风廉政建设和反腐败工作。（张松青）

## 地方税务

**【概况】** 蓝山县地方税务局成立于1994年9月，2016年有在职人员67人，内设9个科室，1个稽查局，1个办税服务中心，下设3个税务分局，担负着全县1800平方千米地方税收征管。曾先后荣获省“地税系统先进单位”、省“文明单位”、“全省依法行政示范窗口”、“省级青年文明号”、“全省地税系统三基建设先进单位”、省级“文明标兵单位”等荣誉称号。

**【组织收入】** 2016年，县地方税务局共计入库税款34586万元，同比增收5964万元，增长20.84%，剔除营改增因素同比增收8763万元，增长41.56%。其中，完成计划口径34271万元，同比增收5991万元，增长21.19%，圆满完成省、市地税局和县委、县政府下达的收入任务，为蓝山经济社会发展、民生改善提供坚强财力保障。

**【税制改革】** 2016年，县地方税务局扎实推进全面“营改增”，切实做好政策咨询、税源调查、数据测算和信息档案移交工作，严格按照时间节点和工作要求向县国税局移交541户营业税纳税人的基础信息，确保税制转换平稳有序。以“营改增”为契机，深入开展房地产行业营业税清零工作，共清理入库地方税收5157.6万元。在全面“营改增”后，为防止税收流失，地税局积极争取县委、县政府的支持，多次组织召开财税库银联席会议，就“营改增”后时代如何解决地方税收征管问题进行专题研究，形成会议纪要下发到各相关下属单位。

**【征管转型】** 2016年，县地方税务局以观念转型引导征管转型，在全局上下开展一系列征管转型大讨论，出台以实行“征、管、评、查”（征收、管理、评估、稽查）“四位一体”（“收入措施、分析预测、风险控制、绩效考核”组织收入工作新机制）的征管模式，逐步探索符合征管转型的绩效考核体系，迈开蓝山地税转型升级的新步伐。工作推进中，积极探索“以税收风险管理作为助推征管转型”的突破口，对税源管理实行高、中、低三级差异化管理，对八类涉税风险点进行跟踪监控，每月进行风险数据分析，建立并逐步完善与国税、工商、房产、国土、质量技术监督等部门的信息比对机制，强化稽查部门对重点风险的防控与督导处罚。积极开展异常数据清理，完成省、市地税局推送的3824条信息比对。全年推送涉税风险事项8个，涉及纳税人116户（次），通过强化风险管理增收税款2778.87万元。

**【依法治税】** 2016年，县地方税务局建立健全干部职工法治培训的长效机制，把税收法律法规列入党组中心组学习内容。积极落实“双公示”（行政许可信息、行政处罚信息公示）制度，公开欠税公告、非正常户公告、行政处罚等信息69条，处罚总额16.88万元。推行阳光稽查，实行查前告知、进点座谈、情况反馈、稽查建议、查后回访、检查准入制度，查办案件12户，查补入库金额674.76万元。加大对税收违法行为处罚力度，开展税收违法处理1230户（次），加收税收滞纳金292.98万元，税收违法处罚34户（次）。加强信用体系建设，与县国税局联合对621户纳税户开展纳税信用等级评定，共评定A级纳税户2户，D级纳税户174户。用好用活诚信促税手段，强化联合惩戒震慑作用，在蓝山县人大、政协委员换届选举中，组织税务管理分局及稽查局先后对人大代表、政协委员初选名单及正式候选人名单逐户（逐人）进行资格审查，促使1名欠税候选人补缴房产税、滞纳金共计69642元。

【纳税服务】 2016年，县地方税务局严格按照规范化管理要求，全面贯彻落实税务总局《国地税合作规范3.0版》和《全国税务机关纳税服务规范2.3版》，积极争取政府牵头，建立国地联席会议制度，并就推进国地税深度合作达成共识，形成7份政府会议纪要。成立国地税联合办税服务厅，通过互设窗口、互派人员，有效推行“一人一机双系统”办税模式，真正实现“进一家门，办两家事”服务目标。全年举办纳税人培训班4期，培训纳税人675人次。深入开展“便民办税春风行动”活动，推行办税服务“一次性告知二维码”，通过电子显示屏、电子触摸屏、手机短信等平台，宣传最新税收优惠政策，深入企业、商铺开展税法宣传，发放宣传资料3000余份。办理“五证合一”“两证整合”等登记280户次，开通网上办税服务厅291户，最大限度为纳税人提供便民服务。

【队伍建设】 2016年，县地方税务局坚持强化教育培训，通过请进来和走出去，集中学和自主学相结合，全方位提升干部业务素养，有8名干部成长为各类岗位能手。建立由办公室牵头负责日常督察督办，分管局领导抓落实，绩效办根据督察情况进行绩效考核，人事教育科负责兑现的督察督办责任体系，按月、按季、按年对各部门完成情况进行公示和督办，并严格考核和责任追究，全局绩效考核扣分33人次，累计扣发金额14277.31元。成立由“一把手”挂帅的创建工作领导小组，建立文明创建常态化机制，荣获“省级文明标兵单位”、县“宣传和文明创建先进单位”、县“政府公开服务工作三等奖”等荣誉称号。

【党风廉政建设】 2016年，县地方税务局全面落实从严治党的要求，认真开展“两学一做”学习教育，坚持做到“学、做、建、改、责”并驾齐驱，开展党组书记上党课、党组成员上党课，组织党员干部开展“重走长征路”、“重温入党誓词”、民主评议党员等主题活动。认真组织干部职工参加市地税局组织的党纪条规知识抢答赛、县直属工委组织的“两学一做”电视抢答赛、“庆七一”红歌大合唱等活动。多次深入舜源社区大富头村与村党支部一起参加“两学一做”专题党课，为村级党建、支部生活会、公共设施建设提供全方位的帮助。组建成立志愿者服务团队，开展关爱空巢老人、关爱留守儿童、慰问帮扶困难家庭、未成年人禁毒宣传等活动。全年共召开6次党风廉政建设专题会议，出台《蓝山县地方税务局关于对违反作风建设规定行为问责的实施办法》，紧紧围绕公务接待、公车私用、工作纪律、上班纪律、制度纪律等关键事项开展督察32次，对上班迟到、未按规定着税务制服、上班玩手机游戏等问题实名通报18人次，追责16人次。

# 金　　融

## 中国人民银行蓝山支行

【概况】　2016年，中国人民银行蓝山支行正确认识和把握经济金融形势，紧密结合蓝山经济发展的实际，积极改进工作作风，认真执行货币政策，努力提高服务水平，切实加强内部管理，全力维护金融稳定，各项工作取得显著成效。

【支持地方重点项目建设】　2016年，中国人民银行蓝山支行认真贯彻稳健货币政策，合理运用信贷窗口指导、差别存款准备金动态调整政策等货币政策工具，协调配合地方政府信贷投放目标考核政策，引导金融机构保持信贷的合理适度增长。重点项目建设信贷支持力度持续增加，城北农民安置房、PSL（抵押补充贷款）城中村改造两个项目发放贷款5亿元；湘江源舜水河综合整治项目第一期工程授信2.7亿元。2016年年末，全县信贷投放机构（地方政府信贷投放目标考核口径）各项贷款余额达到55.3亿元，较年初新增贷款14.3亿元，同比增长34.8%。按地方政府目标考核口径，完成全年任务178%。全县金融机构支持地方经济发展力度进一步加大。

【落实金融惠民政策】　2016年，中国人民银行蓝山支行灵活运用再贷款货币政策工具，积极争取再贷款对涉农金融机构的定向扶持，全年累计发放支农再贷款3亿元，有效地增强涉农金融机构扶持弱势群体的能力。出台金融精准扶贫系列配套措施，制订《蓝山县精准扶贫小额信贷支持计划实施方案》《2016年蓝山县金融精准扶贫工作计划》；联合扶贫办印发《蓝山县贫困村金融扶贫服务站建设工作实施方案》；配合政府部门完善《扶贫贷款风险补偿资金管理办法》《扶贫小额信贷财政贴息实施办法》；联合农商行制订《蓝山县2016年扶贫小额信贷实施方案》等，金融扶贫合力初步形成。积极推动金融扶贫服务站建设，多次召开工作协调和工作推进会，全县5家银行机构都参与第一批服务站建站。12月末，第一批共10个金融扶贫服务站全部挂牌并顺利通过验收，贫困村金融扶贫服务站覆盖率为23.3%。大力推进建档立卡贫困农户评级授信，全县6675户贫困户全部建立金融服务档案，贫困户信用信息采集率100%，对其中符合授信条件的6261户贫困户进行评级授信，授信金额2.9亿元，贫困户评级授信率93.79%。扶贫小额贷款全年累计发放3100笔，金额1.52亿元。产业帮扶分贷统用统还扶贫小额贷款成功发放，首批合作贷款金额4000万元全部发放到位。

【创建省级金融安全区】　2016年，蓝山县成立人民银行、政府办、公、检、法等部门为成员单位的省级金融安全区创建领导小组。印发《蓝山县省级金融安全区创建工作实施方案》，构建政府主导、部门联动、社会参与、全面推进的创建联动机制，为推动省级金融安全区创建打下基础。深化社会信用体系建设，继续深入开展信用乡镇、信用村（社区）、农户及信用企业创建活动，全面提升创建层次与水平。加快中小企业、新型农业生产经营主体的信息数据信用档案建设，在项目招投标、资质等级评定、表彰评优、招工招聘等工作中查询企业和个人的信用报告，实行守信激励和失信惩戒。深入开展信用宣传教育，普及金融和信用基础知识，培养诚实守信意识。强化信用环境整治，健全完善保护金融债权协调机制，进一步加大不良贷款清收力度，切实加大审理涉及金融债权各类案件的力度，提高案件执结率；严厉打击恶意逃废金融债务行为，协调相关部门对失信者给予联合惩戒制裁。严厉打击金融违法行为。严厉打击和取缔非法集资、制贩假币、洗钱等非法金融活动，维护正常的经济金融秩序。蓝山创建省级金融安全区在省金融办预验收中获得好评。通过抓金融安全区创建，全县银行机构不良贷款稳步“双降”，金融生态持续改善，金融债权得到有效维护。2016年，蓝山县金融生态评估综合排名跃居全市第1位，连续四年进入全省前40名。金融创安经验材料《紧握金融创安抓手构建金融生态新格局》被人民银行长沙中心支行金融稳定处在湖南金信港推介。

【防范金融风险】　2016年，中国人民银行蓝山支行强化金融风险监测、评估、预警和处置措施，严守不发生区域性金融风险底线。建立“联席会议+金融专报”信息沟通机制，定期不定期向地方党政主要领导和相关部门通报金融政策形势、金融运行分析、需关注的风险和问题等，服务领导和各部门决策。先后4次得到县委、县政府主要领导的批示、肯定。建立“民间融资+重点领域”监测预警机制，加强对民间融资和房地产、政府融资平台、小水电、涉农企业等风险重点领域的监测评估，10月，联合县金融办、公安、工商等部门对全县营运的8家民间投融资公司开展合规管理。对2个企业社团贷款进行债务风险提示，对3家企业更换法人代表逃废银行债务的行为进行警示，避免风险蔓延、损失扩大。认真开展综合评价和存款保险风险评级，提升法人金融机构经营风险防范能力。2016年，根据总行有关会议精神，突出地方法人金融机构经营风险管理，先后对蓝山农商行（蓝山县农村商业银行股份有限公司）开展综合评价和存款保险风险评级，通过一系列指标评价体系，引导蓝山农商行进一步规范经营行为，不断完善风险防范体系，有效化解经营风险。支行维护辖区金融稳定的经验做法——《永州市蓝山县创建“四共”金融安全新机制打造产业发展新“绿洲”》，被长沙市中支金融稳定处在湖南金信港推介。

【开展信用信息数据库建设业务创新】　2016年，中国人民银行蓝山支行在上年成功开展农民专业合作社信用信息数据库建设的基础上，深化数据库应用广度，提高数据库的建设深度，将种养大户、家庭农场、农业产业化龙头企业等全部新型农业生产经营主体逐步纳入到数据库中，形成广覆盖、易采集、有实效的新型农业经营主体基础数据库。并以突出数据库配套支持，实现信息共享为着力点，积极推广数据库运用，取得较好效果。12月末，蓝山县新型农业经营主体数据库共入库四类新型农业经营主体361家，评级授信258家，共有115家获得信贷支持，贷款余额8568万元。发挥数据库建设在金融精准扶贫服务方面的应用，创建贫困农户信用信息数据库，通过对贫困农户信用信息建档立卡后，实现对贫困户的评级授信和扶贫小额贷款发放。12月末，蓝山县6675建档立卡贫困农户信用信息全部入库，评级授信6261户，评级授信率93.8%，全年累计发放扶贫小额信贷3100笔，金额1.52亿元。

【拓展助农取款点金融服务功能】　2016年，中国人民银行蓝山支行推动银行卡助农取款进村入户，作为一项重要工作，积极争取政府力量推进银行卡助农取款服务“村村通”工程，提请县政府下发《关于改善惠农支付环境，推进银行卡助农取款服务“村村通”的通知》，将助农取款工作纳入全县创建省级金融安全区绩效考核的重要内容，明确各单位、各部门的工作职责和任务，要求各乡镇、行政村分别指定一名领导、一名村干部积极配合银行做好银行卡助农取款以及支付结算等金融知识宣传普及工作，并协调当地公安机关做好服务点的安全管理，为助农取款“村村通”工程提供有力的组织保障。在助农取款服务点基本支付结算功能的基础上，积极协调政府相关职能部门为服务点加载新的功能，不断深化助农取款服务内涵，满足农村居民的综合金融需求，实现财政扶贫资金支取、小额取现、现金汇款、转账、公用事业缴费、参保资金缴纳、小额融资信息发布、账户资金查询等基础金融服务“足不出村”即可高效、便捷办理。在部分行政村聘请大学生“村干部”担任驻村金融知识宣传员，“以点带面”深入开展农村金融知识宣传普及工作，在每个点设置宣传专栏，对取款点负责人进行“一对一”专门培训，采取宣传折页、传单、海报和宣传员讲解等形式，将支付结算、反电信诈骗、反洗钱、反假币、防范非法集资、征信管理等与农户切身利益密切相关的金融知识宣传延伸到村到户，把服务点建成金融知识普惠农村千家万户的“中转站”。全县209个行政村有169个村设立银行卡助农取款点并完成商户巡检，其中43个贫困村全部实现“全覆盖”，完成进度居全市各县区之首。

【宣传金融知识】　2016年，中国人民银行蓝山支行借力手机短信宣传金融知识，通过与县电信公司达成协议，共同开通手机短信宣传平台，用手机短信宣传金融知识；将金融知识宣传与金融扶贫工作结合，到扶贫对口乡村、金融扶贫站和农村助农取款点，开展送金融知识下乡村活动，切实解决贫困地区金融知识缺乏的问题；充分利用中秋、国庆，村民回乡之际，租用宣传车、组织青年员工，到村镇、农贸市场开展宣传活动。在“金融知识宣传普及月”活动期间，通过电信手机短信平台，每天向全县1万户手机发送一条金融知识宣传短信，每周更换宣传短信内容，编写手机短信4期，发送信息30万条，接收短信的手机用户达5万余人次，扩大金融知识宣传的受众面，让广大群众获得一条方便快捷学习金融知识的途径。坚持根据不同群体消费者金融需求，有针对性地开展金融知识宣传活动。如针对小微企业主、个体工商户，重点开展非法集资危害、金融新产品、理财和征信知识宣传；针对农民、城镇低收入人群、贫困人群和残疾人、老年人等特殊群体，重点开展假币识别、如何防范金融诈骗等知识宣传，引导其正确运用金融知识，增强风险防范意识，有效提升金融知识宣传的吸引力。

【优化征信业务管理与服务】　2016年，中国人民银行蓝山支行组织柜台业务操作人员签订责任状，进一步规范操作流程、明确工作职责，全年，支行征信柜台共办理企业信用报告查询8份，个人信用报告查询403份，其中国家机关查询85份，个人查询318份。严格征信柜台查询业务管理，规范查询用户和口令管理，严格查询业务操作规程，切实维护金融基础数据库权威。

【绿化环境】　2016年，中国人民银行蓝山支行支持县城“三城同创”，制定相关工作方案、制度，大力开展卫生知识宣传；开展无烟单位，积极开展绿化环境、美化家园活动，全年投入资金60多万元，在支行院栽植树木12株；安放院内、办公室花卉、青草100多盆；对大门、围墙进行改造、装修；新建造停车位，购建一批健身器材和卫生设施等。使支行工作、生活环境焕然一新，营造“三城同创”的良好氛围，组织员工上街参加文明劝导，多次获得县政府表彰。

【调查统计和信息反馈工作】2016年，中国人民银行蓝山支行严格要求，做好小贷公司统计数据的上报；仔细认真，做好农村经济金融发展统计等报表的报送；挖潜刨深，做好民间融资监测、物价监测等专项监测调查与分析。积极开展专项调查和信息反馈，调研信息工作坚持奖励推动，鼓励全员参与，要求年青员工唱主角，全年共上报的调研信息40篇，上级行内刊采用30篇，上挂中支内联网85篇，参加上级行组织的征文活动3次，上报征文20多篇。调研信息在中支办公室考核中排名第二。

【规范会计国库核算】2016年，中国人民银行蓝山支行根据业务新规定，修订和完善国库内部管理制度和业务操作流程30多个；为强化制度执行，以防范风险为核心，层层签订内控管理目标责任书，并加强对制度执行的检查、监督力度，日常检查由单纯的“印、证”管理，扩大到整个业务层面。针对存上级行检查、内部审计时发现的问题，指定整改责任人，进行限期整改到位。严把接柜关，严把资金出口关，严格资金信息、凭证要素的审核。落实好“零差错”业务考核办法，坚持谁经办、谁负责，谁出错，谁受罚。严格执行专人负责、换人核对、定期对账、集中面签的原则，保证对帐严肃、规范，不走过场。

【强化银行结算账户管理】2016年，中国人民银行蓝山支行加强日常账户管理，严格开户资料审查，确保开户资料的真实性。加强银行账户开销户管理，全年共办理银行结算账户开户361户，其中基本存款账户262户，一般存款账户34户，专用存款账户62户，临时存款账户3户；办理银行结算账户销户170户。开展个人银行结算账户的核实和检查工作，共检查银行网点15个，抽查账户24435个，有效地规范商业银行的个人银行账户的管理工作。

## 中国农业银行蓝山县支行

【概况】2016年，中国农业银行蓝山县支行有在职员工66人，下辖4个网点，其中在城网点3个，农村网点1个。2016年，中国农业银行蓝山县支行积极开拓市场，不断调整客户结构，推进经营模式和增长方式的转变，努力加强党建工作。截至年底，各项存款时点余额12.27亿元，较年初净增2.24亿元，存量和增量市场份额在三大国有商业银行均排名第一。各项贷款余额5.02亿元，较年初净增8039万元。实现拨备后利润2209万元，中间业务收入1037万元。2016年，被评为省级文明卫生单位、一级支行经营管理先进单位。

【贷款】2016年，中国农业银行蓝山县支行积极支持蓝山地方经济建设，为舜水河综合治理项目提供贷款授信2.7亿元，并已投放到位6000万元；做实三农业务，支持新型农业经济主体。2016年累计投放农户贷款3000余万元，新投放“银保通”贷款5笔305万元；“粮保通”贷款2笔110万元，有力地扶持养猪、种粮等大户的发展；积极支持农户进城购房，推出农民“安居贷”个人住房贷款业务，从首付、利率予以优惠，累计发放农民安居贷贷款4000余万元；与蓝山县华发公交公司成功开通公交车IC卡刷卡乘车业务，提升蓝山县的城市品牌和形象。

【党建】2016年，中国农业银行蓝山县支行着重抓党风廉政建设，警示教育、反腐倡廉教育，进一步完善《党风廉政建设责任制量化考核办法》，细化检查措施，量化考核措施，严防腐败发生。认真组织“员工职业操守提升年”活动，抓好企业文化建设，开展丰富多彩、健康向上的文化体育活动，以健康的文体活动丰富员工业余生活，提高员工素质，凝聚队伍力量。抓基层党组织建设，进一步增强党员的政治意识和责任意识，提升基层党支部的战斗力，进一步密切干群关系，努力发挥基层党组织在农行改革与发展中的带头作用。

## 邮政储蓄银行

**【概况】**　2016年，邮政储蓄银行蓝山县支行按照湖南省分行以“零售业务升级，公司业务拓展，电子银行优先，同业业务创新”的经营路线，紧紧围绕年初制定的方针和目标，坚持服务“三农”、服务社区、服务中小企业的市场定位，形成与银行同业差异化、特色化发展模式。年末，各项存款余额14.56亿元，净增1.44亿元；公司存款余额2.08亿元，净增761万元，新增存款量逐步提高。累计完成业务收入2942.96万元，排全市第一位。各项贷款余额2.87亿元，存量排全县第二位，增量在县政府考核排第一位。个人贷款余额全年净增1.72亿元，其中小额贷款余额净增730万元；小企业法人贷款余额净增194万元；消费贷款余额净增1.40亿元，排全市第一位；个人商务贷款余额净增2244万元，排全市第二位；各项信贷增量在各商业银行中呈现着快速发展的趋势。

**【客户服务】**　2016年，蓝山县支行坚持以优异的质量服务客户，及时调整政策，强化项目营销。继续加强向县委、县政府领导汇报和与财政、民政、人社等有关部门的联系、沟通，同时加强与企事业单位的宣传、营销，改善公司客户的结构；开展各种宣传营销活动，吸引客户到邮政银行办理金融业务。1月，特邀蓝山县书法协会会长陈学春老师在营业部与城南支行两个网点开展办业务送对联的活动；3月10日在蓝山县南海国际大酒店举办“新春客户答谢会”活动，邀请67名高端客户参加会议，通过宣传活动的开展，提高邮储银行的知名度。大力加强员工教育、引导，从为客户创造价值、稳定客户的高度发展好理财类业务。

**【信贷发展】**　2016年，蓝山县支行加强宣传，提升服务，坚持“两小”核心战略，大力发展抵押类贷款。加大新客户的营销和老客户的维护力度，积极深入各行各业，开拓市场，努力开创家庭农场（专业大户）贷款、循环贷、优质单位职工保证贷款，加强行业开发。同时用好用活优质小贷老客户优惠政策，提升综合营销的意识和能力，突出小额贷款、中小企业贷款“两小”贷款的核心地位，小额贷款以再就业贷款、保证贷款为主，家庭农场（专业大户）贷款、小额循环贷为辅。成立营销走访调研活动工作小组，着重对当地主管部门开展上门拜访和主要市场开展调研，了解政府政策动向、企业运行情况及遇到的机遇和挑战、企业对邮储银行各类信贷产品的了解程度以及满意度、未来对与邮政银行开展合作的期望点，2016年成功营销县中心医院，发放医院贷1000万元。积极营销汽车消费贷款和一手房按揭贷款项目，实现发展转型。与蓝山县耀辉、华红等8家汽贸有限公司达成合作协议，一手房按揭贷款项目为逸品蓝山、湘粤壹号和蓝庭风景苑。打造优异的信贷资产，现实信贷业务又好又快发展。

**【网点转型】**　2016年，蓝山县支行按照省分行制定的“转型升级”方针，逐步加强渠道建设、网点改造工程、加大手机银行和网上银行等电子渠道及自主设备的发展，积极推导网点营业场所以自主服务型和客户关系型场所转变，各个网点不断更新服务设备。加快客户离柜试操作，提升网点服务质量与速度。同时，银行全面提升网点服务形象和水平，将规范化服务纳入日常管理范畴，加快推动网点服务质量全面升级。

**【企业文化】**　2016年，蓝山县支行围绕全行中心工作，加强党的思想、组织、作风、和制度建设，完成蓝山县支行总支部委员会委员的换届选举工作；认真开展党员党费缴纳自查工作，对未足额缴纳党费的进行补缴；加强党员干部的教育工作，组织全体党员、干部进行专题学习，并认真组织全体党员观看《守望明天》《永远在路上》专题片，进行专题学习讨论活动，提高党员、干部廉洁自律意识；组织二级支行长及以上管理人员进行廉洁法规知识考试；发展1名正式党员和2名预备党员。在市分行工会组织的首届员工气排球比赛中获得一等奖。蓝山县支行被邮储银行永州市分行评为2016年度先进支行。

## 蓝山农商银行

**【概况】**　蓝山县农村信用合作社（蓝山农商银行的前身）于2013年12月25日改制为蓝山农商银行，成为永州第4家、湖南省第26家开业的县级农村商业银行。2016年，蓝山农商银行共有12个部室，下辖26个支行和1个营业部，在职员工219人。截至年底，各项存款余额35.54亿元，存款总量和增量分别占全县金融机构的42.35%和54.23%；各项贷款余额22.72亿元，贷款总量和增量分别占全县金融机构的55.26%和57%。上缴各项税收3437万元，2013—2016年，累计经营利润3.85亿元，累计缴税1.24亿元，连续2年为蓝山县第一纳税大户。2016年，蓝山农商银行获得“湖南省文明单位”“湖南省农村信用社绩效考核先进单位”“2016年度永州市烤烟工作先进单位”等称号。

**【支持县域经济】**　2016年，蓝山农商银行把准县域产业优势，立足蓝山县林地广、生态好、矿产资源丰富的县情，坚持服务“三农”市场地位，加大“三农”服务力度，不断开展富民惠农金融创新工程，先后推出农民合作社、林权抵押、机械设备、宅基地、农房抵押贷款、汽车消费贷款等品种，主动对接蓝山县石材加工、标准厂房、公用型车站、湘江源水利建设投资、德政保障性住房等重点项目建设，试点外出务工人员创业贷款、汽车按揭贷款、股权质押贷款等业务品种，做大做强住房按揭贷款和集团授信便民卡业务。重点支持以郁葱林业、三峰茶业、五福葡萄为代表的100余家涉农中小微企业、农民合作社、生态农庄、家庭农场等农业主体的发展，推进县域农业产业发展，促进农民增收，带动农民致富，推进全县经济的大转型、大跨越。2016年度，累计发放各项贷款15.34亿元，比2015年同期增加3.68亿元。涉农贷款余额22.59亿元，占比99.43%。

**【金融服务功能】**　2016年，蓝山农商银行从手工存折操作到电脑储蓄，到全面联网，到通存通兑，汇通天下，先后推出电话银行、手机银行、微信银行、福祥缴费通、福祥便民卡、贷记卡（公务卡）、银联扫码支付等业务和产品，支付结算渠道不断畅通。积极开展电票业务、贴现和银行承兑汇票等金融业务，代理非税收入、国库集中支付、烤烟支付、财政惠农补贴代发和城乡居民养老保险等业务，代理业务走在蓝山县金融机构前列。积极布放自助设备，辖内共布放ATM/CRS设备（自动取款机）39台，新建助农金融服务点83家，让广大老百姓足不出村就能享受到便利、安全的金融服务。为满足边远地区农民对金融服务的需要，先后恢复设立荆竹、汇源两个网点，使全行网点从25个扩大到27个；7月，对没有设立支行的犁头和湘江源两个乡布放自动存取款机和存折补登机，农村商业银行让农村金融实现全覆盖。

【经营安全管理】 2016年，蓝山农商银行规范信贷管理和操作流程，实行客户经理等级管理；严格执行大额现金支取、大额资金划转实行审批报备；做好资金营运，开展全国银行间市场资金业务；落实案防责任，全面开展全面稽核、专项稽核、突击巡查、整改后续审计；加强操作风险防控；不断加大投入，健全安防设施管理，加强安全保卫工作，全部网点达到国家规定的安全标准，连续15年实现安全经营无事故。

【企业文化建设】 2016年，蓝山农商银行围绕全行中心工作，强党的思想、组织、作风和制度建设，强化基层党员的教育和培训，开展金融扶贫、助学帮困等活动，充分发挥党员的模范带头作用。强化绩效考核，积极组织员工参加各类业务培训，开展知识竞赛、球类比赛、专题演讲等活动。全部营业网点按标准化、现代化要求进行装修改造，营业环境和员工工作、生活条件得到极大改善。

## 中国平安财产保险股份有限公司蓝山支公司

【概况】 中国平安财产保险股份有限公司蓝山支公司于2008年1月成立，下设总经理室、综管部、业务部、客户服务部，共计8人，公司全面实行标准化管理，建立具有平安特色和现代企业特点的公司制度，公司奉行“信誉第一，效率第一，客户至上，服务至上”服务宗旨，遵循“专业，价值”的经营理念，2016年实现保费（不含农险）收入1300万元，同比增长23%。

【保险业务】 2016年，蓝山支公司经营险种有企业财产保险、货物运输保险、机动车辆保险、责任险、短期健康保险、意外伤害保险、建筑工程保险、安装工程保险、种植养殖保险及有关经中国保监会批准的其他业务。实行客户优质服务工作提速，2016年车险结案率达到95%，5000元以下结案实现直赔，同期30分钟客户满意度提升保持同业历年排名前列，理赔服务指数考核中国平安财产保险公司A类，优质服务获得客户一致好评，车险客户续保率达77%。蓝山支公司，牢固树立专业价值的经营理念，奉行“信誉第一，客户至上”的服务宗旨，在蓝山县参加保险业务的所有招标项目，公务用车车险招标第一名，主承保蓝山县医疗责任险，安全生产责任险，校方责任险，建工险、承运人责任险、团体意外险等重大业务，开展保险进社区，保险进学校，保险进农村等活动。

【企业文化建设】 2016年，公司坚持客户向导不动摇，将客户体验为公司经营最根本的出发点和落脚点，勇于创新、锐意变革、科技领先、努力打造最优体验的客户打造财产险品牌，诚信守法、简单务实、团结进取、迎难而上、追求卓越、服务领先、创造价值、回馈社会。制定全业务流程，管理层各项规章制度，员工行为准则，定期开展合规检查活动，坚持以制度管理为根本，着力打造合规经营文化，树立中国平安世界500强企业品牌服务形象。

## 人保财险

【概况】 2016年，人保财险蓝山支公司认真贯彻落实全省系统经理工作会议和全市系统工作会议精神，紧紧围绕市分公司确定的目标任务和工作思路，团结带领公司员工，坚持以科学发展观为统领，按照“短期有效、长期有利”的工作原则，抢抓机遇谋发展，深化改革促转型，累计完成签单保费2809万元，比2015年

2363万元增长26.9%，完成年计划的109.09%。

【业绩指标】　2016年，人保财险蓝山支公司财货险与2015年同期持平，其他险种均有所增长。车险保费收入2025万元，同比增长26.27%，完成年计划的102.5%；财货险保费收入11万元，同比基本持平，只完成年计划的28.2%；责任健康险保费收入204万元，同比增长35.09%，完成年计划的102%；农险保费收入569万元，同比增长46.25%，完成年计划的135.58%。实现报表利润549万元，超出年初利润计划252万元。综合成本率控制在79.27%，且同比2015年下降2.08个百分点。

【车险业务】　2016年，人保财险蓝山支公司坚持舞活车险业务这一龙头，实施“一把手”工程，加快车险业务发展。紧紧抓住政府采购招标和行业系统招议标业务，牢牢控制占有率；全面加强与湘运公司、旺达公司等大中型运输企业的合作，不断巩固提升直销业务占比；进一步加强与汽车修理厂、经销商的业务合作，努力实现“双赢”；进一步加强与交警、农机、交通部门的良好合作关系，以交强险带动商业车险快速发展，通过各种渠道发展电网销业务。

【新增业务】　2016年，人保财险蓝山支公司在业务发展上，既注重算好续保账，更强调算好新增业务账，盯住市场，找准项目，全力突破，确保计划目标的实现。大力开展劳动竞赛促分散性业务发展。先后开展家财险、意外险、随车行李保险等劳动竞赛活动，全面发动，上下联动，使效益险种上规模。加大对重点项目的公关拓展力度。各公司年初拟定好本单位的重点项目，精心挑选拥有可靠社会资源、具有开拓创新精神和团队合作精神的人员，组建专业团队，实行有针对性的公关展业，确保重点项目公关见成效。

【农险业务】　2016年，人保财险蓝山支公司以政策性农险为切入点，按照政策性农业保险的要求，取得政府强力支持，有关部门密切配合，上下联动，各方合作，依法合规，有力推动农业保险的发展，成为公司的第二大险种。

【管控工作】　2016年，人保财险蓝山支公司加强业务质量管控，降低经营风险。落实“双挂钩”的考核政策，对展业一线人员的薪酬、费用等全部实行与保费和赔付率“双挂钩”的考核政策，提升展业人员效益第一观念，促使展业人员把好业务质量管控第一关。加大风险评估力度，明确提出风险评估的目的不是费率的多少，而是风险的高低，合理选择风险，加强风险评估，加快发展有效益的业务，严格控制保本业务，坚决舍弃亏损业务，防止“病从口入”。强化理赔管控，挤干赔款水分，提高理赔时效。紧紧抓住现场查勘、定损复核、修理报价、医疗跟踪、理算核赔等关键环节，加大打假防骗力度，挤干赔款水分。认真实施“理赔管控一把手工程”，切实加强对理赔工作的领导和管理，不断提高理赔人员的政治素质和业务技能，加大现场督导和考核力度，理赔指标全面向好。坚持依法合规经营，提升盈利能力。公司制定承保、理赔、财务等一系列合规经营的实施方案和考核办法，合规的主动性和紧迫性得到提高，逐步形成“要我合规”向“我要合规”。积极倡导合规经营，借助保险行业协会规范市场秩序。带头规范市场行为，有效维护市场秩序，提升公司品牌形象和美誉度。

## 中华保险蓝山县支公司

【概况】　中华保险蓝山县支公司经中国保监会批准成立于2006年9月18日。2016年，公司有签约员工8人，大专及以上学历7人。公司职场坐落于蓝山县塔峰镇南平路259号。

**【服务宗旨】** 2016年，公司始终践行“服务至上、信守承诺、回报社会”的服务宗旨，勇于承担社会责任，通过提高全方位的保险保障，有效服务社会经济发展大局，打造成为市场上一家具有较强综合竞争力与鲜明经营特色的优秀财险公司。

**【业务发展】** 2016年，公司主要经营险种有：车辆保险、农业保险、责任保险、财产保险、意外伤害保险、信用保险、短期健康保险等数百个险种。全年，实现保费收入1900余万元，完成年计划的100%，支付各类赔款1000余万元。

# 科技·教育

## 科学技术

【概况】　2016年4月，蓝山县科学技术局与蓝山县粮食局、蓝山县商务局、蓝山县经济信息化委员会合并为蓝山县科技商务粮食和经济信息化委员会。蓝山县是全省科技成果转移转化示范县，获湖南省900万元的科技专项经费支持，每年安排300万元。2016年，全县高新技术企业2家，新增1家。全县选派科技特派员34名，其中省级农业科技特派员4名，市级1名，县级29名。实施科技开发项目4项，引进各类新品种15种，推广各类新技术、新成果11项。蓝山县知识产权工作获永州市知识产权工作二等奖，蓝山县新顺农牧业发展有限公司已授权的发明专利“一种葡萄的剪枝方法”获2016年度永州市专利奖三等奖。

【专利工作与知识产权】　2016年，蓝山县科商粮经信委邀请长沙市标致专利事务所主任徐邵华到蓝山举办“知识产权培训班”，对50多家重点企业进行知识产权培训，并对必达、金山川、昇悦、大洞村、舜九嶷、新顺、鑫旺等相关企业进行现场指导，提出具有较强针对性的知识产权保护方案。全年申请专利176件，授权55件，其中有效发明专利9件。在知识产权宣传周等活动中发放宣传资料8000余份，现场接受群众咨询和答疑600余人次。

【科技成果】　2016年，蓝山县成功申报湖南省科技成果转移转化示范县建设项目（2016—2018年）。以现代农业中的特色水果和特色蔬菜、茶叶产业为重点，加大科技成果转移转化力度，探索形成上下联动、横向协同、运行顺畅、协调有效的科技成果转移转化机制，打造科技成果转移转化平台和基地，构建科技成果转化服务体系，强化科技成果转移转化激励政策，经过3年项目建设，到2018年把蓝山县建设成科技成果转移转化示范效应好、服务体系完善、机制健全、转化环境优的湖南省县域科技成果转移转化示范区，实现科技成果向现实力的转化，科技与经济的互相促进和县域经济、社会的快速协调发展。

【科技服务】　2016年，蓝山县引导企业依托省内外的科研力量，开展产学研合作，不断提高创新能力。积极探索和实践“科技+龙头企业+协会+农户+市场”的科技服务模式，充分引导企业提出产业发展的瓶颈问题，加强与高校院所科研人员的联系沟通，促进企业与高校院所联合研发、转让技术、共建创新平台。帮助新顺农牧公司与湖南农业大学园艺院合作，成立“南方葡萄熟期调控工程中心”；蓝山县金山川粉末冶金有限公司成立“精密零部件粉末冶金研发中心”；永州湘威运动用品有限公司成立产品研发中心；舜九嶷与湖南农业大学动科院、三峰茶业和省茶叶研究所、金山川粉末冶金有限公司和中南大学、鑫旺竹业与湖南大学材料科学与工程学院等达成技术合作。

## 教　　育

**【概况】**　2016年，蓝山县有各级各类学校113所，其中教师进修学校1所，普通高中2所（含省示范性普通高中1所），职业中专1所，初级中学10所，九年一贯制学校16所，中心小学18所，直属小学2所，特殊教育学校1所，村小（含教学点）64所。在校学生58079人，其中高中7924人（职高3972人，普高3952人），初中14930人，小学35175人。此外，有幼儿园110所（含公办19所，民办91所），在园幼儿13935人。蓝山县教育局被省教师发展中心评为省中小学教师网络研修工作先进单位。被市教育局评为人口和计划生育目标管理模范单位、新闻宣传工作先进单位、教育系统审计项目质量互评二等奖、“一师一优课，一课一名师”活动优秀组织奖。获蓝山县2016年度目标管理综合考核工作优秀单位、精准扶贫工作三等奖、社会管理综合治理工作先进单位、安全生产工作先进单位、计划生育工作先进单位、党风廉政建设工作先进单位、党建工作先进单位、精神文明建设和意识形态（宣传）工作先进单位、全面深化改革工作先进单位、信访工作先进单位、烤烟工作先进单位、人大代表建议和政协委员提案办理工作先进单位、重点项目监管三等奖。县职业中专被评为省学生军训工作先进单位、省全民国防教育工作先进单位、省文明卫生单位。县一完小被评为全国青少年校园足球特色学校、全国国防教育特色学校。县博爱学校被评为湖南民办教育2015年三湘行特殊学校、省级食品安全示范学校。

**【重点项目建设】**　2016年，蓝山县共投入资金1484万元用于合格学校建设和校舍维修改造和薄弱学校改造等工程建设项目，在市绩效考核中，蓝山县合格学校建设、农村公办幼儿园建设均排名全市第一。预计投入建设资金3.8亿元，规划学位达5000余个的县示范性中学项目于2016年12月20日举行开工动员大会；投入建设资金5000万元，占地面积约2公顷的省级示范性公办幼儿园已基本完成征地工作。2016年，通过盘活城区周边资源，在龙溪中学新建教学楼，新增400余个学位，缓解城区义务教育阶段学位紧缺状况。“三通两平台”建设全面推进，完成941套班班通设备安装，完成率95%；共投入547.64万元，通过集中采购，招标形式给全县义务教育阶段公立学校专任教师配备243台台式电脑和940台笔记本电脑，为学校实施现代化课堂教学提供有力技术保障。

**【学前教育】**　2016年，全县学前一年受教育率达100%，学前三年入园率达84%。全面实施第二期三年行动计划，最大限度保障学龄前儿童权益。加强对幼儿园的监督管理，进一步规范办园行为。加大公办幼儿园的建设力度，提高普惠性幼儿园覆盖率，全县81%的民办幼儿园建成普惠性幼儿园。

**【义务教育】**　2016年，全县义务教育阶段学校免收杂费、住宿费，共免除50110名学生（小学35175人，初中14935人）的教科书费604.22万元；补助5606名贫困寄宿生生活费共356万元，拨付451名贫困学生助学金22.55万元。义务教育阶段杂费免除后，为保障学校正常运转，全年应拨付义务教育阶段学校公用经费3906万元，已拨付资金2329.4万元（含民办义务教育学校228.08万元）。另拨付寄宿制学校水电运转经费补助53.91万元。坚持德育为首，教学为主，育人为本。通过深入推进社会主义核心价值观进学校，开展社会主义核心价值观培育主题比赛和“老师您好·我的好老师”系列活动，让社会主义核心价值观内化于心，外化于形。认真落实“双线三层”控流保学责任制，小学适龄儿童入学率达到100%，小学毕业生升初中升学率达到99.91%，教育公平得到了新促进。层层签订教育教学质量目标管理责任状，实施教学质量目标管理。深入开展区域教研、“一师一优课、一课一名师”、“中小学教育教学微型课题研究”等活动，加大对学校指导和教学常规督查力度，义务教育阶段教育教学质量逐步提高。

【高中教育】　2016年，蓝山县高考成绩二本以上上线人数517人，其中一本上线人数137人，二本以上上线率为39.23%，在永州十一个县区中排名第一。同时，按照平均每生每期1000元的标准，共发放高中助学金108.4万元。

【职业教育】　2016年，蓝山县制订《蓝山县中等职业教育攻坚计划实施方案》，投入850余万元，建筑面积6000平方米的县职教中心创业培训大楼已建成投入使用；县职业中专顺利通过“湖南省示范性县级职教中心”和“湖南省示范性中等职业学校”的评估验收。2015年，职业中专还被省教育厅、省军区司令部、省军区政治部评为“学生军训工作先进单位”，县职业教育整体实力步入全省同级同类学校先进行列。同时，补助县职中公用经费298.32万元，为中职学生发放国家助学金98.4万元。

【民办教育】　2016年，全县有48名公办教师应聘在民办学校任教，积极推动公、民办学校教师合理流动，完善义务教育阶段民办学校学生享有与公办学校学生同等待遇机制，将民办学校的义务教育阶段学生纳入“两免一补”（免杂费、免书本费、补助寄宿生生活费）政策享受范围；开展民办学校教师职称评聘工作。民办教育事业得以持续健康发展。

【特殊教育】　2016年，全县第一所特殊教育学校于2014年秋季投入使用，有学生46人，随班就读残疾学生为57人，入学率为97%。

【特色工作】　2016年，全国优秀教师、道德模范提名奖获得者、楠市中心小学盘晓红老师独创的德育课——“美心课”在《中国教育报》《湖南日报》、湖南电视台、永州电视台等媒体进行深刻报道。汇源中小瑶族文化教育在湖南电视台和《人民日报》进行了专题报道。一完小被评为足球特色学校。博爱学校先后获得中国民办教育百强学校、全国教育系统先进集体、省民办教育特色实验学校等多项荣誉称号，成为全省民办教育的一个有力标杆。推广课题研究成果成为蓝山县教研教改一大亮点，一完小、明德小学做到科科有课题、人人有课题。课题研究成果从校内往校外推广，民族中学“作文互批互改”课题成果由周晓珍老师推广到洪观学校、正市学校，一完小曾剑老师的“起步作文”研究成果推广到大洞中小、所城学校、早禾学校、楠市中小等。通过微课题研究，学校注重收集，督促教师总结，组织骨干教师整理成果编撰校本教材，明德小学的《明德少年》、民族中学的《山花》、楠市中小的《四年级运算错题集》、三完小的《数学能力拓展习题集》等，逐渐成为具有学校特色的、深受学生喜爱的校园读本。

【队伍建设】　2016年，通过公开招聘、考试、考核等方式，全县共录用教师173名（含特岗52名、定向免费师范毕业生34名、公开招聘教师87名），并选送94名高中和初中优秀毕业生到师范院校进行定向培养，进一步优化教师结构，增强队伍活力。广泛开展师德师风年建设活动，通过“师德标兵”“优秀班主任”“最可爱乡村教师”评选活动，加强师德师风建设，涌现出一批师德典范。县教育局邓旭辉被评为市级先进教育工作者，湘威人文实验学校李视芳被评为市级师德标兵，一完小黄俊向被评为市级优秀校长，二中谢先玉被评为市级优秀班主任，正市学校冯长英被评为市级最美乡村教师。坚持整肃师德师风，重点对在职教师有偿家养家教、滥订教辅资料等社会反映强烈、有损教育形象的问题进行专项督察，规范办学行为。积极通过网络、报刊等途径宣传教育改革发展成果，弘扬教师敬业奉献精神。2014年启动实施“三名工程”（名校、名校长、名老师），截至2016年年末，全县共有永州名师1人、市级名校长1人，市级学科带头人7名、市级骨干教师4名，聘用101人为县级骨干教师，23名学科带头人。报送2所学校申报为市级名校预备校，示范带动作用明显。认真落实教师“国培、省培、市培”计划，积极开展教师培训。全年共选派3260人次参加县级以上各类培训，促进教师知识更新和专业成长。同时，在全县举行教学比武，城乡交流，送教下乡等活动，共有320人次在省、市、县等各级各类教学竞赛中获奖，有效促进教师业务素质的提升。出台《蓝山县乡村教师支持计划（2016—2020年）》，对名校、名校长、名师、学科带头人、骨干教师等实施奖励，实行乡村教师班主任补助制度，补助标准每人每月500元。继续实施农村教师补贴政策，县财政单列600万元，用于补贴农村教师。2016年县财政又拿出60万元，用于奖励在2016年高考中做出突出贡献的教师和取得优异成绩的学子。2014年，启动实施教师周转房项目建设，截至2016年末，30套教师周转房已投入使用。

# 学校选介

## 蓝山县第二中学

**【概况】** 2016年，蓝山县第二中学有教职员工238人，其中特级教师2人，高级教师78人，省级骨干教师7人，市学科带头人14人。有51个教学班，在校学生3266人。学校地处县城繁华路段，交通便利，占地9.53公顷，建筑面积5.15万平方米，校园绿化面积3.91万平方米，有专用多媒体教室54间。学校践行“以人为本、以德为先、面向全体、全面发展”的办学理念，实行精细化管理和分层教学，效果凸显。是“湖南省文明单位”“湖南省文明卫生单位”　“湖南省园林式单位”“湖南省群众性体育先进单位”“湖南省现代技术教育实验学校”。2016年，梁绍兴被评为永州市十佳校长、湖南省教育系统优秀共产党员。

**【师德师风】** 2016年，蓝山县第二中学实行“四制”，即校长负责制、教师聘任制、结构工资制和校务公开制。校长及班子成员由县委任命管理，中层干部竞聘上岗，教师实行聘任制，工作态度、工作业绩与绩效工资挂钩。开展师德师风建设年活动，强化师德师风建设，推行校级领导“五个一”活动。实行行政人员分年级管理制度。严格执行师德师风一票否决制。深化集体备课制度，优化备课环境，提高备课质量。创新教学模式，提高有效课堂教学质量。推进师徒结对制度，落实青蓝工程。优秀有经验的教师与本年级本学科年轻教师师徒结对，同奖同罚。推进读书考试制度，每期组织教师进行文化业务考试。建立高考研究指导交流平台，行政人员蹲班指导。

**【教学督查】** 2016年，蓝山县第二中学以教学质量为目标，以分年级、精细化管理为特征，加大教学督查力度，完善督查制度。建有《值日校长制度》《校级领导分管年级制度》《巡课制度》《课堂常规巡查制度》《课堂教学效果评价制度》《查寝制度》等督查制度。制订《蓝山二中学生培训制度》，对学生进行课外辅导和个性化指导，对各年级特长生、优秀学生进行指导培训，对高三临界生进行专门学科培训。

【德育教学】 2016年，蓝山县第二中学把素质教育工作放在首位，以“学会做人”为德育核心，通过“全员育人、全面育人、全过程育人”开展各项德育工作，形成学校“德育进课堂”“心理教育”“校园环境育人”的德育特色。根据实际，学校制订了《蓝山二中德育读本》，作为蓝山县第二中学学子“学会做人”的准则。在“文明班级”评比基础上，开展“德标兵”等的评比活动。结合蓝山县“三城同创”，蓝山县第二中学实行主要领导亲自抓，分管领导具体抓的工作方式，通过召开各处室、各年级、各班主任等工作人员会议，明确各自职责与任务。每周一，各班班主任开展“德育进课堂”教育活动。2016年，蓝山县第二中学进一步规范升旗仪式，“国旗下讲话”主题明确，真正做到融思想性、教育性于一体。利用传统节日在全校开展主题教育活动，特别是在教师节、国庆节、体育艺术节、元旦节、五一节开展全校性活动，还开展“文明礼仪伴我行”等学生演讲、征文活动。利用图书馆、板报橱窗、广播、班级黑板报等阵地，加强对学生进行思想教育。

【教研成果】 2016年，蓝山县第二中学开展课题申报与研究，申报省级课题《新高考模式下互动式地理教学方法研究》，获得湖南省教育科学研究工作者协会同意立项，并在11月底完成开题工作。唐基清老师的两项发明——静电除尘黑板擦和方便换煤的蜂窝炉获得国家颁发的发明专利。“在线集体备课活动”中以李继华为主的敬业备课组等6个备课组均荣获湖南省三等奖；蒋荣军、朱建标等11位老师参加市“一师一优课、一课名师活动”上传的视频被评为市优课，蒋荣军、朱建标上传的视频上报部优课评选；教师有46篇论文获省市级奖，彭彩玲等5位老师在省级报刊发表了论文；有25位老师参加市教科院的地理说课、理、化、生实验竞赛，数学解题等竞赛均荣获市级奖，其中肖海兵、陈裕威等荣获永州市一等奖。李冠华老师被评为全国优秀教师，校长梁绍兴被评为永州市十佳名校长，李冠华、陈国辉等4位老师评为市学科带头人，李春华、廖海敖、曾辉等16位老师被评为蓝山县骨干老师和学科带头人。学生参加各种学科竞赛有352人次获奖，其中，76人次获国家级奖，41人次获省级奖励，有7人次获市级科技创新奖。

【教学成绩】 2016年，蓝山县第二中学高考上线稳中前进，二本以上上线人数386人，其中一本上线111人。二本以上上线率42.51%，列全市第四。高二学业水平考试一次性合格率98.67%，列全市第四。学校走特色发展道路，每个年级设有体艺特长班级。在2016年永州市第一届青少年田径锦标大赛中，黄顺峰等5名同学取得第一名，参赛队员共为学校争得25个名次，取得团体总分第四。2016年，高考体艺特长生文化体艺专业双上线在永州保持较高水平，上线67人，列永州市第一。

# 文化·卫生·体育

## 广 播 电 视

**【概况】** 2016年，蓝山县广播电视台有干部职工71人，退休人员27人。内设办公室、财会室、新闻采编室、专题制作室、广告文艺部、乡镇有线电视中心共6个部室，下属企事业单位湖南有线蓝山网络公司。县广播电视台坚持“新闻立台、人才强台”发展思路，深化改革，务实创新，新闻宣传精彩纷呈、经营创收取得突破、队伍建设彰显活力、文化产业做大做强，圆满完成年度各项目标任务，为蓝山经济持续发展营造良好的舆论环境和文化氛围。2016年，蓝山县广播电视台获得蓝山县精准扶贫工作驻村帮扶先进后盾单位一等奖、县宣传和文明创建工作先进单位、县目标管理综合考核工作优秀单位、县综治工作先进单位、县安全生产工作先进单位、县食品药品安全工作先进单位、县创国卫综合考评二等奖、县创园工作考核一等奖，永州市广播电视新闻通联工作先进单位等奖项。

**【新闻宣传】** 2016年，县广播电视台全年共制作播出《蓝山新闻》275期，采编播出新闻稿件1600余篇，总时长超过2750分钟。新闻专题制作部制作《湘江源头果蔬香》《百叠岭上入画来》《守护舌尖上的安全》《质量是天》《建设神美湘江源　打造金融诚信县》《文明税徽耀三蓝》《湘江源头乡村美》《我是县长我代言》《梦圆湘江源1号水利工程》《神美湘江源　文明新蓝山》《三蓝大地清风扬》及祠堂圩镇、毛俊镇、塔峰镇3个镇的安全生产专题等14个汇报专题片。同时，举全台力量高标准零差错完成党代会、毛俊水库开工、“两会”等重大报道内容的宣传报道。开通“蓝山新闻”微信公众号平台，积极融合新媒体的发展，拓展《蓝山新闻》传播途径。在及时、准确、认真做好《蓝山新闻》宣传报道的同时，还积极向上级广播电视新闻媒体发送稿件。2016年，蓝山县电视台在中央电视台各频道共发稿2篇，在省级广播电视媒体发稿上百篇，在湖南卫视《湖南新闻联播》《午间新闻》共发稿43篇，在湖南卫视发稿实现新突破，在永州电视台各频道发稿300篇以上。从2016年9月开始，每月发稿时长均排在全市各县区前三名；在新闻创优方面，获得永州广播电视新闻奖评比二等奖1个、三等奖2个；在永州新闻奖评比中荣获1个三等奖。这些宣传，为全面落实县委、县政府中心工作，构建和谐美丽新蓝山，营造了良好的氛围。

**【广告创收】** 2016年，蓝山县电视台将广告创收作为财税任务的主要支撑点，虽然受大环境及其他新兴媒体各类广告投放平台的冲击影响，传统的医疗和房地产等广告业务大幅下降，但全年完成广告收入90万元，比2015年增加5万元。

**【有线网络】** 2016年，蓝山县有线网络公司迎难而上、攻坚克难，不断提高服务水平和质量，积极创新营销策略，推动城区网络发展，圆满完成各项经济任务，在全市有线网络公司考核为优秀。截至2016

年年底，完成经营创收任务536.5万元，同比2015年增收18万元，其中：基本业务收入402.3万元，增幅1.81%。电视增值业务实际完成32.86万元，宽带完成49.57万元，其他任务收入为6.52万元。城网新增客户全年计划完成350户，实际完成421户，完成率为120.28%。高清新入户398户，同比2015年376户，新增22户，占2016年新开户总数的94.53%。宽带新发展342户，高出年末指标21户。高清一体机销售97台。

【农村有线】 2016年，蓝山县继续推进农村有线电视覆盖，开通大桥乡的数字电视信号，为山区有线电视进一步发展奠定基础。全年在汛期对全县16个乡镇（街道）、178个村点开展预警设施维护检修，确保该套系统的正常运作。2016年8月启动中央投资的广播电视节目无线数字覆盖工程，新增发射功率1000瓦的地面数字发射机2部，传输节目19套（蓝山本地节目3套），该套设备预计在2017年6月开机运行。2016年9月启动中央投资150万元的基础设施改造项目，该项目的实施将很大程度提高蓝山县高山台的转播质量，同时为全县无线广播电视的覆盖发展起到积极的推动作用。

## 文化市场综合执法

【概况】 2016年，蓝山县共有网吧9家，其中县城7家，乡镇2家；歌舞娱乐场所6家；电影院1家；书报刊经营点6家；音像制品零售点1家；小片网1个；印刷企业4家。蓝山县对文化市场的监管工作正常开展，通过各项活动的开展，加大执法队伍的建设，加强对文化市场的监管和整治，确保全县文化市场健康有序地发展，取得一定成效。

【日常监管】 2016年，蓝山县文化执法大队进一步加强对文化市场的日常监管，使蓝山县文化市场经营秩序得到明显好转。因文化行业的特殊性，致使执法工作人员工作时间延长和错位，错时检查、夜晚突查、节假日检查、周六周日必查等，工作时间都在八小时之外，严重影响执法人员正常休息和家庭生活，但大家克服困难、同心协力对网吧进行定期和不定期巡查，规范文化市场经营行为，严厉打击违法经营行为，提高文化经营业主守法经营、文明服务的自觉性。全年共出动巡查5324人次，出动执法车辆375（台）次，检查经营单位899（家）次，查处违规经营单位21家（次），警告8家（次），行政处罚5家（次）。

【校园周边环境整治】 2016年，蓝山县文化执法大队根据省、市、县统一部署和要求，深入开展校园周边文化环境集中整治，不断规范文化娱乐场所经营秩序，落实综合治理各项措施，取得显著成效，受到广大群众的一致好评。在全年校园周边文化环境集中整治中，共出动280余人次，出车70余次，共检查互联网上网营业场所342家次；书刊、音像出租店270家次，查处违规经营的网吧3家，有效地遏止校园周边的文化娱乐场所向学生乱伸“黑手”的现象，为青少年创造一个良好的学习和生活环境，为他们的身心健康提供强有力的保证。

【专项整治行动】 2016年，蓝山县文化执法大队联合文体广新、公安、工商等各有关部门，对全县网吧进行突击检查，检查共分成2个组，出动车辆45辆次，出动人员174人次，检查网吧153家次，查处接纳未成年人上网违规网吧5家，对5家违规网吧进行罚款和停业整顿的处罚。6—12月，文化市场专项整治工作小组对全县网吧、娱乐场所和出版物市场进行突击检查，主要对接纳未成年人现象、超时经营和非法出版物的销售等加大检查力度，在检查中发现的问题，按有关条例严肃处理。全年共出动执法人员216人次，检查经营单位35家次，查缴各类非法出版物1106册（本），持续保持高压态势。不断加大非法销售和安装使用卫星电视地面接收设施的检查力度，会同公安、市监、文体广新等有关部门开展专项整治行动，发放各类宣传材料1000余份，检查家电销售市场80余家次，收缴违法设施180余套（件），下达《责令整改通知书》10余份，拆除擅自安装使用的卫星地面接收设施20余套。

【队伍建设】　2016年，蓝山县文化执法大队切实改进工作作风，扎实开展深入一线调研、深入一线宣传服务、深入一线市场监管的“三个到一线”活动。围绕规范执法程序、提升科技执法水平、推进企业软件正版化、加强视听新媒体监管等方面进行调研，进一步增强工作的针对性和实效性。积极关注文化市场热点，进一步健全社区文明上网劝导志愿者队伍、文化市场举报电话、印发班子成员便民服务卡等社会化监督体系，畅通投诉举报渠道。

## 卫　生

【概况】　2016年，县卫计委下设县直医疗卫生机构6个，乡镇卫生院24所，民营医院4家，村卫生室358个，个体诊所25个；开放病床1747张，千人口病床数5.15张；共有各类卫生技术人员1592人，其中执业（助理）医师557人（千人口医生1.64人），执业注册护士695人（千人口注册护士2.05人）。

【深化医药卫生体制改革】2016年，蓝山县稳步推进县级公立医院改革，严格控制医疗费用不合理增长，医疗费用涨幅控制在10%以内，全县公立医院医疗收入2.1亿元；推进医保支付改革，确保农合资金安全运行；进一步完善薪酬分配改革，充分调动医务人员工作积极性；加强医院管理，提升医院服务能力。制定分级诊疗实施方案，在竹管寺中心卫生院进行试点，逐步建立“基层首诊、双向转诊、急慢分治、上下联动”的就医制度。制定医师多点执业管理办法，2名医师注册多点执业。编制蓝山县“十三五”医疗卫生服务体系规划及深化医药卫生体制改革实施方案，明确蓝山县“十三五”期间卫生工作的目标、任务、重点。2016年8月开始，药品集中带量采购，全县基层医疗卫生机构药品由多家企业配送试行由两家企业带量配送，药品配送率逐月上升。由实施前的平均82.26%，上升到88.48%，达到预期效果。药品带量采购及乡村一体化管理模式得到市里肯定。

【提升医疗质量和服务水平】2016年，蓝山县医疗管理18项核心制度得到有效落实，全年对所有医疗机构进行巡查，并下达检查情况通报及整改通知，基本建立巡查、点评、约谈常态化管理机制。同时加强精、麻药品的管理和使用，开展平安医院创建活动，提高医疗质量和医疗安全意识，优化医疗环境，杜绝重大医疗事故的发生。

【公共卫生服务扩面提质】2016年，蓝山县全面落实12大类45项国家基本公共卫生服务项目，慢性病患者、流动人口、老年人和农村留守儿童等重点人群管理水平持续提升。65岁以上老年人免费健康体检工作得到上级肯定，并在全市推广。强化重点疾病综合防控。以加强急性传染病防控工作为抓手，全面落实霍乱、人禽流感、狂犬病、流感、手足口病的防控措施以及艾滋病、结核病防治措施，有效控制重点传染病的流行和蔓延，2016年全县未发生重大传染病流行。稳步推进免疫规划工作规范化与信息化管理。儿童免疫规划疫苗免疫接种率达国家要求。积极开展重性精神疾病患者救治救助工程，完成省里下达的60名重性精神疾病患者救治救助任务。全面落实妇幼保健措施，5岁以下儿童死亡率控制到6.37‰；完成“两癌”免费检查5116人，超额完成省定任务数；完成免费孕前优生健康检查目标检测人群4906人次，排名全市第一；产前检查4666人，产前检查率99.96%。

【加强基层医疗卫生服务体系建设】 2016年，蓝山县按照新的乡镇街道区划设置和《医疗机构设置规划指导原则》要求，重新设置乡镇卫生院，全县设置塔峰、南平、舜源3所社区卫生服务中心；设置毛俊、新圩、楠市、所城四所乡镇（中心）卫生院；设置太平圩、土市、祠堂圩三所镇卫生院；设置田心、早禾、大洞、洪观、蓝屏、正市、大麻、总市、尚屏九所非建制乡镇卫生院；其他大桥、荆竹、湘江源、汇源、浆洞、犁头六所少数民族乡卫生院机构设置保持不变。加强人才队伍建设，全年共有14名卫生专业技术人员晋升为副高职称，有39名卫生专业技术人员晋升中级职称，为两名2010届农村订单定向生办好入编聘用手续，公开招聘20名专业技术人员充实到医疗卫生机构。狠抓卫生项目建设，县精神病医院、汇源、蓝屏卫生院业务大楼项目完成建设并投入使用；田心卫生院业务大楼项目开工建设；启动土市、太平、火市、所城、大麻、正市、早禾等乡镇卫生院100套公租房建设；全部完成19个村卫生室建设。加强无偿献血工作，全县参加无偿献血的人数达到1389人（次），无偿献血量达50.6万毫升，圆满完成全年任务。加强爱国卫生工作，全面完成市里下达的城乡环境卫生整治、农村改厕、卫生创建、爱国卫生基层网络建设等目标任务。

【加强卫计综合监督执法工作】 2016年，县卫计委认真抓好公共场所、学校卫生、医疗机构卫生和传染病防治监督检查，监督检查覆盖率100%。依法查处非法行医、公共场所违法经营行为，取缔王某某在塔峰镇新建路无证行医医疗点，严厉查处盘某某在市政广场某药店非法开展“两非”违法行为。

【各项工作统筹推进】 2016年，县卫计委进一步加强党风廉政建设和行风建设，按照“管行业必须管行风”的原则，深化廉政教育、法制教育和职业道德教育；组织“纠四风、治陋习”专项整治和“雁过拔毛”式腐败问题专项整治，全年清理和收缴药品商业贿赂362万元。进一步加强健康教育和宣传工作，围绕“推进健康中国（湖南）建设”，宣传大健康理念，整合宣传资源，延展宣传方式，深入社区、施工工地、乡村、学校、企业、单位，对不同人群进行有针对性的宣讲活动。做好卫生新闻宣传和政务信息报送。全县全年共在市级及以上媒体刊播稿件600余篇，其中省级媒体刊播122篇，国家级媒体刊播140篇。进一步加强党建工作，成立机关党委，指导8个党支部换届，新组建县协和医院、县中西医结合医院两个党支部。扎实开展“两学一做”学习教育，较好地落实“三会一课”制度。组织开展“参观萧克故居”“重走长征路”活动。

## 卫生计生监督

【概况】 2016年，蓝山县被永州市人口计生领导小组评为2016年度全市查处“两非”（非医学需要的胎儿性别鉴定和非医学需要的人工终止妊娠行为）典型案件先进单位。在永州市卫计执法类案件评析中，蓝山县卫生计生综合监督执法局的计生“两非”案卷得94分，被永州市卫计委评为一等奖，蓝山县卫生计生综合监督执法局被评为市级先进单位。

【执法监督】 2016年，蓝山县卫生计生综合监督执法局认真抓好公共场所、学校卫生、生活饮用水、医疗机构卫生和传染病防治监督检查、打击代孕整治“两非”等工作，对全县572家卫生计生监督管理对象（其中医疗机构含村卫生室共355家、学校50家、公共场所经营单位167家）监督检查覆盖率达100%，下达卫生监督意见书800余份并限期整改到位，依法查处非法行医、公共场所经营单位违法经营44起；计划生育“两非”案件5起，罚款金额33.18万元，吊销医疗机构经营许可证1起。

## 疾病预防控制

**【概况】** 蓝山县疾病预防控制中心于2004年4月经县人民政府批准，在原县卫生防疫站的基础上改建而成属履行公共卫生职能的公益性全额事业单位，加挂蓝山县公共卫生检测检验中心和蓝山县健康教育所牌子，位于蓝山县新民路50号，中心建筑面积2800平方米，其中实验室使用面积为1200平方米，承担全县的疾病预防与控制、突发公共卫生事件应急处置、疫情报告及健康相关因素信息管理、健康危害因素监测与干预、实验室检测分析与评价、健康教育与健康促进、技术管理与应用研究指导。是全县疾病预防控制、卫生检测检验和评价、公共卫生从业人员体检和培训，职业病防治、健康教育和促进、预防技术咨询与服务的中心与服务的中心，也是全县疾病控制机构的业务指导、技术考核和专业人员培训中心。现有各种监测、检验及诊疗设备180多台（件），能够开展微生物，理化检验和临床检验等191项。2016年，中心内设办公室、后勤保障管理科、财务科、健康教育所、质量管理科、传防科及应急办、免疫规划科、公共卫生健康危害因素控制科、结核病预防与控制科、检验科、艾滋病性病预防与控制科、慢病和地寄科、药剂科、狂犬病暴露预防处置门诊、预防接种门诊、美沙酮门诊，有正式职工52人，其中专业技术人员36人，中级以上职称17人。现承担国家，省级项目7个。

2016年，成功创建县级疾控机构等级达标工作（县级甲等）、省级卫生文明单位和市级文明单位；顺利通过职业卫生技术服务机构资质认证，全面开展职业卫生技术服务工作；获得2016年湖南省“骨动湖南”健骨操创意广场舞大赛三等奖，2016年湖南省“骨动湖南”健骨操创意广场舞永州赛区一等奖。三城同创工作有序进行，各项工作得到三创办的认可，分别取得8月、9月的创卫职能单位和创文职能部门的第二、第三名。积极参加省疾控中心组织的实验室比对、检验检测能力验证，理化、艾滋病、麻疹风疹检测均为优秀，微生物检测为满意。

**【重点传染病防控】** 2016年传染病疫情基本稳定，未发生重大传染病流行。全县共报告法定传染病15种，发病2069例，死亡10例，发病率为517.25/10万。无甲类传染病报告；乙类传染病报告10种844例，死亡10例（艾滋病9例、狂犬病1例），丙类传染病5种1225例，无死亡病例。每月对县直医疗单位及乡镇卫生院进行霍乱、人感染禽流感、狂犬病、流感、手足口、病埃博拉出血热、登革热等重点传染病的主动监测及督导；加强人感染禽流感的疫情搜索、监测，与畜牧部门建立信息沟通机制，加强全县活禽交易，市场监测实施方案，积极开展相关传染病的监测工作。在蓝山县塔峰镇丫口富村、富阳头村开展家禽规模养殖场（户）外环境常规监测，共采样36份，经核酸检测无阳性。发生两起聚集性疫情分别为县二中发生流感疫情和早禾中心小学流感聚集性疫情，无重症和死亡病例。由于采取相关控制措施，疫情得到有效控制无扩散已结案。疫情总体与2015年同期相比，乙类传染病上升11.61%，丙类传染病上升37.18%，主要原因为手足口病比2015年同期上升36.28%（多291例）。加强手足口病监测工作，全年报告1093例，采集检测手足口病样72份，阳性31份，总阳性率为43.06%，其中EV71占25.81%，COA16占45.16%，其他肠道病毒占29.03%。重症病例样3份，均为EV71感染阳性。全县共发生4起手足口病聚集性疫情，均为家庭聚集性疫情。所有在本地就诊的聚集性疫情均按监测方案要求进行采样检测，并采取有效的预防控制措施。传染病预警信息响应及时率为100%，判定疑似事件9起，现场处置率100%，预警信号阳性率10.23%。没有发生传染病异常疫情信息延误处理现象。

全年发现活动性肺结核患者275例、完成全年任务的95.8%，其中新涂阳病例81例、复治涂阳病例10例、涂阴病例184例、耐多药病例目前确诊病例1例，新涂阳、复治涂阳、涂阴病例分别完成全年任务数的95.80%、100%、96.80%。

2005年发现首例HIV（艾滋病病毒）感染者，截至2016年12月底，全县共报告发现HIV/AIDS333例，已死亡65例，存活的268例患者中，男女比例为1.27∶1，95%以上以性传播为主，分布范围广，全县25个监测点均有疫情上报病例。2016年1日至12月15日共上报106例HIV/AIDS（艾滋病病毒型号），正在接受HIV抗病毒药物治疗病人共147例，儿童2人。扩大检测38800人次，检测率为16.10%。美沙酮门诊累计入组病人456人，新入组病人14人，在治病人62人。

**【地方病、寄生虫病、慢性病防治】** 2016年5月对5个乡镇20个行政村300户居民家庭采集并检测食盐样品300份，合格284份，居民户碘盐合格率为88.40%，非碘盐率0.00%，经实验室质量检测：最高含碘量为60.97毫克/千克，最低1.34毫克/千克，中位数为24.6；碘盐的覆盖率为97.67%，合格碘盐食用率为86.33%。随机抽取5所中心小学200名学生采取尿液200份，100名孕妇的碘盐和尿液各100份送市疾控中心送检，合格率达到100%。全县连续十多年无疟疾病例，通过“消除疟疾县级达标”达到消除疟疾县标准。全县城乡居民规范建立电子健康档案394743份，应建健康档案407857份，建档率达96.78%，健康档案动态管理率达到80.00%以上。管理高血压11674人，管理率达到85.50%，血压控制率达到47.20%；管理糖尿病2354人，规范管理率达到82.80%；老年人38822人，管理率达到92.00%，体检率达到90.00%；精神病1190人规范管理率达95.00%，干预率达到85.00%。

**【职业病防治】** 全年共对湘威、昇悦等28家厂矿企业1123名工人进行职业健康体检，其中离岗28人，上岗192人，在岗903人，发现疑似尘肺病患者2人，职业禁忌症17人。对发现的疑似职业病和职业禁忌症均按照有关规定处理。通过省劳卫所、职业病防治所、卫监等部门的层层考核和现场评审，取得职业危害健康危害因素现场检测服务资质，是蓝山县首家获得职业病体检资质的单位。

**【免疫规划】** 2016年全县25家预防接种门诊和4家产科接种点预防接种工作，除动物咬伤门诊外所有接种单位全部实行信息化管理，预防接种门诊疫苗扫码接种，覆盖率为100%，产科接种点疫苗扫码接种覆盖率为100%。强化疫情监测、督导与疫点的处置，开展病例的主动搜索，加大发热伴出疹病例的排查力度，全县未报告麻疹病例。通过主动监测报告2例AFP（抗酸杆菌）病例，报告发病率为5/10万，报告后48小时调查率为100%，14天内双份便采集率为100%，标本7天内送达率为100%。报告麻疹疑似病例7例，确诊病例0例，个案录入率100%，48小时完整调查率100%，排除病例报告发病率为1.75/10万，血标本采集率100%，标本3日内送达率100%，检测结果7天内上网报告率100%。通过AEFI监测系统报告AEFI（疑似预防接种异常反应）病例16例，其中一般反应16例。无流脑、白喉、破伤风、百日咳等疫苗针对性病例报告。全年全县新出生儿童4451人，建卡、建证率100%。儿童基础免疫报告接种率：乙肝疫苗应接种12524剂次，实接种12285剂次，接种率98.09%，乙肝疫苗首针及时率99.00%；卡介苗应接种4451剂次，实接种4396剂次，接种率98.76%；脊灰疫苗应接种17794剂次，实接种17259剂次，接种96.99%；百白破疫苗应接种18494剂次，实接种17809剂次，接种率96.30%；白破疫苗应接种3671剂次，实接种3533剂次，接种率96.24%；麻风应接种3662剂次、实接种3592剂次，接种率98.09%；麻腮风应接种4279剂次，实接种4191剂次，接种率97.94%；A群流脑疫苗应接种7281剂次，实接种7017剂次，接种率96.37%；A+C流脑应接种7422剂次，实接种7128剂次，接种率96.04%；乙脑疫苗应接种7812剂次，实接种7492剂次，接种率95.90%；甲肝疫苗应接种4296剂次，实接种4135剂次，接种率96.25%。对100所幼儿园和73所小学开展接种证查验工作，查验覆盖率为100%。应查验儿童16406人，实查验儿童16293人，查证率为99.31%；持接种证人数15320人，应补证人数425人，实补证人数425人；合计补种6804针剂次。

**【食品安全监测】** 全县食品化学污染常规监测目标任务。其中米粉监测任务20份，食用油监测任务20份，新鲜蔬菜监测任务40份，合格率均为100%。食源性哨点医院共上报疑似食源性病例364例，完成全年计划的121%。其中，人民医院上报食源性病例270例，完成全年本级计划的150%，妇幼计生服务站上报疑似食源性疾病94例，完成全年计划的78%。监测食源性爆发事件6起，其中蔬菜1起，蘑菇中毒5起。暴露人数35人，发病人数33人，无一人死亡。

**【生活饮用水卫生监测】** 城市供水全年共采集水质样品133份，做常规检测项目12项和34项监测，其中出厂水19份，合格率100%，末梢共采集样品114份，合格率100%。农村饮用水监测，4月、9月中心对县属的12个建制乡镇的17个水厂和3所学校以及1个市政供水的饮用水进行枯水期和丰水期的采样检测，共采集水质样品95份，其中出厂水40份，末梢水55份，督导水厂消毒17家，发放和粘贴饮用水卫生宣传资料121份，培训饮用水管理人员20人。

**【公共场所卫生监测】** 公共场所卫生监测24家，采集样品147份，其中空气样品62份，公共用品81份，空气合格60份，合格率96.70%，公共用品合格79份，合格率97.50%，游泳池水质合格率100%。接受公共场所从业人员体检643人。三食行业从业人员健康体检3025人，合格率为99.90%。

**【健康教育】** 县健康教育所紧密结合每年的“3·24”结核病宣传日、“4·25”全国预防接种日、“4·25—5·1”职业病防治宣传周、“4·26”全国疟疾日、“5·12”应急宣传周、“5·15”全国碘缺乏病宣传日、“6·30”世界无烟日、“8·8”日全民健身日、“9·1”全民健康生活方式行动日、“9·20”全国爱牙日、“10·8”全国高血压宣传日、“11·14”世界糖尿病宣传日、“12·1”世界艾滋病宣传日等重要活动日，组织医疗卫生、社区、乡镇卫生院相关机构人员在县城繁华路段开展防病健康教育宣传活动，普及群众防病知识。与县电视台合作播放20多期艾滋病、结核病、预防接种、狂犬病、职业病、寄生虫病、地方病、慢性病等相关知识的专题片。开展进单位、进企业、进学校、进社区、进家庭“五进”创卫健康教育知识活动，发放健康教育读本8000本、“健康66条”1.5万本、健康宣传单1.8万多份，宣传手袋3000多个。

**【通过县级甲级疾控中心资质审核】** 11月初省卫计委组织专家对蓝山县疾控中心申报“甲级疾控中心”进行复检复核，专家组一致认为蓝山县疾控中心达到“县级甲等疾控中心”的要求，同意其获得县级甲等疾控中心资质。全省仅8个县级单位获此资质，是永州市第一家“县级甲等疾控中心”。

**【获得职业卫生技术服务机构资质证书】** 2016年，县疾控中心按照创建国家卫生县城的部署和要求，通过不断强化软硬件设施，提高自身能力，10月顺利通过省卫计委的考核验收，获得职业卫生技术服务机构资质证书，成为蓝山县唯一取得职业卫生技术服务资质的机构，结束全县职业卫生技术服务无专业机构的历史。

**【获得湖南省“骨动湖南”健骨操创意大赛三等奖】** 10月，蓝山县疾控中心代表队代表永州市参加湖南省“骨动湖南”健骨操创意大赛，荣获大赛三等奖。

## 重点医院选介

### 蓝山县中心医院

**【概况】** 2016年，医院有在职人员1023人（含临聘人员470人），其中高级职称55人、中级职称212人。占地面积4.0626公顷，总资产9315万元。医院先后被评为“湖南省文明卫生单位”“全县党风廉政建设先进单位”“县直单位先进党组织”“全县档案工作目标管理考核先进单位”“全县目标管理综合考核优秀单位”“全县无偿献血工作先进单位”“全县精准扶贫工作驻村帮扶先进后盾单位”“全县宣传和文明创建工作先进单位”。医院与中南大学湘雅附二医院建立医疗联盟以及远程会诊和病理协作，并与湖南省中医药大学附属第一医院建立中医联盟，与湖南省儿童医院、湖南省人民医院建立儿科联盟，与永州市第一人民医院建立眼科联盟。同时是县域内24家乡镇卫生院的对口支援医院。设有30个临床医技科室和25个职能科室。成功开展颅脑外科、泌尿外科、心内科、骨科、妇产科、五官科等一系列高难度的大型手术。2016年，医院完成门急诊量为294274人次，同比增长9.9%；收治住院病人45414人次，增长10.3%；完成手术7100台次；病床使用率为90.25%，增长6.28%；出院诊断符合率97.36%；全年医疗收入2.1591亿元，同比增长10.8%，其中药品收入7229万元，全院平均药占比（含中药）33.5%，同比下降2.5%。

**【引进新设备】** 2016年，蓝山县中心医院引进64排CT机、四维彩超、精液分析仪、听力筛查仪、肌电图仪、镇痛分娩仪，增添4台血透机。

**【开展新技术】** 2016年，蓝山县中心医院开展冠状动脉造影及PCI术、椎间孔镜、支气管镜治疗、LED光动力和窄谱中光紫外线治疗、经皮气管切开术、新生儿头颅彩超、增强造影及各种血管CTA检查、四维超声产前筛查、NT（胎儿颈项透明层厚度）检查等多项新技术、新项目。

**【人才培养】** 2016年，蓝山县中心医院引进16名本科毕业生，为儿科、内科、影像科等科室补充专业人才；有针对性地选拔一些品学兼优、爱岗敬业的年轻医生作为学科带头人及后备力量给予重点培养，优先安排进修学习，参加各科学术会议，提供各种专业技术支持和晋升晋级平台，全年送往上级医院进修共17人次，学习培训140人次，晋升高级职称12人，中级职称26人。

**【核心制度落实】** 2016年，蓝山县中心医院建立健全医疗质量管理体系及规章制度。确定院领导、科主任、小组长分别为质量安全第一责任人。医院定期组织科室学习医疗核心制度，开展专题讲座，做到讲后必考核，将制度管理形成常态化，不停地强化落实意识，确保每一个医疗活动都能按制度实施，医院领导定期深入临床医技科室查房，对医疗质量、医疗安全督查结果进行点评，检查结果与科室及本人绩效挂钩。

**【公立医院改革】**　2016年，蓝山县中心医院继续深化医院综合改革，坚持公益性为原则，实施药品零差价，提高基本药物使用率，合理调整诊查费、护理费、手术费以及中医特色服务等医疗服务价格，理顺医疗服务比价关系，建立符合医院实际、体现岗位绩效和医务人员技术劳务价值的收入分配制度，实现医院不亏损和患者负担不增加的“双赢”目标。

**【公益服务】**　2016年，蓝山县中心医院开展志愿者医疗服务队进乡村、进社区义诊活动43次，义诊4500人次，免费发放药品共4万余元；进行健康教育讲座48次，发放健康资料2万余份；为491名患者成功开展白内障及胬肉免费手术；完成中医适宜技术推广和所有乡镇卫生院的对口支援工作，与乡镇卫生院双向转诊病人数1664人；超额完成全年无偿献血任务；每月为肿瘤、糖尿病俱乐部450余名患者提供免费体检，减免糖尿病、肿瘤患者费用8万余元，受益患者达到2200人次；开展孕产妇学校培训，为蓝山县近200名孕妇进行健康指导及免费咨询；走访慰问抗战老兵、开展希望工程“一元捐”；开设扶贫病房，全年为孤寡老人、残疾人、特困户、“三无”人员减免医药费用达50余万元。

**【精准扶贫】**　2016年，蓝山县中心医院共为帮扶点土市镇南岭村提供帮扶资金8.6万元，为对口帮扶乡土市镇提供计生帮扶资金3万元，为土市镇新安村、红石村分别提供帮扶资金3000元，为南岭村贫困户送上近万元的慰问品和慰问金，并为该村修路捐款4万余元，为驻村工作队提供近万元的办公、活动经费。

**【三创工作】**　2016年，蓝山县中心医院参与全县创建“国家卫生城市”“省级文明县城”和“省级园林县城”等活动，每周四开展全院卫生大扫除活动，设有专门的督查小组对各科室责任区域进行考评，考评结果直接与科室绩效挂钩；每季度开设道德讲堂；“志愿者”服务队和网络文明宣传志愿者定期开展志愿工作；在院内开展文明餐桌等多项活动。2016年医院在创建“国家卫生城市”工作考评中，在全县47个独立院落非职能部门中，获得1个一等奖、3个二等奖、2个三等奖。医院还获得2016年“省级文明卫生单位”“省级文明单位”、全县创建省级文明县城“先进单位”等荣誉称号。

**【文化建设】**　2016年，蓝山县中心医院参与各项文娱竞赛，在全县“两学一做”电视知识竞赛、“红旗颂”大型合唱比赛中均获得一等奖，在第二届“健康杯”暨医院成立十周年院庆乒乓球比赛中获得团体第一、男单第一，在蓝山县首届“人社杯”工间操比赛中获得三等奖；在蓝山县卫计系统“迎国庆”拔河比赛中分别获得男子、女子组一等奖、男女混合组一等奖；在永州市南七县人民（中心）医院第五届“健康杯”职工篮球联赛决赛中，医院篮球队获得女子组冠军，男子组第五名。2016年，医院还承办第三届“健康杯”暨医院成立十周年棋类比赛和第十届“和谐杯”职工篮球联赛暨十周年院庆篮球邀请赛。

## 蓝山县妇幼保健计划生育服务中心

**【概况】**　2016年，蓝山县妇幼保健计划生育服务中心在岗干部职工101人，其中专业技术人员74人（高级技术职称5人，中级技术职称22人）。

2016年，获永州市市级文明卫生单位，蓝山县县级计划生育优秀单位、县级十佳文明窗口单位、县级平安医院。

【妇女保健】 2016年，蓝山县妇幼保健计划生育服务中心住院分娩产妇数4667例，住院分娩活产数4710例，住院分娩活产率99.98%；产前检查人数4666例，孕早期检查人数4665例，产后访视4542例，孕产妇管理4529例，系统管理率97.04%，新法接生4710例，新法接生率100%；高危产妇793例，高危筛查率16.99%，高位管理793例，管理率100%，高危住院分娩793例，高危住院分娩率100%。全年无新生儿破伤风发生。全县两癌筛查任务数5000人，实际完成5146人，完成率102.92%。筛查出宫颈癌5例，乳腺癌2例。

【儿童保健】 2016年，蓝山县妇幼保健计划生育服务中心7岁以下儿童数41748例，儿童保健管理人数39687例，保健管理率95.06%；3岁以下儿童数21557例，保健管理人数19189，系统管理率89.01%；全年分娩活产数4309例，新生儿访视4276例，访视率99.23%。

【农村孕产妇住院分娩基本医疗全免】 2016年，蓝山县农村孕产妇住院分娩基本医疗全免项目补助由蓝山县农村合作医疗办执行，助产机构执行平产、剖宫产限价规定。农村户籍产妇数4229人，农村户籍活产数4272人，实际补助3124人，补助率73.87%，补助金额95.07万元。

【婚前医学检查】 2016年，蓝山县民政结婚登记2691对，接受婚前医学检查2557对，婚检率95.02%。查出疾病总人数561人，其中，指定传染病545人，精神病3人、性病4人、内科疾病1人、严重遗传疾病8人。叶酸应增补6852人，实际增补6648人，增补率97.02%。

【妇幼卫生检测】 2016年，蓝山县妇幼保健计划生育服务中心产妇数4168人，其中艾滋病孕期检测4168人，检测率100%，阳性报告人数1例。梅毒孕期检测4168人，检测率100%，阳性报告11例，规范治疗11例。乙肝表面抗原检测4168人，检测率100%，阳性报告502例，注射乙肝免疫球蛋白502例，注射接种率100%。孕产妇死亡1例，孕产妇死亡率21.23/10万。全年分娩活产数4710例，5岁以下儿童死亡30例，死亡率6.37%，婴儿死亡22例，死亡率4.67%。其中，早期新生儿死亡11例，死亡率2.34%，婴儿死亡占5岁以下儿童的73.33%，新生儿死亡占婴儿死亡的68.18%。

【出生缺陷综合防控】 2016年，蓝山县妇幼保健计划生育服务中心无危产儿死亡，出生缺陷发生46例，出生缺陷发生率99.66/万。缺陷发生类别：先天性心脏病12例、唇裂5例、多指（趾）9例，多耳畸形2例，其他畸形16例，染色体异常2例。孕期接受产筛检查3973人，产前筛查率95.34%，新筛4029例，筛查率95.95%。

【农村妇女四大手术手术费全免】 2016年，蓝山县妇幼保健计划生育服务中心对农村妇女四大手术费实行全免。全年共实施四大手术1664例，其中输卵管节育术28例、上环术902例、取环术319例。

## 文化　体育

【概况】 2015年12月，蓝山县体育局与蓝山县文广新局合并组建蓝山县文体广电新闻出版局。2016年3月两局领导班子和工作人员正式合并办公，蓝山县文化市场综合执法局由正科级改为副科级单位，归口蓝山县文体广新局管理，增设副科级事业性质的全民健身服务中心。2016年，蓝山县文体广新局紧紧围绕中共蓝山县委、蓝山县人民政府工作中心，服务大局，着力抓好公共文化服务体系建设，推动全县文体事业和文体产业发展。蓝山县文体广新局获得全省文化工作先进单位和全省文化系统宣传信息先进单位，蓝山县文物所获得全省文物工作先进集体。中共蓝山县委、蓝山县人民政府办公室联合印发《关于加快构建现代公共文化服务体系的实施意见》，制定2016年至2020年基本公共文化服务实施标准和基本公共文化服务项目供给目录。

**【群众文化活动】** 2016年，蓝山县文体广新局成功举办“神美蓝山，一路有你”春节联欢晚会、闹元宵活动、“欢乐潇湘”、第四届梨花文化旅游节、综治维稳宣传、京剧进校园、“精准扶贫”爱心助学等大型演出活动和庆祝中国共产党成立95周年“红旗颂”大型合唱比赛。与永州市电视台联合举办湘江源形象大使选拔赛。参加“感动中国”全国文化艺术周舞蹈比赛获得银奖。免费向乡村送戏下乡演出40场。在荆竹瑶族乡新寨村举办首届湖南·蓝山瑶家歌王赛。土市镇泉塘村等10个村举办村级春晚和广场舞联谊活动。

**【文艺创作】** 2016年，蓝山瑶族歌舞《牛梆声声》参加感动中国第四届全国群众文化艺术周舞蹈总决赛获银靴奖。蓝山县原创节目群舞《挑盐大道》分别荣获湖南省、永州市“欢乐潇湘”文艺会演决赛金奖。创作女子群舞《瑶在湘江源》、歌伴舞《最美蓝山水》、歌曲《梦飞湘江源》《湘源情》。成功创作、拍摄蓝山首部廉政微电影《开标》。

**【文体惠民】** 2016年，蓝山县图书馆、文化馆和乡镇文化免费开放，蓝山县图书馆全年新增办证读者761人，外借图书24859册次，接待借阅11327人次；蓝山县图书馆及15个乡镇综合文化站安装并注册电子阅览室。县文化馆免费提供舞蹈培训和排练场所，全年免费开展广场舞培训。县文体广新局为乡村、社区免费配送便携式音响设备120套，有力地推动普及群众广场舞；免费为乡村配送篮球架、乒乓台和健身器材60套。为群众安装广播电视“户户通”设备9500套；免费送公益电影下乡4296场。

**【文化艺术团体】** 2016年，蓝山县老年大学艺术团下设舞蹈班、戏曲班、器乐班、秧歌队、腰鼓队、威风锣鼓队、军乐队、龙队、葫芦丝队，经常开展自娱自乐和交流演出，有时选派节目参加全县性大型晚会。高度文化艺术团成为市县大型演出活动的帮底演员团体。蓝山县京剧协会经常开展一些自娱自乐和交流演出活动，并选派节目参加县内大型晚会演出。新圩镇上清涵村祁剧团有20余名中老年祁剧爱好者积极参加排练和演出活动。高度文化传媒有限公司和天娱文化传媒有限公司主要服务项目是各种庆典、演出活动的策划，提供灯光、音响、背景、电子屏幕等设备。

**【文物保护】** 蓝山县自2015年开始开展第一次全国可移动文物普查工作，到2016年结束，全县共普查可移动文物343件，其中蓝山县文物所库藏文物336件，蓝山县档案馆6件，蓝山县第二中学1件，所普查文物的信息均上传到国家文物系统。蓝山县人民政府公布15处县级文物保护单位。五里坪古墓发掘保护被评为全国十大文物执法指导性案例。2012年至2016年期间，共发掘汉代古墓355座，出土文物2400多件。通过近4年的努力，投入资金600多万元完成塔下寺文物修缮和环境整治。毛俊镇西岭头八角凉亭得以修缮。

**【非物质文化遗产保护】** 2016年，蓝山县举办第十个非物质文化遗产日专场宣传晚会，《过山瑶度戒》成功申报为永州市市级“非遗”项目。

截至2016年年底，全县共有省级“非遗”项目2项，分别是《瑶族伞舞》《过山瑶瑶歌》，市级“非遗”项目3项，分别是：《天谱瑶功》《过山瑶度戒》《蓝山花灯戏》，县级“非遗”项目28项。完成戏曲普查工作，将京剧、花灯戏列为蓝山地方戏剧种类。

**【电影事业】** 2016年年初，蓝山县开办首家数字电影院，全年实现票房收入93.8万元。农村公益电影放映实施每村每月一场电影，全年共放映4286场。电影院综合楼顺利开工，总建筑面积8400平方米，主体工程投资1200万元，预计2017年完工。

**【农村广播“村村响”建设】** 2016年，集时政宣传、事务通知、应急预警为一体、县乡村联播联控的广播“村村响”系统通过公开招标，10月签订建设安装合同，建设资金693万元，计划2017年5月完工。

**【文化市场管理】** 2016年，蓝山县文体广新局结合创建文明、卫生县城和消防安全工作，积极做好文化市场监管，开展网吧整治、元旦、春节文化市场经营场所专项整治，全国“两会”期间文化市场专项整治，高考、中考期间文化市场专项整治以及“清源、护苗”等专项行动。查获网吧违规接纳未成年人上网16起，收缴非法音像制品210张、非法出版物1100册。

**【文化产业】** 2016年，蓝山县文体广新局通过挖掘、培育和推介，具有本土文化特色的梨花、有机茶、湘江源和红色文化、瑶文化、舜文化逐步凸显壮大。全年文化产业增加值完成6.83亿元，同比增长22.4%，占GDP比重7.1%，文化企业固定资产投资达12亿元，同比增幅22.6%。

**【体育工作】** 2016年，蓝山县文体广新局举办全县首届“人社杯”工间操比赛、第二届“创新创业・职工杯”气排球比赛、羽毛球比赛、乒乓球比赛和篮球联赛。各体育单项协会还举办各类比赛。蓝山县代表队参加中国门球协会在浏阳市举办的中国门球公开赛获冠军，参加由永州市门球协会举办的永州市2016年门球锦标赛获团体亚军。蓝山县运动员参加全市青少年举重锦标赛取得8个第一。蓝山县太极拳协会赴香港参加第三届国际艺术节获二等奖。全年体育彩票销售达到580万元。

# 社会生活

## 民政

【概况】　蓝山县民政局前身为民政科，1981年改为民政局，2016年内设办公室、规划财务、优抚安置（安置、双拥办）、救灾救济（县减灾委员会办公室）、基层政权和社区建设（婚姻登记处）、社会福利和社会事务、县老龄工作委员会办公室7个内设机构；县低收入家庭认定中心1个，归口管理单位；下辖县革命老区办公室、县慈善会办公室、县社会组织党工委办公室、县军队离退休干部管理所、县光荣院、县流浪乞讨人员救助管理站、县殡仪馆、县社会福利有奖募捐办公室、县社会福利中心9个直属事业单位。有在职干部职工93人，其中，党员54人。2016年被永州市委、市政府评为“区划调整改革工作先进县”。

【社会救助】　2016年，蓝山县民政局开展城乡低保动态管理和“人情保、错保、漏保”专项整治，取消不符合保障条件的城乡低保及特困人员供养对象1518人，新纳入符合条件的城乡低保及特困人员739人。全县月均保障城市低保对象0.47万人，农村低保对象1.5918万人，发放城乡低保救助资金3970.5万元，城市低保月人均补差124元；保障特困人员对象1378人，发放特困人员供养金455.2万元，农村特困人员分散供养标准3200元/年。城乡低保保障标准和特困人员供养标准达到省、市考核标准。发放医疗救助金670.6万元，救助困难群众7555人次；发放临时救助金77.08万元，救助困难群众236人次。

【养老事业】　2016年，蓝山县民政局投入30万元，提质改造楠市镇正市敬老院。楠市镇上下村、新圩镇尧仁村、塔峰镇城复村、所城镇上洞村4个城乡养老示范点，全面完成省、市下达的重点民生实事考核任务。落实老年人各项优待政策，做好90~99岁老人高龄补贴、百岁老人长寿保健金的发放和管理工作，为488名90岁以上高龄老人发放补贴49.05万元。1760名65岁以上贫困失能半失能老年人享受基本养老服务补贴，发放补贴金42.24万元，全县基本养老服务补贴覆盖率100%。开展老年人意外伤害保险工作，出资14.7万元，为7000余名五类特殊困难老年人投保办理意外伤害保险。

【救灾救济】　2016年，蓝山县民政局下拨救灾资金和物资共计600万元，救济受灾群众2.8万人次，救助24户灾民恢复重建住房。开展“5·12”全国防灾减灾日宣传和应急演练活动，龙泉社区成功创建全省综合减灾示范社区。争取中央、省级财政扶持老区发展资金31万元，实施老区扶贫开发建设项目10个。以“流浪孩子回校园“和“智障人员回家庭”两个重点内容开展工作，全年累计救助流浪乞讨人员368人（次），其中外籍人员295人，占总数80%；精神病人40人，占总数10%；累计发放各类救助资金115万元；全年共计发放孤儿生活费

93.8 万元。

【福彩和慈善事业】 2016年，蓝山县民政局开展福彩旗舰店建设工作，加大福彩销售力度，销售福利彩票2662.5万元，单机销量、人均销量名列全省前茅，开展慈善救助，募集慈善资金12万元，资助应届大学生9人，每人8000元，救助困难对象168人次；全年共计发放慈善救助款7.19万元。

【优抚安置】 2016年，蓝山县民政局落实优待抚恤政策，足额发放各类优待抚恤资金，为4751名优抚对象发放各类优待抚恤资金2745.03万元。接收退役士兵168人，培训退役士兵134人，自愿参训士兵培训率100%。安置符合政府安排工作条件的19名退役士兵。在“八一”建军节、春节等重大节日期间，开展走访慰问驻蓝山部队和优抚对象活动，走访慰问困难优抚对象2125人，发放慰问金42.5万元。2016年7月在县烈士纪念碑举行向烈士敬献花篮仪式。出资16.6万元为36户优抚对象完成危房改造，出资15.48万元为258名优抚对象开展送医送药服务。全年，投入14万元，支持楠市镇上下村、祠堂圩镇蓝屏村、土市镇洪观村、湘江源瑶族乡联村、舜源街道办永胜村、所城镇舜河村、所城镇高良头村7个退役军人之家建设。投入17.4万元，扶持20名退役军人创业致富。

【社区建设】 2016年，蓝山县有城市社区6个，共辖38个居民小组，11304户，常住人口40207人，流动人口6.8万余人，社区专职工作人员42人（不含民警、民政员、劳动保障员）。严格按照“统一标准，规范建设；整合资源，形成合力；完善功能，满足需求；统筹安排，全面推进”的原则和“社区工作用房建筑使用面积不少于800平方米，其中服务大厅不少于150平方米”的要求，投入1700多万元对全县6个社区办公用房进行新建和改扩建，总用地面积5364平方米，建筑面积7700平方米。

【社会组织登记】 2016年，蓝山县民政局新登记社会组织8家，备案社区社会组织5家。推进“三社”（社区、社会组织、社会工作）力量参与精准扶贫，圆满完成了行业协会商会与行政机关脱钩的试点工作，新建社会组织孵化培育中心，整合政府、社会力量，为初创期、发展中的社会组织提供支持和帮助，开展社会组织党组织规范化建设，社会组织党建基础夯实。

【殡葬改革】 2016年，蓝山县制订出台《党员干部带头推动殡葬改革的实施意见》《2015—2020年殡葬事业发展规划》和《联席会议制度》等文件。完善惠民殡葬政策，按照“保基本、广覆盖、可持续”的原则，拓展惠民殡葬范围，提高惠民补助标准，逐步实现殡葬基本服务均等化。投入200余万元对县殡仪馆的道路、围墙等殡葬设施进行提质改造。

## 人口和计划生育

【概况】 2016年，全县总人口41.5万人，其中已婚育龄妇女7.75万人，人口出生4726人，出生率为11.39‰，政策内生育4179人，符合政策生育率为88.43%，出生婴儿性别比为117.76，自然增长率为5.98‰。经省里考核评估认定，蓝山县常住人口符合政策生育率为77.99%，出生婴儿性别比为117.93，计生工作分别被省、市评为良好和优秀，计生协工作被省市评为模范和先进。

【加强领导与管理】 2016年，中共蓝山县委、蓝山县人民政府制订《关于加强新形势下计划生育服务管理的意见》，明确计生工作新的目标任务、新的工作措施，为全县计生工作的开展提供尚方宝剑。全县目标管理绩效综合考核总分值150分，其中乡镇（街道）、县直单位（含省市驻蓝单位）人口计生工作（含计生协会工作）占8分，占总分值的5.33%。同时，县人口计生领导小组制订《蓝山县2016年乡镇（街道）、计划生育综治部门和县直单位计划生育工作目标管理考核实施办法》等相关配套文件，为阶段性、季度及年终检查考核评估提供考评依据。各综合治理部门按照责任状要求成立计划生育综合治理工作领导小组，由单位“一把手”任组长，与直属或下属单位签订责任状，明确分管领导和专干具体抓；将人口计生综合治理工作列入部门目标管理考核的重要内容，明确10%以上的考核分值，下发人口计生综合治理工作方案。要求单位安排1万元以上的计生综治工作经费。相关部门就加强和促进计划生育服务管理，推进计划生育利益导向政策落实完善相关文件，并对本系统及直属单位、相关股室履职情况进行督查，下发督查通报和督查问题整改函，严格落实整改措施。

**【强化优质服务】** 2016年，蓝山县加大违法多生控制力度，狠抓长效节育措施和补救措施落实。全县共完成四大手术3033例，其中长效节育措施2221例，政策外怀孕流引产812例。认真贯彻落实《湖南省出生缺陷防治办法》，切实加强妇幼健康服务。全年结婚登记5382人，婚检5114人，婚检率为95.02%；登记产妇数4667人，产筛人数3977人，产筛率为85.22%；新增应服用叶酸增补人数6852人，服用6633人，服用率为96.80%。完成免费孕前优生健康检查目标检测人群4906人次，早孕随访率99.58%，妊娠结局随访率99.21%，室间质评合格率100%。

**【强化依法行政】** 2016年，蓝山县强化专技人员的理论水平和操作能力，培训计生法制员和专业人员1000多人次。全县征收社会抚养费891万元，其中县计生法庭受理247件，结案206件，强制征收社会抚养费235.5万元，拘留2人次，案前介入119人次，征收社会抚养费137万元。全县共查处5例“两非”典型案件。

**【深化利益导向】** 2016年，蓝山县全面落实奖扶政策。做好全面两孩政策实施后计划生育家庭奖励和扶助相关政策的衔接工作，按照新人新办法、老人老办法的要求继续落实独生子女父母奖励政策，切实保障计划生育家庭的合法权益。全县共确定城镇独生子女父母奖励对象2009人，发放独生子女父母奖励金527.43万元；确定农村和纯居民独生子女保健费发放对象361人，发放独生子女保健费8.66万元。认真落实对农村部分计划生育奖励扶助制度和特别扶助制度，全县共确定奖励扶助对象1468人，确认新增361人（“三类人群”新增227人），退出28人；确定特别扶助对象63人，确认新增9人，退出4人；确定节育手术并发症对象16人，确认新增2人。确认准确率为100%。继续认真落实农村独生子女和两女户子女高考升学奖励。全年共有17名学生享受此项奖励共6.3万元。综治部门强化政策兼容。全年各综治部门共为976人（次）计生群众发放各类扶助资金68.54万元。深入开展生育关怀行动。全县共关怀帮扶困难计生家庭1051户，发放生育关怀资金50余万元，其中县级共投入生育关怀资金24.76万元，重点走访帮扶困难计生家庭386户。大力实施项目关怀。帮扶计生家庭创办省级“三结合”扶助项目（计生协推出的将计划生育与经济发展、扶贫开发、建立文明幸福小家庭相结合项目）1个，发放项目资金3万元，创办计生家庭创业小额贷款贴息项目4个，发放贴息资金2.29万元。投入生育关怀资金11.34万元免费为全县3780户农村独生子女、纯两女家庭和计生特殊家庭续保

“计生家庭意外伤害保险”，21户计生家庭获理赔金10万余元。

**【着力推进全员人员信息化建设】** 2016年，蓝山县全员人口信息库逐步健全，数据采集及变更工作机制和数据质量保障机制基本完善，利用人口库数据能提供常住人口服务管理、育龄妇女服务管理、流动人口服务管理、奖励扶助、社会抚养费征收等实用性信息，实现信息指导服务、系统应用创新。为确保市、县、乡镇（街道）快速准确沟通，创建“统计专干业务交流QQ群”，专门作为清理工作中信息通报、工作互动、经验交流平台，安排专人每天登录网站，进行相关数据的核查、比对分析和补充录人。全县乡镇（街道）配备计生专用计算机设备75台，信息化设备配备率达100%。县人口计生、公安、卫生、教育、民政、统计等部门实现信息交流与资源共享，实现电子化，形成各部门密切配合、齐抓共管机制。

**【强化宣传教育力度】** 2016年，县广播电视台《国策之窗》栏目按时宣传计生新政和卫计科普知识；每日黄金时间播放卫计公益宣传片。县广播电视台《蓝山新闻》、蓝山新闻网、蓝山政府网、《蓝山手机报》等县内主流媒体及时播发卫生计生政策法规、知识、信息。5月16日，蓝山县委中心组集中学习人口和计划生育理论。全县所有中学每学期开设青春期健康教育、人口形势及计划生育基础知识教育课程。整合卫生计生宣传资源，16个乡镇（街道）、215个行政村（社区）、5个县直医疗卫生单位、25个乡镇卫生院和所有有独立院落的县直单位设置“卫生和计划生育宣传栏”1800块。在乡村两级卫生计生宣传阵地宣传全覆盖的基础上，新建提质高标准、高规格村（社区）卫生计生宣传示范阵地2个。在车站、文化广场、乡村集市、规模企业、学校、机关、交通主干道沿线等重点区域建立卫生计生宣传标牌1000多块，刷写墙体标语1200余条，清理过时标语200多条。更新县城区和县内主干道沿线大型公益广告宣传牌15块、宣传碑10块。印发宣传品20余万份。利用县城三蓝广场大型LED显示屏在每周六、周日宣传卫生计生新政策知识。在市级以上主流新闻媒体上登载卫生计生稿件400余篇（次），其中国家级100余篇（次），省级80余篇（次）。组织开展主题宣传服务活动100余次。结合电影文化进村（社区）宣传活动，共放映计生宣传片800余场（次）。有效推进卫生计生各项政策深入人心，促进科学知识广泛传播，为全县卫生计生事业改革发展创造了良好舆论环境，取得明显的效果，荣获“2015—2016年度全省家庭文化宣传报道工作先进单位”，获评“2016年度全省卫生计生户外宣传示范单位”，荣获“2016年全市卫生计生宣传工作先进单位”称号。

**【加强流动人口计划生育服务管理】** 2016年，蓝山县紧紧围绕卫生计生工作大局，不断强基础、优服务、抓协作，以流动人口采集信息为主线，以推进均等化服务为契机，不断拓展和深化区域协作突出关爱关怀新亮点。全县重新采集流出人口信息2万余条，补充和完善流出人口信息6万余条，重新采集流入人口信息4500余条，补充完善流入人口信息3000余条，全县共采集流动人口110426人，其中流出人口100873人；采集流入人口9553人，其中跨省流入3268人，省内流入6285人。办理区域协作违法生育个案20余件，征收社会抚养费30万元，办理流动人口电子婚育证明90件。建立流入人口健康档案7925份，为160名0~6岁流动儿童开展预防接种，建立保健手册制作传染病防治．健康教育等专栏（板）12期，县、乡两级共走访慰问留守家庭和流入人口计生家庭500多户，发放生育关怀慰问金21万余元，印发《计划生育新政宣传手册》《中医养生保健手册》《帮你生个好宝宝》《湖南省妇幼重大公共卫生服务项目》《健康99条宣传画册》等宣传资料5万余份。

## 人力资源和社会保障

【概况】　2016年，蓝山县人力资源和社会保障局坚持人才优先、民生为本工作主线，强力推进人才队伍建设，全力做好就业创业工作，合力构建和谐劳动关系，着力完善社会保障制度，超额完成各项指标任务。实现城镇新增就业人员4425人，完成目标任务的105.4%；就业困难人员再就业达376人，为目标任务的107.4%；新增农村劳动力转移就业3130人，为目标任务的104.3%。完成职业技能培训4120人，完成全年任务的103%。完成创业培训863人，为目标任务数108%。为创业人员发放377笔小额担保贷款共计3300万元，完成年任务数的110%，比2015年小额担保贷款发放金额2642万元新增24.9%。失业保险征缴完成328.5万元，为任务数的131.4%。对6户纯农户离校未就业高校毕业生实现动态清零，对113名高校毕业生实名登记回访率、准备就业率、服务率均达到100%。为735名就业困难人员发放社保补贴216万余元。全县基本养老保险、医疗、失业、工伤、生育和新农村参保人数达32.28万人次，基金征缴达2.08亿元，创下历史新高，城乡低保、特困人员基本实现应保尽保，社保待遇越来越好，保障功能显著增强，群众看病难，不再是难题。认真落实人才强县的战略，积极围绕县域经济的发展，加大人力资源开发，加强人才队伍建设。切实保障劳动者合法权益，确保劳资关系和谐稳定，全面推进劳动维权，推行教育先行，人性执法的模式，坚持日常巡查、政策宣讲和专项检查相结合，加大对违法案件的查处力度，全年为282名农民工追回拖欠工资183万余元。

【促进就业】　2016年，蓝山县政府下达《2016年全县就业和社会保障工作目标任务》，为顺利完成全年目标任务提供有力保障。县人力资源与社会保障局结合蓝山县农村劳动力转移就业需求，多渠道收集岗位信息，深入了解市场供求状况。依托乡镇、街道、社区等基层公共就业服务平台，深入走访当地农村、社区和各类用人单位，广泛收集劳动者求职、用人单位招聘信息，重点收集工业园区企业用工信息。准确掌握农村劳动者特别是建档立卡农村贫困人口的基本情况、求职意愿和就业服务需求，为搞好精准就业扶贫打基础。认真贯彻落实新一轮就业创业政策，认真贯彻中共十八大提出的推动实现更高质量的就业，使大众创业、万众创新工作再上新台阶。开展“就业扶贫”暨春风行动服务活动，精心设计印制“用工指南”“社会保险卡办理和使用指南”“社保补贴优惠政策及具体的申报程序”等宣传材料28600余份，组织召开现场招聘会19场次，提供包括制鞋、电子、服装、保安、文员、车间管理等50个工种、6400多个工作岗位，约2万名求职者参加招聘会，达成就业意向5968人，为全县城乡富余劳动力特别是全县贫困户及贫困人口就业和本地企业用工搭建供需平台。4月中旬，在全县范围内广泛开展以“促进供需对接，助力转型发展”为主题的民营企业招聘活动，提供包括制鞋、电子、服装、保安、文员、车间管理等41个工种、3417个工作岗位，约7000名求职者参加招聘会，达成就业意向657人，接受政策咨询人数约6500余人次。

【加强技能培训】　2016年4月，县人力资源与社会保障局针对求职者特点和企业用工需求，开展制鞋、服装、电子、玩具等免费职业技能订单培训，培训人员达360余人。在县职业中专举行2016届毕业生校企供需见面会，270多名应届中专毕业生参加，达成就业意向100人，基本满足工业园区企业对技能人才的用工需求。县就业培训中心共为854名创业人员免费举办SIYB（创办和改善企业）创业培训班，同时开展电商创业培训班，共培训有电商创业项目或创业愿望的人员528人，学员中80%以上实现自主创业。

【鼓励创业】 2016年，县人力资源与社会保障局进一步扩大、提高小额担保贷款的范围和额度，只要创业符合规定条件者，均可申请5万~10万元小额担保贷款，同时，对大学生创业者给予开办费补贴、房租补贴和一次性创业成功补贴等。夯实县经济开发区创业孵化基地建设，实施创业帮扶，通过创业孵化基地孵化，培育出一批创业典型，李香花、陈昌军、蒋崇建3位青年创业者荣获永州市“优秀农村青年创业致富带头人”称号。8月初，省人社厅、财政厅授予土市学浩家庭农场场主、大学生袁学浩“湖南省自主创业就业先进个人”荣誉称号，发放创新创业带动就业补助资金5万元；授予返乡创业农民工钟国兵创办的昇悦玩具有限公司“湖南省创新创业带动就业优质初创企业”荣誉称号，发放创新创业带动就业补助资金10万元。通过形式多样地开展创新创业宣传活动，形成“想创业、敢创业、会创业、创大业”的良好氛围。截至2016年11月底，新增创业主体1888家；带动城乡就业人数6093人，其中带动城镇就业人数1553人。

【加强基金征缴工作】 2016年，县人力资源与社会保障局紧紧围绕“民生为本”的工作目标，加快建立健全覆盖城乡的社会保障体系，努力推进全县社会保障事业全面、协调、可持续发展。打破城乡界限，构建全民医保格局，提高城镇职工和城乡居民基本医疗保险参保率，重点做好困难企业退休人员和职工、非公经济组织和服务业单位从业人员、灵活就业人员、农民工和失地农民的参保工作。优化经办服务，完善费用结算办法，提高在社区基层卫生服务机构就医的报销比例。加强定点医疗机构和定点零售药店服务协议管理，确保定点医疗机构提供优质、快捷、高效服务。积极开展社会保险扩面专项行动，做到有计划、有目标、有措施的展开扩面征缴行动。通过“四走进”专项行动，送相关政策法规、服务流程进社区、进企业、进学校、进乡镇，实现社会保险“应保尽保”，确保全县参保待遇公平享受。全年，城镇企业职工养老保险征缴5150万元，为全年目标任务的100.9%。企业养老保险同级财政补助120万元于9月拨付到账。机关事业单位养老保险参保人数8717人，征缴11946万元。城乡居民养老保险征缴1204.44万元；医疗保险征收3496万元，为全年目标任务的106.9%；工伤保险参保人数24808人，基金征收1164万元，为全年目标任务的270.6%；失业保险参保人数18500人，征缴411万元为全年目标任务的195.7%。生育保险基金征收82万元，完成全年目标任务的102.5%。新增小额担保贷款发放3300万元，完成全年目标任务3000万元的110%。

【强化公务员管理】 2016年，县人力资源与社会保障局积极开展公务员招录计划的申报工作，高度重视公务员管理信息系统建设，加强与组织部门的协调，按照共建共享原则，扎实推进公务员管理信息系统建设，抓紧做好网络筹建、信息录入等工作，确保按时完成阶段建设任务，逐步实现公务员“进、管、出”各管理环节的信息化。坚持客观公正、注重实绩的原则，严格执行《湖南省公务员考核实施办法（试行）》和永人发〔2009〕66号文件精神，着重从德、能、勤、绩、廉等方面对公务员进行考核，以平时考核为主，年终考核为辅，严格把关评优评奖名额。规范管理，对受党纪政纪处分的工作人员办理工资变动手续。达到公务员平时考核和年终考核相结合的目的。

【组织事业单位公开招聘工作人员】 2016年，县人力资源与社会保障局严密组织卫生、安监、教育等事业单位公开招聘工作，面向社会公开招聘事业单位工作人员83人，社区网格员20人，为县委部门公开选调工作人员23人，整个招聘、公开选调工作笔试环节采用全程录像、全考场屏蔽手机信号，面试环节聘请异地考官、全程录像录音，并邀请纪检监察和人大监督部门加强对整个考务工作的指导、管理和监督，确保了整个招聘工作的公平、公正和公开，得到社会和考生的一致认可。

【推进事业单位人事制度改革】 2016年，蓝山县事业单位岗位设置工作完成备案核准比例为99.3%，完成人员聘用比例为98.9%。在全县已完成岗位设置人员认定工作的事业单位当中，按月进行岗位设置动态管理的单位比例为100%。事业单位岗位设置管理工作与工资审批、职称评聘、人员调配等工作有效的衔接挂钩，有力地促进全县事业单位管理工作的规范化进程。进一步完善各系列初级评审工作方案等人才评价机制，修订出台《蓝山县中小学系列初级评审方案》。积极配合永州市职改办（职称改革办公室）安排的相关工作，按期按质完成省、市对非公企业专技人员抽样调查、全县正/副高人数统计、各系列高/中级职称评审等相关材料报送任务。完成教育、卫生、工程、农业、党校、政工等行业系列职称评审申报计划，2016年教育、卫生、交通、水利、广电、林业、农业等行业申报计划，全年共审批初级任职资格118人，其中教育系统104人；农林、文物系列14人；中级评审18人，其中农林系列14人，中专系列4人；推荐参加正高级教师评审1人，卫生副高级评审26人，农林业高级评审3人，中专高级评审4人。严格抓好“三支一扶”（大学生毕业后到农村基层从事支农、支教、支医和扶贫工作）招募，坚持公开、公平、公正的原则，完成计划招募“三支一扶”人员4名。

【开展劳动监察检查】 2016年，蓝山县制订出台农民工工资保障金制度，建立农民工工资支付情况逐项检查协调机制，县人民政府办公室下发关于进一步加强建筑行业农民工工资保障工作的通知，将保障农民工工资支付工作纳入各职能部门绩效评估范围，农民工工资支付保障工作未出现重大责任事故。县人力资源与社会保障局主动监察用人单位228个，涉及职工6227人，接待群众投诉案件79件，调解处理76件，立案5件，结案5件，为532名农民工追回被拖欠的工资233万元，督促用人单位补签劳动合同1200份。补缴社会保险52万元，建立蓝山县建筑行业农民工工资支付保障金制度，签订农民工工资支付保障金三方协议3家，已存入农民工工资支付保障金专户310万元。

【依法处理各类劳动争议】 2016年，县人力资源与社会保障局建立和完善劳动争议仲裁工作体制，规范工作程序，提高办案效率和办案质量。全年共接待来信来访130人次，劳动仲裁受理立案8件，其中调解结案5件，仲裁结案2件，撤回申请1件，案外调解3件，结案率100%。蓝山县劳动人事争议仲裁股被评为“全省示范仲裁院”。

【多种高危行业纳入工伤统筹】 2016年，蓝山县全面推进包括建筑、水利、交通、农业等建设施工项目参加工伤保险。通过加强部门联动，与规划建设、交通、水利等部门联合下文，规定蓝山县行政区域内进行建设施工活动的所有建设施工企业统一以建设项目按属地原则参保，工伤保险费标准统一按照工程合同造价的人工工资总额乘以基准费率0.9%，由企业在开工前一次性向工伤保险中心缴纳，其保险范围覆盖施工现场内所有务工人员（含农民工，但派往项目的管理人员除外）。农民工参加工伤保险实行实名制。全县建筑工程、交通、水利、农业建设工程项目全部纳入工伤保险范围。全县新增37项建筑、水利、交通等建设工程项目1814人参保，全覆盖保障农民工合法权益，维护企业和社会和谐稳定发展。

## 公用事业管理与服务

**【概况】** 2016年，县公用事业管理局紧紧围绕县委、县政府确定的“三城同创”“五大会战”（产业建设、扩容提质、生态蓝山建设、项目建设、基础设施）“十件实事”和“县城提质扩容三年行动计划”目标；突出作风建设，提升执行力；突出项目带动，推进基础设施建设；突出以人为本，搞好优质服务。通过全体干部职工的共同努力，较好地完成各项工作任务，主要街道清扫保洁率和垃圾清运率100%，城区生活垃圾无害化处理率100%，城区污水处理率92%，城区主要街道路灯亮灯率99%，建成区绿地率35.27%，建成区绿化覆盖率40.2%，重点项目建设取得明显成效，开创公用事业管理工作新局面。综合目标考核、重点项目建设、人大代表建议和政协委员提案办理工作先后被县委、县政府和有关部门授予先进单位，“两供两治”（供水、供气、污水治理、生活垃圾治理）设施建设被永州市人民政府评为先进单位；县城“雨污分流”（指将雨水和污水分开，各用一条管道输关，进行排放或后续处理的排污方式）改造在省推进新型城镇化领导小组《湖南新型城镇化》简报上典型推介，县委书记在全省城建工作会上作典型发言。

**【加强公用基础设施建设】** 2016年，县公用事业管理局制订《路灯照明专项规划》，争取绿色照明改造专项资金22万元。加强供排水管网建设，新建和改造东方大道、富阳头德政廉住房、示范性中学等路段供水管网，铺设供水主管30余千米，改造供水管网8.8千米，新增用水户3000余户。污水处理建设方面，完成第二污水厂的可研和环评批复，争取第二污水处理厂建设资金4000余万元；拿出污水处理厂二期和第二污水处理厂建设方案，正在提请县委、县政府研究决策；新建和改造污水管网3千米。在招商引资方面，铺设燃气主管7千米，新增燃气用户1000余户。加强环卫设施建设，新建三蓝广场、小吴家、新民路等垃圾站3座，新建公厕3座；2016年拟建设的县城城区、新圩镇、楠市镇、所城镇四大转运站已完成设计和评审；小吴家和九分山两个老垃圾场列入亚行投资的湘江流域中小河流治理工程中的核心项目，城乡垃圾收运系统列入农发行试点项目。

**【城市供水】** 2016年，县公用事业管理局共完成供水量1000余万立方米，其中售水量600余万立方米，完成工业总产值1457余万元，其中供水产值990万元，安装维修等收入467万元，实现利税41万元。完成维修任务700余处，其中维修供水主管136处，查处违章用水6户，追回损失2万余元，完成水表检定3494台，水表更换及维修618台。城市供水普及率95%，水费回收率达98%，确保县城优质、高效、安全、正常供水。同时，收回用户历年拖欠水费90万元，偿还公司借款本息120万元；实现公司平稳运行和城市供水正常化。

**【市容环境卫生】** 2016年，县公用事业管理局新购买6方大勾臂车2台，水车1台，压缩车2台，铲车1台，吸污车1台，铲车1台，清洗车1台，农村垃圾收集三轮车13台，6方集装箱式密闭垃圾箱20个，垂直压缩设备2套，地埋式压缩设备4套，塑料垃圾桶1000

个，通过添置机械设备，极大地提高环卫工作效率。实行“一天两扫全天候巡回保洁”制度，实现交接班无缝衔接；不断提高机械化作业率，洗扫车不断加大对塔峰路、湘粤路、城东路、新建西路、市政广场等主街道的清扫，洒水车配合洗扫车对路面的冲洗、降温、防尘，每天冲洗主街道路面、路沿石达6次；每日清扫面积达到130万平方米；通过引进车辆在线监控系统，全程跟踪管理清运工作，提高科学化和数字化管理水平；确保清扫保洁到位和垃圾日产日清。加强对背街小巷及卫生死角死面的环境治理，由社区直接管理背街小巷，保证保洁时间达到8小时。所有进场垃圾经过卫生填埋前得到无害化处理，垃圾渗滤液经处理后达到国家I级排放水质标准，每日处理达标排放水量约70吨，城区生活垃圾无害化处理率达100%。

**【农村垃圾治理】**　2016年，县公用事业管理局拟订《蓝山县农村垃圾治理实施方案》《蓝山县2016年农村垃圾治理以奖代补资金奖补办法》《蓝山县农村垃圾治理工作考核办法》，报县委、县政府行文。争取300万元的资金用于农村垃圾治理的以奖代补，对11个美丽乡村重点建设村配备12台垃圾收集车和分类垃圾桶，农村生活垃圾集中处理率达100%。

**【公用设施管理与服务】**　2016年，县公用事业管理局加强三蓝广场管理，建立三蓝广场的长效管理机制，安排一名局领导负责广场整治，聘请3名保安专抓广场管理工作，环卫局安排专人对广场进行清扫，使三蓝广场的管理逐步达到规范、有序。加强路灯照明管理，安装路灯300余盏，维护路灯1200余盏，处理地埋电缆故障20多处；确保路灯亮灯率达99%。投入资金140万元，搞好沿河风光带的夜景亮化工程，在塔峰路、湘粤路、南平路、城东路灯杆上安装中国结和喜庆灯笼，进一步增加节日喜庆气氛。编制《蓝山县城区绿地系统规划》，完成蓝宁路、舜乡路、新民路、边贸中路、创业大道、三蓝广场的绿化种植和补植，完成东方大道绿化补植和南平路行道树改造设计，修剪灌木7000平方米，修剪乔木1200株，绿化带除草400平方米，绿化带施肥2600平方米。制定城市市政基础设施维护计划，完成主要街道沥青破损路面的修复500多平方米；修补人行道10余处，解决路面积水问题5处，置换雨水口破损盖板170块，更换雨水口缺损盖板60块，雨水口清淤200余处，新做雨水口18处，更换防撞桶60余个。加强燃气行业管理，开展燃气行业的综合整治，对6个液化气站进行审核发证，促进燃气行业的安全生产。扎实抓好城区生活污水处理工作，确保城区污水处理厂规范正常运行，全年处理生活污水384.6万吨，城区污水处理率92%。

## 扶贫工作

**【概况】**　蓝山县扶贫开发办公室成立于2004年，是原中共蓝山县委农村工作领导小组的内设办公室。2016年，永州市编委会办公室批复蓝山县扶贫开发办公室为全额拨款正科级事业单位，共有干部职工16人。2016年，全县退出贫困村8个，完成退出贫困1313户5145人，是湖南省下达任务4602人的111.8%，永州市下达任务5042人的102.04%。

**【资金管理】**　2016年，省市安排到蓝山县财政专项扶贫资金5批共948万元，安排项目122个。其中基础设施建设项目52个，安排资金233万元；产业扶贫项目67个，安排资金668万元；雨露计划、创业致富带头人培训项目2个，安排资金39万元。按照《蓝山县财政专项扶贫资金管理办法》的有关规定，于2016年12月9日，将安排到项目单位的118个项目，资金629万元，全部在蓝山县人民政府网站进行公示，并将项目资金文件下发到各有关乡镇（街道），要求乡镇（街道）将到村项目在村内进行公示，留下影像资料备查。

**【建档立卡】** 2016年，蓝山县按照“一进二访”和建档立卡“回头看”及“四类对象”专项清理等活动要求，针对精准识贫不够准确、建档立卡信息不全、基础数据不扎实等问题，多次进行整改落实，进一步摸清贫困人口底子，完善数据平台，夯实脱贫攻坚战基础。2016年，全县共有建档立卡贫困人口6784户26592人，已脱贫2839户11746人，未脱贫贫困户3945户14846人。全面实行脱贫攻坚任务书、线路图、时间表，并建立贫困退出机制，明确退出标准、退出程序、政策措施。加强县、乡镇（街道）、村、贫困户四级档案整理、归类、管理工作，扶贫档案管理逐步规范。

**【产业扶贫】** 2016年，蓝山县实施“一乡一业”“一村一品”产业培育工程，重点培育特色种养、旅游扶贫、电商扶贫等产业，加快推进脱贫攻坚。采用“基地+公司+农户”模式，引导湘源岭村等11个贫困村，规模发展肉牛养殖、黑山羊养殖、竹木种植等特色产业，盘活村级集体经济。联村、竹林等省级贫困村采取土地入股、荒地出租等方式，建立生态猕猴桃高标准种植基地66.67公顷，每年为村集体经济增收1万元以上。同时加快推进与温氏合作，首个生猪种苗场基地开工建设，已发展合作养殖户36户。成功引进香港新井集团，着力打造浆洞生态观光旅游度假区。依托百叠岭村、坪源村、竹林村等列入全国乡村旅游扶贫重点村，因地制宜推进全县乡村旅游与精准扶贫融合发展。荆竹瑶族乡走“生态特色产业合作社”的路子，该乡十里村实现了整体脱贫，新寨村等其他4个贫困村实现贫困到小康的转变。全县共200多户1200余人吃上旅游饭。其中，建档立卡贫困户108户380人。引进阿里巴巴村淘、杭州甲骨文科技等电商平台，农村淘宝发展到103个村。

**【易地扶贫搬迁】** 2016年，蓝山县大桥大冲、土市新安、新圩毛江3个集中安置点稳步推进，全年完成易地扶贫搬迁848人，完成省市任务的124.2%。

**【基础设施建设】** 2016年，蓝山县完成农村道路改造80.086千米，建成10个农村客运招呼站；24个村（含17个贫困村）实施自来水工程，解决农村不安全饮水人口1.95万人；实施农网升级改造6个贫困村，完成贫困村卫生室建设15个。

**【教育助学扶贫】** 2016年，蓝山县为1803名贫困学生发放助学金94万元，为981名学生办理生源地信用助学贷款773.62万元。开展“就业扶贫”暨春风行动服务活动，达成就业意向5968人。举办农村实用技术培训班3期，完成贫困家庭劳动力职业技能培训561人。

**【“兜底”保障工程】** 2016年，蓝山县安排危房改造1100户，其中80%为贫困户。加大丧失劳动能力的残障人口、因病因祸致贫返贫人员等特困人群的政策兜底，让贫困户最低生活有保障、有尊严。扩大低保覆盖面，实现应保尽保，兜底贫困群众的基本生活。完善大病保险政策，增加大病报销比例和救助力度，发挥医疗救助保障作用。2016年，共整合农合资金、大病医疗救助资金614万元，帮助1299户贫困户解决医疗费用，防止因病致贫、因病返贫。

**【结对帮扶】** 2016年，蓝山县成立由县委书记负总责的县扶贫开发领导小组，成立扶贫攻坚指挥部和扶贫开发工作专业组，各部门也相应成立扶贫工作领导小组、工作班子，配齐配强43个贫困村工作班子，县扶贫办被批准为政府直属正科级事业单位。出台《关于加快推进精准扶贫开发工作的决议》《蓝山县精准扶贫工作考核办法和驻村帮扶工作管理考核办法》《“1+X+25”部门精准扶贫实施方案》等文件，进一步健全扶贫工作机制。把精准扶贫工作成效列入领导干部实绩考核内容和单位年度社会经济发展综合考核，考核结果与干部的绩效工资和提拔使用挂钩，干部执行力不断增强。特别是易地搬迁联席办对分散安置实行半月一调度，集中安置实行一周一调度。实施“一户一策”精准帮扶，全县所有的县直单位、省市驻蓝山单位结对帮扶43个贫困村，明确每个乡镇和贫困村至少要有1名县领导挂联、1个部门单位挂包，每个贫困村要有1个驻村扶贫工作队，每户贫困户至少要有1名结对帮扶责任人。县乡村三级3000多名干部深入基层，开展进村入户、访困问需、问贫问计“一进二访”活动，实现驻村帮扶工作队和结对帮扶“两个全覆盖”。

**【特色亮点工作】** 2016年，蓝山县高度重视金融扶贫工作，大力推进扶贫小额信贷，积极探索贫困户自借、农民专业合作社产业扶贫带动贷款、公司分借统还等模式，引来金融“活水”，精准滴灌“穷根”。蓝山农商银行实行“公司+基地+农户”的产业化经营之路，创新推出“商易贷”信贷产品，加大对烤烟、林业、茶叶和葡萄等特色产业的支持力度，对建档立卡符合条件的6760贫困客户进行评级授信，评级授信率为100%，累计授信金额40350万元，其中授信额为3万至5万元的贫困户数达4794户；全县发放扶贫小额信贷1.59亿元，超额完成省、市下达的目标任务，并获得永州市“扶贫小额信贷先进县区”称号。

## 爱国卫生工作

**【概况】** 蓝山县爱国卫生运动委员会办公室为全额副科级参公事业单位，归口县卫生和计划生育委员会管理，在编在职7人。内设1个综合股，具体承担全县爱国卫生各项工作。2016年共复查达标8个省级文明卫生单位，成功创建14个省级文明卫生单位、11个省级卫生村、10个市级文明卫生单位、2个市级卫生镇、11个市级卫生村。被永州市爱国卫生运动委员会评为2016年度目标管理先进单位；被中共蓝山县委、县人民政府评为2016年度全县目标管理综合考核优秀单位。

**【环境整治】** 2016年，在第28个爱国卫生月活动，五一、国庆、元旦、春节等节假日期间，蓝山县爱国卫生运动委员会组织全县各机关企事业单位、乡镇（街道）、社区（村）积极开展城区环境卫生综合整治工作，干部、群众积极参与环境卫生整治，城区环境卫生“脏乱差”现象得到显著改善。

**【爱国卫生活动】** 2016年，蓝山县爱国卫生运动委员会办公室组织开展第28个爱国卫生月活动和周四卫生清扫日活动，群众参与城乡环境卫生治理、病媒生物防制等活动。乡镇（街道）、社区、村、单位和小区设立爱国卫生组织管理机构，有专（兼）职人员负责具体实施。

**【控烟宣传】** 2016年5月31日，蓝山县爱国卫生运动委员会办公室协同县卫生和计划生育委员会、县疾病预防控制中心、县教育局等单位围绕“拒绝烟草的危害”这一主题，在县城繁华街道开展2016年世界无烟日宣传活动。共计悬挂横幅12条、免费发放《拒绝烟草　珍爱生命》《创建无烟环境　享受健康生活》《公共场所禁止吸烟　拒绝二手烟》等宣传单1200份，宣传册450册，接待咨询93人次。

**【病媒生物防制】** 2016年4—5月，蓝山县爱国卫生运动委员员会办公室在城区范围组织开展以灭鼠为主的春夏季除“四害”活动，鼠害密度监测控制在国家规定的标准5%以下。10月，与中标公司签订承包服务合同。11月18日，举办城区社区病媒生物防制工作培训会。各县直单位、省市驻蓝单位及城区各社区、塔峰镇等相关工作人员参会。11月28日，督促PCO（Pest Control Operation译为有害生物防治业）专业消杀公司组织技术人员对城区6个社区开展全面药物投放，并对城区农贸市场等重点区域开展灭蟑工作。秋冬季在城区范围内组织开展除“四害”突击活动，全年共投放稻谷鼠毒饵2.69吨、粘鼠板1850块、灭蟑清2700袋、灭蝇药2250袋、2.5%菊脂灭蚊烟雾剂220升，培训资料300余份，发放宣传资料7835份。

**【农村改厕】** 2016年，蓝山县爱国卫生运动委员会办公室完成改厕工作任务8000座，其中无害化厕所2190座。

# 乡镇概况

## 塔峰镇

【概况】　2016年，塔峰镇以县委实施“五大会战”、办好“十件大事”为契机，紧紧围绕年初既定的工作思路，坚持党建引领，以社会稳定、经济发展为主要目标，以重点项目建设和壮大优势产业为重点，团结全镇干部职工，扎扎实实的开展工作，各项工作取得较大成效，全镇经济社会得到持续健康发展。

【强化党员日常管理】　2016年，塔峰镇全面开展“两学一做”学习教育，以中共十八届四中、五中全会精神为主要学习内容，强化理论武装，镇党委中心组每月组织4次集中学习，开展集中讨论2次；发放党员学习笔记本1500多本，推进学习型党组织建设，增强党管意识形态责任。进一步严格党员发展程序，从41名建党对象中择优吸收21名预备党员，预备党员转正23名。大力加强党员组织关系集中排查，对全镇1573名在册党员进行集中排查，经查找取得联系党员28名，失联党员4名，已处置2名，对546名流动党员建立流动管理台账，建立流动党员QQ、微信群，通过群开展“两学一做”学习和组织生活会。进一步坚定党员信仰和强化宗旨意识。

【量化执行力建设】　2016年，塔峰镇全面推行“村为主、组为重”分片包干模式，将工作重心下移到村组，明确分工，使得人人肩上有担子，个个身上有责任，进一步细化、量化干部考核，从根本上解决在职不在岗的现象；洪田村的建房死人事件，东江广播电视线带电致人受伤事件均及时得到妥善处置。由镇纪委、党政办牵头，加强对干部职工的作风督查，对驻村工作坚持每月一督查、一通报，对镇窗口单位实行一周一督查，每月一通报，并将督查结果纳入年终绩效考核内容，全年共发出督查通报12期。继续开展对源头村、新民村等软弱涣散党组织进行重点整改，新民村的村级活动场所得以高标准建设，解决软弱涣散的一个关键性问题。

【狠抓党风廉政建设】　2016年，塔峰镇共办理省委巡视组交办件15件、县纪委交办件3件，办结率达到100%。查处贪污侵占、截留挪用等问题5个，处理党员干部5人，其中开除党籍1人，留党察看1人，移送司法机关2人，诫勉谈话1人。发现“雁过拔毛式”问题线索47起，其中查处利用公款吃喝玩乐问题28起，清退村级招待费1.73万元。查处违规兼职取酬问题7人次，清退资金3.78万元。查处乱收费问题1起，清退资金1050元。查处违规发放津补贴问题1起，清退资金5.43万元。查处违规使用就业专项资金问题一起，清退资金14.56万元。查处其他问题线索9起，诫勉谈话3人次，上交廉政账户600元，清退违规管理费800元。为切实做好“纠四风，治陋习”专项整治工作，镇纪委对需要排查的各类问题进行交办和落实，共进行镇村作风督查36次，发放通报11次。全镇排查纠“四风”、治陋习问题线索45起，整改到位45起。镇纪委立案查处作风案件2起，给予留党察看处分1人，党内警告处分1人。

【推进项目建设】 2016年，塔峰镇牢固树立“抓项目就是抓投资、抓项目就是抓发展”的理念。征地拆迁村共完成房屋征拆测绘317户，签约152户，签约面积36098平方米，征地500亩。以蓝山大道、创业大道、和平汽车站为代表的县城基础设施项目，以管道燃气、示范性中学、三馆两中心等为代表的公共服务项目均已基本完成交地。冷链物流、德晟纺织、承阳二期、新民西路延伸段、湘粤北路、公安局业务用房、县司法局业务用房、县档案馆、金豪照明、高信电子等项目有序推进，县人武部整体搬迁工程进入扫尾阶段，湘威三期迁坟全面完成。

【基础设施建设】 2016年，塔峰镇根据乡镇区划调整，完成涉及合并的16个行政村资料上报和批复工作。对福正、保干、东侧等村15户旧房和未装修房屋，进行统一立面改造，落实奖补资金255.61万元。投入28万元完成龙泉、竹源、糯江等村的安装路灯，投入近200万元对源头、早禾、花果、山湾等村主干路进行道路扩宽，投入6万元进行村内绿化。投入4万余元抓好锦鸡坝、龙溪渠道清淤整修工作，确保农业灌溉。两江口水库供水工程全面启动，完成98%的征地任务，已启动建设；两江水厂主体工程建设已基本完成。21个村和社区开展创建国家级卫生县城工作，每个村将投入8万~10万元。花果、糯江、箭岭、两江、岭脚、东侧6个村在上年的基础上继续开展重点整治工作，新增社门、中洞、半洞、果木、古城、城复、洪田、西南8个村加入环境卫生重点整治行列。每个村奖补2.5万元。成功创建生态示范乡镇。

【农网改造】 2016年，塔峰镇完成花果村、新民村等20个行政村农网的升级改造；剩下的行政村已纳入2016年、2017年的改造“笼子”，农网改造接近尾声。与龙溪片17个村签订电站效益分成协议，全面完成电站改制工作，同时壮大了村级经济。

【经济发展】 2016年，塔峰镇完成19个村土地确权二次公示和外业核实工作，共计完成15000多亩，新增流转土地4650亩。全镇种植早稻16200亩，中稻4950亩。其他经济作物7000余亩。继续稳定湘莲基地、“稻—稻—油”基地、蔬菜生产基地、楠竹基地。全镇培育1000亩以上的种植大户3户，100亩以上的种植大户14户，30亩以上的种植大户52户，其他经济作物大户55户，养殖大户23户。发展农村淘宝电商5户，淘宝电商达10户，发展电商企业13家并入统。全镇一年电商交易额达千万元，带动30余人就业。农村淘宝成活率达100%。

【落实惠民政策】 2016年，塔峰镇继续实施“危改优先”政策，实施危房改造94户，其中重点帮扶对象18户，发放危房改造补助金78万元。实现精准帮扶，621户贫困户落实干部结对帮扶，通过产业、就业、小额贷款等帮扶措施让204户贫困户脱贫，其中19户享受易地搬迁扶贫，共计奖补帮扶221.5万元；260户享受小额免息贷款帮扶，贷款共计130万元，2名学生享受1500元/学期的雨露计划助学帮扶。认真落实计生奖励扶助，特别扶助对象20人，其中独生子女死亡家庭16人，发放特扶资金69120元，独生子女伤残家庭4人，发放特扶资金1.44万元，奖励扶助兑现215人，发放奖扶资金21.93万元。发放各类惠民补贴1587.02万元，其中农补类补贴292.07万元、计生类补贴1.2万元、林业类补贴25.75万元、民政类补贴1005.97万元、其他类补贴262.02万元。

【信访维稳】 2016年，塔峰镇通过“六访结合”抓信访，信访赴省进京信访大幅减少，共有16次到市赴省进京非正常上访的情况，其中个访13次，群体访3次，非访挂号2次，与2015年同期相比，上访户上访的次数减少13次，挂号次数减少6次。开展“百日化积案”活动，按照“五个一批”成功化解矛盾纠纷96余起，全年共调解各种纠纷130余起，成功率99%以上，未发生影响稳定的事件，切实维护社会大局稳定。

【安全生产】 2016年，塔峰镇按照“蓝山县安全生产工作目标管理责任状”的要求切实强化对安全生产工作的监管，通过落实工作责任，健全安全生产网络，加强日常监管，强化隐患排查。全年共发放宣传资料2500份，张贴标语横幅200条，组织企业培训6次，领导干部带队检查84次，共检查发现隐患22起（均及时整改到位），取缔沙场2处，取缔非法烟花爆竹制造点1起，取缔非法乙炔气体灌装点1处，设立永久性道路安全警示标记12处。明确4名专职人员负责安全生产工作，明确专门的办公场所，专门的安全生产执法车辆，预算10万元的专项工作经费，以及制定专题制度，明确37名村级安全生产信息员，并给予600元/年的补贴，保障全镇安全生产工作的正常开展。

【民本民生工作】 2016年，塔峰镇加大对弱势群体的扶持力度，新增农村低保户65户、80人，共发放资金145.8万元，取消39户、39人；新增城镇低保户24户、39人，共发放资金488.92万元，取消16户16人。特别加大大病救助资金和困难群体资金补助。大病救助发放资金40万元，困难群体临时救助25万元。配合县劳动保障局在组织创业培训112人，电商培训75人。完成农村劳动力转移输出4900余人；新增就业430余人。精准扶贫工作帮扶困难人群65人。完成失业人员就业与再就业1688人，困难再就业376人。完成城乡居民社会养老保险待遇认定发放7257人，发放城乡居民养老金600万余元。新农保任务完成15800人，缴费金额共计245万元。镇党委、政府通过各种渠道筹集资金，共投入资金280余万元，对2015年建成的塔峰镇敬老院进行路面硬化，余坪绿化、亮化工作，围墙修建，门窗安装、水电安装工作。已入住30人。

## 祠堂圩镇

【概况】 2016年，原蓝屏办事处与祠堂圩乡全并成立祠堂圩镇，31个行政村撤并为17个，全镇总面积75.17平方千米，人口2.42万人。财政收入232万元，比上年增长7%；完成全社会固定资产投资5200万元，比上年增长15%；农村人均纯收入9700元，比上年增长11.2%。培育财源点3个（旺成石场有限公司、坪石头采石场有限责任公司、军威加油站有限公司），年创利税30余万元（含耕地占用税）。清理耕地占用税20万元，清理各商业银行不良贷款40万元。打造各类专业合作社（家庭农场）12家。2016年被永州市人民市政府授予“永州市卫生镇”称号。

【基础设施建设】 2016年，祠堂圩镇交通状况得到根本改善，7个村争取财政“一事一议”奖补资金40万元改善各村出行条件；祠蓝公路进行简易拓宽。各合并村连接线规划建设工作全面启动。农业基础设施建设得到全面夯实，农田和水利设施建设投入资金500余万元；投入360万元完成肖家山、桐木、小水、东塘、新铺、蓝屏等村的烟水烟路工程；投入40万元完成火烧桥水库除险加固工程，投入10万元完成油炸冲水库左干渠的修缮。城镇建设取得新的进展，投资1000多万元推进虎溪村、洞庭村新农村示范点建设；整合资金3000万元完成公路沿线240余栋房屋的立面改造工程；投入220万元建设镇机关公租房及配套设施建设；投入220万元进行蓝屏、祠市市场改扩建。民心实事工程取的新的突破，实施中小学合格学校建设工程，共投入资金近200万元，对祠市中学的综合楼及运动场进行改造；投入15万元完成祠小路段改造及垃圾处理房建设，有效地改善办学条件；实施五保集中供养工程，投入资金20万元高规格、高要求集中建设东塘村五保老人用房，为该村五保老人安享晚年提供保障；全面实施农村广播村村响及村村通工程，深得群众赞誉。

**【产业调整】** 2016年，祠堂圩镇不断强化农业在国民经济中的基础地位，不断加大农业产业结构的调整力度，先后建立并壮大优质烟叶、杨梅、柑橘、奈李、葡萄等水果种植，牲猪、山羊养殖3大农业示范基地，新、特、绿农产品的数量和质量均有不同程度的提高。特别是优质烟叶的种植生产，全年种植2200亩，收购烟叶4723担（受灾害性天气影响减产）。秋冬生产财政投入近10万元，倾力打造祠市片示范点，绿色时代农业发展有限公司已初具规模。进一步巩固山口杨梅种植专业合作社，组织果农有序发展杨梅产业。山口杨梅节在县内享有较高的美誉度。有序流转土地6000亩，拓宽农民的增收渠道。

**【环境治理】** 2016年，祠堂圩镇辖区17个行政村均聘请专职保洁员，新修垃圾池，购置分类垃圾桶。投入12万元在坦头村地界新建一垃圾焚烧炉。政府投入34.2万元聘请生活垃圾转运焚烧员一人，并完善一系列垃圾收集、转运、处理制度。新建公厕16座，基本消灭旱厕。大禾、洞庭污水管网建设工程投入运行，生态效应及示范效应凸显。农业生产面，注重引导农民合理谨慎的使用农药化肥，倡导生产绿色有机农产品。

**【党的建设】** 2016年，祠堂圩镇以开展“两学一做”活动为契机，强化乡村广大干部的理论学习，提高党员干部的素质。建立学习型政府，加强乡村干部对方针政策、市场经济领域等方面的学习研究。除学习党的知识外，大部分党员掌握了1~2门实用技术，提高为群众服务的本领。健全和完善党委中心组学习制度，切实提高党委班子驾驭全局和市场经济的能力。深入开展民主集中制度教育，班子成员大局观念明显增强。进一步健全党委议事制度，有效地提高党委决策的权威性和科学性。班子成员坚持驻村调研制度，及时为基层排忧解难，树立起“团结务实，廉洁高效”的党委新形象。开展软弱涣散村整顿转化工作，共调整村干部3人（撤换村支部书记1人、村委委员2人），村支部班子更具有广泛的群众基础，更有号召力、战斗力。还组织党员、干部到毛俊村、上清涵村等地考察，感受科学的发展理念，培养开放的发展意识。强化村干部绩效考核，充分调动村干部的工作积极性。深入开展党风、党纪教育和警示教育，落实党风廉政建设，狠抓党员干部廉洁自律，积极配合纪检监察部门行使职能，全年共受理群众来信来访案件30余件，查处违纪案件3件，给予党纪处分4人。辞退镇机关工作人员1人。

**【社会事业】** 2016年，祠堂圩镇社会保障工作取得明显成效，优抚、救灾、救济、最低生活保障等制度得到落实，新型农村养老保险完成征收任务的98%，新农合参合率75%；精准扶贫工作有序推进，脱贫目标人口全面脱贫；虎溪村成功申报为“国家级传统古村落”。

**【民主法制建设】** 2016年，祠堂圩镇始终坚持民主法制建设，全面推进依法治乡进程，做好普法教育工作，进一步增强广大干部群众的法制意识。强化社会治安综合治理基础工作，落实工作责任，狠抓矛盾纠纷排查调处，“党代表工作室”工作机制进一步完善。集中处理信访突出问题和群体性事件，稳妥处置涉军维稳工作，严厉打击恶意“挂号”行为，非访情况得到有效遏制。积极开展创建“平安祠堂圩”活动，17个村新安装电子监控设备17台（套），运行良好，街面监控能力进一步增强。专项打击“两抢一盗”，严厉整治“六合彩”赌博活动，集中整治学校周边环境，杜绝“全能神”等邪教事件发生。安全生产常抓不懈，坚持“安全第一、预防为主、综合治理”的方针，牢固树立“发展是第一要务，安全是第一责任”的意识，严格贯彻落实领导干部安全生产“一岗双责”，建立健全安全生产各项制度。加强对辖区学校、水库坝塘、道路交通、易燃易爆物品等各行业、各领域的安全监管。按照县委统一部署，重点加大对烟花炮竹行业的整治，新舜炮竹厂率先退出并转型，烟花炮竹零售点布局全面完成。镇区全年未出现较大以上安全事故，有效地维护辖区的稳定和发展。经省人民政府审核，被确定为“2016年度省安全生产示范镇”。

## 楠市镇

【概况】　2016年，楠市镇辖镇东（社区）1个居委会、镇西（社区）、朱家、竹岭、元竹、梁家、上下村、下洞、大元井、正市（社区）、塘泉、芹菜、朋佳、福兴、环连、甘溪、熊家、兰后17个行政村，92个自然村，260个村民小组。总面积89平方千米，耕地面积21133亩，水田面积17256亩，旱土面积3883亩，山林面积8.16万亩，总人口3.45万。实现农业总产值的8078万元，工业总产值12141万元。全镇在岗职工年平均工资18750元，农民人均纯收入4883元。

【党建工作】　2016年，楠市镇党委按照“建一流队伍，创一流业绩，树一流形象”的目标，着力强化干部队伍建设，积极探索新形势下干部队伍建设的新路子，取得明显成效。通过制定分工明确的岗位责任制，详尽的干部考评细则，严格的工作纪律等系列制度规范管理，提振精气神、提升执行力、提高满意度。主动推行“5+2”“白加黑”工作模式，真正以干部的辛苦指数换取群众的幸福指数，有力推进各项工作的开展。落实支部书记轮训制度和月例会制度，培训相关党建业务知识，增强支部书记党性和业务水平。同时组织村干部外出培训和参观学习，看到差距、开阔视野、找准奋斗努力的目标。落实“三会一课”“四议、两公开”制度，推行村干部轮班坐班制，为民全程代办业务，累计为群众办理生育证、粮食直补存折、各类证明等业务1800余件，极大地方便群众办事。加强农村党员管理，对全镇所有党员进行分类量化考核，全面推行党员积分卡建设制度，依据积分卡积分并综合民主评议共表彰126名优秀党员，约谈16名表现差的党员。

【基础设施建设】　2016年12月，楠市镇唐家湾自然村水泥路完工，楠市镇所有的自然村实现水泥路硬化，群众出行更加方便快捷；甘溪村红卫水库左干渠维修800多米，熊家村环村水泥路拉通，石泉村路灯建设等共完成“一事一议”项目8个；积极向县网改办申报争取希政村、上下村、子荣村、正市村、朋佳村、田心村、石泉村等村电网改造项目和楠正主线路改造工程。拓宽正市至蓝后的主线路，梁家村、朱家村、芹菜村、盘石村等村的通村主线路；上下村、芹菜村、熊家村、朋佳村、福兴村等村的“便民招呼站”完成施工。

【小城镇建设】　2016年，楠市镇被列为全国小城镇建设重点镇。镇党委、镇政府紧紧围绕“工业强镇、商贸活镇、产业兴镇、和谐建镇”这一发展思路，聘请专业设计公司对镇区发展规划及周边给排水进行详细的规划设计，并按规划狠抓城镇建设。正市市场新建基本完工，楠市镇集贸市场改造正在加快施工，水厂建成已投入使用，垃圾焚烧炉已建成使用，垃圾转运站已完成选址，群众生产生活更加方便。

【美丽乡村建设】 2016年，楠市镇以美丽乡村建设为抓手，投入180万元重点打造高速公路沿线村庄美丽乡村建设，对砠下、子荣、希政3个村实施立面改造，突出镇容镇貌整治重点，拆除占道经营摊点70处，拆除违章建筑26栋，完成镇区道路引导线2千米，安装道路防护栏1千米、监控摄像头42个，镇区主干道乱停乱摆现象得到有效改善。对小康建设示范村上下村，共投入500多万元，完成占地面积4000平方米休闲广场、2千米水泥路、2千米水渠、300平方米老年活动中心建设，新装路灯60盏，完成绿化面积2000平方米；子荣村、希政村美丽村庄建设房屋立面改造完成3000平方米；2016年新建公厕10座。

【产业结构调整】 2016年，楠市镇按照“一村一品、一乡一品”的发展思路推进，产业结构进一步优化，经济综合实力跃上新台阶。通过完善土地流转机制，突出流转抓农业，扎实推进产业兴镇。完成土地流转面积6800余亩，成功引进投入1.2亿元的温氏集团蓝山第一个基地动工建设，并成立了亿发、正鑫花生种植等4家种养殖合作社。特别是成功引进蓝山县松楠林化有限公司，该公司是一家年产松脂5000吨的加工企业，总投资3000万元，将带动楠市及周边乡镇荒山造林6万余亩。以新顺农牧为代表的农业产业发展来势很好，在该公司的辐射带动下，新增土地流转面积1500亩，新增葛根种植基地200亩，新造油茶600亩，新种葡萄300亩，新造茶叶200亩，农业产业化建设步伐加快。立足“一村一品”，做大做强地大实业和新顺实业两家省级农业产业化龙头企业，全面启动楠市镇农业产业化建设，发展油茶、葛根、绿色无公害蔬菜等新兴产业基地6000亩以上。

【维稳工作】 2016年，楠市镇对信访老户问题，逐个调阅案卷、分析案情、认真耐心听取信访人的诉求，从而对每个信访案件有基本的看法；然后，在通过召开案情分析会和信访老户家属亲友座谈会后，按照“有理有序信访、畅通渠道接访、客观公正处访、严格依法治访”的思路，对信访错案进行纠错赔偿、对困难信访老户进行合情合理地帮扶，对违法信访老户进行依法打击，全镇信访形势逐渐得到好转。针对楠市镇宗族观念强，民风彪悍，经常因一些小事引发群体性宗族械斗问题，镇党委、镇政府用发展来统一思想认识，分别召开村组干部、党员、本村在外工作人员和村内知名人士四个层次座谈会，层层统一思想，激发创业干事热情；遴选出一批懂法律、公道正派、有威望、有工作激情的离任村干部、老党员、两代表一委员，成立群众服务中心，负责矛盾纠纷的排查、调解化解、法律法规宣传、便民服务等工作；利用逢圩日到圩坪集中宣传，利用村村响广播宣传法律政策，安排派出所和群众服务中心人员进村开展案例分析和现身说法活动，让法制意识深入人心，有效破解宗族械斗问题。对刑事犯罪行为，发挥派出所主力军作用，坚决予以打击，维护群众生命财产安全，保障社会稳定。该治安拘留的治安拘留，该刑事拘留的刑事拘留绝不手软，2016年楠市镇治安拘留25人，刑事拘留10人，有效震慑犯罪分子的嚣张气焰。

【社会事业】 2016年，楠市镇坚持科技兴镇，教育硬件逐年改善，完成合格学校建设3所。师资力量进一步充实，先后调入特岗教师30多名。教育水平明显提高，升学率大幅度提升。同时为进一步改善教师住宿条件使教师安心教学，正市学区周转房已投入使用，楠市中学周转房已完工，等待验收。医疗卫生条件得到改善，镇卫生院的硬件设施和医疗水平全面提升，修建新的门诊大楼，在全县率先建立规范的中医馆，引进中心供氧先进设备。同时为改善医生住宿条件投入100多万元启动修建24套职工公租房。坚持专款专用、公开、公正、公平的原则，对身患重大疾病、重度残疾等群体做到应保尽保。切实保障困难群众基本生活，有32名五保老人入住镇敬老院。将全镇低于2300元/年扶贫标准的农村扶贫对象，共计463户2022人建立电子档案，实现网络化管理和资源共享。全年通过产业扶持、技术培训、结对帮扶已脱贫124户、526人。

## 土　市　镇

**【概况】**　2016年，土市镇以推动土市社会经济持续发展为目标，以基层组织建设为主线，以城乡一体化建设为抓手，切实维护社会秩序长治久安，切实保障民本民生协调发展，立足新起点，谋划新发展。完成村庄合并任务，成功将41个村合并为20个行政村。完成党委、人大、政府换届工作。坚持发挥党员示范作用，新村“红色文化教育基地”完成投资360万元，红色文化旅游初具雏形。基础设施建设投资1100余万元。

**【党风廉政建设】**　2016年，土市镇党委把党建工作与中心工作同部署、同安排、同考核，主持召开4次党委会对党建工作重大问题进行研究和调度，组织镇党委中心组学习12次，开展专题讨论4次，召开支部书记培训会4次，给支部书记上党课2次，和41名村支部书记、15名干部职工开展了谈心谈话。坚持问题导向，对长期不在岗的1名村委主任、2名村妇联进行停薪停职，罢免村支部书记1名；开展“雁过拔毛”式腐败问题专项整治。认真执行“三会一课”、“四议两公开”和“双述双评”等制度，共处置不合格党员3名，

成立了党风廉政建设领导小组，形成“一把手”负总责、一级抓一级、层层抓落实的良好工作格局。认真落实“四个亲自”和党政领导班子“一岗双责”。给每一个党政领导、每一个候选人和所有村干部进行谈话，每个党政领导向县委、每个村向镇党委、每个候选人向县委组织部党委递交《换届选举工作责任状》，确保换届选举风清气正。带头自觉遵守“三个不直接分管”和“末位表态”等制度，坚持“四重一大”事项集体研究。积极受理各类信访，共接待来访群众120余人次，受理各类信访件15件，其中省委巡视组交办8件，县纪委交办5件，转办件3件，全年办结信访件12件。严查违法违纪案件。共查处违法违纪案件9起，立案9起，处分党员干部10人，查处违纪金36477元，返回农民惠民资金16800元

**【精准扶贫】**　2016年，土市镇有省级贫困村2处，建档立卡贫困户480户、1885人。全年，在新安村发展烤烟特色产业种植300亩，安排贫困户劳动力15人。积极实施金融扶贫富民工程，发放小额扶贫信贷资金48户，240万元。启动新安村易地扶贫搬迁集中安置工程，规划安置易地扶贫搬迁30户，144人，整村同步搬迁29户136人。2016年完成易地搬迁11户44人，整村同步搬迁5户28人。完善新安村基础设施，硬化通组公路2.7千米，安装自来水到户14户，安装路灯60盏，硬化篮球场1150平方米。同时做好面上村的脱贫攻坚工作，通过实施易地扶贫搬迁、危房改造、小额扶贫信贷、发展产业、雨露助学、医疗救助、低保兜底保障等措施，全年完成脱贫172户、708人的减贫任务。

**【安全生产】**　2016年，土市镇广泛宣传教育、营造氛围。

共悬挂120余条宣传横幅，大型安全生产宣传喷绘2个、路灯宣传版面200幅、张贴宣传标语200余条，印发安全生产宣传资料9000多份，书写固定性标语及警示标志共20余幅。按照“一岗双责”的规定定期进行安全生产检查，做到安全生产检查有记录，事故报告及处理有记录。建立隐患排查与整治登记台账、重大危险源监控记录台账等。联合公安、安监进行专项整治，共取缔零售店2家，取缔非法加油站2家，非法液化气站3家，非法造纸厂3家。与交警及运管部门联合开展农用车非法载客整治3次，查处非法车辆8辆。

【维稳工作】 2016年，土市镇全年共接待来信来访80余人次，有效化解各种信访事件35件，完成上级交办的信访案件共12件，实现全赴省进京非正常信访案与同期相比有所减少。引导群众依法逐级上访及网上信访，按时按质完成网上办理信访案件。共调处各类矛盾纠纷89起，其中历史遗留问题3起，边界纠纷2起，处置宗族串姓联祖1起。6起历史遗留问题保持持续稳定。

【经济社会发展】 2016年，土市镇完成烟叶收购2.3万余担，发展野天鹅等特色养殖户3家，洞头、道福、洪观3个村美丽乡村立面改造全面完成任务，建设公厕28座，农村改厕344座，完成危房改造86户，完成路灯亮化370余盏，完成村级道路加宽2400米，完成村道硬化2200米。新村红色文化旅游基地完成投资270余万元。上泉洞综合大楼正在施工当中，土市镇公租房主体已经完工，土市市场建设主体完工。

## 毛 俊 镇

【概况】 2016年，毛俊镇在紧紧围绕“打赢全面脱贫攻坚战，全面建成小康社会”的目标，按照“生态活镇、产业富镇、项目兴镇、脱贫强镇”的工作思路，按照年初的工作部署，进一步统一思想，转变工作作风，大力抓好农村经济发展，进一步加快农村基础设施建设步伐，推进基层组织政治建设，全镇经济发展和社会事业上一个新的台阶。2016年毛俊镇被评为“全省安全生产示范乡镇”“省级金融安全示范区”和“全市品质活力示范乡镇”，毛俊村被评为“全省社区管理先进村”，西海村被评为“全省计划生育村民自治示范村”。

【精准扶贫】 2016年，毛俊镇对全镇500余户扶贫户进行结对帮扶，其中县级帮扶工作队10个，县乡村帮扶队员达100余人。发放扶贫小额贷款1185万元。易地扶贫搬迁3户，目前已经县验收并入住。为贫困村申请争取项目资金120余万元。

【涉农项目建设】 2016年，毛俊镇加大水利设施建设力度，积极争取小农水项目和资金，扩大农田保灌面积，切实提高灌溉实效。大力实施农村人畜饮水安全工程，切实解决好寺湾、禾坪等村的人畜饮水困难问题。加强“一事一议”项目建设。完成涉及18个村的高标准农田改造项目。进一步加大森林保护力度，巩固退耕还林成果，确保森林覆盖率逐年上升。

【抓好乡村旅游】 2016年，毛俊镇将毛俊村辖区内特别是通道两边的47栋房屋采取以奖代补的形式进行立面改造，提升集镇的品味，为乡村旅游提供好的硬件环境。全力打造“湘江源旅游篇——毛俊镇风情小镇”，重点打造百家姓广场、祖先广场、捕鱼滩建设、俊水河西岸和福寿路（西）绿化、公厕建设等项目。投入65万元聘请浙江景然山地环境艺术有限公司编制《毛俊旅游小镇规划》（以下简称《规划》）。根据省、市评审专家组的意见和建议，正在对《规划》进行修改完善，争取在2017年2月顺利通过评审。着力将毛俊村打造成“乡村观光游览+民俗文化体验”的乡镇旅游产品。

【环境卫生整治】　2016年，毛俊镇把农村环境卫生整治工作作为一件民心大事来抓，在资金相当紧张的情况下，为切实抓好农村生活垃圾治理工作，投资8余万元购置垃圾桶、垃圾箱1000余个。并组织多次存量垃圾清理活动，总共清理存量垃圾和生活垃圾2000余立方米。建立环卫队伍，并形成卫生保洁长效机制，村收集、镇处理的模式已经建立，通过三级处理模式，全镇垃圾收集实施全覆盖。镇清洁领导小组组织相关人员对全镇各村卫生状况进行督查巡查，每周不定时巡查一次，对巡查过程中发现垃圾乱堆、乱倒的现象限期整改。对于在环境整治中出现的先进村，镇政府以以奖代补的形式给予资金支持。

【农业产业化】　2016年，毛俊镇坚持农业稳镇、富民发展战略，保持粮食生产稳定增长的同时，着力加快特色产业的发展，涌现一大批专业合作社，如毛俊香芋合作社、蓝山联农牲畜养殖专业合作社、俊顺源葡萄专业合作社等，全镇农业走向专业化、合作化的发展之路。通过土地流转，种植香芋4600余亩、葡萄280亩、紫茄330亩、推广水稻制种360亩、大白苦瓜制种300亩、良种无花果220余亩，逐步打造成以生态观光和休闲农业为主的绿色产业基地。同时，利用毛俊香芋合作社的销售网络，推广“合作社+基地+农户”的种植模式，以“供港蔬菜”基地建设为契机，推动全镇果蔬农产品打入大珠三角市场。

【发展工业】　2016年，毛俊镇有以竹木加工为主的各类企业50余家，其中湘蓝竹木制品厂被评为“湖南省龙头企业”。依托井头矿区招商引资，吸引县龙泉矿业有限公司落户，现已基本建成。同时，毛俊市场聚集各类店铺达130余家，形成了门类齐全的镇域商业中心。

【推进民生事业】　2016年，毛俊镇党委、镇政府坚持把保障和改善民生作为政府工作的着力点和落脚点，扎扎实实为群众办实事、做好事，以实际行动造福于民，社会各项事业得到全面发展。“两免一补”工作得到认真落实，辍学率得到有效控制、并逐年下降，教育教学质量不断提高。毛俊卫生院、尚屏卫生院和村级卫生室医疗服务条件大大改善；农村合作医疗制度进一步完善，农村新型合作医疗参合率达98%以上，解决群众看病难的问题。按照“三加强、村为主、组配合、户落实”的方针，完善村级计生协会机构和功能，计生工作由“行政命令型”转变为“服务型”。落实上级规定的计生优惠政策，独生子女死亡伤残家庭扶助金和奖励扶助政策资金发放到位率达100%。群众的生育观念不断转变，人口自然增长率控制在7‰以内。

【毛俊水库项目建设】　2016年，毛俊水库项目工程完成地勘、可行性研究、风险评估、实物指标调查等等一系列工作，11月23日举行工程建设启动仪式，工程项目进入实质性建设阶段。

【品质活力示范乡镇项目】　2016年，毛俊镇完成《毛俊镇城镇总体规划（2013—2030）》编制工作，编制《省际边界县供港蔬菜基地镇建设可行性研究报告》《毛俊镇小城镇建设实施方案》《镇区污水处理项目可行性研究报告》，明确毛俊镇城镇建设总体方向、主导产业、用地规划、基础设施建设规划。“十个一”建设工作推进有力，即以香芋为主的蔬菜产业已经形成、自来水厂建成并已升级扩容、垃圾处理成功有效、镇区环境卫生干净整洁、大力建设污水处理设施和铺设雨污管网、形成较完善的教育卫生系统、已建成较为健全的社会化服务体系、市民休闲有好去处、标准化农贸市场已经建设好，百姓路、俊峰路、俊水南街三条样板街已经成型、宜居小区正在规划建设中。

【创建省安全生产示范乡镇】 2016年12月，毛俊镇通过省安全生产验收，成功创建省安全生产示范乡镇。

## 太平圩镇

【概况】 2016年，太平圩镇紧紧围绕“转作风、促政风、带民风，兴产业、促发展、保稳定”的工作思路，与广大干部群众一起，群策群力，各项工作取得较好的成绩。党委、人大、政府换届以及合村工作圆满完成。土地确权登记工作全面完成，新增流转土地4650亩。及时调解矛盾纠纷，信访由上访向下访转变，全镇共受理矛盾纠纷50起，成功调解50起，调解率100%；开门接访150余人次，下访220余人次。党建工作在县年终调查中排名第一，计划生育获县先进，综治工作获市先进，信访获市基层基础强化年先进单位，烤烟生产工作获市先进，环境卫生获市“卫生乡镇”称号，大洞村申报省级卫生村，太平圩镇、大洞村、梅溪村分别申报永州市小康社会先进单位。

【经济发展】 2016年，太平圩镇通过招商引商，加强财源培植，利鑫陶粒厂、万宇新型建材有限公司、鑫兴建筑材料有限公司分别落户永桥、沿山、石礅，佛山弛援五金有限公司开发建设楼下村青年创业工业园初步达成投资意向。新增养猪场14家，新增企业4家，新增税收60万元。引进湘商集团开发铁锰矿，与太平、薛家、立木叉等村签订租地协议进行试采。永桥、大洞铸造完成技术升级。烤烟产业得到巩固，全年完成10360担收购任务。观洞、永桥、小佳田、大洞积极发展油茶、柚子、黄花梨、葡萄等种植，既壮大村集体经济，又增加农民收入。电子商务蓬勃发展，薛家村薛攀的网店在淘宝实现年销售额7000多万元。

【基础设施建设】 2016年，太平圩镇有效推进机关大院建设、公租房建设、梅溪村亮化绿化项目、坪山—太平路面拓宽、里田—桐木林路网建设。投入50万元改善14个村“两工作委”办公条件，投入20万元，实现监控设备全覆盖，网格化管理体制机制建设得到县主管部门推介，并被推荐为市先进单位。投入500余万元为观洞村、桐木林村美丽乡村建设安装路灯、道路硬化、卫生整治、环境绿化；投入300万元的十村联片项目整体推进。烟基配套农田综合改造项目完成前期规划设计。大洞村完成乡村旅游详细规划，并投入1000余万元加强大洞旅游基础设施建设。

【民生事业】 2016年，太平圩镇完成危房改造116户，落实帮扶资金123.9万元，精准脱贫271人，发放小额贷款700万元，完成新农保征缴126.73万元，新农合280余万元，发放低保“五保”、优抚、残疾补助、老年补助170余万元。新增造林面积6500余亩。投入资金50余万元为各村购买垃圾车、垃圾筒，农村环境卫生整治覆盖率达到100%。

【“雁过拔毛”专项整治】 2016年，太平圩镇在“雁过拔毛”专项整治中，依法查处李某挪用惠民补贴款，为村民追回损失15余万元，并建立完善政务信息平台，推进村务公开，从制度上保障群众对惠农补贴资金发放的知情权、参与权、监督权。中央电视台综合频道作为反腐败机制改革的典型进行专题报道。

【推行“四评一考”工作机制】 2016年，太平圩镇推行“四评一考”工作机制，即个人自评、镇村干部互评、分管领导专评、主要领导点评、办公室考勤，大力提高镇村干部执行力。通过联村领导逢“5”

进村“出诊”，周一镇村干部村活动中心“坐诊”，周四晚党政班子例会“会诊”等措施的落实，努力推动镇村干部由“走读生”向“住村生”、由“狗不理干部”向“狗不叫干部”转变。从严管理党员队伍，深入开展“两学一做”活动，在流动党员中开展“九个一”活动，即：一次会议、一份承诺、一次汇报、一份总结、一次活动、一次党课、联系一名困难党员群众、办一件好事实事、一次民主评议。在镇村干部和党员的努力下，全年调解各类矛盾纠纷300余起，帮助群众解决生产生活难题500多件，参与义务大扫除500余人次，带头拆除旱厕50余座，拆除违章建筑5栋、处置“双违”企业2家。

## 新　圩　镇

【概况】　2016年，新圩镇、早禾办事处、田心办事处合并为新圩镇，辖龙家坊、上清涵、尧仁、板屋、厚冲、石虎、蓝东、大树、水源、彭家、邹家、杨家坊、大塘、毛江、和源、联合、上坪山、株木水、田心铺、南湾、同乐、甘竹山、和美24个行政村，居委会1个，共村民小组425个。全镇总面积141.9平方公里，耕地3752.3公顷，林地9594公顷，10779户，50941人。2016年，新圩镇完成国民生产总值6.97亿元，增长7.60%，占全县国民生产总值7.08%，农民人均可支配收入12451元，增长12.2%。

【优势产业】　烟叶生产是新圩镇传统优势产业。2016年，新圩镇种植烤烟13099亩，收购烟叶2345吨，完成烟叶特产税1082万元。镇内建有上清涵、彭家、傅家村烤烟房群及育苗工场，烟叶合作社3家，促进烟叶生产稳定发展。

【企业改制】　自1978年，新圩镇民营企业比较兴旺，主要以木材加工、炼铁、烟花制作业、石材加工、铁锰矿开采业为主，鼎盛时期产值占全县民营经济总产值半壁江山。其中烟花爆竹生产是该镇骨干企业。2015年，镇内有顺发、信合、富达、尧仁等烟花爆竹企业30多家，年产值百万元以上的有13家，且形成产、供、销一条龙产业链，产品远销全国，甚至进入东南亚市场。2016年，该镇按照县委、县政府的工作部署，有序引导烟花爆竹行业退出市场，是年，基本实现烟花制作业整体退出，并完成部分企业改行转型，新建陶粒厂2家、塑料颗粒厂1家、木材加工业数家，民营经济产值占全县民营经济总值40%以上。

【生态农业】　2016年，新圩镇全年粮食作物播种面积3938公顷，总产量14494吨，传统农业得到持续发展，粮食产量有保障，粮食生产扶持政策全面落实。新圩辣椒、新圩黑糊酒、新圩油茶等特色农产品产业链已经形成。南湾村千亩茶油种植基地工程建设过半，占地400亩的龙家坊柚子基地建设有序推进。双何枣、滨溪杨梅远销市内外。新圩镇咀里村的鑫鼎圆鹅业发展有限公司养鹅产业占地300亩，投资30余万元。以“公司+农户”的养猪专业户也逐步增多，温氏集团种猪养殖场建设项目正式启动。

【环境卫生整治】　2016年，新圩镇把农村环境卫生整治工作作为一件民心大事来抓，镇农贸市场升级改造工程基本完成，新建镇垃圾中转站1个，树立卫生宣传栏10处，城区“脏乱差”得到有效治理。完善上清涵、滨溪、岸山村乡村规划，打造生态休闲、旅游观光名村已显雏形。推行“园林进村、景观入户”工程，辖内镇主道、村主道、村民房前屋后均种植树木进行绿化。加强水源保护区的生态建设，依法关停数家洗矿企业，确保新圩境内水质安全。该镇与24个行政村签订环境卫生治理责任状，实行奖惩机制，强力推进乡村环境卫生整治工作力度。各行政村均聘卫生保洁员2—3

名，加强对村道、河道日常卫生保洁，改造45个村级垃圾集中点，鼓励支持村民改水改厕，防止生活污水、生活垃圾污染河道，村容村貌、河道治理任务取得初步胜利。

【美丽乡村建设】 2016年，新圩镇采取“一事一议”的方式和新农村建设奖补措施，着力推进美丽乡村建设。南湾村投入82万元进行基础设施改造，傅家村投入50多万元，安装30余盏路灯，新建灯光球及文化石廊。岸山村依托自然生态资源（上千亩原始次森林，大量珍稀古木）、滨溪村挖掘古村落文化优势（明、清古建筑群，独特的自然景观，千余年江南古代文明痕迹），大力打造特色旅游名村。是年，节假日慕名而来游客日多，农家乐、土特色销售风生水起。2016年，上清涵村投入上百万元对村容村貌进行美化、亮化、绿色，新农村建设又上一台阶，是年被评为全省新农村和美丽乡村建设示范村。

【计划生育】 2016年，新圩镇面对严峻的计划生育工作形势，不断加强计划生育综合管理，提供优质计划生育服务，稳定低生育水平，提高人口素质。人口出生率控制在13‰以下，符合政策生育率85%以上，农村计生家庭奖扶资金发放率100%。

【综合治理】 2016年，新圩镇狠抓社会治安综合治理责任书的落实，与各村委会签订片区责任书并形成一种制度；全面排查掌握严重精神障碍患者底数情况，做好诊断评估、救治救助、分类管理和信息交换工作；广泛开展普法教育，增强广大农民群众的法律意识和法制观念，造就文明法治的社会环境，维护社会稳定。

【扶贫工作】 2016年，新圩镇建立精准扶贫工作机制，完善干部驻村帮扶制度，脱贫攻坚工作取得实效。全年共发放小额扶贫信用贷款286户1412万元，农村危房改造41户，发放补助资金92.2万元，易地扶贫搬迁集中安置9户49人。贫困村杨家坊村基础设施改造完工，产业扶贫项目落地，因户施策帮扶作用明显，2017年该村有望实现整体脱贫摘帽。

【基层组织建设】 2016年，新圩镇完成合村工作，原45个行政村合成24个行政村。为物色好合村后村支“两委”（村党支部委员会、村民委员会）人选，该镇9—12月由镇领导班子成员带队，深入各村组，广泛征集群众意见，选定好候选人，做实换届前期工作。该镇坚持“两委”例会制度，镇包村干部每月都组织联系村召开一次例会，认真梳理上个月工作，安排部署本月工作。严格落实村干部坐班带班制度，基本实现问题发现在初始，解决在基层。镇、村两级党组织每月开展1次形式多样的“亮身份践承诺比奉献”活动，党员示范带动作用得到提升。该镇制定党员教育培训工作计划，开展冬春训活动，全年开展分类教育2期180余人次。是年，转正党员24名，接收预备党员23名。2016年，新圩镇深入开展党风廉政建设和反腐败工作，重点查处党员干部违纪违法行为，立案2起3人，免职2人，严重警告处分1人。建立健全党内关怀长效机制，广泛开展党内帮扶活动，全年共发放帮扶资金20余万元。

## 所 城 镇

【概况】 2016年，所城镇GDP达2.08亿元，同比增长5.2%；人均纯收入8925元，同比增长7.5%。

【强化党建】 2016年，所城镇对照中共蓝山县委党建工作要求，研究出台所城镇2016年党建工作手册，落实党委书记“第一责任”，专职副书记、组织委员“具体责任”，其他班子成员、驻村干部“基本责任”，党支部书记“直接责任”，把“软任务”变成“硬指标”，责任到人。建立健全党委定期研究基层党建工作和班子成员党建联系点制度，做到定期研究、定期检查、定期解决难题，并按照细化、量化、可操作的要求，建立镇党建工作考核指标和考核制度。结合“两学一做”学习教育的开展，全面推进以联云、长铺、军屯村为示范点的16个村级活动场所的规范化布置工作，全镇党员积分制管理全面落实。启动全镇16个村财务审计工作。切实加强党员教育管理，2016年新发展的5名党员程序资料审查全部过关．进一步推进不合格党员评议工作。高良头村软弱涣散村级党组织整顿工作成效明显。围绕2015年党建述职工作存在的问题，制定所城镇履行基层党建工作责任存在问题整改方案，逐条进行自检自查，特别是针对发展党员程序不严、资料不齐等问题进行全面整改。

【基础建设】　2016年，所城镇省际边界口子镇建设项目包括：湘江源农贸市场建设、出省通道建设、客物流中转中心建设、城镇基础设施建设、特色产业基地建设、旅游服务平台建设、长铺工业园区“五通一平”建设七大项。2016年，所城镇启动湘江源农贸市场建设和公租房建设2个项目。公租房小区计划投入500万元，已投入近280万元，其中一号楼正在建设第三层主体框架，二号楼正进行第四层主体框架建设。湘江源农贸市场建设于2016年9月动工，计划投入1000万元，截至2016年年底，已投入250万元，其中一座已完工，另一座完成主体结构，正逐步进行后期及附属工程建设。客物流中转中心建设、出省通道建设、特色产业基地建设、旅游服务平台建设、长铺工业园区“五通一平”建设的前期工作进展顺利。对照全面建成小康社会的指标要求进行层层分解，责任到人，确保如期完成。2016年，农业专业合作组织增加到10个，乡镇500万元建设项目新增到8个，规模企业绿野生态农业科技开发有限公司入统申报完成。奖补资金200万元的省级“一事一议”长铺村美丽乡村建设项目已完成。县级“一事一议”奖补项目涉及7个村，已全部完成并通过上级验收，各村的道路、水渠、水坝、饮用水设施得到明显改善。东山村村道硬化已完工，幼江至团圆的连村公路已经完成硬化，坪源村至永连公路的通村公路加宽已完工，山田至所城的乡村公路加宽加固已完工，标志着所城境内能通公路的各村全部实现互通，极大地方便群众出行。

【扶贫攻坚】　2016年，所城镇主要领导牵头协调推进东山、黄泥铺、上尾菜、峡源、大河边、坪源6个村的扶贫攻坚工作，制定完善3年扶贫攻坚的精准规划、精准扶贫到户的产业规划，扶贫工作队常驻村开展工作，入户调查扶贫户，减少不合标准40多户，积极开展“一进二访”工作。2016年实施的道路修建、水渠修复、村级卫生室建设等均已完工投入使用。

【环境治理】　2016年，所城镇在2015年实施农村环境卫生环境治理4个试点村的基础上，新增6个村，基本上实现了全覆盖，均按“六有”（垃圾有出路、投入有保障、清洁有队伍、收集有设备、考核有制度、宣教有成效）的要求抓落实。探索和加强长效机制建设，把农村环境卫生治理纳入村规民约，各村相应制定卫生制度、门前三包制度、保洁员工作制度、保洁费收取制度，初步形成可循环的治理长效机制。切实加大非法开采、挖沙、洗矿的打击力度，生态环境得到有效保护。紧扣创森工作要求，大力宣传，制作固定宣传牌10处，书写墙面标语30幅，悬挂横幅8条。在舜水河良村段高紫良河高良头村段，团园河团园村两岸种植柳树6000余株，永连公路沿线、猫大线、猫紫线沿途种植樟树700株，村道交叉口种植杨树200株，建立义务植树基地，植树 1000 株，岩口村绿化村庄植树 500 株。突出以长铺、军屯等村为重点的新农村建设，其中长铺村永连公路旁的 8 户房屋立面改造共 5210 平方米已完成，岩口村环村公路全面完成，灾民新村绿化亮化工作基本完成。继续推进农村改厕工作，完成 41 座农村旱厕改建和新建 3 座农村公厕。

【管理创新】 2016 年，所城镇以争创省级安全生产示范乡镇为契机，全面强化“四大三基”（大宣传、大培训、大检查、大整治，基本建设、基础工作、基层创建），加强新安全法的学习宣传，组织学习 1 次，发放宣传资 500 余份，领导干部带队检查 40 次，确保不发生安全生产事故。坚决贯彻落实防汛抗旱各项措施，按照“强化组织领导、强化机制保障、强化值班值守、强化教育培训”的“四强化”要求切实做好防汛抗旱工作，确保人民群众生命财产安全，确保辖区内农田正常灌溉。认真落实不良贷款清收工作，收回本金 31.22 万元，利息 9.86 万元。

【综治信访】 2016 年，所城镇认真落实全县社会管理综合治理工作要求，切实维护全镇社会大局稳定。加大所城镇便民服务中心建设，方便群众办事。认真落实重点群体、重点人员“五包一”责任制，杜绝和减少赴省进京非正常上访，妥善处置青布村因石材开发进京上访事件，加大信访积案化解力度。

【调解矛盾纠纷】 2016 年，所城镇切实加强矛盾纠纷排查化解工作，成立专门的石材开发矛盾纠纷排查化解领导小组，全天候跟踪服务，重点化解因石材开发、电站禁区用电等矛盾纠纷。全年排查调处各类矛盾纠纷 45 余起，积极化解信访积案。搞好“两会”期间等特护期信访工作；全镇没有发生群体性事件。

【民生建设】 2016 年，所城镇全面落实计生各项工作部署，各项指标完成良好，切实加强基层基础工作，强化镇村计生队伍培训指导，突出抓好三次集中节育活动和计划生育迎检工作，签订承诺书 26 份，征收社会抚养费 52 万元。人口计生工作半年考核评估排蓝山县第二名，确保全年计生抽查顺利过关。狠抓社保农合，全面完成城乡居民养老保险发放工作，全镇发放 4014 人 52 万元。截至 2016 年 12 月 20 日，城乡居民养老保险缴费 106.8 万元，入库率 89.6%，居全县第七。切实做好民政危改工作，全面落实进一步完善农村低保应保尽保工作实施方案，全镇 16 个村已逐村开会安排部署，进行低保户评议，组织低保户年检。督促全镇 45 户危房改造重点帮扶对象的危改进度，确保按要求如期完成。

## 湘江源瑶族乡

【概况】 2016 年，湘江源瑶族乡围绕建设“生态特色旅游名乡”这一主线，以保障、改善和发展民生，实现全乡百姓脱贫致富奔小康为根本目的，以改革创新为动力，真抓实干，统筹做好改革发展稳定各项工作，全面开创湘江源乡工作新局面。

【党的建设】 2016 年，湘江源瑶族乡党委认真落实县委关于基层党组织建设工作各项要求，实行党委党建专题研究“月例会”制、支部书记“月例会”制，召开 9 次乡党委会研究党建工作，实行党委成员驻村包干制，讲党课、结穷亲、帮脱贫，在全乡建立“乡党委党建工作领导小组—乡党建站—基层党支部—支部党小组”的瑶乡党建工作格局。把“党建引领，创建生态特色旅游名乡、实现全乡瑶族百姓脱贫致富奔小康”作为本届党委的核心工作，把开展“两学一做”学习教育作为最大政治任务，开展“送党课下支部”、微信群学党课、专题讨论等活动，引导党员在学中做、做中学。按照县委制定的乡镇、支部党建考核细则，创建高源、坪源党建示范点，桐村软弱涣散党组织整顿成效明显，十项党建大排查实现问题大整改、效果大提升。坚决落实县委“十不准”换届纪律，落实“四凡四必”，对县乡党代表、人大代表、班子成员候选人推荐筑牢纪检、计生、政法等站所审核“防火墙”，实现零落选、零信访、零违纪、零失误，保证风清气正的政治生态。认真落实党风廉政建设党委主体责任和纪委监督责任。扎实开展专项整治活动，严格执行“十条禁令”，干部作风进一步风清气正。大力宣传党代会确定的“党建引领，创建生态特色旅游名乡、实现瑶族同胞脱贫致富奔小康”的发展蓝图和发展途径。全乡动员，积极创建县级文明乡镇，坪源、高源、竹林创县级文明村，开展十星文明户评选表彰活动，文明素养进一步提升。把民族团结作为统战工作的根本目标，把精准扶贫、促进全乡瑶胞脱贫致富奔小康作为民族团结的最重要抓手，会同市县扶贫后盾单位和工作队结合各村实际，因地制宜、因人施策，精准扶贫，实现竹林、坪源贫困村摘帽，59户281人脱贫。把瑶族文化的传承和保护作为民族团结的主要载体，积极鼓励和引导瑶族群众参加各种会演，争取少数民族特色村寨建设资金25万元。

**【经济产业结构调整】** 2016年，湘江源瑶族乡政府引导农民加快种植业调整，全乡发展黄姜种植245亩，在桐村扩建高山茶叶基地35亩，在高源建立外销蔬菜基地200亩、猕猴桃基地120亩。新造松、杉等经济林和速生丰产林1600余亩，争取楠竹低改项目1000余亩，联村、坪源村利用绿荫育苗专业合作社发展育苗规模达400亩以上，竹林村湘江源可视区域封山育林近1万亩，补偿资金10余万元。引导农民群众大力发展规模化、专业化和标准化养殖，全乡有坪源、联村的土鸡场、黑山羊养殖场、高源的养猪场。农业结构的调整，更加注重农业基础设施建设，坪源、高源、联村“五小水利”服务产业效果更好；更加注重农机推广，提高生产效率；注重农业标准化生产，猕猴桃基地、育苗基地、黑山羊养殖都引进现代农业发展理念，实现规模化、标准化生产；更加注重农产品质量安全，全力打造湘江源品牌。采取委托定向培训方式，共培训毛织技术、家电维修、电脑操作100余人次，并推荐就业，全乡外出务工人员达970人，产业结构的调整不仅带动经济发展，也为农民快速增收开辟新的渠道。

**【品质活力乡镇建设】** 2016年，湘江源瑶族乡党委、政府充分抓住“湘江源头”这个最好的发展名片优势，努力作为。乡党代会、乡人大会通过保护生态环境决议，重拳取缔山砂盗采盗挖，严格禁止乱砍乱伐和随意倾倒建筑垃圾等破坏生态环境行为；在荒山荒坡、公路沿线、村庄周围大面积造林种树，新造林1300亩，建设“绿色湘江源”，全乡森林覆盖率达到90%以上。品质活力示范乡镇建设围绕旅游做文章，以规划“温泉小镇”坪源村为核心，小镇规划已经完善，投入60万元拓宽村道、实施村内绿化、亮化；总投资300万元的游客接待中心已经完成场地硬化、绿化及建房基础；水、电、路、信都已达标，改厕工作彻底完成。坪源村、竹林村列入全国旅游扶贫重点村。争取蓝山湘江源旅游投资开发有限公司进驻坪源村，作全面旅游规划，开展征地补偿工作，着手建设旅游通道和观景便道，投入400万元，种植胸径10厘米以上日本极品樱花2000余株、美国红枫1800余株、营造高山杜鹃220余亩。扎根竹林村完成国家森林公园建设征地100余亩，森林公园栈道、生态厕所等保护性利用基础设施建设投入320余万元，进展顺利，竹林村投入40万元完成村内道路硬化、绿化美化建设。保护和传承瑶族特色文化，建设瑶乡新村，从民间收集瑶族风俗习惯、瑶歌曲谱，整理成册；积极鼓励和引导瑶族群众参加各种会演；各村整合项目资金，新建村级活动中心和综合文化站，打造瑶族文化展示和交流平台，提高群众开展瑶族文化活动的积极性。

【精准扶贫】　2016年，湘江源瑶族乡党委、政府将精准扶贫作为一号工程，进一步加强领导，夯实力量。5个村都明确扶贫后盾单位和扶贫工作队，坚持“因地制宜、分类指导、突出重点、注重实效”的原则，建立精准扶贫工作机制、健全干部驻村帮扶机制。做好小额扶贫信贷授信发放工作，贫困户评级授信210户，争取小额扶贫贷款750万元，可为150户贫困户每户年增收5000元；异地扶贫搬迁如期完成，坪源村赵鸡仔、高源邓友华2户已经完成建设搬迁入住，危房改造27户完成验收；积极探索旅游扶贫，把发展生态特色旅游作为乡瑶族同胞脱贫致富奔小康的核心路子，依托湘江源国家森林公园和湘江大峡谷景区开发带动老百姓发展旅游经济、林下经济，高源、竹林的猕猴桃种植，坪源、桐村、联村的黑山羊养殖，依托旅游发展的土地出租、基础设施建设务工、农家乐、土鸡养殖都帮助贫困户、村集体增加收入、脱贫致富。顺利实现坪源村、竹林村两个贫困村脱贫摘帽，59户、281人顺利脱贫。

【开通电信宽带】　2016年11月底，湘江源瑶族乡电信宽带正式开通，为发展电商奠定基础。支持本乡籍电商在外地发展，高源村廖文军创办电商企业年收入近100万元，本人也被推选为县政协委员。

【“平安湘江源”建设】　2016年11月底，湘江源瑶族乡党委、政府扎实开展市级安全生产示范乡镇创建活动，把食品药品安全、道路交通安全、森林防火、烟花爆竹经营整治作为安全生产工作的重点，实行安全生产“一岗双责”管理制度，食品药品安全特别注重对辖区内2个水厂的质量监测、农村红白喜事菜品安全、外来移动食品零售商的监管，全年没有发生安全生产事故和伤亡事件。推进“平安湘江源”建设，整合基层维护社会治安和社会稳定的资源和力量，建成湘江源综治维稳中心，在完成全乡实有人口、实有房屋、实有单位信息采集工作基础上，积极推动农村网格化建设，5个村都明确网格管理信息员、管理制度和考核办法。认真开展民调、法治蓝山、禁毒、打击传销、反邪教工作，辖区内没有发生群体性事件，实现全乡平安和谐。完善信访工作机制，加强矛盾纠纷化解，办结上级交办信访案件2起，化解民事纠纷，稳控竹林四、六组与荆竹林场山林权属纠纷等突出矛盾，基本实现小矛盾不出村、大矛盾不出乡，无到市赴省进京“非访”事件，无集体赴省、市上访行为，无重大民转刑案件。民生事业取得新进步。学校教育教学环境日趋改善。乡镇卫生院和村级卫生室医疗服务条件进一步改善，公共卫生服务实现全覆盖。新型农村合作医疗参合率达98%，农村合作医疗制度进一步完善，切实解决农民看病难和看病贵的问题。新农保参保率100%。对低保、五保、建档立卡贫困户救助扶持32万元，通过危房改造重点帮扶等为困难户解决住房26套。对水稻种植补贴、生态林补贴、农机购置补贴等逐项逐步逐期发放，农民负担连年减轻，惠农补贴额度、项目逐年增加。

【农村网格化建设】　2016年，湘江源瑶族乡政府组织专门人员对全乡实有人口、实有房屋、实有单位进行信息采集工作，健全“一标三实”（标准地址、实有人口、实有房屋、实有单位）基础信息库，为户籍制度改革工作提供基础资料，在5个村开展农村网格化建设，明确网格管理信息员、网格信息员管理制度和考核办法，积极有效的开展农村网格化建设。

【推进农村产权制度改革】 2016年，湘江源瑶族乡政府在全乡5个村，开展农村土地承包经营权确权登记工作，已完成摸底调查，定界和公示工作。按照财政部、农业部的安排，开展调整完善农业“三项补贴”政策试点工作，将原来的农资直补、粮食直补、良种补贴“三项补贴”合并为“农业支持保护补贴”。引导各专业合作社开展农社对接，积极发展专业大户和规模经营农户，全乡发展农民专业合作社3个，合作社成员200多人，发展种养大户6户。

## 汇源瑶族乡

【概况】 2016年，汇源瑶族乡辖5个行政村，42个村民小组，总人口3090人，总面积50.1平方千米。2016年度，在县委、县政府的正确领导下，汇源瑶族乡党委、政府以科学发展观为统领，认真贯彻中共十八届四中、五中、六中全会精神，以“实践科学发展，加快富民强乡”为目标，团结和带领广大党员干部群众，埋头苦干，开拓创新，坚定不移地实施项目强乡战略，积极推进产业化、城镇化进程，努力构筑经济繁荣、社会稳定的和谐社会，使全乡经济和社会各项事业继续保持持续、稳定、健康发展的良好势态。

【基础设施建设】 2016年，汇源瑶族乡加强基础设施建设，湘蓝村投资34万元对1千米道路实施硬化；大源村投资27万元对蓝家组道路护砌1千米；荆竹坪村投入150万元对3.4千米道路硬化正在施工中；湘源村文化广场一期工程已基本完工，投入资金近30万元；投入100万余元的乡卫生院建设工程已完工正待验收；湘源村村级卫生室建设准备实施。重视美丽乡村建设，春季投入4万余元用于购置桉树、樟树等树苗2000余株，栽种于岭汇（塔峰镇岭脚村至汇源）路两旁；宣传发动辖区居民开展植树造林200余亩。认真做好农村环境综合整治重点村整治工作，先后投入5万余元为湘蓝村、湘源村购置垃圾桶、垃圾箱，从源头上解决居民生活垃圾污染问题。

【精准扶贫】 2016年，汇源瑶族乡在2014年年底各村评议的基础上开展“一进二访”（进村入户、访困问需、访贫问计）活动，经审核公示和“四类清理”（贫困户家庭中有财政供养人员、个体工商户、经营企业户、有房有车户为四类人员），确定3年精准扶贫对象205户859人，并逐户建好档卡，发放扶贫手册。年初由县里安排，县委常委、常务副县长黄永英率安监局、地税局、人民银行联系帮扶湘蓝村；县人民政府副县长赵七秀携卫计委、妇幼和计生服务站、投资促进事务局联系帮扶荆竹坪村；县公安局政委秦学君携畜牧水产局、电力公司联系帮扶湘源村；县人武部副部长岳彩明携团县委、疾控中心、邮政银行联系帮扶大源村。县领导及扶贫工作队多次深入联系村，了解村情，为所联系的贫困户、贫困村发展出谋划策。计划易地扶贫搬迁户26户，101人，已有10户分散安置户正在施工中，因荆竹坪村集中安置点取消，相关的16户正在考虑其他最适合自己的安置方式。28户享受共计134万元小额扶贫贷款。全年脱贫71户284人。

【社会维稳】 2016年，汇源瑶族乡党委政府始终把政法综治工作放在全镇工作的突出位置来抓，严格落实市、县维稳工作精神，扎实研究安排部署信访维稳工作。党委书记、乡长与各村、各单位签订综治工作目标责任书，进一步落实条块结合、防控并举的工作责任。乡党委、政府及时排查处理矛盾纠纷，全力优先解决矛盾较尖锐、利益关联较复杂的纠纷。社会综合治理工作成效显著，社会治安良好，社会状态整体和谐稳定，未发生刑事案件和群体性事件。乡综治办成功处理案件多起，请县城南派出所参与案件调处2件。投入资金2万余元，为各村配置电脑、打印复印一体机及村级活动办公设施，进一步规范村级管理，确保社会大局稳定。

【民本民生工作】 2016年，汇源瑶族新农保收缴工作正在开展，提倡百姓自主缴费；严格把关审核危房改造申请14户，其中危房改造重点帮扶11户，一般性帮扶3户；开展特殊家庭、困难群体、“5·29”走访、“7·1”走访、“8·1”走访、“一进二访”等慰问活动，共计慰问200余人次，慰问金4万余元。

【基层组织建设】 2016年，汇源瑶族乡扎实开展“两学一做”实践活动。全乡5个村，7个基层党支部，132名党员全力投入学习实践活动，取得阶段性的学习效果。乡党委高度重视党建工作，每月定期召开全乡党建工作会议，层层签订党建工作目标责任状，出台《加强干部监督管理工作促进党风廉政建设的规定》，深入推进“135”（强化一个领导核心、建设三支队伍、建立五项机制）治理模式的贯彻落实，从源头上、制度上解决机构谁来协调、工作开展依靠谁、服务管理功能如何增强等问题，有效推动农村党建格局从“小共建”向“大覆盖”转变，农村管理体制从“条块分割”向“有机融合”转变，村级管理方式从管理型向服务型转变。

## 浆洞瑶族乡

【概况】 2016年3月，浆洞瑶族乡原下洞村、甲背岭村合并为甲背岭村；原史家村、水杉林村合并为水杉林村；原茶山村、大坪头村合并为茶源坪村，全乡由原来9个行政村合并为上洞、茶源坪、水杉林、甲背岭、枫木山、小洞6个行政村，共66个自然村，58个村民小组。全乡辖区面积78.3平方千米，耕地面积4585亩，水田面积3319亩，旱土面积1266亩，山林面积108000亩，总人口数5749人，其中瑶族人口2080人。2016年全乡居民人均可支配收入为6954元。是“湖南省安全示范乡镇”。

【农村产权制度改革】 2016年，浆洞瑶族乡完成土地确权工作；在乡土地流转办公室的牵头下，全乡共流转水田400亩，林地4450亩。

【环境保护】 2016年，浆洞瑶族乡有效开展环境污染治理，改善人口居住环境，大力实施美丽乡村建设，积极探索农村环境卫生治理新模式，各村聘请1名保洁员，建立起覆盖全乡的环境卫生治理体系。投入资金1000余万元对下洞至枫木山、大坪头16千米道路路面进行硬化。

【社会保障】 2016年，浆洞瑶族乡新农保全面完成任务。“五保”户和农村低保资金发放及时，各村按程序进行民主评议工作。全乡农村危房改造24户，其中重点帮扶8户均已新建完工。农村低保救助对象300人，“五保”供养对象14人，优抚对象10人，发放“五保”供养金4.1万元，临时救助金20万元。

【综治信访工作】 2016年，浆洞瑶族乡党委、政府高度重视社会管理综合治理工作，把加强和创新社会管理综合治理工作摆在重要议事日程，纳入全乡经济和社会发展总体规划。研究制定《乡社会管理综合治理工作要点》《乡社会管理综合治理村目标管理考核细则》等文件。年初，在全乡经济工作会议上，乡党委、政府与6个村签订社会管理综合治理目标管理责任状，并对上年综治工作中表现突出的3个先进村进行表彰。建立领导包片、联络干部包村，综治成员单位联系村，村两委干部包组、网格化格长包户多级化管理的工作格局。不断夯实信访工作“基层基础”，圆满完成创建无进京越级上访、无赴省大规模集体上访、无因信访问题引发的极端恶性事件和舆论负面炒作的“三无”的信访问题。全乡共排查各类不稳定因素和矛盾隐患20多件，其中成功调处解决10件；处理来信来访11件。

【建立干部考核机制】 2016年，浆洞瑶族乡按照“建设学习型机关，落实型干部队伍”的要求，针对班子平均年龄较轻的特点，建立和健全乡党委中心学习组制度，通过加强学习，增强班子成员的思想觉悟、政治素质、工作水平和领导能力。把思想作风建设当作头等大事来抓，要求班子成员深入基层调查研究，密切联系群众，积极为群众解决生产生活遇到的问题，实行领导党建联系点制度和领导联村责任制，要求班子成员“少在机关，多下村、多想问题，多解决问题”。没有扎实作风作保障，很多工作是很难取得好的成效的。纪委书记专职抓工作落实与作风督查，初步形成工作成效+作风督查+执行力科学的干部考核机制。分管领导获得县先进的，乡里奖励1000元每项；驻夜每月至少12天，少1天扣100元，缺会1次扣100元，不搞卫生每次扣50元，超假1天扣100元等；各项工作实行工作完成情况+执行力督查表，对执行力考核量化，更具可操作性。

【实行双向优化组合】 2016年，浆洞瑶族乡建立健全乡党委各项规章制度，严格执行民主集中制。制定村级目标管理考核办法，建立周例会制度、传帮带制度、交办制度等行之有效的考核制度办法，做到用制度管人、管事。全乡经双向优化组合，分成三组一室即计生组、政法组、农业组加办公室，有工作能力强的带组，每组六人，党政领导带队驻村，每村3人，形成强带弱，老带轻的传帮带格局。每组安排2000元每人的工作经费用于日常工作及考勤考核，凡组员两次无正当理由不服从组长安排的，组长可以有权解聘，乡里则纳入办公室做待岗1~2月处理，待岗期间不得享受乡里的任何工作待遇。如能及时认识错误并知道悔改，经带组领导同意方可重新进组。

【廉政建设】 2016年，浆洞瑶族乡党委通过自查自纠，全乡发现“雁过拔毛”式腐败问题线索8条。纠‘四风’、治陋习”专项整治工作发现违规违纪问题线索18条。收到上级交办件和群众来访信件5件，已办结5件。全力拓宽党员违纪案件线索来源，加大对违纪党员的处理力度，给予开除党籍处分1人，立案调查1人，诫勉谈话1人，批评教育1人。

【发展经济】 2016年，浆洞瑶族乡新成立蓝山县浆林生态养殖合作社，发展养猪大户4户。养殖生猪3000头；新成立蓝山县共享中药材种植专业合作社，种植药材200亩。小洞村饮水工程已完工并投入使用；首期投资3000万元的创想世纪蓝山水厂已投产生产并成功上市销售。

【精准扶贫】 2016年，浆洞瑶族乡以结对帮扶到村到户促和谐，全年实施易地搬迁共5户，脱贫人口325人，省级贫困村枫木山村实现整村脱贫。

## 犁头瑶族乡

【经济概况】 2016年，犁头瑶族乡生产总值4364万元，同比增长9.8%，农业产值1545万元，同比增长8%；劳务经济及第三产业3219万元，同期相比增长10%。财政总收入250万元，增长8.9%；农民人均纯收入5970元，增长5.6%；固定资产投资300万元，增长11%。

【结构调整】 2016年，犁头瑶族乡以竹木、粽子叶为主的种植产业面积扩大到1000亩以上；以养牛、特色竹鼠为主的养殖产业实现新的突破，成立毛利坪晴霞竹鼠合作社1家，犁头村、山背村家禽和肉牛养殖户各2家。

【乡村环境整治】 2016年，犁头瑶族乡努力打造美丽乡村建设，把农村环境卫生整治工作当作一件民心大事来抓。加大投入力度，继续推进垃圾分类工作，积极调动农户参与垃圾分类。投入10万多元，新建垃圾池2个，购置垃圾桶60个。对乡主干道及村道、河道沿线开展常态化垃圾清理，完成犁头、毛利坪等村庄的绿化亮化，制作宣传栏8块。

【基础设施建设】 2016年，犁头瑶族乡完成毛利坪村朝家源组8千米的通达公路建设，硬化新屋地村公路断层路92米。完成毛利坪村、山背村主道太阳能路灯建设工程。完成山背村水毁道路和河堤建设。完成犁头村一组通达公路水泥硬化500米。

【基层党建】 2016年，犁头瑶族乡深入开展党风廉政建设和反腐败工作。立案1件，给予1人开除党籍处分。积极开展“两学一做”学习教育，争做“四讲四有”合格党员；认真做好发展党员工作，全年共发展党员2名；每个村都具有6名后备干部，有效解决村委会换届“后继乏人”问题。严格落实“三会一课”和“四议两公开”等组织制度，乡党委每季度对各村进行检查，对不按要求落实或落实不力的，由乡纪委对相关责任人进行诫勉谈话。

【社会事业】 2016年，犁头瑶族乡劳动保障工作有序推进，全乡新增转移农村劳动力80人，完成年任务的110%。农村新农保缴费近10万元，940人。新农合工作扎实开展，有参合人数1383人，参合金额20.75万元。计生服务不断加强，发放宣传资料近1000余份，计生政策深入人心。被评为2016年度全市计划生育优秀乡镇。同时，推进科教文卫建设，成功创建省级文明乡镇。

【综合治理】 2016年，犁头瑶族乡悬挂综治普法标语16条，完善28个点的监控系统建设，充分发挥乡镇便民服务中心和村级群众工作服务站的作用。同时健全矛盾纠纷调处机制，全年共摸排矛盾纠纷隐患10件，调处矛盾纠纷10件，调处率100%。加大信访案件调处力度，全年共接待群众来访32余人次，解决信访积案1件。按照“驻村领导包片，驻村干部包村，村干部包组，组长党员包户”的机制开展民调工作，在永州市2016年的民调工作中排名第一。强化安全生产，坚持每月一次安全生产隐患大排查，对辖区道路交通等领域进行排查整治，全乡未发生一起重特大安全生产事故，继续保持永州市安全生产先进乡镇。

## 大桥瑶族乡

【概况】 2016年，大桥瑶族乡总面积136平方千米，耕地9684亩（其中水田8110亩，旱土1574亩），林地65325亩。全乡总人口9971人，其中瑶族人口4092人，从业人员2189人，其中，男性1363人，占13.67%；女性826人，占8.28%。原辖小目口、堡城、乔市、呈源、舜水、桂源、蓝江、大冲、沙子岭、源兴10个行政村。2016年5月沙子岭、源兴合并为湘源岭村，乔市和舜水合并为大桥村，呈源和大冲合并为大源村，合并村后全乡共有7个行政村，77个村民组。全乡年生产总值1200万元，年财政收入86.5万元。

【农业】 2016年，大桥瑶族乡大力推广新技术、新措施，不断调优农业产业结构。重点推广普及农作物测土配方施肥、蔬菜无公害栽培、特色种植业栽培、农作物重大病虫害综合防治等各项农业适用技术。全年种植香菇80亩，黄花菜200亩，生姜、香芋等农产品400亩。农作物耕地总面积8056亩，实现农业总产值160万元，同比增长100%。农民人均纯收入12014元。

【水产畜牧】 2016年，大桥瑶族乡生猪、肉牛、山羊、家禽养殖等迅速发展，初步形成山上种植，绿青山；山下养殖，建基地的格局。原沙子岭村湘江源园林养殖场合作社，年出栏牛100头。有2个上规模养猪专业大户。1个投资1000万的特种养殖场，主要养殖娃娃鱼、石蛙、剑猪、孔雀、野山鸡，产品销往全国各地。2016年，全乡畜牧业总产值600万元。其中生猪饲养量1000头，年末存栏600头，年末出栏400头。牛饲养量200头，年末存栏100头，年末出栏100头；羊饲养量100只，年末存栏20只，年末出栏80只。畜牧业总产值比上年增长50%。

【工业】 2016年，大桥瑶族乡始终把工业暨开放型经济摆在各项工作的首要位置，通过抓财源增长点建设和项目支撑，引进外资项目2个，股份制电站12个，兴办木材加工厂5个，食用菌生产合作社3个，引进投近亿元的“风能发电”，引进深圳生物科技有限工地特种养殖场，占地约10亩，注入资金800多万元。

【金融】 2016年，大桥瑶族乡金融机构有农村商行银行1家。全乡发放贷款400余万元，年末存款余额7000余万元。

【文教卫事业】 2016年，大桥瑶族乡有图书室10个、文化广播站1个，村级活动场所9个。组织有大桥村1支业余文艺队，喜庆日和重要活动日开展各种文艺活动。有乡镇卫生院1所，村级卫生室10个。全乡有9700人参加新型农村合作医疗，参合率98%。

【人民生活】 2016年，大桥瑶族乡农民人均纯收入12014元，人均有粮350公斤。九成农户建有楼房，每百户农户有摩托率70辆，电视机入户率为95%，其中彩电占95%以上，移动通信用户率90%，电信、移动网络入户率60%，邮政通村入户率90%。

## 荆竹瑶族乡

【概况】 荆竹瑶族乡地处县境西南，与江华瑶族自治县接壤。乡政府驻荆竹村，距县城62公里。全乡总面积181.7平方公里，占全县10.06%，辖8个行政村，35个村民小组，1118户，4461人，其中瑶族4014人，占90%，是全县人口密度最小的乡。有耕地面积2038亩，林地确权面积251790亩，森林覆盖率97.6%。境内群山连绵，峰高壑深，少有平地。最高山峰青山排海拔1586.6米。水资源丰富，有大小溪流19条，均属潇水水系，其中凌江河境内全长39.3公里，中河41公里。珍稀野生动物有猕猴、穿山甲、大鲵、石蛙、冬毛鼠、果子狸、锦鸡等。主要矿产资源有金、银、铜、铀、水晶石、硅石、花岗石等。境内有板塘及青山排、凌江、中河沿岸自然风景保护区，古木参天，林深叶茂，风光迷人，极富原始森林风貌。公路北达县城，南通江华水口，实现村村通公路。2016年，荆竹瑶族乡被评为全省生态示范乡。

【经济工作】 2016年，荆竹瑶族乡继续保持小水电、竹木加工和石材采产销这“三驾马车”并驾齐驱的强劲发展势头。规模养殖以点带面，成立以高山泉水养殖为特色的豆坪河水产养殖合作社，发展较大规模的生态水产养殖基地2处，鲜鱼产量达5万余公斤。发展规模高山土猪养殖专业合作社5家，生态土鸡养殖场6家，散户百余家，年产值可达1000余万元。全力打造“绿色银行”和“生态高地”，共营造速生丰产林2.3万亩，全乡有生态公益林11万亩，林业可持续发展得到进一步巩固。境内有龙坪石材、蓝山红石材、嘉华矿业、蓝晟石业花岗岩开发企业4家。其中龙坪石材年产花岗岩5万方，成为湘南最大的花岗岩原材料供应基地。全乡共有小水电站25座，装机容量2.3万千瓦，年发电量1.2亿千瓦时，年产值3500

万元，年创税收 200 万元。2016 年，荆竹瑶族乡生产总值达到 1.5 亿元，增长 10.97%。

【农业农村工作】 2016 年，荆竹瑶族乡加快农业结构调整，大力发展特色效益农业，加快发展山区农产品等特色农业生产，以基地作示范促规模，不断提升农产品的品质。年内成立江源道地药业种养专业合作社 1 个，种植白芨、七叶一枝花等药材 150 亩。荆竹村灵芝种植基地初具规模，年产值 20 余万元。加强农业基础设施建设，全年共投入资金 200 余万元，实施辖区 8 个行政村的低产田改造工程和荆竹、友爱、新寨、大坦 4 村防洪灌溉工程，改善灌溉面积 1000 余亩，形成渠相通、路相连、旱能灌、涝能排的农田水利格局，打造高山“生态粮仓”。友爱、十里、新寨、荆竹、蒲林 5 村完成防洪抗汛广播站建设。积极推进“物联网+”工程，建立农村淘宝服务站 2 个，桐油、松脂、山苍子、玉兰片、香菇等农产品走出大山，促进农业增效农民增收。农村土地确权与流转工作稳步推进，积极指导、协助村民将富余林地和集体林地进行土地流转，共合法有序流转土地 1931 亩。2016 年，荆竹瑶族乡完成农林牧渔服务总产值 5595.49 万元。

【民生工作】 2016 年，荆竹瑶族乡实现脱贫 46 户 203 人，易地扶贫搬迁分散安置 19 户 70 人，危房改造 13 户、补助资金 34.2 万元，发放小额信贷 105 户、扶贫资金 510 万元，贫困村江源村完成脱贫摘帽。境内有中心小学 1 所，综合文化站 1 个，村级活动中心 8 个，农家书屋 8 个，乡中心卫生院 1 所，村级卫生室 8 所。2016 年年底，乡小学学龄儿童净入学率 100%，九年义务教育巩固率 98.5%。城乡居民社会养老保险和城乡居民医疗保险实现全覆盖。是年，完成乡总体规划，对现有农贸市场进行改造，荆竹村沿河风光带建设项目正式启动，新建客运停车场、农贸市场完成选址。加强凌江河、中河流域的生态保护和综合治理工作，全年共开展执法活动 10 余起上百人次，打击破坏生态违法行为 7 起，凌江河、中河流域水质达标率 100%，保障农村生产生活用水安全。成功举办建乡 30 周年庆典活动，有效宣传推介荆竹这一民族特色小镇。2016 年，乡农民人均可支配收入 9851 元，较上年增长 7.16%。

【基层党建】 2016 年，荆竹瑶族乡采取“党建重要事项通过党委会决策、党建工作通过督查督办落实、党建进展通过现场评委推进、党建效果通过领导办点示范推动”的方式，高位推动全乡党建工作。全年乡党委会研究党建工作 10 次，召开现场推进会 6 次，开展检查评比活动 4 次，坚持党建例会制度，确定每月 22 日为党建例会活动日。乡党委书记联系蒲林村，有力推动办点示范。扎实开展“两学一做”学教活动，全年党员领导干部、党支部书记上党课 60 余次，开展专题学习讨论 44 次，全面排查出党支部存在突出问题 38 个，党员个人存在突出问题 275 个，年底均整改到位。对照基层党建 7 项任务要求，查找取得联系纳入组织管理的党员 12 人，清缴补缴党费 4276 元，向 5 个非公有制经济组织派出党建指导员，有 3 名员工申请入党。全年共组织贫困村创业致富带头人参加各类技术培训百余人次。选派 12 名乡村干部外出考察学习，增强党员干部的“双带”能力。整改 2015 年度 9 类问题和 2016 年度 8 类问题，基层党建、脱贫攻坚等工作通过省、市督查考核。加强村级班子建设，新建 1 个村综合服务平台，成功整顿转化 1 个软弱涣散党组织。抓实农村党员冬春训，全年开展 2 次集中培训，共培训农村党员 56 人次。扎实开展民主评议党员工作，2016 年，共约谈党员 16 人次，撤销党内职务 1 人。

## 黄茅岭茶场

【经济发展】　2016年，黄茅岭工区完成造林320亩，补植100亩，造林树种为杉木，成活率均在90%以上，生长良好。加大开展招商引资，采取与县苗木种植专业户黄远军合伙联营方式，继续发展100亩金桂苗基地，总计发展花卉苗木育苗金桂树300多亩。开展产业结构调整，黄泥井工区闲置的厂房重新招标，发展年出栏1500头的养猪专业户。

【信访维稳】　2016年，黄茅岭茶场高度重视综治民调工作，成立工作领导小组，签订责任状，通过创新管理，倾听民声，做好宣传工作；落实措施，化解矛盾，构建和谐农场；密切联系群众，全力做好惠民工作；多措并举，提升民调满意度，齐抓共管促发展等工作措施，林场民调工作考评分在农林场排名靠前，甩掉落后的状况。突出维稳工作重心，强化维稳工作责任，控源治本，加大宣传，积极化解矛盾纠纷，通过积极不断为干部职工解决困难，争取福利待遇，实现赴省进京非正常上访实现0挂号。

【安全生产】　2016年，黄茅岭茶场安全生产工作以强化安全生产主体责任为重点，围绕“安全第一、预防为主、综合治理”的方针，全面加强安全生产宣传工作，按照谁主管、谁负责的原则，狠抓安全生产，夯实安全基础，严格认真排查不安全因素，解决存在的问题，从源头上预防和遏制安全事故发生，通过多措并举，全年未发生一起安全事故。

## 浆洞国有林场

【森林资源保护】　2016年，浆洞国有林场把林业生产放在工作首位，全面完成各项工作计划。全年完成造林1000亩，成活率在90%以上，生长良好；完成杉木销售2235立方米，累计完成销售金额248万元；完成中幼林抚育9600亩；新修林区公路4千米，维修防火线12千米，维修林区公路、林道20千米。

【护林防火】　2016年，浆洞国有林场对护林防火工作始终常住不懈。健全组织制度，强化护林防火工作的管理领导。完善宣传体系，强化护林防火的宣传教育引导。完备扑救体系，进一步强化护林防火的应急管理。

【强化内部管理】　2016年，浆洞国有林场通过完善各项体系制度，内部管理进一步加强。制定签到考勤制度，实行出勤与工资直接挂钩制，并由场领导定期或不定期对考勤情况进行汇总、检查，工作效率得到很大提高。严格按照相关的法律法规，制定系统的财务管理制度，坚持主要领导“一支笔”审批制度，严格把好“收支关”。认真贯彻《中华人民共和国档案法》和《档案实施办法》，做好各类档案的收集、分类、整理、保管和移交工作。获得“2016年度全省档案宣传工作先进单位”称号。

## 南岭国有林场

【概况】　南岭国有林场为林业局管理的正科级事业单位。其主要功能定位为保护培育森林资源、维护国家生态安全；按照国有林场政事分开和事企分开的原则，将林场坪石头、栗岐岭两个农业行政村、资产成建制转交就近土市镇管理。2016年，林场实现社会大局稳定，职工生活稳定，生态效益、社会效益、经济效益和森林资源持续增长的“两个稳定四个增长”总体目标。

【夯实营林】　2016年，林场场领导班子想方设法筹集资金，深挖项目，增加投入，全年共投入120万元，完成面上造林382亩，中幼林抚育4000余亩，维修生物防火林带37千米，林区公路29千米，林道45千米。严格按照技术指标要求，全面完成1.1万亩天然林生态补偿项目申报工作，开展1.2万亩森林碳汇项目调查设计工作。

【争取项目】 2016年，场领导集思广益，全面熟练掌握上级林业发展扶持政策精神，制定出林场长远发展目标蓝图。即力争项目助推生态建设，全面依靠森林碳汇、优材更替和大径材培育等项目，积极实施林种树种更替，全面提高林分质量和蓄积量。全年，共向省市县争取到各类项目资金逾170万元。其中：中林抚育项目补助资金40万元，贫困林场项目资金50万元，公租房建设资金85万元，公租房配套附属工程建设资金50万元，林区公路维修资金15万元。同时为争取2017年生态公益林管护扶助资金20万元，中幼林抚育项目50万元奠定基础。

【基础设施建设】 2016年，林场全面改善职工办公生活基础设施条件，正在实施的总投入225万元新建的林场场部1栋技改房1400平方米和20套公租房建设项目，1栋公租房共14套850平方米建设项目，一期工程1400平方米全面竣工，其余850平方米建至第一层。预计总投入100万元建设的场部公租房配套附属工程项目正在实施招投标。

【森林防火】 2016年，林场将森林防火护林工作列入重要议事日程。成立南岭国有林场森林防火指挥部，加强防火护林工作的具体领导。组建一支30余人的半专业扑火队伍。积极加强护林防火宣传工作，全年新竖立固定防火宣传牌36块，向周边4个学区学生发放《致学生家长的一封信》3000余份。进一步落实防火责任。实行护林员划定山头地块、林场与工区、护林员层层签订护林防火责任状，把任务量化到每个山头地块，把责任落实到每一个人。加大森林火灾隐患排查力度，强化火源管理。加强与周边乡镇村的联防联管，清明期间，召集周边邻近村庄30余名村主要干部召开南岭地区防火护林联防会议，全面形成整个林区森林防火网络一体化格局。

【综合治理】 2016年，林场全面加强社会综合治理工作，明确综治工作责任，落实综治工作措施，做到领导、成员、责任、资金四到位，全年信访接待2起，调处化解2起，切实做到了把问题解决在基层。深入开展“安全生产月”宣传，进一步增强职工安全生产意识，并为所有生产人员购买意外保险。制订各种安全事故应急预案，定期开展安全生产隐患排查，确保职工和群众生命财产安全。全年未发生大的矛盾纠纷和非正常上访现象，未发生治安刑事案件和安全生产事故。

## 县原种场

【概况】 2016年，县原种场紧紧围绕县委、县政府的决策部署，认真按照年初确定的各项任务目标，突出党的建设、社会稳定、基础设施建设、农村综合改革工作、民生五大重点，围绕矛盾纠纷化解、项目建设、产业发展等关键工作，扎实推进各项工作，圆满完成全年任务目标。

【干部队伍建设】 2016年，县原种场强化党支部的核心作用，在重大事项决策方面始终坚持民主议事规则，切实营造出民主、透明的执政环境。坚持集体领导下的个人分工负责制，明确班子成员各自承担的行政分工和党建职责，做到事事有人管、人人有责任。强化干部队伍素质建设，积极探索新形势下干部队伍建设的新路子。积极开展“两学一做”活动，不断强化干部的政治理论学习，努力提高干部的政治思想素质，把学习型领导班子建设作为党组织的先导和关键，推动学习型党组织建设健康发展。有计划、有步骤地开展学习，着力提高党员干部政策理论、依法行政、服务经济发展的能力。牢固树立“群众第

一、民生优先”的理念，集中力量办大事、实事，千方百计找项目、抓落地，努力改善原种场的基础设施建设，让群众生活得更加幸福。

【民生工程建设】　2016年，县原种场完成基本农田整理项目建设；做好公租房建设项目，即将完工；完成果园工区安居工程规划，即将进入实施阶段；多渠道筹资创建平安场建设，实现了全场主要路段和地点监控全面覆盖。

【服务群众】　2016年，县原种场着力解决群众困难，对场部公厕进行改造；引进万盛果业完成土地流转300亩，解决23名下岗职工和我场剩余劳动力就业，年内贫困人口脱贫率达90%。充分利用自身资源优势，积极发挥能动作用，严格遵守工作纪律，认真开展扶贫帮困志愿服务、矛盾纠纷排查化解等各项活动。实现赴省进京零上访目标。新型农村医疗保险及城乡居民社会养老保险，参保率达100%。

【党风廉政建设】　2016年，县原种场大力整治“庸懒散”现象，促进场干部作风大转变、服务效能大提高。坚持不懈地推进党风廉政建设和反腐败斗争，健全工程招投标程序，加强群众监督。认真开展机关效能建设工作，坚决贯彻执行中央八项规定，坚持厉行节约、勤俭办事，坚决反对铺张浪费，2016年度“三公”经费同比2015年下降30%，各项工作运转正常。

## 舜源街道办事处

【概况】　2016年3月，舜源街道办成立，上半年按照全县建制村合并工作推进会的要求，因地制宜研究制定行政村合并工作方案，由原来的35个村合并调整为18个建制村。全年按照“强基础、抓产业、保民生”的工作思路，狠抓执行力建设，切实转变干部作风，扎实做好各项工作，各项工作取得实效。

【产业结构调整】　2016年，舜源街道办完成粮食播种面积16805亩，实现产量9600吨。完成烤烟种植面积2620亩，收购烟叶4859担。新增造林面积2000余亩，实现二广高速公路总市区域段绿色通道建设。建设街道办蔬菜生产专业合作社和专业协会，新增时鲜蔬菜、时鲜水果及种养殖大户10户。永州神浓有机农牧科研有限公司第二期工程顺利完成，辖区蔬菜生产产业化格局初步形成。

【创新土地流转模式】　2016年，舜源街道办积极推动成立“蓝山县信农土地流转专业合作社”，探索采用大户种植、各种农业合作社承包、村集体管理三种经营模式，土地流转面积达到14352亩（水田6935亩，山岭7417亩）。辖区内各种农业专业合作社达到8个，发展壮大各种种植大户41户，有效地整合土地资源，提高土地的使用率和竞争力，有力的促进辖区的农业发展。

【社会保障工作】　2016年，舜源街道办全面落实各项惠民政策，认真做好社会保障卡登记发放工作，完成城乡居民医疗保险任务为35600人，超额完成社会养老保险续缴费自主缴费任务9929人，完成任务79.8%（县下达任务75%）。财政地力补贴发放7712户，发放金额248.1万元。对农村困难家庭实行“应保尽保、应退尽退”。全年共发放临时救济款21万元左右，救济1000余户；医疗救助206人，救助总额达41万余元，重点优扶对象110人，发放优扶款140余万元。农村低保1400余人，发放低保金201万余元，城镇低保116人，发放低保金30.6万元，散养“五保”户151人，发放“五保”供养金48万余元。集中供养“五保”户30人，打卡发放17.1万元。农村危房改造方面，验收合格农村危房改造72户，奖补农村危房改造资金106.9万元。

【发展农村电子商务】 2016年，舜源街道办积极推动农村电子商务发展，截至年底，辖区建立6个村淘站点，合伙人6人，淘帮手10余人，全年交易额达270余万元，带动周边20余名群众就地就近就业。

【精准扶贫】 2016年，舜源街道办辖区共有建档立卡贫困户468户，贫困人口1857人。通过精准扶贫的“四项帮扶措施”的实施，全年实现114户贫困户脱贫，201户已脱贫户实现脱贫巩固。

【环境卫生整治】 2016年，舜源街道办把农村环境卫生整治工作作为一件民心大事来抓，通过整合资源，加大投入，示范带动，建立健全完善激励机制，按照“巩固、提升、长效”的要求，集中开展永连公路旁环境卫生的专项整治行动，购置垃圾筒158个，设置垃圾填埋场2个，完成改厕工程150户，已完成验收120户，完成公厕修建18个。全街道19个村（居）委会实施每天清洁制度，通过评比、考核、奖励等一系列措施，村里的卫生状况得到明显改善。

【综治维稳】 2016年，舜源街道办辖区人口近4万人，是全县社情民意最复杂的区域之一，全年共排查出各类矛盾纠纷155起，成功调处矛盾纠纷146起。全力畅通信访渠道，全力排查各类隐患，全力处置突发事件，妥善化解如成家村与竹市村“三亩塘”土地纠纷等一批历史遗留矛盾。赴省进京非访人次明显下降，民调工作摆脱落后的困境，辖区内社会大局稳定。

【安全生产】 2016年，舜源街道办积极争创“永州市安全生产示范街道”，辖区内共有山塘水库9座，加油站2家，混凝土厂1家，沙场4家，烟花爆竹经营商店49家，农用车、三轮车共计467辆，中心学校3所、农村初小8所、幼儿园6所，在建工地1处，农村危旧房97户。街道办面对复杂的安全生产环境，面对问题不回避，层层压实责任，精心部署，通过争先创优带动辖区安全生产工作上下联动，实现安全生产“零事故”工作目标。

【党建工作】 2016年，舜源街道办认真履行党委书记抓党建“第一责任人”职责，明确专职副书记专抓党建工作，组织委员分管党建工作，并配备两名组织干事协管党建。其他党政领导实行分片指导党建工作责任制，形成党建合力。制定《舜源街道办便民服务工作制度》，机关党员周二、周五固定到村参加便民代办服务，全程代办事项820件。认真落实村级目标管理考核和绩效考核，严格村干部出勤管理，每半年开展一次村党支部书记述职评议。对党建工作滞后的村，实行督查通报制，对村支书就党建工作进行约谈19人次，责令1名村支书引咎辞职。在日常工作中，从带好班子、管好党员、用好阵地着手，坚持发挥好村支部书记在农村党建工作中的关键“角色”作用。签订基层党建工作责任书35份，通过专项考核，层层传导压力。深入开展“两学一做”学教活动。严格党员发展程序，严把“入口关”，吸收预备党员11人，预备党员转正21人。坚决落实党风廉政建设主体责任和领导班子成员“一岗双责”，在“雁过拔毛”式腐败问题专项整治工作中，梳理排查问题10个，给予党纪政纪处分4人；在纠“四风”、治陋习专项整治工作中，通过梳理排查问题，清退村级招待费146419元。

【建立健全制度】 2016年，舜源街道办将辖区分为总市片区和竹市片区进行管理，党政“一把手”各联系一个片区，各片区各明确一个党政领导为片区长，每个片区再由其他班子成员分小组管理，实行具体工作由小组长负责制，驻村干部包干负责制。建立“村为主，组为重”管理机制，街道办将18个行政村（社区），1

个居委会分成4个片组，建立“党政领导联片，驻村干部包村，村“两委”干部包小组的责任制度。不定期对各村工作完成情况与联片党政领导、驻村干部、村支“两委”干部进行量化考核排队，年终作为每个干部评先评优和提拔任用及村干部绩效考核的重要依据。将每周一晚上定为工作例会时间，党政领导轮流主持会议，通过例会，提升干部职工处理问题的能力、语言表达能力，形成工作合力。严格实行上下班签到制。此外，街道办还专门安排人员不定期督查驻村干部的工作情况和出勤情况，每周一通报。根据每周例会安排的工作和存在的问题，责任到人，要求具体负责的干部做好督办工作并建立台账。将每个问题建档立案，逐个消号。

## 南平街道办事处

**【概况】** 2016年3月，南平街道办事处完成建制村合并工作任务，将21个建制行政村合并为11个行政村。

**【基层组织建设】** 2016年，南平街道办事处建立支部书记月例会制度，加强对各村支部书记和全体党员的教育培训。严格按章按规新发展党员9名，其中大专及以上4人，35岁以下6人。投入20万元支持基层组织建设，对合并后的8个村改建成便民服务站，实现宽带连接全覆盖完善服务群众载体。认真开展“两学一做”学习教育，多次组织召开党政领导会议，研究部署“两学一做”学习教育开展，先后3次召开乡村干部大会调度推进工作落实，党政领导分片包干分别下村指导村党支部围绕“四讲四有”开展学习讨论。处理违法违纪党员2人，其中开除党籍1人，化解信访积案3起。认真开展基层党建7项排查，通过党员组织关系大排查，21个党支部对24名与支部联系少的党员进行查找并取得联系。开展党费收缴清查，清理出农村支部2008—2016年37人次欠缴党费总额1476元，机关学校支部41人次欠缴党费总额9187元，全部足额补交。对基层党组织按期换届检查、集中推进非公有制企业和社会组织“两个覆盖”、抓党建促脱贫攻坚、抓严抓实领导机关党员干部学习教育等方面，都按相关的要求进行落实。开展基层干部不作为、慢作为、乱作为专项整治，通过自查自纠和细致排查，共排查出不作为、慢作为、乱作为问题90余件，并对这些问题作认真的整改，对2名违法乱纪的党员进行立案调查，并给予相应的处分。

**【信访维稳】** 2016年，南平街道办事处全面加强矛盾纠纷排查调处，及时掌握事态发生，确保大局稳定。全年排查出各类矛盾纠纷35起，群体性矛盾纠纷8起，一般性纠纷27起，成功调处30起，调解成功率86%，化解八甲自来水问题等一批历史遗留积案。严格落实责任包村制，做到“小事不出村、大事不出乡、矛盾不上交”，配合公安机关开展“飓风行动”，刑事立案8起，行政治安拘留案件22件。建立“平时掌控，重点监控，依法处置，妥善化解”信访工作机制，设置专职信访接待室，明确领导带班，具体工作人员值班，畅通了信访渠道。全年共接待来信来访人员200余人次，化解各类信访问题68件，妥善化解信访积案2件。全年没有发生一起群体性信访和非法越级上访。整合资源，设立南平街道办综治维稳信访工作中心，网格管理便民服务站，信访接待室，配齐办公设施，抽调6名工作人员实现规范化的集中办公。投入经费20余万元，全面建设好8个行政村的标准化网格办公室。积极开展“三实”信息采集和系统录入，共采集到“三实”房屋信息及照片5000余条（张），采集人口信息、从业人员信息1.8万余条。

**【项目建设】** 2016年，南平街道办事处争取水利资金260余万元，对十里下和上岭冲两个病险水库实施完成除险加固工程。投资2500余万元的高标准农田建设项目推进比较顺利，对11个村9000余亩农田进行改造。有入统规模企业12家，其中2016年引进建设施工的湘源驾校、蓝源沥青搅拌站等7家企业全年累计投入6500万元，湘商矿业投资3000万元建设的第一条生产线于11月底开工投产。

**【产业结构调整】** 2016年，南平街道办事处通过加快土地流转，打造规模种植，种粮大户陈昌军种植水稻1000余亩，大户雷志亮种植蔬菜600余亩，建辉蔬菜专业合作社流转耕地200多亩。扶持舜蓝米业和创想世纪农业产业科技园两家农业产业化龙头企业的发展壮大。全年街道办新流转耕地、山林面积2900亩，其中流转100亩以上的经营大户14户。秋冬生产共种植油菜2800余亩，八甲、小江洞等村建立葡萄基地，排下村建立黄花菜和冰糖柑种植基地。新增烤烟种植村1个，引进种植大户50亩以上大户3户，落实烤烟种植面积300亩，完成630担的烤烟收购任务。引进投入工商资本1500万元建设生猪养殖场9家，年增加出栏30000头。为农户共发放油菜肥料20吨，为60多户蔬菜种植大户发放价值1.5万元的农药。

**【美丽乡村建设】** 2016年，南平街道办事处对街道500余米路段进行路肩硬化、平整，对沿街铺面小广告进行整治，对火市村道路两旁的私搭乱建建筑进行集中专项整治，共清理占道商贩50余人，清理乱堆乱放、店外店经营20余处，拆除违建1500余平方米，全村面貌得到较好改观。市场新建项目完成“三通一平”工作，市场主体工程预计于2017年年初开工建设。按照“来六甲清凉休闲、到百叠岭登山品茶”的发展思路，大力打造乡村节假日休闲游。航昇水世界游乐园进一步完善游园基础设施。三峰茶业公司投资180万元，建设1万平方米“百叠人家”生态休闲农庄，获评为蓝山县唯一的省级“五星级生态休闲农庄”。安排资金10余万元对蓝大公路沿线进行垃圾清运。争取项目资金20余万元，在百叠岭、社下和八甲等3个村实施人畜饮水安全工程，解决饮水安全群众近1500余人。新增公共文化体育设施面积2840平方米。大力植树造林，新增造林面积4500亩。全力推进雷家岭村、火市村“全面小康建设示范村”建设，其中雷家岭村共投入900余万元，完成该村2千米村级道路扩宽、路灯100盏、2千米村道绿化、新建雷家岭大桥、两座桥河道连接线路面改造、河道小休闲区建设。火市村共投入300余万元，完成火市农贸市场建设征地、“三通一平”等前期工作、2千米村级道路硬化、1千米村道绿化、1座山塘加固整修、2个标准公厕、占地5000平方米的宜居小区建设。根据各村实际制定改厕指标任务，加强考核兑现，加快改厕的步伐。全年完善建档立卡户300余个，完成旱厕改建20余户，核准并申报罗家、六甲、七甲、溪林、排下、火市等9座农村公厕。

**【落实惠农政策】** 2016年，南平街道办事处严格执行公平公正公开原则，为56户困难户实施危房改造。全面推进农村养老保险和新农合工作,。关注农村弱势群众健康，对149名残疾人进行重新登记，并发生活补贴和重度残疾人护理补贴近10万元、残疾人燃油补贴8000元。逐步完善农村居民最低生活保障制度，加大对农村贫困家庭的扶助力度，截至12月底，共发放优抚、“五保”、低保等民政资金176万元。累计发放32类惠农补贴资金共计470余万元，农合、农保群众自负部分的收缴工作推进顺利。

**【精准扶贫】** 2016年，南平街道办事处选派115名乡村干部按“一户一策”的原则结对帮扶。对10户建档立卡贫困户实施农村危房改造项目。为

219户贫困户申请小额信贷共710万元。为4名品学兼优、家庭困难的建档立卡在校职业学校学生申请到雨露计划扶贫资金。将23户纳入低保兜底。村集体造林1000余亩。修通百叠岭至湖海长达2千米的通组公路路基。争取资金16万元新建220平方米的村级活动中心。在百叠岭山顶新建一座移动基站，解决“通信难”问题。放置16个垃圾桶收集村民生活垃圾，新装路灯78盏。邓永兴等3户扶贫户实施易地扶贫搬迁项目全面完成。

# 潇　湘　笔　会

省散文学会名誉会长、国家一级作家刘克邦在全国文明村毛俊村采风

省散文学会名誉会长、国家一级作家刘克邦在毛俊村农家书屋

省财政厅巡视员、省散文学会名誉会长刘克邦

市文联党组书记、主席蒋蒲英主持欢迎晚宴

县委书记何冲龙在晚宴上致欢迎辞

2016年潇湘笔会暨神美湘江源采风走进湘江源

永州市2016潇湘笔会举办创作交流会

# 蓝　　山　　县

县中心医院党委副书记、院长　成章林

蓝山县中心医院是全县唯一政府主办的二级综合医院，是2006年由县人民医院和县中医医院合并组建而成。全院拥有固定资产2亿元，占地面积40626平方米，实际开放病床数880张，在职员工996人，是一所集预防、医疗、保健、教学、科研为一体的综合性医院。医院拥有全市县级医院中一流的层流手术室、1.5T超导核磁共振、64排螺旋CT、16排螺旋CT、DR、三维、四维彩色B超、心脏介入设备、全自动生化仪、高档腹腔镜、进口胃肠镜、前列腺电切镜、麻醉呼吸机、肿瘤热疗仪和36台血透机等一系列高精医疗先进设备。

医院共有临床科室26个，辅助科室有检验、影像、B超、心电、消毒供应室，药库等，医院业务范围包括内、外、妇、儿、重症监护等，其中内科分有：心内科、呼吸内科、肾内科及风湿内科、内分泌及消化内科、中医肿瘤科、神经内科；外科有普外科及颅脑外科、泌尿外科、骨一科、骨二科，妇产科，儿科有儿一科及儿二科，五官科、传染科、麻醉科，能开展重型颅脑外伤手术，冠脉造影、冠脉支架置入术、永久起搏器植入术，全髋关节置换术，膝关节置换术，乳腺、甲状腺及消化道肿瘤手术，椎间孔镜手术，泌尿外科及妇科微创手术等一系列重大手术。

医院先后荣获国家卫生部“爱婴医院”“全国医疗改革创新示范医院”“国家安全人民防线工作先进单位”“全国医院感染横断面调查先进单位”、省“司法鉴定机构优秀单位”、省“拥军爱民共建单位”、省“园林式单位”、省“五四红旗团委”、省“医院感染管理先进单位”、省“五四红旗团委”、省、市“文明标兵单位”、市“无偿献血先进单位”、市“十佳学习型党组织”、市“医院感染管理先进单位”、市“三八红旗集体”、市“青年志愿者工作先进单位”、市“扶残助疾先进集体”等殊荣，连续两年在全市“医院管理年活动”检查评估中名列全市第一，为蓝山群众提供安全、方便、价廉的基本医疗服务，保障了人民身体健康。

县中心医院

# 中 心 医 院

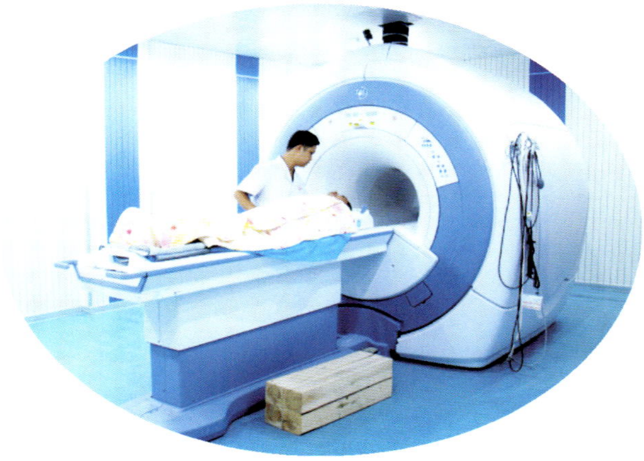

1.5T超导核磁共振

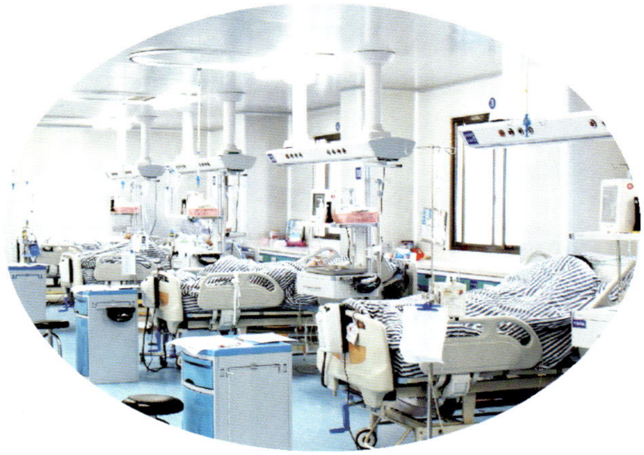

设备齐全的ICU

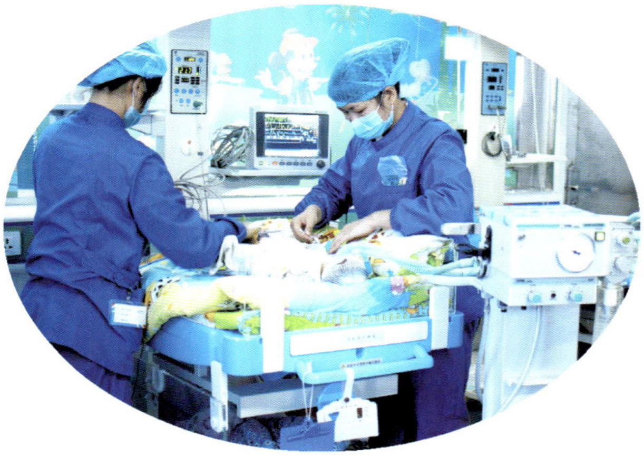

新生儿科

荣获全国医疗改革创新示范医院

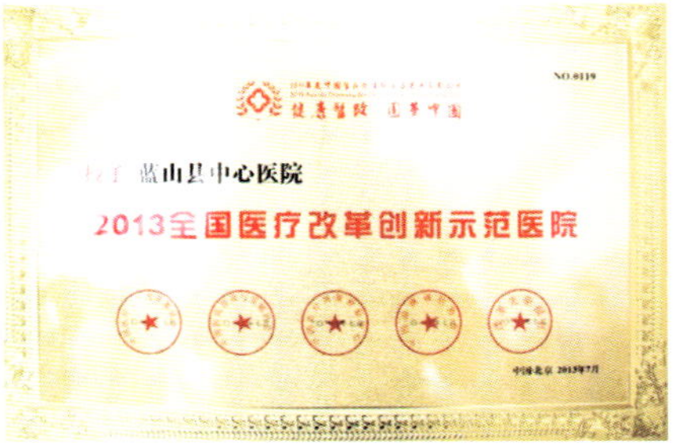

# 蓝山教育

院校合作座谈会

2016年，蓝山教育坚持“立德树人”，全面推动教育事业平稳、较快、均衡发展。

基础设施完善，办学条件改善。2016年完成塔峰镇龙溪高阳小学等8所合格村小建设；建成龙溪中学教学楼，新增400个学位，缓解城区义务教育阶段学位紧缺情况；12月份举行示范性中学开工动员大会。

2016年秋季开始对普通高中建档立卡家庭经济困难学生实行免学杂费补助。全年共补助172人，减免学杂费16.36万元；县投入100.1万元采购标准课桌椅，全县中小学校标准课桌椅达90%；财政安排专项资金65万元，招标采购节能饮水机130台，改善学生在校寄宿条件。

师德师风加强，教师待遇提高。2016年为师德师风建设年，通过“师德标兵”“优秀班主任”“最可爱乡村教师”评选活动等，涌现出市级先进教育工作者邓旭辉、师德标兵李视芳、优秀校长黄俊向、优秀班主任谢先玉、最美乡村教师冯长英等一批师德典范；评选出名师110名，评选出县级名校长3人；通过举行青年教师写作比赛、教师拔河比赛等，丰富教师业余生活；通过组织校长赴常德考察，开展教师各种培训，有效提升教师综合素质。同时，教师待遇提高，除乡镇工作补贴外，还拨付乡村学校班主任工作经费136万元，人平500元/月，6个乡村骨干教师工作室经费6万元。

示范性中学项目建设开工动员大会

师德师风建设年活动动员大会

教育质量创新，教育特色凸显。2016年，蓝山县高考成绩二本以上上线人数517人，其中一本上线人数137人，二本以上上线率为39.23%，在永州十一个县区中排名第一。县汇源瑶族乡中心小学竹竿舞、伞舞、长鼓舞、瑶歌、瑶族唢呐、瑶族刺绣等瑶族文化特色课程被《湖南日报》报道；县一完小被评为全国青少年校园足球特色学校、全国国防教育特色学校。是年，县教育系统还组织首届中学生建制班合唱比赛，中小学艺术展演等活动。

蓝山县首届中学生建制班合唱比赛现场

汇源中小竹竿舞教学课堂

2016年中小学、幼儿艺术展演活动

教育局党组成员下乡帮扶

示范性幼儿园建设项目开工仪式现场

# 蓝　山　县　第

**学校概况**

蓝山县第二中学，位于城东青洲塘，占地面积约为95323平方米。学校选址科学，面文峰，濒舜水，偎古寺，依平畴，汇天地灵气，揽山川秀色，聚人文精华，特别适合广大学子静心学习，修养身性。其前身为创建于1946年的“湖南私立辅仁中学”，1953年改私立为公办，并更名为“蓝山县第二中学”。1978年被列为永州市重点中学，2003年升为湖南省重点中学，2004年被湖南省教育厅评定为湖南省示范性普通高级中学。学校现有教职工260人，全日制高中教学班51个，在校学生3214人。

**领导班子**

蓝山二中领导班子牢固树立“引领、协调、服务”理念，班子成员求真务实、敢于担当、开拓创新、富有激情，能全面贯彻党和国家教育方针，坚持社会主义办学方向，落实“立德树人”根本任务，办人民满意教育。学校指挥系统健全，管理科学，实行校长室决策、领导，党组织协助、监督，各中层职能部门布置、督查、考评，年级组、教研组、备课组分工落实的管理机制，使学校工作形成从整体到局部，从教学到后勤，事事有人管，人人有事管，管理效率逐步提高，学校核心竞争力在市县当中日益增强。

**师资力量**

蓝山二中现有教师238人，其中，研究生学历6人，本科学历216人；特级教师1人，中学高级96人，中学一级87人；全国优秀教师3人，全国德育先进工作者1人，省劳动模范1人，省优秀教师1人，市级名师2人，市级学科带头人4人，市级骨干老师4人，市级优秀班主任和德育标兵7人，县学科带头人和县骨干教师17人；校长梁绍兴是永州市首届名校长，湖南省教育系统优秀共产党员。

# 二　中　学

**办学成果**

自2010年以来，蓝山二中高考升学率稳步提高，学考成绩优良。2016年，高考二本上线人数431人，在高考升学率排名中，居永州第四名，全市县属中学第二名；高二学考九科一次性合格率为96.10%。教育教研指导学生方面，师生获奖颇丰，2016年，教师发表论文和论文参赛获国家级、省级、市级奖共112篇，指导学生各种参赛获国家级、省级、市级奖540余人次，学校被评为“国家教育科研先进单位”。

**办学特色**

蓝山二中办学影响力不断扩大，高考成绩逐年上升，形成自有办学特色。在教育工作上，注重班主任队伍建设，开发校本教材《德育读本》，编制《班主任工作手册》，形成了系统、规范的德育教育和德育考核模式；重视心理教育，配备心理老师，设立心理咨询室，让学生心理得到及时疏导。在教学工作上，创立高考有效分评价机制，使高考评价机制更科学更能调动教师工作积极性；狠抓特长生培养、管理，快速提升特长生高考升学率。二中办学经验得到上级主管部门的肯定，也被市内其他学校借鉴。

**未来校园**

位于学府路以北、承豊路以南、湘粤北路以东、工业大道以西的新蓝山二中正在建设中，占地面积179916平方米，建筑面积21973平方米，可容纳90个教学班全日住宿制5000人。她将以一流的师资、一流的设备、一流的环境、一流的服务，为每位学生成才提供最优最强的保障，并将以"跨越式"整体推进，实现"高质量、有特色、示范性"的发展目标，向国家级示范性高级中学目标迈进。

# 蓝 山 县 职

蓝山县职业中专创办于1983年，是一所由县人民政府举办，教育行政部门主管，集中职学历教育、社会培训于一体的全日制中等职业学校。是湖南省示范性（特色）中等职业学校、湖南省示范性县级职教中心主体办学单位。

学校分为东、西两个校区，占地面积240亩，建筑面积8.95万平方米，现有在籍学生4735人，教职工258人。学校设有机械制造与维修、商贸服务与管理、信息技术三大专业群，其中机械制造与维修专业群为省级示范性特色专业群项目，模具制造技术专业为市级特色专业。学校共有实训室46个，中央财政支持的实训基地1个，企业支持的实训基地4家。校内实训仪器设备总价值4100万元。

学校秉承“立德、健体、尚学、创新”的校训，以“文化立校、名师兴校、科研强校”为办学理念，坚持“技能就业、对口升学、社会培训”三位一体的办学模式，大力推行“产教结合”、“校企合作”、“校校合作”、“订单式”和“现代师徒制”的新型人才培养模式，坚持走内涵发展、特色发展之路。学校先后荣获省“示范性中职学校建设先进单位”、省“中职学校学生管理工作先进单位”、省“文明卫生单位”、省“全民国防教育先进单位”、省“学生军事训练工作先进单位”、市“绿色美丽校园”、市“安全文明校园”、市“园林式单位”、市“廉洁文化示范学校”、市“无烟单位”、蓝山县首批“名校”、蓝山县“十佳文明校园”等荣誉称号。办学成果和办学经验先后在湖南卫视、湖南教育电视台、《中国教育报》、《湖南日报》、《职业》杂志等十余家主流媒体报道。

原省发改委主任胡衡华视察学校

省军区司令员黄跃进来校指导学校国防教育工作

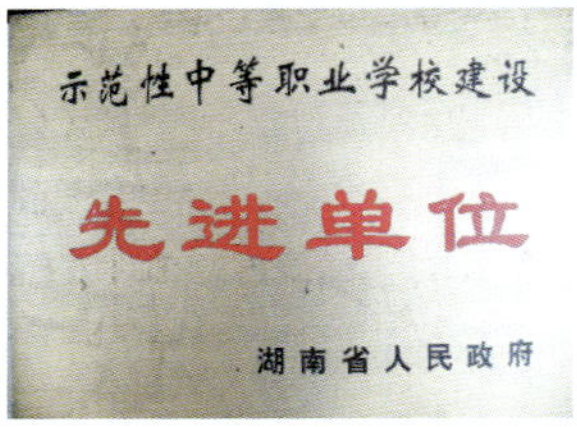

体育场

# 业　　中　　专

教学楼

学生公寓

升旗仪式

学生军训

教师合唱队

学生在南海华天酒店接受岗前培训

光机电实训室

学生在厦门墩吉机电上班

# 蓝山县民族中学

独具特色的民中大门

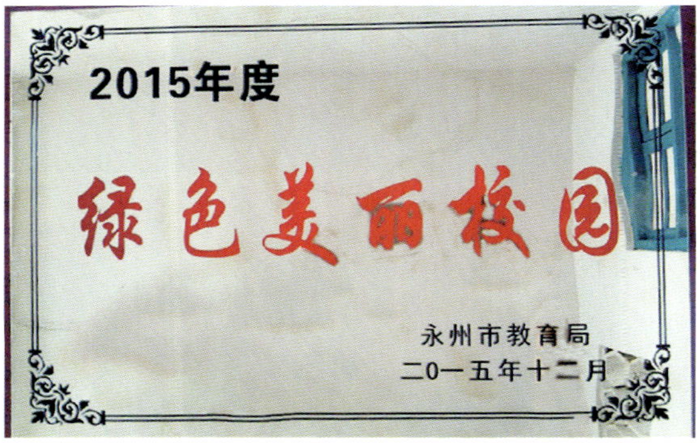

蓝山县民族中学始创于1965年，校址大麻乡林布村。1994年县政府把民族中学整体迁至塔峰镇果木村（现址），同时将五个少数民族乡的初中全部并入县民族中学，完成了全县民族教育初中阶段办学布局的调整。学校占地面积51.3亩，有教职员工123人，县名师1人，县学科带头人1人，县骨干教师8人，学生2189人。

学校坚持“德育为先、质量强校、全面育人、以人为本”的办学思想，以“团结、勤朴、诚实、创新”为校训，不断深化教育教学改革，实施科学管理，精细化管理。在奉行“和谐共进，自主发展”教育理念下，确立“在感恩中学会做人，在小事易事中实践”的德育理念，“在教学中教研，在教研中教学”的教学教研理念和“人人参与，人人快乐，人人享受”的体艺理念。学校在教育、教学等方面都有长足进步，教学质量不断提升，统考、会考成绩连续数年稳居全县前列。学校积极创建“绿色校园，书香校园，文明校园”的良好育人环境，通过行政、教师、学生等多层次、多层面发动宣传、结合党政工团活动，开展主题教育，不断提升校园的绿化建设和文化品位。

学校先后获得“湖南省语言文字示范学校”，“湖南省文明卫生单位”，“永州市学习型党组织建设示范点”，“永州市教育学会初中校长工作研究专业委员会学会工作先进单位”，“永州市文明卫生单位”，“永州市课改样板校”，“永州市绿色美丽校园”，“永州市安全文明校园”，“蓝山县学校目标管理优秀单位”，“蓝山县十佳文明校园”等荣誉。

①花园中的教学大楼

②文化长廊

③科技楼

④民中学子积极向上的“展望”雕像

⑤民族风情园

⑥现代化的运动场所

⑦校园绿荫小道

# 蓝山县第一完小

一完小建校100周年庆典大会

师生携手共创文明卫生城市

蓝山县第一完全小学以“立德树人”为办学目标，以“厚德、包容、敬业、奉献、乐观、自信”为办学精神，努力打造以“阳光开明的校长+阳光敬业的老师+阳光自信的学子+阳光生态的课堂+阳光多彩的课外”为主题的阳光校园。按照国家课程标准，开齐、开足、上好各类课程，尤其是音乐、美术、信息技术、体育、生命与健康、心理健康、综合实践等科目。除常规课程外，还开展阳光运动、乒乓球、田径、舞蹈、书法等集训小组，为学生个性发展提供了广阔的空间。2016年学校荣获国家教育部授予的“全国青少年校园足球特色学校”。

一完小足球课堂

# 蓝山县楠市中心小学

楠市中心小学是蓝山规模较大的一所农村中心小学，学校现有33个教学班，在校学生1635名，教职员工65人。2016年，学校扎根农村实际，大胆进行教育改革，开创家庭关心教育、亲子读书活动以及独具特色的校园活动，取得良好的教育效果，促进学校教育教学工作发展。

### 家庭关心教育

自2010年秋季起，楠市中心小学坚持举办家庭关心教育讲座，自2016年12月止，共举办了110多期，参加学习的家长达五千多人次。家庭关心教育讲座内容丰富，不仅让家长树立正确的家教理念，又为家长提供良好的家教方式方法，取得良好的教育效果，受到广大家长欢迎。

### 亲子读书活动

为了促进书香家庭建设，激发家长和孩子的学习兴趣，楠市中心小学坚持每周举行一次“圆梦中华”亲子读书活动，亲子读书活动的主题有《百善孝为先》、《乡风文明》、《做知法守法的合格公民》、《家和万事兴》等，利用亲子读书会弘扬中华民族优秀传统文化，传播社会正能量，教育效果显著。

### 校园生活丰富

兴趣是最好的老师。为培养学生高雅的兴趣爱好和基本的生活技能，楠市中心小学大力开展乡村少年宫兴趣小组活动，有戏曲小组、厨艺体验活动、养花小组、种植小组、舞蹈小组、书法美术小组等。丰富学生的课余文化生活，让他们在活动中感受到快乐，激发兴趣，锻炼能力，找到自信。

# 蓝山县大桥学校

2016年，大桥学校审时度势，确立特色办学理念，形成“办学要突出特色，办学要办出个性”的共识。挖掘大桥瑶族乡地域文化传统，因地制宜开展校园文化建设，将社会主义核心价值观融入校园物质文化、精神文化、制度文化、行为文化之中。积极构建具有瑶族传统文化特色的和谐校园文化，形成瑶族传统文化进校园的办学特色。

在校内开设瑶族文化课程，学生自主选修瑶族长鼓舞、瑶族伞舞、竹竿舞、舞龙舞狮、剪纸、手工等。使孩子从小受到民族文化熏陶，增强文化自信。学校特别关注乡土艺术与传统文化对学生的影响，在校内设有农耕文化陈列室、各种民族艺术社团，聘请周边民间艺人授课，深度挖掘传统民族文化，真正让瑶族传统文化在校园落地开花结果。

瑶族传统竹竿舞与舞龙舞狮成为学生们最受欢迎课间娱乐活动

大桥学校环保手工课堂

加强校园文化建设，陶冶师生情操，用无声的语言培育学生。按照“人人参与，人人有舞台”思路，平时注重收集学生活动瞬间，用相片以及各种手工作品记录他们成长，通过不同方式展示出来，充分体现学生的主动参与性。

学校以全新的教育理念、教育信息化发展为突破口，规范办学行为，树立质量意识，求真务实，开拓创新，致力打造办学有特色、教学有特点、师生有特长、校风有特征的特色化学校。

# 蓝山县博爱学校

博爱学校是1996年创办的一所九年一贯制民办学校，学校占地面积为53000平方米，校舍建筑面积21700平方米，共有60间教室，面积为4200平方米，活动场地占地10000平方米，学校总资产过亿元。

2016年，学校有教学班60个，学生3397名。博爱学校秉持“校风是脸，质量是命，生源是根，安全是天”的办学理念，全面实施“教书育人、服务育人、管理育人、活动育人”的立体育人方略，实现可持续发展。

雷馥闻同学长篇小说《魂武道尊》新书发布会暨蓝山县博爱校园文学奖励基金援建仪式在博爱学校成功举行

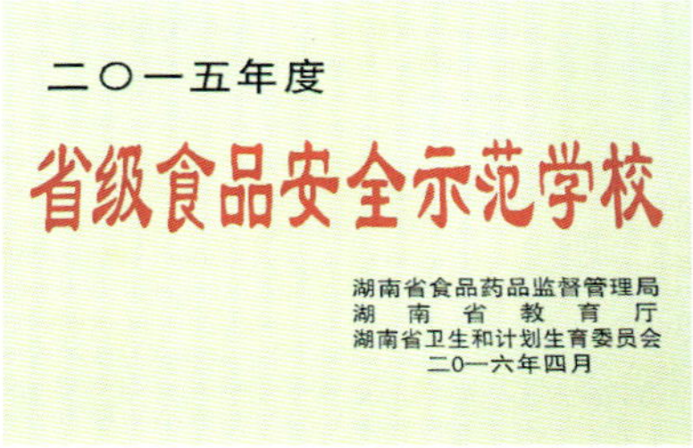
二〇一五年度

省级食品安全示范学校

湖南省食品药品监督管理局
湖南省教育厅
湖南省卫生和计划生育委员会
二〇一六年四月

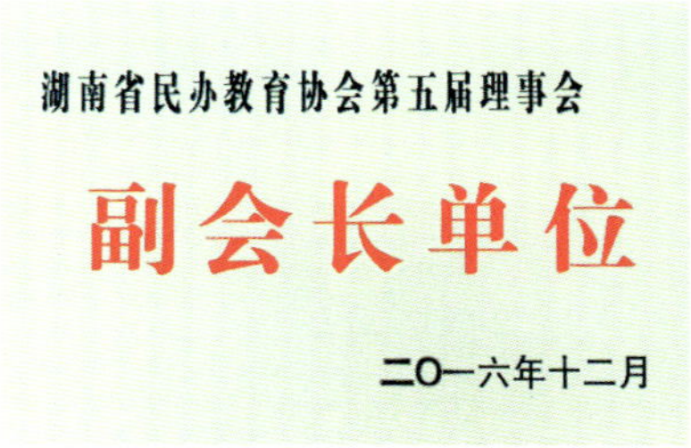
湖南省民办教育协会第五届理事会

副会长单位

二〇一六年十二月

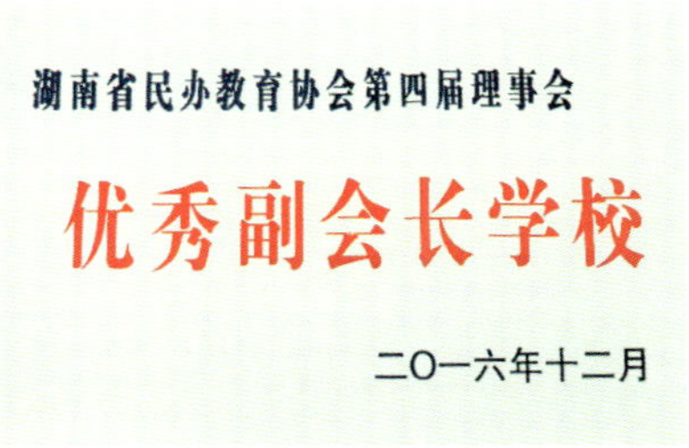
湖南省民办教育协会第四届理事会

优秀副会长学校

二〇一六年十二月

# 蓝 山 农 业

2016年，蓝山农业以农业增效、农民增收为目标，大力提升农业服务水平，全县形成24.5万亩优质稻、10万亩南销蔬菜、8万亩优质水果、3.5万亩烤烟、3.5万亩有机茶、20万亩楠竹、100万头外销生猪七大现代农业产业基地，发展五星级休闲农庄2家和四星级休闲农庄1家，发展省级农业龙头企业4家、市级农业龙头企业9家，农民收入持续增长。荣获全国蔬菜产业重点县、全国重点产茶县、全国十大生态产茶县、全国生猪调出大县、国家级出口食品农产品认证示范创建县等荣誉。

蔬菜标准化生产

全国种粮售粮大户

硕果累累

测土配方施肥项目实施

百叠岭有机茶叶基地

# 蓝 山 畜 牧 业

2016年，蓝山县生猪出栏101.87万头，羊出栏7.67万只，牛出栏4.2万头，水产品产量0.24万吨，家禽出笼284.8万羽。蓝山县先后被评为全国生猪外调大县、生猪良种补贴县、全省动物疫病防控先进县、全省动物卫生执法先进单位、全市动物疫病防控先进县、全市质量安全先进县等多项称号。

湖南地大农牧有限公司办公楼

湖南地大农牧有限公司自动喂料系统

湖南地大农牧有限公司生产1线

蓝山县石凉亭种养殖农场

湖南地大农牧有限公司生产2线

李宪锋养殖场

# 蓝山中西医结合医院

蓝山中西医结合医院

蓝山中西医结合医院是经省市县卫生主管部门批准设立，具有中西医特色的综合性医院，先后获得“国家爱婴医院”、“湖南省文明单位”、“永州市无偿献血先进单位”和“蓝山县爱心企业”“蓝山县平安医院”等荣誉。

医院有职工218人，其中高级职称5人、中级职称30人，初级职称129人。拥有办公用房2.3万平方米，科室25个，病床210张，CT、DR、三维、四维彩超、全自动血球计数仪、钬激光输尿管镜、德国进口腹腔镜、宫腔镜、无创胶囊胃镜、电子胃镜、椎间孔镜、血透（血滤）机、救护车等医疗设备一应俱全。

医院秉持“爱岗敬业诚信服务”宗旨，坚持“真心诚意为人民健康服务”理念，提高医疗水平和质量，创新医疗服务模式，为病人提供全方位优质服务，满足蓝山人民对医疗健康和美好生活向往的需要。

锦　旗

扶贫帮困健康救助活动

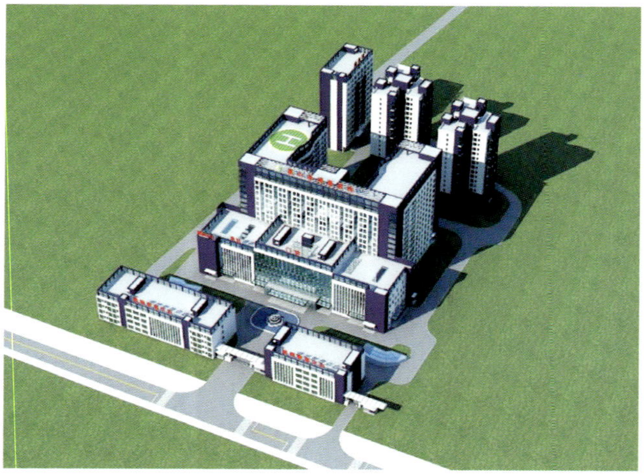

博康总图

# 创想世纪

创想世纪大陆总部设深圳京基100第65层

创想世纪投资控股有限公司，是以项目投资为主要纽带，以母子公司为主体的大型国际投资集团。

自2009年10月香港创想世纪投资控股有限公司成立起，相继在广州、深圳、北京、上海等地成立分公司。2014年6月，湖南创想世纪投资控股有限公司成立，湖南公司总部设蓝山。公司在一支专业水准高、实践经验足的精英团队带领下，坚持以实体项目投资为重点，充分发挥人才优势、市场优势和资源优势，全力打造国内外一流的企业。

## 创想世纪农业旅游城

蓝山雷家岭创想世纪农业旅游城，依托雷家岭山青水秀的生态环境，对现有万亩连片农田进行科学规划、合理布局，把青山绿水、田园风光、瓜果蔬菜及花海景观与原生态乡村文化有机结合，打造农业休闲旅游最佳目的地和现代特色农业旅游示范区。创想世纪农业旅游城柘水山庄占地面积3188m$^2$，总建筑面积1048m$^2$，可同时容纳400余人用餐，是休闲旅游、聚会用餐的理想场所和最佳选择。

湖南蓝山火市雷家岭万亩蔬菜、花海生态种植园

BLUE MOUNTAIN WATER

# 蓝山水

蓝山创想世纪食品饮料有限公司，属湖南创想世纪投资控股有限公司旗下子公司，主要生产瓶装和桶装天然饮用水。水厂一期工程于2015年3月动工，首期投资3000余万元，2016年9月建成投产并顺利上市销售。蓝山水品牌将立足于湖南，面向全国、走向世界，以高品质饮用水资源，强大的人才队伍、雄厚的经济实力和广阔的客户市场，打造一个健康、绿色、高档饮用水品牌。

蓝山水湖南蓝山浆洞生产基地

## 创想世纪文化科技创意产业园

创想世纪文化旅游城位于蓝山县塔峰镇七里江，距县城3.5公里。园区一期工程占地面积46368平方，由创想世纪国际文化艺术院全力打造，园区采取整体规划，分期实施，2016年底，一期工程完工。

创想世纪文化科技创意产业园以主题化、艺术化、创新化、科技化、生活化、休闲化等特色，面向大众市场、丰富百姓生活。其中创想世纪影剧院位于文化产业园内，占地1500平方米，拥有150平方米高清LED电子屏，水幕、喷泉、可升降舞台，一流音响、一流灯光，全场可容纳1000余名观众，是一座集歌舞剧演出、歌友会、大型会议、文艺晚会等为一体的多功能大剧院，是蓝山地标级文化中心。